MW01710293

ENQUÊTE

SUR LES ENLÈVEMENTS EXTRATERRESTRES

J'AI LU

MARIE-THÉRÈSE DE BROSSES

De la politique à la gnose
La dimension d'absence
De l'autre côté de la vitre
Je t'emmènerai à Syracuse
Les dernières victoires
Enquête sur les enlèvements extraterrestres *J'ai lu* 4643/7

Marie-Thérèse de Brosses

Enquête sur les enlèvements extraterrestres

Éditions J'ai lu

SOMMAIRE

Le poisson est le dernier à savoir qu'il est dans l'eau.

Aphorisme chinois

Entre la vie et le rêve, il y a autre chose, devinez.

Antonio MACHADO

Placés devant le choix entre avoir à changer nos conceptions ou prouver qu'il n'est nul besoin de le faire, la plupart d'entre nous s'emploient à fourbir des preuves.

John Kenneth GALBRAITH

AVERTISSEMENT[1]

L'étude des enlèvements — dans le sens où nous l'entendons ici, c'est-à-dire le rapt *et* tous les surprenants épisodes censés se produire pendant le temps où le sujet se sent captif d'êtres étranges — repose exclusivement sur des récits relatés par des témoins dont la bonne foi et la sincérité ne peuvent être mises en doute, comme nous le verrons au cours de cet ouvrage. Donc sur des témoignages faisant état d'*expériences subjectives*, non sur des faits. Cette notion de subjectivité est capitale. Pour ne prendre qu'un exemple, la douleur est un phénomène subjectif. Elle n'existe pas en soi. Elle est éprouvée à des intensités qui varient selon la sensibilité et parfois même le contexte socioculturel.

Cette différence objectif/subjectif ne doit jamais être perdue de vue lorsque l'on tente d'appréhender de tels récits. Afin de ne pas alourdir cet essai, nous éviterons l'emploi du conditionnel, écrivant que M. X « a vu... » au lieu de « aurait vu... » ou « dit avoir vu... ». Pour les mêmes raisons d'économie de style, nous dirons les « ravisseurs ont fait ceci ou cela », sans utiliser des périphrases plus « objectives » mais trop longues du type « d'après ce témoignage, les prétendus ravisseurs auraient fait ceci ou cela ». Tenir compte de la bonne foi du témoin ne signifie pas pour autant considérer son rapport comme un *fait objectif*. Mais qui, narrant le plus banal moment d'une vie ordinaire, oserait prétendre à l'objectivité ?

---

1. Les termes : abduction, rapt, ravissement, capture, visite, rencontre et RR4 sont ici utilisés indifféremment pour désigner l'enlèvement. Ceux de abductee, ravi ou visité pour celui qui atteste avoir vécu cette expérience.

1

Un étrange séminaire au MIT. — L'énigme du « temps manquant ». — La conspiration du silence. — L'ampleur du phénomène : 3 700 000 Américains capturés par les ET ? — Et ce ne sont pas des malades mentaux...

Contrôle des invitations, vérification d'identité, pointage sur les listings : cette semaine-là [1], il fallait montrer patte blanche pour pénétrer à l'intérieur du MIT. Autant préciser tout de suite que le prestigieux Massachusetts Institute of Technology abritait le plus étonnant des congrès. Le plus secret également. Triés sur le volet, intervenants et participants avaient dû signer un engagement sur l'honneur de n'enregistrer aucun des propos tenus au cours de ces cinq journées et de ne divulguer aucune information. Ni à la presse ni au public. A croire qu'il s'agissait d'un séminaire classé « Secret National Defense ». Ce n'était cependant pas le cas.

Le thème qui réunissait dans le plus grand mystère les congressistes n'était autre que les *abductions** [2], c'est-à-dire les enlèvements. Mais pas n'importe lesquels, pas les banals kidnappings : les enlèvements... commis par les extraterrestres. Un sujet à première vue peu compatible avec une si noble institution. Alors ce congrès ? Simple réunion d'allumés organisée par un groupe d'ufologues* ou canular d'amateurs de science-

1. Du 13 au 17 juin 1992.
2. Placé à la fin d'un mot et à sa première occurrence, l'astérisque renvoie au glossaire, en fin de volume.

fiction ? Certes pas, il suffit de connaître l'identité de ses promoteurs, deux respectables figures de l'*establishment* : le Pr David E. Pritchard (professeur au MIT, un physicien considéré par ses pairs comme « nobélisable ») et le Dr John E. Mack (un des plus célèbres psychiatres des États-Unis, professeur de psychiatrie à l'école de médecine de Harvard, lauréat en 1977 du prix Pulitzer pour sa biographie de T.E. Lawrence, *A Prince of Our Disorder*), pour comprendre le dépit de ceux qui ne furent pas invités à découvrir l'approche sérieuse d'un sujet on ne peut plus insolite mais avec lequel les Américains commencent à se familiariser.

Depuis quelques années, les médias diffusent les témoignages d'hommes et de femmes racontant que de curieux humanoïdes les ont emmenés de force à l'intérieur d'un ovni* où ils leur ont fait subir d'humiliants et douloureux examens physiologiques assortis de prélèvements corporels. Beaucoup prétendent qu'on leur a placé de minuscules appareils dans la tête. Certains montrent sur leurs corps des cicatrices paraissant corroborer leurs dires.

Aux États-Unis, de longues enquêtes ont été consacrées à des *milliers* de personnes rapportant des faits analogues. Ce sont les *abductees** (de l'anglais *to abduct* : « enlever »). Ce terme fait dorénavant partie du vocabulaire de notre fin de siècle et désigne, d'une façon générale, tous ceux qui affirment avoir été non seulement capturés, mais soumis à diverses épreuves, tant physiques que mentales et psychiques, par une entité non humaine, dans un lieu spécial ; nous lui préférons celui de *ravi** — traduction proposée par le philosophe Bertrand Méheust dans *Soucoupes volantes et folklore* [1] — qui exprime à la fois le côté événementiel de la situation (le rapt : le sujet est emporté par des « ravisseurs ») et l'état psychologique dans lequel se trouve le témoin, le « ravissement » si bien illustré par le plus populaire des santons de Provence, le Ravi, tou-

1. Mercure de France, 1985. Réédité sous le titre *En soucoupes volantes, vers une ethnologie des récits d'enlèvements*, Imago, 1992.

jours représenté les bras levés vers le ciel, en extase devant la crèche.

En dépit d'une thématique relevant de la littérature de science-fiction (ovnis, extraterrestres), ces récits sont présentés par leurs auteurs comme des expériences vécues. S'agit-il d'imposteurs, d'affabulateurs ou de délirants qu'il faut soigner d'urgence ? La réponse est moins aisée qu'elle ne le semble à première vue. Une analyse psychologique révèle que ces personnes sont totalement sincères (certaines sont même passées au détecteur de mensonge), saines d'esprit et ne peuvent être rangées dans la catégorie des mythomanes ou des fabulateurs : toutes sont convaincues d'avoir vécu ces événements traumatisants. Fait troublant, leurs témoignages se ressemblent de manière frappante.

Leur aventure se dissimule parfois derrière une sorte d'épisode amnésique : en général deux heures de leur vie ont littéralement « disparu » de leur mémoire. Tout commence avec une observation insolite. Lors de l'incident rapporté, le témoin* peut être seul ou accompagné, se trouver en plein air, ou dans sa voiture ou encore à l'intérieur de son appartement. Il voit dans le ciel un phénomène lumineux inhabituel — un point ou une boule de lumière —, ne peut s'empêcher de regarder cette « chose » qui s'approche de lui, et perd la mémoire de ce qui lui arrivera par la suite. Quand il reprend conscience (souvent quelques kilomètres plus loin s'il était en train de conduire au moment des faits), il se rend compte que l'heure a tourné. Il n'a pas gardé le moindre souvenir de ce qui a pu se passer pendant ce temps. C'est ce qu'on appelle le *missing time** : le temps manquant. Le même phénomène peut également se produire dans une chambre à coucher[1]. La chambre est normale à cela près qu'un ou plusieurs petits humanoïdes chauves se tiennent autour du lit. Beaucoup de

1. Les premiers enlèvements rapportés (avant les années soixante-dix) se produisaient généralement dans la nature (forêt, bord d'un lac) ou à l'intérieur d'une voiture. Maintenant, ils se situent de plus en plus fréquemment dans les chambres à coucher.

ravis rapportent qu'ils ont été réveillés d'un profond sommeil et se sont sentis paralysés. Incapables de bouger. D'appeler à l'aide. Seuls leurs yeux conservent leur motricité. Ils pensent vivre un cauchemar quand ils se voient emportés d'une manière qui défie toutes les lois de notre physique : ils flottent dans les airs et sortent de chez eux en traversant la fenêtre (fermée), le plafond ou les murs. Après ? Ils ne savent plus. Certains retrouvent un état de conscience normal au-dessus de leur lit, sur lequel ils tombent. (Ces phénomènes de lévitation n'ont rien à voir avec le somnambulisme qui ne permet pas au sujet de « décoller » de terre !) Pour eux aussi, l'heure a tourné...

L'épisode de *missing time* peut durer entre vingt minutes et deux heures, parfois davantage. Dans quelques cas, il est de plusieurs jours. Au fil des mois ou des ans, la conscience d'un « trou » dans son emploi du temps perturbe celui qui l'a éprouvé. Tourne à l'obsession. S'accompagne de peurs diffuses, de cauchemars récurrents, d'inexplicables phobies.

Tandis que certains parviennent à se remémorer peu à peu quelques fragments de leur odyssée, d'autres doivent avoir recours à l'hypnose pour découvrir ce qu'ils ont vécu et comprendre les causes de leurs terreurs apparemment non fondées. Par la régression* dans le temps, les souvenirs refoulés au fond du subconscient émergent, et le sujet est à même de revivre ces aventures aux portes de l'horreur dont il a été le héros malgré lui, retrouvant les mêmes émotions et les mêmes frayeurs.

Écouter les récits d'abduction, c'est un peu pénétrer dans une immense galerie des glaces où les miroirs n'en finissent pas de se renvoyer les mêmes motifs, les déformant à peine. A croire qu'il s'y déroule toujours le même sacrifice, selon les mêmes rituels, les mêmes protocoles. Seules les victimes changent, mais elles n'interviennent pas, elles subissent passivement. Demeure, immuable, l'étrangeté de la cérémonie. Quels que soient son âge, son éducation, son niveau intellectuel, sa profession, ses croyances ou ses conceptions, le ravi partage avec d'innombrables inconnus *la même expérience** dont les détails correspondent avec une fidélité telle qu'on peut en dégager le scénario archétypal. Sous hypnose, il raconte qu'il a été paralysé puis capturé par de petits êtres à la peau grise (les *Gris**, parfois appelés *petits Gris*), à l'énorme tête dévorée par d'immenses yeux tout en prunelles, vêtus d'une combinaison moulante d'une seule pièce. Il s'est retrouvé dans une salle ronde en forme de dôme, brillamment éclairée. Après l'avoir déshabillé, ces entités l'ont étendu, entièrement nu, sur une table d'opération où elles l'ont soumis à un examen médical très poussé avec prélèvement d'échantillons de peau, de muqueuses et de cheveux, de sang, de sperme (pour les hommes) ou d'ovules (pour les femmes). Le sujet se trouve dans un état de peur panique[1]. Les procédures les plus insensées se succèdent, on lui enfonce divers instruments ou sondes dans le corps. Aux quatre coins des États-Unis, sans s'être donné le mot, les enlevés racontent (certains d'après leurs souvenirs conscients, d'autres au cours de l'hypnose) qu'on leur a mis un *implant** dans le corps en leur introduisant à travers le nombril, le nez, l'oreille ou la cavité oculaire, une longue aiguille se terminant par une petite bille de 2 millimètres de diamètre environ munie de filaments ou de minuscules crochets. De tels témoignages abondent, mais jamais les auteurs ne sont capables de dire à quoi correspondent ces billes ni à quoi elles servent ; certains chercheurs pensent qu'il pourrait s'agir d'un minuscule appareil permettant de localiser les ravis ou de les contrôler et de les diriger. Cette opération — rapportée comme très pénible — est surveillée par un autre alien* plus grand, d'apparence plus humaine, qui s'approche de leur visage, les fixe intensément au fond des yeux ou leur touche le front ; ces deux techniques ont un effet apaisant sur le captif

1. Les enregistrements de ces régressions sont impressionnants à écouter. Le sujet gémit, crie, pleure, implore : « Non, non, ne me touchez pas, je ne veux pas, pas ça, laissez-moi, etc. »

et lui permettent de surmonter sa peur et sa souffrance. Dépossédé de toute volonté, il est à la merci de ses ravisseurs qui, par télépathie, lui assurent que tout se passera bien et qu'il ne se souviendra de rien.

Autre phénomène déroutant, il semble bien que les abductees subissent des enlèvements à répétition. D'ici à penser que les implants permettent aux aliens de retrouver leurs cobayes — même si ceux-ci se déplacent pour essayer de leur échapper — et d'avoir un contrôle sur leur action à long terme, il n'y a qu'un pas, bien tentant. Que la plupart des ravis franchissent. Telle Joan :

> Comment oublier la soudaine explosion de rage et de détresse de cette jeune femme de trente-quatre ans, professeur d'espagnol ? Une réaction typique de ravie. Pendant plusieurs heures, Joan m'a narré, d'un ton neutre, ses démêlés avec les aliens ; elle venait de découvrir qu'elle avait été enlevée plus d'une quarantaine de fois... Fin septembre 1986, elle était dans son appartement quand, vers 18 heures, une vive luminosité la fit sortir sur sa terrasse. Elle n'a gardé aucun souvenir de ce qui s'est passé par la suite. Une automobiliste l'avait recueillie, quatre jours plus tard, errant, totalement déshydratée, à plus de cinquante kilomètres de chez elle. Elle avait perdu six kilos et se trouvait pieds nus, sans sac — donc sans papiers d'identité, sans argent ni cartes de crédit. Joan avait toujours mené une vie équilibrée : elle n'était ni fugueuse, ni amnésique, ni sujette à des crises d'épilepsie. Elle chercha à comprendre ce qui lui était arrivé. Son thérapeute l'adressa à un hypnotiseur qui lui fit effectuer sept régressions, enregistrées, dont elle m'a fait écouter de larges extraits. Pendant ces séances, Joan a revécu ses divers enlèvements par les Gris. Lorsqu'elle était allée sur sa terrasse, un rayon lumineux l'avait « aspirée », et elle s'était retrouvée, sans comprendre comment, à l'intérieur de l'ovni, dans une « salle d'opération » où elle grelottait de froid. Elle était toute nue sur une table (quelques instants auparavant elle portait une robe d'été), environnée de petits humanoïdes gris de moins d'un mètre vingt et dont la tête ressemblait « à celle d'une fourmi ou d'une

mante religieuse ». Au cours de son examen médical, les humanoïdes lui introduisirent dans la tête par la narine droite l'aiguille décrite plus haut. Lorsqu'ils la retirèrent, la bille (le fameux « implant ») avait disparu. Sur la cassette, la terreur de Joan est manifeste. Elle hurle de peur et finit par gémir comme une enfant sans force. En entendant avec moi ce passage, Joan se pelotonna sur elle-même. Je lui suggérai d'arrêter cette audition qui visiblement la perturbait. Ses yeux étaient pleins de larmes. Elle s'est levée, a fait quelques pas et, sans me regarder, le front appuyé à la vitre, éclata :

— Vous voyez ce que ça signifie ? On nous marque, comme du bétail ! Pour nous suivre partout, nous contrôler. Nous faisons cela aux poissons, aux fauves, aux oiseaux dont nous voulons étudier les migrations. Eh bien « eux », ils font cela avec nous. Nous ne sommes pour eux que du matériel de laboratoire. Même pas des rats !

L'utilisation de l'hypnose met au jour, depuis quelques années, divers types d'interventions considérées comme des manipulations génétiques ou des tentatives d'hybridation dont seraient victimes les ravis. Comme dans un hôpital doté de différents services, l'ovni comporte plusieurs salles où l'abductee est conduit pour y affronter d'autres épreuves, de nouveaux tests. Dans l'une il découvre des enfilades de bocaux où flottent des fœtus, dans une autre de hideux bébés, ou d'étranges petits enfants à l'aspect chétif issus, lui explique-t-on, d'un croisement entre la race humaine et celle des aliens, épuisée au point de vue génétique et incapable de se reproduire seule. Les femmes sont obligées de tenir ces caricatures de bébés dans leurs bras, de les cajoler, de les nourrir. Le ravi n'est pas au bout de ses surprises. Après avoir assisté à une sorte de projection cinématographique hautement perfectionnée où défilent les différentes menaces (guerres, famines, inondations, tremblements de terre) qui pèsent sur notre planète, puis les beautés du monde et des espaces infinis, il a droit à une récompense : ses ravisseurs ne résistent pas au plaisir de lui faire visiter leur vaisseau et parfois l'emmènent pour un petit voyage intersidéral, comme dans un roman de science-fiction où le héros capturé par un méchant savant fou visite les installations futuristes de son diabolique hôte en attendant d'être assassiné... Puis l'abductee se retrouve dans son environnement, sans aucun souvenir (en général deux heures se sont envolées). Sur son corps, des cicatrices d'origine inconnue semblent confirmer son extravagant récit.

Extravagant mais narré de la même manière par des témoins qui, n'ayant jamais entendu parler les uns des autres, n'ont pu s'influencer et dont la réaction est toujours la même : d'abord l'incrédulité, puis l'horreur que cela puisse être vrai et non pas un cauchemar comme ils le souhaitent tous. Comment tant de personnes peuvent-elles soudain revendiquer des expériences aussi folles et qui cependant ne sont pas mentionnées dans la littérature consacrée aux maladies mentales et ne figurent pas au MEDLA, le catalogue informatisé des cas psychiatriques américains[1] ?

En 1987, le folkloriste Thomas E. Bullard, de l'université de Bloomington (Indiana) a étudié près de trois cents cas dans son monumental catalogue[2]. Il a démontré que les premiers, apparus de façon totalement indépendante, développent des détails très semblables (l'auteur distingue soixante-quatre motifs de base) sur une structure identique, bien qu'aucune information n'ait pu circuler d'un témoin à l'autre et les « inspirer ». Cette structure se déploie autour de huit épisodes différents :

---

1. Recherches effectuées par le Dr Berthold Schwartz sur une période de dix ans.

2. *UFO Abductions : The Measure of a Mystery* (2 volumes), Fund for UFO Research, 1987. T.E. Bullard prépare un autre catalogue de cas plus récents et où les témoignages venus d'autres pays que les États-Unis seront en plus grand nombre.

1. La capture (effectuée selon des procédés quasi magiques),

2. L'examen médical avec ses manipulations physiques, psychologiques et mentales,

3. La conférence donnée par le « capitaine » du vaisseau (exposé du motif de la présence des aliens sur Terre et du but de leurs expériences),

4. La visite de l'engin volant, et particulièrement de la « salle des machines »,

5. Le voyage spatial,

6. La théophanie* (à l'insu de ses ravisseurs, le témoin a une expérience de caractère religieux, comme une apparition ou un message délivré par une entité divine),

7. Le retour sur Terre : le ravi est ramené à l'endroit d'où il a été enlevé (dans sa voiture, dans son lit, au bord d'un lac...),

8. Les répercussions physiques et psychiques de l'expérience (marques sur le corps, brûlure des yeux, somnolence, don de guérison, facultés paranormales, autres conceptions de l'existence).

Selon ce chercheur, les récits n'ont pratiquement pas évolué depuis les premiers cas considérés comme « fondateurs » (Villas-Boas en 1957 et les Hill en 1961, dont nous parlons au chapitre suivant) et correspondent entre eux de façon surprenante : les épisodes mentionnés plus haut respectent toujours cet ordre de succession, cependant on ne les retrouve pas tous les huit dans chaque enlèvement, sauf dans le cas de Betty Andreasson [1] qui les présente tous.

Ces troublantes histoires, versions modernisées des récits de sabbat du XVIe siècle où le diable enlevait les

1. Le 25 janvier 1967, Betty Andreasson est chez elle, dans le Massachusetts, avec ses parents et ses sept enfants quand elle remarque une vive lumière par la fenêtre de la cuisine. De petites créatures s'approchent de la maison et bientôt la famille voit ces humanoïdes à la peau grise entrer en passant à travers la porte fermée. Dix années plus tard, Betty Andreasson entreprendra une série de régressions

« sorcières », ont commencé à se faire connaître au milieu des années soixante et n'ont d'abord suscité que l'indifférence générale. Il n'y eut, pendant longtemps, qu'une poignée de chercheurs pour tenir compte de tels phénomènes : il fallait être courageux pour oser en parler au risque de sombrer dans le ridicule. Face à la recrudescence des témoignages, commence à s'ébaucher une prise de conscience chez certains psychologues, psychiatres, sociologues et physiciens américains. Aux tests et examens prétendument faits par les ET* succèdent ceux, plus classiques, de nos psys qui n'avaient jamais été confrontés à de tels cas.

Depuis les années quatre-vingt, avec la publication des ouvrages à succès de Budd Hopkins [1] et de Whitley Strieber [2], le tabou est levé ; après les *Rencontres rapprochées du 3e type* popularisées par Spielberg, le public découvre celles du « 4e type ». Des histoires au fort impact émotionnel car les enlèvements rapportés n'ont rien de plaisant et semblent affecter toute la planète. L'épidémie qui sévit aux États-Unis frappe aussi bien en Amérique latine, au Mexique, au Canada, en Australie, en Espagne, en Grande-Bretagne ou en Russie qu'en Chine et en Afrique du Sud. A une échelle plus réduite. La France semble épargnée. Ou presque. Le dossier des abductions s'y limite à une trentaine d'affaires — qui n'ont pas fait l'objet d'enquêtes suffisamment approfondies — et le plus célèbre de nos « cas » présumés, celui de Cergy-Pontoise, n'était qu'une mystification. La seule vertu de notre célèbre esprit critique suffirait-elle à protéger le pays de Descartes d'une manifestation si peu compatible avec le doute méthodique ? On pourrait

---

sous hypnose qui mettront au jour des récits d'enlèvements riches en détails variés et souvent empreints de mysticisme.

1. *Missing Time, a Documented Study of UFO Abductions*, Richard Marek, 1981 (traduit en français sous le titre : *Enlèvements extraterrestres : les témoins parlent*, éd. du Rocher, 1995) ; et *Intruders, the Incredible Visitations at Copley Woods*, Random House, 1987.

2. *Communion*, William Morrow, 1987. Présenté comme le récit des expériences vécues de l'auteur, ce livre a été pendant cinq mois le premier de la liste des best-sellers du *New York Times*.

tenter une autre explication. Le caractère extravagant (pour ne pas dire absurde) et humiliant de cette expérience la rend difficilement communicable. La divulguer équivaut à se désigner comme délirant. A moins d'avoir perdu la raison, qui pourrait briguer une telle étiquette ?

Il faut une certaine candeur pour exprimer sur la place publique des aventures aussi faciles à tourner en dérision. L'ahurissant déballage de problèmes intimes qui fait crever le mur de l'audience des *talk-shows* aux États-Unis permet de réaliser à quel point ce pays a perdu toute notion de respect humain. Les affaires les plus personnelles sont exposées en direct devant des dizaines de millions de téléspectateurs, à grand renfort de cris — parfois de coups — et de détails qu'on aurait crus réservés au psychanalyste ou au sexologue. Tout s'étale devant tous et les scènes triviales de la vie conjugale alternent aujourd'hui avec le calvaire des ravis. Ces derniers ont vaincu le mur du silence qui les empêchait de se confier à leurs proches, de demander à des thérapeutes de les aider à surmonter le traumatisme de leur aventure. A l'instar des minorités opprimées, ils ont leurs porte-parole, toujours prêts à répondre aux sollicitations du petit écran. Une telle libération ne s'est pas opérée du jour au lendemain. Sans doute en font-ils trop maintenant en déversant ainsi, sans le moindre recul, leurs impossibles histoires de lévitation, d'examens gynécologiques à répétition, de tortures infligées par de petits monstres à la peau grise, de séances de décervelage programmé, de voyages à travers le temps et l'espace. Ils ont une excuse. Non, deux. D'abord ils se sont tus trop longtemps. Trop honteusement. Ensuite et surtout, ils désirent comprendre ce qui leur arrive et n'en finissent pas d'espérer que quelqu'un, un jour, leur donnera une certitude.

En France, nous n'en sommes pas là. Ceux qui pourraient avoir vécu une abduction ne savent vers qui se tourner. Ils n'ont personne à qui parler.

Alain, vingt-trois ans, pense avoir vécu cette expérience. Il n'a rencontré que ricanements et haussements d'épaules (sa profession de comédien le rendait peu crédible). L'hypnotiseur qui lui proposa de le faire régresser sous hypnose, prêchait un credo ufologique ne tolérant aucune alternative : les extraterrestres existent (il ne les a pas rencontrés mais c'est tout comme), ils sont parmi nous, bientôt la Terre les verra, ce sont nos guides, nos tuteurs, nos sauveurs, nous devons tout attendre d'eux. Fort de sa foi, au lieu de tenter d'explorer, par des questions non directives, l'origine des troubles d'Alain, il lui a imposé, à grand renfort de suggestions, un scénario fabriqué qu'il avait envie d'entendre. Alain n'a pas été dupe : « Manipulation ou moqueries. C'est ce qu'on m'offre. Je ne parlerai plus jamais de cela. » Il n'est pas le seul à se réfugier ainsi dans le mutisme. Même vis-à-vis des intimes. Qui peut entendre un de ses proches affirmer qu'il a été enlevé par les ET sans éprouver les plus vives inquiétudes pour son équilibre mental ?

La mise sous silence d'un événement ne signifie pas pour autant son existence. La censure a des effets pervers, elle empêche que lumière se fasse, dans un sens comme dans l'autre, et nourrit les rumeurs. Pendant des années, les personnes qui avaient vécu des NDE* se gardaient d'en parler de peur de n'être pas crues ou d'être considérées comme des malades mentaux. Il a fallu les travaux de Raymond Moody, d'Elisabeth Kübler-Ross, de Kenneth Ring et d'autres chercheurs pour que les témoins commencent à oser révéler leur voyage de l'autre côté de la vie. La multiplication des cas a modifié l'écoute d'une petite partie du personnel hospitalier et du corps médical, les ouvrant à la possibilité d'un vécu spécifique au seuil de la mort. Un tel accueil facilitait l'expression d'expériences si difficilement communicables. La spirale était amorcée. Processus incontournable dont on peut multiplier les exemples : c'est parce qu'on a commencé à parler ouvertement d'enfants torturés, de fillettes violées par leur père ou de femmes battues que les témoignages affluent. On ne parle jamais d'enfants martyrisés en Iran, cela ne veut pas dire qu'il n'y en a pas ! Le même phénomène se produit avec les abductees, me faisait remarquer Budd Hopkins : « En Angleterre, les témoignages commencent à se multiplier parce que les langues se délient. En France, rares sont les enquêteurs qui s'intéressent à ce sujet et les milieux ufologiques gravitent autour de l'hypothèse dite socio-psychologique qui réduit l'ensemble du phénomène ovni à des fantasmes ou à des hallucinations. »

Il faut reconnaître qu'en France, les beaux jours de l'ufologie sont révolus : les associations périclitent, les revues disparaissent. Faute de moyens, les enquêtes sur le terrain se raréfient. Les querelles de clocher font rage, chacun croyant détenir le fin mot du mystère. Moins d'enquêtes, moins de témoignages, moins de matériau à proposer à la réflexion. Pendant ce temps, les spécialistes des sciences humaines (à qui cependant, par définition, rien d'humain ne devrait être étranger) passent à côté d'un phénomène qui — quelle qu'en soit l'explication ultime — devrait les interpeller, serait-ce seulement par son étendue.

J'ai eu la démonstration de ce décalage lors d'un colloque consacré à la « possession ». Alors que les solides têtes universitaires entamaient avec des grâces de maître de ballet une énième variation sur des récits de diableries du passé (comme l'affaire des possédées de Bully : le XVIIIe siècle, c'est loin dans le temps !) ou de sorcellerie dans les sociétés traditionnelles (la Réunion, les Andes : ce n'est pas notre culture !), Bertrand Méheust [1] eut la bienheureuse idée de diriger l'attention vers un « ici et maintenant » négligé par les autres conférenciers avec une communication intitulée : « Les enlèvements à bord des soucoupes volantes aux États-Unis. » Je revenais tout juste de ce pays où j'avais rencontré un grand nombre de ravis et de chercheurs

1. Philosophe de formation, anthropologue de vocation, Bertrand Méheust se définit comme un « polygraphe curieux ». Outre l'essai mentionné, il a également publié *Science-fiction et soucoupes volantes*, Mercure de France, 1978.

(c'était peu après le congrès au MIT) et Méheust me donna la parole afin que je nourrisse son exposé de données plus récentes. Panique dans l'assemblée. Nul, parmi les anthropologues, ne connaissait ce dossier. De nos jours, de tels récits viendraient d'une nation aussi moderne que les États-Unis ? Impossible. Inadmissible. Nous voyions l'auditoire passer par tous les stades de l'ahurissement avant de se rassurer par un rire — parfois jaune — et qui ne dura pas. Parfaite illustration de la définition de Valéry : « Le rire est un refus de penser. L'esprit se débarrasse de ce dont il ne veut pas assumer la responsabilité, comme l'estomac, par le même procédé d'une convulsion grossière. » Cette réaction nous enchanta. Jusqu'à la fin du colloque, nous fûmes assaillis de questions. Le confort intellectuel de ceux qui réfléchissent sur le passé ou l'ailleurs s'était fissuré. Le temps d'un week-end.

Trois années plus tard, la situation s'est modifiée. Très légèrement. Certains commencent à songer qu'il n'est plus question de laisser aux seuls ufologues le soin d'examiner ce nouveau dossier qui, outre-Atlantique, suscite tant de controverses passionnées parmi des universitaires et des chercheurs souvent de premier plan.

Avec les « savanturiers », ces empêcheurs de penser en rond qui ont le courage de s'offrir quelques curiosités suspectes et d'explorer les zones interdites du prêt-à-penser, les officiels ne sont guère tendres. On les a vus à l'œuvre lors de précédentes batailles autour du magnétisme, du somnambulisme et du spiritisme. Figés dans leur académique respectabilité.

Pour que la problématique des enlèvements parvienne ainsi jusqu'aux nobles sphères du MIT, il avait fallu un sondage (effectué par la Roper Organization) dont les résultats, rendus publics quelque temps auparavant, démontraient à l'envi l'ampleur atteinte par le phénomène : *3 700 000 Américains adultes présentaient les critères répertoriés aux États-Unis comme significatifs d'un enlèvement extraterrestre*. Un chiffre qui ne devrait laisser personne indifférent et sur lequel nous aurons l'occasion de revenir.

Qu'y a-t-il de sérieux derrière ce dossier ? L'accepter pour réel serait aussi prématuré que le considérer comme pur fantasme à cause de son invraisemblance. Le problème, capital, est le suivant : parce qu'une expérience a été subjectivement vécue et sincèrement rapportée, doit-on en déduire qu'elle correspond à des phénomènes objectifs ? Une progression aussi explosive ne correspondrait-elle pas plutôt à une sorte d'épidémie psychique ? Restons prudents.

Séduite chaque jour davantage par les sirènes de l'irrationnel et les troublantes perspectives du *new-age*, l'Amérique n'a pas fini de nous surprendre. Il n'est que de comparer l'évolution des réponses données, à quatorze années d'intervalle, à deux sondages cherchant à déterminer la proportion de la population ayant eu des expériences de :

- Contact avec les défunts : 42 % en 1987 (27 % en 1973)
- ESP[1], « déjà-vu » : 67 % en 1987 (58 % en 1973)
- Clairvoyance : 31 % en 1987 (24 % en 1973)

Ce type de questionnaire aurait pu être formulé au XIXe siècle. La conquête de l'espace allait inspirer à notre fin de siècle un autre sujet de spéculation : le contact avec d'éventuels extraterrestes. Un sujet très porteur comme devait déjà le révéler, en 1987, le magazine *Omni*. Ce magazine « branché » et de bonne tenue intellectuelle proposa la bagatelle de 450 questions[2] à ses lecteurs pour découvrir s'ils n'auraient pas eu une « rencontre » avec des ovnis ou des aliens. D'après 2 000 réponses analysées :

— 75 % ont vu un ovni,

— 42 % ont eu un *missing time*,

1. Perception extrasensorielle.

2. Ce questionnaire, ébauche du Roper, a été proposé par Budd Hopkins à la Fund for UFO Research de Mount Rainier (Maryland) dans le but de connaître l'ampleur du phénomène de l'enlèvement.

— 33 % ont découvert sur leur corps des traces de blessures ou des cicatrices inexplicables,

— 39 % ressentent, dans certains lieux bien précis, d'incompréhensibles crises de panique,

— 31 % se sont retrouvés dans un endroit différent de celui où ils étaient quelques secondes auparavant,

— 41 % ont des rêves récurrents d'ovnis,

— 65 % pensent que les ovnis sont d'origine extraterrestre...

Des pourcentages plus éloquents que n'importe quel discours, mais s'appuyant sur un public trop spécifique pour être représentatif : par définition, les lecteurs d'*Omni* sont plus favorables que la moyenne à ce genre de sujet. L'étape suivante, beaucoup plus ambitieuse (elle prétendait dresser l'état des lieux de la population américaine), se voulait très pointue en se focalisant sur le sujet précis des abductions. En d'autres termes, elle cherchait à savoir combien d'Américains pouvaient avoir été enlevés. Déjà quelques chiffres circulaient. Inquiétants. En se basant sur le nombre de cas connus et en extrapolant ce chiffre à la population américaine, le Dr John Miller[1] parvenait, au terme de calculs compliqués, à une estimation minimale de 200 000. A la demande de deux mécènes fort intéressés par l'ampleur du phénomène — Robert Bigelow, un homme d'affaires de Las Vegas, et SAS le prince Hans-Adam de Liechtenstein, souverain régnant —, l'organisation Roper effectua un sondage sur 6 000 adultes constituant un échantillonnage représentatif de la population américaine et vivant dans tous les États, Alaska et Hawaii exceptés. Coût du sondage : un demi-million de dollars. Puis, en 1992, Robert Bigelow finança la publication d'une longue analyse commentée des résultats qui fut envoyée à plus de 100 000 psychologues, psychiatres, et autres professionnels de la santé mentale. Y était joint un formulaire destiné aux lecteurs désirant recevoir d'autres informations.

---

1. « Envelope Epidemiology », in *BAE**, vol. 2, n° 5.

Sobrement intitulé *Expériences personnelles inhabituelles*, ce rapport d'une soixantaine de pages s'ouvrait sur une préface du Pr John Mack et constituait un véritable brûlot. Jamais la question : « Pensez-vous avoir été enlevé à bord d'un ovni ? » n'avait été posée directement. Pour deux raisons ainsi justifiées par les auteurs du questionnaire : d'abord parce que, la plupart du temps, les victimes ont refoulé ces expériences et ne s'en souviennent pas, et ensuite parce que ceux qui se les rappellent ont subi tant de sarcasmes lorsqu'ils en parlaient qu'ils refuseraient d'en faire état devant des étrangers. Aussi les demandes portaient-elles sur des événements ou des souvenirs spécifiques dont font couramment état les ravis : événements ou souvenirs égalcment inhabituels qui, pour les chercheurs, pouvaient laisser présager un enlèvement.

Il faut croire que ces « expériences inhabituelles » sont tout sauf rares car « 1 Américain sur 50 (soit 2 %) présente TOUTES les caractéristiques de la victime de l'enlèvement ». Étendu à l'ensemble de la population américaine, ce pourcentage donne, par extrapolation, ce nombre ahurissant que nous mentionnions plus haut de 3 700 000 enlevés potentiels !

Pour être reconnu comme ravi par les auteurs du rapport, il fallait, parmi les questions proposées, avoir répondu oui à quatre des cinq questions suivantes considérées comme « indicateurs principaux » (les chiffres entre parenthèses indiquent le pourcentage de ceux qui reconnaissent avoir eu cette expérience au moins une fois) :

— Vous êtes-vous réveillé paralysé, en ayant la sensation qu'une personne ou un être étrange était auprès de vous ? (18 %)

— Avez-vous eu une période d'amnésie d'une heure ou plus ? (13 %)

— Vous êtes-vous découvert en train de flotter dans les airs sans comprendre comment ni pourquoi ? (10 %)

— Avez-vous vu des lumières inhabituelles ou des

boules lumineuses dans votre environnement sans comprendre d'où elles venaient ni ce qui pouvait les produire ? (8 %)

— Avez-vous découvert sur votre corps des cicatrices inconnues dont ni vous ni personne ne savez comment elles vous sont venues ? (8 %)

Quand on connaît la répugnance des ravis à raconter leurs histoires tant ils ont peur de n'être pas crus ou de passer pour fous (ce sont toujours les mêmes qui se produisent à la télévision, les militants qui veulent qu'on reconnaisse l'existence de leurs problèmes comme un fait de société et cèdent aux pressions des chercheurs qui les poussent à se présenter : la grande majorité des enlevés refusent toute publicité autour de leurs expériences et se cantonnent dans un strict anonymat), ces résultats ont de quoi laisser songeur. Ils outrepassaient les « plus sombres estimations » des auteurs[1] du questionnaire qui avaient pensé y introduire une « question piège » pour *éliminer les mystificateurs*. Glissée au milieu d'interrogations du genre « avez-vous vu un fantôme » ou « avez-vous rêvé d'ovni de façon très réaliste ? », elle se présentait de façon presque plausible pour les amateurs de science-fiction où les ET utilisent des concepts et des mots n'appartenant pas à notre planète : « Avez-vous vu ou entendu le mot TRONDANT en sachant que ce terme a une signification secrète pour vous ? » Les sondés ont fait preuve d'une belle honnêteté. Alors que 18 % avaient senti la présence d'un être « étrange » dans leur chambre, que 14 % avaient eu l'impression de quitter leur corps, seulement 1 % d'entre eux pensait que le mot *trondant* (fabriqué de toutes pièces pour les besoins de l'enquête) leur rappelait quelque chose.

Sans, pour l'instant, porter le moindre jugement sur la réalité de ces expériences présentées comme « vécues », il faut reconnaître que le sondage Roper mettait

1. J. Mack (professeur de psychiatrie), R. Westrum (professeur de sociologie), D. Jacobs (professeur d'histoire), J. Carpenter (psychologue) et B. Hopkins.

en évidence un phénomène sociologique non négligeable. Par l'envoi massif du rapport, le dossier des enlèvements passait du camp des ufologues dans celui des psys : nul, parmi les professionnels, ne pouvait plus en ignorer l'existence. C'était le but de l'opération. Comme le souligne le Pr J. Mack, « il est important que les cliniciens vers lesquels se tournent les ravis pour recevoir de l'aide soient ouverts à la possibilité qu'il existe ou qu'il arrive à leurs patients quelque chose qui, *selon notre optique occidentale, ne peut pas ou ne devrait pas exister* ».

John Mack fut un des premiers psychiatres à prendre au sérieux ces effarants récits qu'on croirait issus d'un Moyen Age visité par la soucoupe. Son évolution est symptomatique de ceux qui commencent à se pencher sur ce dossier aux relents de soufre : on le goûte avec méfiance, et on ne veut plus le lâcher, si fou qu'il apparaisse. Après avoir d'abord considéré les témoignages de rencontres avec les ufonautes* comme des absurdités, il eut la curiosité de les étudier de façon plus approfondie. Surprise : leurs auteurs n'étaient ni des psychotiques, ni des simulateurs, ni des mégalomanes ayant besoin de faire parler d'eux, ni des gens cherchant à compenser par des fantasmes des traumatismes subis dans l'enfance tel le viol ou autres sévices graves. Une véritable énigme ! Mack n'hésite pas à déclarer officiellement que les enlevés sont victimes d'une erreur de diagnostic ; leurs aventures n'ont rien d'une anomalie relevant de sa spécialité, mais constituent un *phénomène important et intéressant* : « Parce que leurs histoires ont le seul défaut de dépasser les limites de ce qu'un thérapeute a l'habitude de considérer comme la réalité, on essaye de les classer dans une catégorie psychiatrique ou une autre », explique-t-il. Se fondant sur la centaine de cas qu'il a personnellement suivis et aidés, le Pr John Mack est catégorique : « Après leur avoir fait passer des batteries de tests psychologiques, je n'ai trouvé, à ma grande surprise, aucune explication psychologique ou psychiatrique pour ces récits. *Ces gens ne sont pas des malades* *mentaux.* » Et le spécialiste constate : « Il n'y a pas d'explication psychiatrique pour ce phénomène. C'est un *authentique mystère.* » Un mystère qui ne cesse de s'épaissir chez l'Oncle Sam.

Aussi la nécessité de proposer une réflexion sur ce sujet et le choix d'un lieu de si haute réputation (le MIT) n'avaient-ils rien de fortuit. John Mack s'en est clairement expliqué en annonçant l'Abduction Study Conference :

« Des milliers d'Américains, peut-être des millions, ont le souvenir d'avoir été appréhendés, réduits à l'impuissance et examinés par des êtres venus d'ailleurs tandis qu'ils étaient immobilisés sur une table dans une pièce étrangement éclairée... Dans de nombreux cas, des cicatrices spécifiques ou des marques particulières sur la peau sont attribuées à la pratique de ces examens.

« Aussi incroyable que puisse paraître cette proposition, il s'agit d'un fait scientifique...

« ... Nous avons délibérément choisi le MIT comme lieu de ce séminaire pour en souligner l'aspect scientifique. »

Il fallait faire vite : l'aspect le plus inquiétant du phénomène (de-telles-aventures-vécues-par-des-Américains-moyens-peuvent-arriver-à-n'importe-qui-pourquoi-pas-à-vous ?) allait être jeté en pâture à la nation. *Via* la télévision, sous la forme d'un « docu-drama » de quatre heures *(Intruders)* basé sur divers cas enquêtés par Budd Hopkins — un pionnier dans la recherche sur les enlèvements. Les affres des victimes en proie à leurs ravisseurs venus d'ailleurs ne manqueraient pas de susciter un vif intérêt du grand public pour le sujet, et John Mack redoutait l'impact de cette série (à laquelle il avait collaboré) sur ceux « qui pourront réaliser avec angoisse qu'ils ont peut-être été enlevés ».

La remarque est intéressante : il serait donc possible d'être enlevé sans le savoir ? Les congressistes n'allaient pas tarder à l'apprendre. A huis clos, deux cents psychiatres, psychothérapeutes, travailleurs sociaux, sociologues et autres professionnels de la santé mentale allaient découvrir, dans ses moindres détails, cette épidémie qui fascine et révulse l'Amérique et dont l'étrangeté laisse perplexe les spécialistes de la psyché. Quelques expérienceurs* étaient venus témoigner en direct. Ils ne représentaient que la face visible de l'iceberg, les eaux profondes du non-dit recelant une multitude de cas analogues que les chercheurs étaient bien décidés à débusquer, pour les étudier et les aider. Ainsi le MUFON*, la plus importante association d'ufologues américains, peut désormais s'assurer de la collaboration de plus de cent professionnels de la santé mentale désireux de travailler avec les victimes présupposées des ovnis.

Déjà quelques pistes s'annonçaient prometteuses : il ne s'agissait plus de témoignages mais de début de preuves. Certains examens IRM (images obtenues par résonance magnétique) et certaines radiographies du cerveau révèlent, chez des sujets affirmant qu'on leur avait mis des implants dans la tête, des anomalies que les médecins ne peuvent comprendre. Chez une jeune femme : une petite tache sphérique de 3 millimètres. Chez une autre : une tache blanche assez importante et tout aussi énigmatique ; cette étrange substance avait dû être introduite dans la tête du sujet lorsqu'il était enfant car la croissance du nez avait été déviée, comme pour l'éviter. Dans les deux cas, ces anomalies étaient situées dans les zones du cerveau ayant un rapport avec les sensations liées à l'expérience d'enlèvement. Le rapport médical suggère qu'il y aurait « plus que des causes psychologiques à cette expérience ». Plus remarquable : le physicien David Pritchard, qui prend ce dossier très au sérieux (« Il y a beaucoup de choses dans ce monde qui ne peuvent être expliquées par la dualité cartésienne », devait-il déclarer), annonçait qu'il était en train de procéder à l'analyse d'un implant présumé.

L'un des plus étonnants phénomènes de société de ce siècle allait-il livrer ses secrets ?

2

La « période de rodage » des enlèvements : de la tentative manquée à la réussite. — Les premières pièces du dossier. — Absurdités délibérées pour décrédibiliser le témoin. — La Commission Condon sur la piste. — Utilisation de l'hypnose. — Petits Gris ou reptiliens ? — On enlève bien les chevaux.

La boîte de Pandore est ouverte. Les mystérieuses relations entre aliens et abductees ont échappé au secret des publications confidentielles et des réunions pour initiés ; désormais, elles colonisent la télévision. Aux États-Unis, *talk-shows*, reportages, « docu-drama » ou émissions à caractère légèrement plus scientifique, nourrissent la télévision d'une ration presque quotidienne de récits d'épouvante. Victimes et chercheurs se succèdent, narrant d'impossibles aventures qui peuvent-arriver-à-n'importe-qui. Le sujet fait désormais partie du « paysage audiovisuel » américain au même titre que les secrets de la forme ou les régimes amaigrissants.

Cette abondante médiatisation des « enlèvements » ne doit pas faire illusion : la connaissance de ce phénomène — tel qu'on le présente actuellement — est très récente. Sujet totalement tabou à ses débuts — même au sein de la communauté ufologique qui craignait que la révélation de témoignages aussi aberrants n'ôtât toute crédibilité au dossier ovni —, il n'était connu que par de rares cas, tout à fait isolés et dont le dénominateur commun était... le silence embarrassé qu'il suscitait immanquablement.

Récemment, Jacques Vallée me racontait que, lorsqu'en 1969 il publia *Passport to Magonia* [1], ouvrage à la fin duquel il avait établi un catalogue recensant un siècle (1868-1968) d'atterrissages d'ovnis, un jeune universitaire lui avait exprimé de véhéments reproches, prétextant qu'il aurait dû opérer une censure et ne jamais mentionner la présence des « occupants » qui, estimait-il, discréditait totalement le phénomène aux yeux de la communauté scientifique. Le jeune universitaire en question s'appelait David Jacobs et devait faire beaucoup parler de lui en consacrant sa thèse d'histoire à la controverse au sujet des ovnis aux États-Unis. Historien et professeur à l'université Temple de Philadelphie, Jacobs est dorénavant un abductionniste* convaincu. Comme un certain nombre de chercheurs américains s'intéressant aux enlèvements, il a constitué son propre *support group* [2] (groupe de soutien) pour les ravis. Inlassablement, il soumet ces derniers à des séances d'hypnose dans l'espoir d'en apprendre davantage sur les noirs desseins de ces aliens auxquels il croit désormais, ainsi qu'il l'expose dans son dernier ouvrage [3].

Bien avant cette épidémie qui s'abat principalement sur les États-Unis et commence à s'étendre à la planète, quelques cas émergeaient. Il serait trop long de tenter d'en faire l'historique, cependant je veux présenter ici

1. Traduit en français sous le titre *Chronique des apparitions extraterrestres*, Denoël, 1972.

2. Conçus sur le modèle des « Alcooliques anonymes » les groupes de soutien aux ravis se multiplient aux États-Unis tant est grand leur besoin de se sentir rassurés sur leur « normalité » et de pouvoir échanger avec ceux qui sont passés par les mêmes expériences. Ces groupes sont souvent menés par des thérapeutes (dont certains, ne brillant pas par l'éthique, n'hésitent pas à « racoler » leurs futurs patients au cours de séminaires ou de conférences très accrocheuses sur les enlèvements), par des ufologues ou enfin par des ravis qui y tiennent le rôle de « psychothérapeute », aucune formation n'étant requise pour se parer de cette appellation : il suffit de ne pas se prévaloir d'un titre médical, de ne pas se prétendre, par exemple, médecin ou psychiatre.

3. *Secret Life, Firsthand Accounts of UFO Abductions*, Simon & Schuster, 1992.

certains des premiers témoignages faisant état de ces rencontres rapprochées* qui, de nos jours, seraient considérées comme des enlèvements ou des tentatives d'enlèvements : d'après les témoignages, des aliens auraient essayé de capturer des humains pour les emmener à bord de leur ovni, mais n'y seraient pas parvenus. Tout se passe comme si le phénomène de l'abduction avait eu besoin d'une période d'élaboration, de rodage, avant de parvenir à la forme sous laquelle il se manifeste de nos jours.

C'est en août 1947 que, pour la première fois, la presse publia un témoignage relatant une tentative d'enlèvement par des extraterrestres. Les faits allégués remontent au 26 juillet de cette même année. Cette date mérite d'être remarquée : les premières soucoupes volantes venaient juste d'être signalées dans le ciel, par l'observation de Kenneth Arnold, le 24 juin 1947[1]. Le 8 août 1947, un quotidien brésilien *Diario da Tarde de Curitiba*, rapporta alors une curieuse histoire : un géographe du nom de Higgins, alors qu'il se livrait à une étude de terrain en forêt, avait failli être enlevé à bord d'une machine volante dont la forme évoquait deux assiettes accolées. L'homme traversait une clairière en compagnie de ses assistants, quand il vit un étrange objet volant dépourvu d'ailes apparaître dans le ciel et atterrir près de lui. En sortirent deux êtres identiques, de grande taille et totalement chauves ; ils étaient vêtus d'une sorte de scaphandre transparent et, détail loufoque, chaussés de sandales. Une force irrésistible contraignit le géographe à s'approcher des intrus. Par gestes, ces derniers lui firent signe de monter à bord. A en croire Higgins, il eut très peur et chercha à ignorer l'invite. Un dialogue de sourds — ou plutôt de muets —

1. K. Arnold volait à bord d'un avion privé près de Yakima (Washington) quand il vit neuf objets en forme de disques volant à grande vitesse. L'observation de ce pilote confirmé (homme d'affaires et *deputy sheriff* de surcroît) fut prise au sérieux par l'US Air Force, la presse et le public.

s'ensuivit. Les êtres dessinèrent sur le sol des cercles concentriques, des orbites avec des points, comme pour indiquer leur provenance spatiale. Ayant remarqué que les êtres semblaient craindre la lumière du soleil et se tenaient à l'ombre, Higgins se glissa au soleil et, parvenant à leur fausser compagnie, alla se cacher dans les fourrés voisins d'où il observa les curieux personnages. Comme si elles avaient oublié son existence, les créatures s'amusèrent pendant un certain temps à lancer des cailloux vers le ciel ; enfin, elles regagnèrent leur engin qui décolla et fila vers le zénith.

On n'entendit plus jamais parler de Higgins. Qui était-il ? Qu'est-il devenu ? Qu'y a-t-il de réel dans cette histoire ? Mystère. A l'époque, nul enquêteur ne chercha à approfondir ce fait divers des plus insolites. Quoi qu'il en soit, la date de publication de l'article indique qu'un mois après la première apparition des soucoupes volantes, le thème de la grande saga des enlèvements était déjà esquissé : des « êtres » venus du ciel se manifestent pour attirer les humains à bord de leurs étranges machines. Au fil des années, ce thème ne cessera de s'enrichir de péripéties de plus en plus surprenantes.

Higgins avait eu la chance de rencontrer des extraterrestres au comportement singulièrement bon enfant. Ni agressifs ni menaçants, les humanoïdes s'étaient contentés de rester sur terre et de jouer au lieu de le contraindre par la force et de s'enfuir comme ils le feront par la suite en cas d'échec. Avec le cas suivant, il ne s'agit plus d'une simple invitation au voyage mais d'une histoire beaucoup moins plaisante.

Dans la soirée du 19 août 1952, dans la région de West Palm Beach (Floride), Sonny Desvergers[1] (trente ans) marche, en compagnie de trois de ses scouts, dans une forêt de palmiers. Les jeunes gens distinguent à travers les palmes six petits points lumineux « semblables

1. Pour plus de détails, voir capitaine Edward J. Ruppelt, *Face aux soucoupes volantes*, éd. France-Empire.

à des hublots d'avion » qui plongent vers les bois. Croyant qu'il s'agit d'un avion en détresse qui va s'écraser, le chef scout décide de se rendre sur les lieux où il imagine que l'accident va se produire, afin de porter secours aux passagers. Le groupe presse le pas et finit par repérer au loin les petites lumières. Cette fois, elles sont immobiles. Comme posées sur la cime des arbres. Desvergers préfère partir seul en exploration. Laissant ses scouts sur place, il leur demande de prévenir le shérif s'il n'est pas de retour une dizaine de minutes plus tard et s'éloigne, muni d'une lanterne et de sa machette.

Ne le voyant pas revenir, les garçons font alerter le shérif qui, une demi-heure plus tard, les rejoint sur les lieux. Toujours pas de Sonny Desvergers. Tandis que les garçons résument la situation au policier, leur chef apparaît, pâle et tremblant. Il répète, l'air égaré :

— J'arrive, me voici [1].

Sa lanterne a disparu mais il tient toujours sa machette. Ses vêtements sont en désordre, troués à plusieurs endroits, son bras gauche, sanguinolent, porte la marque d'une brûlure profonde, ses cheveux sont roussis. Il narre ainsi son aventure.

S'étant avancé dans la forêt à la recherche des mystérieuses lumières, il se retrouva dans une clairière, avec la curieuse sensation de ne pas être seul ; cependant, il ne vit personne. Soudain, il se mit à suffoquer : l'air était devenu d'une chaleur insupportable. Levant les yeux, il réalisa qu'il ne pouvait plus distinguer le ciel. Il ne voyait plus les étoiles. Tout était noir au-dessus de lui ! Il éleva à bout de bras sa lanterne dont la faible lueur lui révéla, à peu près à un mètre au-dessus de sa tête, comme un « plafond métallique d'un gris sale ». Terrifié, il recula en s'efforçant de ne pas faire de bruit. La distance lui permit de réaliser que ce plafond métallique se présentait comme un disque d'une dizaine de mètres d'épaisseur. Un dôme hémisphérique transparent, à l'intérieur duquel il pouvait distinguer une créa-

1. A rapprocher des propos tenus par le caporal Valdès, lorsqu'il se « rematérialisa » au milieu de ses hommes.

ture animée, surplombait le centre de l'objet. Le dôme s'ouvrit. Une boule de feu en jaillit, fondit sur lui, l'enveloppa de lumière et de chaleur tandis qu'une « puissante odeur » s'exhalait, le prenant à la gorge. Il eut le réflexe instinctif de se protéger le visage derrière ses bras repliés avant de s'évanouir. Lorsqu'il reprit connaissance, l'objet métallique avait disparu. Son bras gauche, brûlé, le faisait horriblement souffrir. Sa gorge le piquait. Il eut du mal à se remettre en route tant il se sentait engourdi et endolori.

Cette affaire fit l'objet d'une minutieuse enquête. Le chef[1], ses scouts et le shérif furent longuement entendus. Malgré la disparition du mystérieux engin, il demeurait de cette étrange histoire quelques éléments difficiles à expliquer. On examina l'herbe de la clairière à l'endroit où le chef scout prétendait avoir été brûlé par le feu : les feuilles étaient intactes, mais les racines, carbonisées. Diverses expériences furent alors réalisées qui menèrent à cette conclusion : ce genre de carbonisation ne pouvait être produite qu'à l'aide d'un champ magnétique alternatif engendré par un courant d'induction. Un tel champ magnétique produit un dégagement d'ozone. Or, rapporte le capitaine Edward J. Ruppelt[2], on avait fait sentir à Desvergers divers types de gaz dont il ignorait la nature, afin qu'il puisse établir une comparaison avec celui qu'il avait respiré au cours de son expérience. Sans hésitation, Desvergers désigna l'ozone. Les blessures du chef scout (sévères brûlures

1. D'après le témoignage du député Partin — qui mena également l'enquête sur cette affaire et qui connaissait personnellement Sonny Desvergers —, le chef scout, marié, père d'un petit garçon, n'était pas du genre à monter un canular de ce type, et les trois garçons étaient sincères. De toute façon, quel intérêt Desvergers aurait-il eu à se brûler aussi gravement ?

2. Le capitaine Ruppelt fut le chef du projet *New Grudge*, un des programmes de recherches sur les ovnis créés par l'US Air Force et qui devait devenir le projet *Blue Book*. Cet officier (qui, par la suite, devait reconnaître que le but de tels projets n'était pas de faire la lumière sur ce sujet mais de le banaliser) ne saurait être taxé de naïveté ou d'exagération pro-soucoupique.

au bras et au poignet, ampoules, noircissement de la peau) ainsi que les dégâts subis par ses vêtements furent soigneusement étudiés (les laboratoires de l'*Air Technical Intelligence Center* ne rendirent jamais la casquette brûlée à son propriétaire).

De cette histoire, il convient de retenir un détail peu spectaculaire et cependant énigmatique, détail dont nous aurons l'occasion de parler plus longuement. Le récit de Desvergers fait état de cet *épisode amnésique* que l'on retrouve chez tous les ravis et que l'on devait appeler, des années plus tard, le *missing time* (temps manquant). Une demi-heure de son temps avait littéralement « disparu » puisqu'il n'en avait gardé aucun souvenir. Sans cause physiologique, un blocage de la mémoire est rarement anodin : on n'oublie pas par hasard.

Ce cas peut être considéré comme le premier cas potentiel d'enlèvement avec *missing time*. Bien *avant* que le scénario archétypal des enlèvements ne soit constitué, il en porte la signature devenue traditionnelle. Un autre détail se retrouve communément dans les récits des ravis : *l'impression*, au début de leur expérience, *de ne pas être seul*. Ces deux éléments étaient, à l'époque, inconnus des chercheurs.

La même année aux États-Unis, une affaire insolite remue les milieux de l'aviation. Comme dans un mauvais roman où l'auteur ne sait comment se débarrasser d'un héros encombrant, elle se termine d'une façon commode : derrière les murs discrets d'un hôpital psychiatrique.

En juillet 1952, un jeune pilote, Fred Reagan, vole à bord de son Piper Cub quand il distingue dans le ciel un éblouissant objet volant en forme de losange. Reagan n'a pas le temps de pousser son manche pour voir à quoi peut correspondre cet incompréhensible phénomène lumineux : l'objet fonce sur lui et le heurte violemment à l'arrière. Reagan est projeté hors de son petit avion dont une aile et le moteur se détachent. Il n'a pas de parachute : sa mort est certaine. Très classiquement, il voit le paysage « monter » vers lui mais, brutalement, sa chute s'arrête. Ses vêtements ne sont plus plaqués par la vitesse contre son corps, il ne sent plus le vent sur son visage. Il ne tombe plus, il flotte dans l'air, incapable de bouger, comme paralysé ! Cette expérience aberrante ne s'arrête pas là : Reagan se sent aspiré jusqu'à l'engin en forme de losange qui stationne au-dessus de lui et à l'intérieur duquel il se retrouve bientôt. Trois formes bizarres, qu'il compare à d'énormes « asperges métalliques », l'entourent. L'une se déplace vers lui. Paniqué, il essaye de reculer mais une odeur agréable vient agir sur lui « comme un calmant » : il se sent rasséréné mais... ne se souvient plus de ce qui lui arrive jusqu'au moment où il reprend ses sens, allongé sur quelque chose de « doux, froid et moelleux à la fois ». Une voix métallique qui semble sortir d'un haut-parleur lui présente, d'un ton monocorde, des excuses pour la destruction involontaire de son avion. Par le truchement de cette voix, les ET (décrits par le pilote comme des « asperges ») lui expliquent qu'ils sont là pour observer notre civilisation primitive, qu'ils regrettent de ne pouvoir remplacer son avion mais qu'en dédommagement ils l'ont guéri d'un cancer (Reagan n'avait jamais entendu dire qu'il était atteint de cette maladie !). Ils lui annoncent qu'ils vont le ramener à la surface de la Terre et lui recommandent expressément de ne pas parler de ce qui lui est arrivé sous peine de ne pas être cru.

Une fois encore, Reagan perd conscience et il se retrouve dans une chambre d'hôpital (terrestre) où médecins et infirmières n'en reviennent pas de sa chance. Son Piper Cub s'était littéralement enfoncé dans le sol : le pilote n'aurait jamais dû sortir vivant d'un tel accident.

Reagan n'a pas résisté au besoin de narrer, avec le plus grand soin, son extravagante odyssée, certifiant sur l'honneur que son témoignage était véridique. Nul ne crut à cet abracadabrant roman de science-fiction dont le souvenir hantait Reagan ; il fut interné à l'asile d'aliénés d'Atlanta où il mourut le 16 mai 1953.

Pour de mystérieuses raisons jamais élucidées, le cadavre de Reagan fut autopsié. La mort avait été provoquée par la dégénérescence de son cerveau : celui-ci semblait avoir été exposé à des *radiations atomiques extrêmement puissantes*. Personne ne peut expliquer comment il avait pu être soumis à de telles radiations. Jimmy Guieu n'hésite pas à écrire : « En voulant le guérir du cancer dont il était atteint, les occupants de l'astronef lui administrèrent une dose de radiations trop forte qui, au bout d'un an, causèrent sa mort par dégénérescence des tissus du cerveau [1]. »

Entre septembre et décembre 1954, une vague d'ovnis d'une exceptionnelle importance suscite l'effervescence de nombreux pays. Le Venezuela est, sur son territoire y compris la région de Caracas, le théâtre d'un nombre considérable de manifestations d'objets volants. De tous côtés affluent des témoignages auxquels la presse fait grand écho. Les humanoïdes s'y révèlent agressifs, comme le montre le cas suivant.

> Le 28 novembre, deux ouvriers agricoles, Gustavo Gonzalez et Jose Ponce, conduisent de nuit une camionnette dans la région de Petare. Il est à peu près deux heures du matin quand ils remarquent une lumière violente. Ils arrêtent leur véhicule, en descendent et ne tardent pas à distinguer une soucoupe lumineuse d'où sortent trois êtres qu'ils décriront comme velus, de très petite taille, dépourvus de nez, pieds nus et les yeux très brillants [2]. Un de ces êtres s'approche de la camionnette. Gustavo Gonzalez essaye de l'attraper en le prenant entre ses bras mais, en dépit de sa petitesse, l'humanoïde est « extrêmement fort », il se dégage. Gonzalez veut le poursuivre, il sort son couteau mais deux autres créatures l'aveuglent en brandissant vers lui une espèce de lanterne : « Quand je suis sorti de cette sorte de *transe* [3] causée par la

---

1. *Black-out sur les soucoupes volantes*, Omnium Littéraire, 1956.
2. *El Universal*, Caracas, 29 novembre 1954.
3. C'est moi qui souligne, mais le terme est du témoin : « *Cuando salí de aquella especie de trance...* »

lumière, je tenais à la main mon couteau de poche. Je me suis alors souvenu que, lorsque j'en ai flanqué un coup à cet être étrange, l'arme a glissé sur son corps comme si j'avais frappé un matériau plus résistant que la lame. »

Les deux camarades reviennent à eux en même temps, sans se souvenir de la suite du combat. Leurs corps sont couverts de griffures et leurs vêtements, déchirés. Un routier les emmène au poste de premier secours. Ils sont tous deux dans un état d'extrême nervosité. Le flanc gauche de Gustavo Gonzalez porte des traces de contusions. Ils ne savent ni l'un ni l'autre ce qui leur est arrivé mais une chose est certaine : les deux hommes étaient amis et n'avaient aucune raison de se quereller.

La vague de 1954 n'a pas épargné la France où nous choisirons un autre exemple dont la structure suggère une possibilité d'enlèvement.

Le 26 septembre, Mme Lebœuf ramasse des mûres dans un chemin creux près de Chabeuil (Drôme). Son chien ne cesse d'aboyer et de gronder devant ce qu'elle prend d'abord pour un épouvantail à moineaux dressé au bord du champ de maïs voisin. Sans succès, elle appelle sa bête et, s'approchant d'elle pour la calmer, Mme Lebœuf s'aperçoit, terrifiée, que l'« épouvantail » se déplace et, par bonds, se dirige vers elle : il s'agit d'un petit être casqué dépourvu de bras, enveloppé dans une sorte de scaphandre fait dans un matériau transparent ressemblant à de la cellophane, et dont elle ne peut distinguer le visage à travers la visière protectrice du casque. Hurlant de frayeur, elle tente de se cacher dans la haie du chemin creux au milieu des buissons. A travers les branches, elle observe un engin d'un gris « tout sale » et dont la forme évoque une gigantesque toupie mécanique d'enfant ; l'objet décolle lentement puis disparaît à une vitesse vertigineuse en émettant un fort sifflement.

Non loin de là, M. Lebœuf (ancien aviateur) a entendu ce son strident qui ne ressemble à rien de connu. En compagnie de trois agriculteurs, il se dirige vers l'endroit d'où lui est parvenu le bruit et, en empruntant le chemin, découvre dans le taillis sa femme. Inerte. Comme paralysée. Quand elle revient à elle, Mme Lebœuf est incapable d'expliquer ce qui lui est arrivé. Elle ne sait pas comment l'« être » qui s'avançait en sautillant vers elle a disparu, ni combien de temps elle est restée dans les buissons.

Qu'a vécu Mme Lebœuf pendant son épisode amnésique ? Rien peut-être : elle a pu s'évanouir de saisissement. Mais son *missing time* permet d'évoquer une possibilité d'enlèvement : comme nous le verrons plus loin, un laps de temps de vingt minutes est suffisant dans certains cas pour que se produisent les étranges événements dont le sujet ne retrouve pas toujours spontanément le souvenir.

En Europe comme dans les deux Amériques, l'année 1954 est riche en témoignages de rencontres d'humanoïdes. Si leurs apparences sont variées, le type le plus fréquemment rapporté alors est le nain, velu ou pas, avec ou sans scaphandre. A cette époque, les « contacts » humains/aliens se limitent à de brefs échanges, à quelques gestes (nous ne parlons pas de contacts physiques comme ceux relatés par Adamski[1]). L'humain ne paraît

---

1. Le premier (et le plus célèbre) des « contactés ». Au cours des années cinquante, ce Californien affirma avoir rencontré à plusieurs reprises, et souvent à bord d'un vaisseau spatial, un certain nombre d'ET (dont un grand Vénusien blond, une superbe femme de l'espace, et un « Maître ») qui lui auraient appris que les aliens venaient pour sauver la Terre et les autres planètes du système solaire gravement menacées par les radiations issues de nos expériences atomiques dans l'atmosphère. La grande aventure d'Adamski remonte au 20 novembre 1952. Ce jour-là, il part dans le Desert Center (Californie) avec quelques disciples dans l'espoir d'obtenir un contact avec les « peuples de l'Espace ». Il voit un petit ovni sortir d'un gros vaisseau-mère en forme de cigare, et se poser. En sort un magnifique ET, Orthon, avec qui il a un long entretien télépathique et qui l'emmène à bord de son engin visiter des villes de l'autre côté de la lune. Adamski a pris un certain nombre de photos (très controversées) des différentes soucoupes qui, prétendait-il, se manifestaient à lui quand il le désirait.

Adamski fera école. A sa suite, certains se proclameront « contactés », et affirmeront être en relation avec nos bienveillants « Frères de l'Espace » qui leur dispenseraient un enseignement, les emmèneraient vers d'autres planètes et leur confieraient la mission d'apprendre à l'homme à respecter notre planète et à vivre en paix. L'ère des contactés est maintenant révolue. Celle des *channels* lui a succédé.

pas intéresser outre mesure les Visiteurs* qui se comportent comme de simples explorateurs de *terrœ incognitœ* et se contentent de prélever des échantillons de sol, de végétaux et parfois d'animaux. Des témoins rapportent comment ils les ont vus se servir en fleurs[1] et en lapins lors de cette grande vague qui débuta en France en septembre pour gagner l'Italie un peu plus tard.

Les trois cas suivants illustrent la « curiosité » qu'inspirent aux visiteurs notre flore, notre faune et notre sol.

Le 30 octobre 1954, Mme Rosa Lotti vient faire une déposition au poste de carabiniers de sa commune (aux alentours de Florence). Cette brave ménagère italienne se trouve dans un état proche de la panique. Elle traversait un champ, portant un gros bouquet d'œillets qu'elle destinait à l'église, quand elle remarqua dans une clairière une bizarre machine hémisphérique pourvue de deux petits sièges. Sans qu'elle les ait vus approcher, deux « Martiens » (à l'époque on ne parlait ni d'ET ni d'aliens) mesurant à peu près un mètre de haut et vêtus de combinaisons grises surgirent devant elle. Après lui avoir adressé quelques phrases dans une langue incompréhensible, les petits êtres lui arrachèrent son bouquet et s'enfuirent pour monter à bord de leur appareil qui a tout de suite décollé. Les carabiniers ont retrouvé sur le sol des traces

1. Les plants de lavandin d'un agriculteur français, Maurice Masse (à Valensole) eurent également les faveurs des visiteurs. Le 1er juillet 1965, vers 5 h 45 du matin, M. Masse fumait une cigarette avant d'aller travailler lorsqu'il entendit un sifflement provenant d'un objet volant de la taille d'une automobile qu'il vit atterrir dans son champ de lavande. Il se dirigea vers l'engin, une structure ovoïdale posée sur quatre pieds ; tout près, deux enfants examinaient les lavandins. Les « enfants » étaient en réalité de petits êtres (approximativement 1,20 mètre) moulés dans une combinaison gris foncé ; leur tête, énorme par rapport à leur corps, se terminait par un menton pointu. L'un d'eux pointa vers lui un petit instrument de la forme d'un crayon. M. Masse se sentit totalement paralysé pendant une vingtaine de minutes. Les êtres profitèrent de son immobilité pour remonter à bord de l'ovni dont les jambes se rétractèrent et l'objet décolla à vive allure. Les jours suivants, M. Masse passa le plus clair de son temps à dormir. Pendant deux ans, la lavande ne repoussa plus à l'endroit où l'ovni s'était posé.

correspondant à celles qu'aurait pu laisser un appareil de la forme et de la taille décrites par Mme Lotti.

Un scénario à peu près identique se déroula le 14 novembre 1954, toujours en Italie à Isola (village proche de La Spezia). Un paysan, Americo Lorenzini, s'apprête à nourrir ses lapins quand un engin lumineux en forme de fusée descend du ciel et se pose à une vingtaine de mètres de lui. De petits êtres, vêtus d'un scaphandre métallique, s'en extirpent et se dirigent vers les clapiers qui, d'après leurs gestes, semblent les intéresser prodigieusement. M. Lorenzini a le temps d'aller chercher son fusil, il s'embusque, guettant les invraisemblables intrus. Lorsqu'il les voit s'emparer de ses animaux, il veut tirer. Le coup ne part pas. Il veut hurler. Le cri ne franchit pas sa gorge. Americo Lorenzini est contraint de laisser tomber son fusil devenu « de plus en plus lourd ». Les bras chargés, les êtres remontent à bord de leur engin en emmenant leur butin. Après le départ des voleurs, M. Lorenzini retrouvera l'usage de sa voix et... de son fusil.

En 1964, avec Gary Wilcox, la scène devient plus pittoresque. Un matin, peu avant 10 heures, ce fermier américain de vingt-quatre ans est en train de fumer sa terre dans la vallée de Newark quand il remarque, dans le champ voisin, un gros objet brillant qu'il prend pour un débris d'avion. De plus près, il découvre qu'il s'agit d'un objet ovoïdal long de 5 mètres environ en métal dur. Deux petits hommes vêtus de combinaisons métallisées et portant des plateaux chargés d'échantillons de plantes, de racines et de terre qu'ils viennent de ramasser, se dirigent vers lui. Très loquaces, ces ET ! Ils prétendent venir de Mars où ils ont du mal à obtenir des récoltes sur une planète aussi aride et interrogent le paysan sur les techniques de fertilisation du sol. Après lui avoir tenu un discours sur les dangers de la pollution et lui avoir prédit la mort prochaine des astronautes Glenn et Grissom, ils montent dans leur vaisseau qui décolle et disparaît. Flatté de l'intérêt manifesté par les Martiens pour ses engrais, Wilcox en déposera le lendemain un sac à leur intention, à l'endroit même de leur rencontre. Le sac disparaîtra peu après. Wilcox a été examiné par un psychiatre, le

Dr Berthold Schwartz, qui l'a jugé « normal, méthodique et sincère ». Aucun des divers tests subis par le fermier ne permet de penser qu'il ait imaginé pareille histoire[1]. Mais rien non plus ne permet d'accepter l'affirmation que de tels êtres puissent venir de la planète Mars ! Mensonge délibéré (dont nous verrons se multiplier les exemples) ou clin d'œil malicieux aux hypothétiques « Martiens » que la science-fiction a fait entrer dans le langage populaire ? Les deux hypothèses sont plausibles.

Quoi qu'il en soit et d'où qu'ils viennent, les aliens d'alors s'intéressaient plus aux œillets, aux lapins et aux engrais qu'à Rosa Lotti, Americo Lorenzini ou Gary Wilcox. Leur goût n'allait pas tarder à évoluer.

Après quelques cas d'enlèvements « potentiels » (mais non réussis) qui furent publiés à l'époque, la presse narrera en 1956 et 1957 deux enlèvements. Le second, dont fut victime un soldat américain de l'armée d'occupation basée en Autriche (et que nous appellerons Z. puisqu'il refusa que son nom fût divulgué), a été relaté dans l'édition du 11 décembre 1957 du *Prince George Citizen* (journal de Colombie-Britannique), avant d'être repris par la presse locale. Il se serait produit quelques années auparavant, le 15 mai 1951.

La scène se passe aux environs de Salzbourg, il est à peu près onze heures du soir. Son service terminé, Z (chauffeur d'un colonel) rentre à bicyclette chez lui par un raccourci. D'un bosquet, surgit un personnage de petite taille qui pointe dans sa direction un mince objet semblable à un crayon. Le soldat entend un cliquetis, se sent paralysé et croit qu'il va tomber. L'être s'approche, lui attache sur la poitrine une plaque noire. Aussitôt, le soldat a l'impression que son corps, affranchi de la pesanteur, ne repose plus sur le sol. L'être l'entraîne vers une grosse masse ronde d'une cinquantaine de

1. Berthold E. Schwartz, *UFO Dynamics : Psychiatric and Psychic Aspects of the UFO Syndrome*, Rainbow Books, 1988.

mètres de diamètre posée dans un champ. Z se sent poussé à l'intérieur de cette masse dont une porte vient de s'ouvrir. Il est dans le noir, persuadé d'avoir été capturé par un espion. Peu à peu ses yeux s'habituent à l'obscurité et il découvre que les parois de l'objet sont totalement transparentes : à travers elles, il peut distinguer le paysage et les étoiles. Son ravisseur le maintient toujours sous l'action du mystérieux petit instrument. La structure s'élève dans les airs. L'être passe dans une autre salle de l'engin sans plus s'occuper de son prisonnier qui le guette à travers les cloisons « de verre ou de plastique ». Le soldat croit rêver tant est invraisemblable l'apparence de cet humanoïde chauve et vêtu d'un collant argenté : tête cylindrique, front démesuré, immenses yeux à facettes comme ceux d'une mouche, nez et oreilles réduits à de simples orifices, mains très allongées ne comportant que trois doigts. Une telle créature ne saurait être que le diable, pense le soldat qui finit par se demander s'il n'est pas mort. Le vaisseau poursuit sa course, survole de si près la Lune que Z peut en observer les cratères. La Terre s'éloigne, minuscule. Le vaisseau met le cap vers une autre planète couverte de champs rouges, de rivières, de ponts et d'une végétation luxuriante ; il se pose à la verticale sur une plate-forme dominant un vaste parking où sont agglutinés des centaines de vaisseaux spatiaux gris, dorés ou argentés, et le pilote descend s'entretenir avec un alien sorti d'une autre machine volante à l'intérieur de laquelle Z remarque des humains capturés comme lui : des hommes, des femmes, même des enfants. Quelques instants plus tard, toujours sans se soucier de son passager forcé, le pilote regagne le vaisseau qui, à une vitesse fulgurante, retourne vers la Terre. Le soldat est déposé près de l'endroit d'où il avait été enlevé. Avant de le quitter, l'être pointe encore son petit instrument vers lui. « Sans doute pour me faire tout oublier », commentera le soldat au journaliste qui l'interroge. Il est de retour chez lui à minuit vingt. Le voyage a duré une heure. Z se sent malade, mais n'ose rien dire à sa femme : « Elle aurait pensé que j'étais devenu fou. »

Trop insolite pour son temps, l'histoire de ce soldat américain est tombée à plat. Dans le fouillis des greniers à délire. Qui aurait pu imaginer que la plupart des éléments de cette folle équipée seraient relatés de nos jours par de nombreux témoins dont la bonne foi n'a pu être prise en défaut ? A cette époque, nous tenons à le rappeler, de telles histoires, considérées comme de pures billevesées, ne retenaient pas l'attention. Selon le credo ufologique de ce temps-là, les soi-disant tentatives de capture d'humains par les ET ne pouvaient réussir simplement parce qu'elles ne se produisaient pas.

La situation n'allait pas tarder à évoluer.

Au cours des années 1957 et 1961, apparaissent deux cas qui connaîtront une telle notoriété qu'on les considère comme les *scénarios fondateurs* de ce qui allait devenir la plus grande énigme — ou la plus étonnante légende fantastique — du XXe siècle.

Le premier témoignage de contact sexuel avec une extraterrestre remonte à octobre 1957 et nous vient du Brésil. Il émane d'un jeune fermier illettré de vingt-trois ans, Antonio Villas-Boas. Ce dernier travaillait de nuit dans un champ (une pratique courante au Brésil dans les périodes de grande chaleur) avec son frère quand tous deux voient zigzaguer dans le ciel un phénomène lumineux. Le lendemain, 15 octobre, vers une heure du matin, Antonio est seul. Il laboure avec son tracteur. La terre paraît éclairée au-delà de la portée de ses phares. Étrange... Le paysan lève la tête : un énorme vaisseau lumineux en forme d'œuf se dirige vers lui à une vitesse incroyable puis s'immobilise quelques minutes dans les airs à une cinquantaine de mètres de lui en inondant le champ d'une lumière éblouissante. L'engin ralentit, descend doucement vers le sol et atterrit en se posant sur « trois jambes métalliques ». Antonio veut s'enfuir avec son tracteur mais les phares s'éteignent, le moteur cale et refuse de redémarrer. Il se met à courir et bientôt est rattrapé par quatre entités casquées d'apparence humaine qui l'emmènent dans leur vaisseau en franchissant une porte qui demeurera invisible de l'intérieur[1]. Là, ces êtres (dont le langage se résume à une sorte d'aboiement) lui prélèvent du sang au menton, le dénudent, lui enduisent le corps d'un mystérieux liquide huileux, et l'entraînent dans une autre salle où de nombreux tubes enchevêtrés diffusent une fumée écœurante. Antonio est pris de vomissements incoercibles. Arrive une splendide humanoïde rousse de sexe féminin, au visage triangulaire et aux pommettes saillantes. Elle est complètement nue. Émettant quelques grognements, elle se plaque voluptueusement contre le corps de Villas-Boas et lui fait comprendre sans ambiguïté ce qu'elle attend de lui. Les autres créatures avaient quitté la salle pour les laisser seuls. En dépit de ses nausées, le fermier parvient à s'acquitter de sa tâche d'étalon. Une fois satisfaite, la femelle pointe successivement un doigt vers son ventre, puis vers celui du captif, et enfin vers le ciel, comme pour signifier au Brésilien qu'elle emmènera dans l'espace le fruit de leur union. « Elle était beaucoup plus belle qu'aucune femme que j'aie jamais pu rencontrer auparavant », déclarera plus tard Villas-Boas. Il expliqua ainsi le pourquoi de ses ébats : « Ce qu'ils attendaient de moi ? Un bon étalon pour améliorer leur propre race. » (Ce thème de *l'utilisation du matériel génétique humain pour régénérer une race d'extraterrestre en voie d'extinction* ou ne pouvant plus se reproduire, se retrouve communément dans les témoignages ultérieurs, comme nous le verrons plus loin.)

La rencontre sexuelle de Villas-Boas ne l'avait pas laissé indemne. De retour sur Terre, il demeure prostré pendant quelques jours, ne parvenant à sortir de sa somnolence que pour vomir. D'inexplicables marques apparaissent sur son corps. Son menton s'orne de deux cicatrices correspondant à l'emplacement où on lui

1. Les descriptions d'ouvertures qui deviennent indécelables à l'intérieur des ovnis font partie des détails couramment rapportés par les ravis.

aurait prélevé du sang. En examinant le paysan, le Dr Olivo Fontes trouve des traces de brûlures qui semblent dues à des radiations. Le médecin recueille son récit et, après enquête, conclut que cela est bien arrivé, mais il n'ose publier son rapport tant cette aventure lui paraît incroyable. Villas-Boas avait raconté son histoire à la police : l'expertise psychiatrique avait conclu qu'il était normal. Il faudra attendre près de dix ans avant que ce cas ne soit publié dans la FSR*.

Par la suite, Villas-Boas aurait été enlevé cinq fois et aurait vu l'*enfant hybride* issu de son accouplement forcé. L'ex-jeune fermier illettré est mort récemment à Rio où il exerçait la profession d'avocat (!) : il refusait de parler de ses aventures dont il n'a jamais cherché à tirer la moindre publicité ni le moindre profit.

Son témoignage constitue la première illustration des activités sexuelles auxquelles les ravis sont parfois (mais, à ce qu'il paraît, de plus en plus fréquemment aujourd'hui) contraints de se livrer à bord du vaisseau et qui ont lieu soit entre humains, soit avec des aliens. La discrétion manifestée lors du cas Villas-Boas (laissé seul avec la femelle rousse) est rarement respectée lors des accouplements imposés dans les ovnis : au contraire, il semble bien que les ET aiment assister aux ébats érotiques des humains, comme nous le verrons plus loin avec d'autres témoignages plus récents. Un détail est à noter : Villas-Boas n'a pas été frappé de cette paralysie temporaire dont les autres ravis font état.

La célèbre affaire de Betty et Barney Hill — qui défraya la chronique avec quelques années de retard — est le premier cas réellement documenté de l'énorme dossier des enlèvements.

En 1961, avant que le phénomène ne soit porté à la connaissance du public, ce cas présente les caractéristiques de ce qui allait devenir le scénario classique de l'abduction : épisode amnésique, paralysie, enlèvement à bord d'un vaisseau spatial et examen physique par les ufonautes, visite de l'ovni, cours magistral dispensé par le « capitaine » du vaisseau.

Les protagonistes forment, fait assez rare à l'époque, un couple interracial : Betty est blanche, et Barney, noir. Partis de Montréal, ils circulent, ce 19 septembre 1961, sur une route déserte du New Hampshire. La nuit est tombée quand ils observent dans le ciel le déplacement d'un point lumineux qui grossit et soudain change de trajectoire pour accompagner leur voiture. A plusieurs reprises, Barney s'arrêtera et observera à la jumelle l'engin qui se rapproche d'eux en émettant des flashes de lumière multicolore. Le mouvement de l'objet est surprenant. Erratique. Semblable à celui d'une feuille morte. L'engin continue à les escorter à une trentaine de mètres de distance en tournoyant. Le couple n'en revient pas : cette machine inconnue — comme un gros avion dépourvu d'ailes — est dotée de deux rangées de « fenêtres » ! Enfin, le volumineux objet s'immobilise dans le ciel en émettant un faisceau de lumière bleue. Il amorce sa descente et vient lentement se poser dans un champ non loin d'eux. En dépit des exhortations à la prudence de sa femme, Barney, pris d'une impulsion irrésistible, abandonne son auto, phares et moteur allumés, et se rue, muni de ses jumelles, en direction de l'engin. Derrière les fenêtres, il distingue quelques êtres en uniforme. Betty l'entend s'exclamer : « Je ne peux pas le croire ! Je ne peux pas le croire ! C'est ridicule ! » La grosse machine a atterri. Une échelle sort de sa base, une porte s'ouvre... Barney revient en courant vers sa Chevrolet et démarre en trombe. La voiture est entourée de brouillard et se met à vibrer au rythme d'une série de « bips » stridents émis par l'engin. Le couple se sent pris de somnolence.

Une seconde série de « bips » les sort de leur torpeur. Ce qui leur est arrivé auparavant ? L'un et l'autre l'ignorent. Barney se retrouve au volant, en train de conduire en pilotage automatique. Il regarde le paysage sans parvenir à se repérer. Enfin une pancarte : la ville d'Ashland est proche. Ils sont à plus de 55 kilomètres de l'endroit où ils s'étaient arrêtés. Arrivés chez eux (avec deux heures de retard), les Hill n'arrêtent pas de penser à cette expérience d'autant plus bizarre que la Chevrolet semble en porter la trace. La carrosserie est tachée d'une douzaine de petits cercles brillants d'un centimètre et demi de diamètre qui affolent l'aiguille d'une boussole. Ils ne comprennent pas pourquoi leur voyage a duré deux heures de plus que d'habitude. Les semaines suivantes, ils sont assaillis de cauchemars, de souvenirs étranges, ils souffrent d'insomnie et sont perturbés à un point tel qu'ils décident de consulter un psychiatre, un éminent neurologue de Boston, le Dr Benjamin Simon. Ce dernier — qui ne s'intéresse pas le moins du monde aux ovnis — a l'idée de les interroger *séparément* sous hypnose.

Pendant leur régression hypnotique, les Hill racontent tous deux une histoire invraisemblable, mais les versions qu'ils en donnent chacun de son côté coïncident rigoureusement.

Le début correspond à leurs souvenirs conscients, jusqu'au moment où ils entendent la première série de « bips ». Mais la suite de leur aventure, révélée grâce à l'hypnose, les stupéfie. Après ces « bips », les Hill voient venir à eux de petits humanoïdes chauves, à la peau grise, et dont les grosses têtes sont crevées par des yeux immenses alors que la bouche et le menton sont minuscules. Ils se sentent paralysés. Sans avoir bougé, sans avoir été transportés, ils se retrouvent à l'intérieur du vaisseau spatial. On les sépare et chacun subit un examen médical assorti de manipulations physiques et mentales. Les humanoïdes (ils sont onze à s'affairer autour d'eux) leur raclent la peau, leur prennent des mèches de cheveux, des rognures d'ongles, prélèvent du sperme de Barney, enfoncent dans le nombril de Betty une longue aiguille reliée à un tube flexible en lui précisant qu'il s'agit d'un « test de grossesse ». Les créatures communiquent télépathiquement entre elles. Betty maîtrise mieux sa peur que son mari. Elle n'accepte pas d'être traitée comme un objet, elle veut comprendre. Un dialogue approximatif finit par s'instaurer entre l'Américaine et ses ravisseurs. Ceux-ci, déconcertés par le dentier de Barney, lui posent des questions oiseuses. Comme s'ils découvraient la notion de vieillissement. Betty, elle, va à l'essentiel. Elle veut savoir d'où « ils » viennent.

Le « capitaine du vaisseau » déroule alors une carte du ciel et lui demande d'y situer la Terre. Betty en est incapable. L'extraterrestre lui fait remarquer que si elle n'est pas capable de se situer, il ne pourra jamais lui faire comprendre d'où il vient. On peut considérer ce dialogue digne des Marx Brothers comme un symbole de l'ambiguïté qui préside aux rapports des ravis et des extraterrestres. Dans la plupart des cas, les dialogues portent la marque de cette inquiétante étrangeté.

Lors des RR3*, les dialogues rapportés sont aussi savoureux par leur totale *absurdité*. Un exemple ? La curieuse rencontre que fit Lazlo Ujvari près de Raon-l'Étape (Vosges).

Le 20 octobre 1954 à 2 h 30 du matin, le témoin, ouvrier tchèque travaillant dans une équipe de nuit, circule à bicyclette. La route étant en réfection, il doit mettre pied à terre. Devant lui, il distingue vaguement une silhouette qui lui crie un ordre bref. Ujvari s'arrête. La discipline, il connaît, c'est un ancien légionnaire. Un inconnu s'avance vers lui, le menaçant d'une sorte de revolver. Plutôt corpulent, l'être mesure approximativement 1, 65 mètre ; il est vêtu d'un pantalon de toile et d'un blouson fourré. Ne parvenant pas à comprendre ce que lui dit l'inconnu, le Tchèque essaye de s'exprimer en différentes langues. Quand il commence à parler russe, l'autre lui répond de la même façon. Enfin ils se comprennent. L'inconnu veut savoir où il est. En Espagne ? En Italie ?

— Non. A Saint-Rémy, dans les Vosges, rectifie Ujvari.

Son interlocuteur ne semble pas le moins du monde troublé et poursuit :

— A quelle distance de la frontière allemande ?

Ujvari ne se démonte pas davantage :

— A 200 kilomètres à vol d'oiseau.

Le dialogue monte d'un cran dans l'absurdité. L'inconnu veut connaître l'heure. Entendant qu'il est 2 h 30 du matin, il tire une montre de son blouson et commente :

— Tu mens, il est 4 heures.

Puis il se demande où se trouve Marseille, à combien de kilomètres et dans quelle direction. Sitôt obtenus ces renseignements, l'inconnu repart dans un vaisseau gris ayant la forme de deux assiettes renversées accolées l'une contre l'autre, et muni d'une sorte d'antenne en forme de tire-bouchon.

Remarquons que la gendarmerie et les Renseignements généraux menèrent leur enquête sur ce cas. En 1954, s'égarer sur le territoire français lorsqu'on se présente comme un pilote d'engin inconnu et qu'on ne s'exprime qu'en russe...

Revenons au cas des Hill. Le « chef » des aliens s'amuse de la déception de Betty. Sa curiosité est inutile, précise-t-il ; de toute façon, elle ne gardera aucun souvenir de son aventure. « Cela vaut mieux pour vous », ajoute-t-il, lui répétant de façon insistante : « Vous ne vous souviendrez de rien, vous ne vous souviendrez de rien. »

Alors que Barney, terrorisé, garda les yeux fermés pendant une grande partie de son séjour forcé à bord, Betty conserve sa lucidité. En dépit de l'ordre reçu, elle est résolue à se remémorer ce qu'elle est en train de vivre, aussi s'applique-t-elle à observer chaque particularité du vaisseau. Elle se doute que personne ne pourra jamais croire le récit détaillé qu'elle est décidée à faire : il lui faut donc rapporter une « preuve », un objet qui pourra accréditer ses propos. Elle formule sa requête. De façon incohérente, mais conforme à l'absurdité, le chef lui permet de choisir quelque chose dans le vaisseau. Ayant remarqué un livre rédigé en « écriture extraterrestre » (un graphisme inconnu), elle demande l'autorisation de le conserver. Le « chef » accepte mais — autre manifestation de la logique particulière des aliens — plusieurs membres de l'équipage s'opposent à la décision de leur supérieur et Betty ne peut rapporter sa « preuve ».

Sous hypnose, Betty Hill avait décrit la carte du ciel présentée par les aliens. Le Dr Simon lui proposa d'essayer de la dessiner. Elle en fut capable, plaçant les étoiles et les tracés des « routes célestes » telles qu'elle se les remémorait. Le diagnostic des autorités ne se fit pas attendre : ladite carte ne correspondait à rien. (Guère étonnant si l'on songe aux « fausses informations » généreusement dispensées au cours des RR.) En 1969, une enseignante, Marjorie Fish, eut l'idée de faire réaliser cette carte en trois dimensions[1]. La position des étoiles devint compréhensible : la carte n'était pas dessinée « vue de la Terre » mais... d'ailleurs, ce qui modifiait les configurations auxquelles étaient habitués les astronomes de l'époque. D'après l'astronome Walter Mitchell qui travailla longuement sur la modélisation en trois dimensions de M. Fish, les kidnappeurs des Hill seraient venus de Zeta Reticuli. Le physicien Stanton Friedman considère le travail de Marjorie comme « un des plus extraordinaires jamais effectué dans le cadre de la recherche ufologique et astronomique ». Jacques Vallée, ancien astrophysicien que beaucoup considèrent comme l'autorité suprême en matière d'ufologie, ne partage pas cette opinion. D'après lui, la coïncidence des routes célestes des aliens avec des positions planétaires correctes serait peut-être le fruit du hasard et la carte n'aurait été montrée à Betty que pour renforcer sa conviction que les ravisseurs venaient d'ailleurs.

Le récit de Betty et Barney Hill demeurera longtemps caché, même des spécialistes des ovnis, tant il paraissait impubliable (comme celui d'Antonio Villas-Boas, et pour les mêmes raisons : les détails de l'enlèvement de Villas-Boas avaient causé un choc parmi les chercheurs qui n'osaient les mentionner qu'entre « initiés »). Le journaliste John Fuller tentera un coup de poker en

1. Cf. le numéro spécial d'*Astronomy* paru en 1976, et la communication de Marjorie Fish « Journey into the Hill star map », Mufon, 1974.

publiant — seulement en 1966 — *The Interrupted Journey*[1] qui remporta un immense succès.

Profitant de la notoriété du cas Hill, la FSR se risqua à porter à la connaissance de ses lecteurs (avec un recul de huit ans) l'aventure de Villas-Boas. L'effet boule de neige commençait à se faire sentir : d'autres affaires sortirent de la clandestinité, comme celle de Ghasim Fili qui s'était produite en 1954, en plein Téhéran[2].

Après le livre de Fuller, un long article consacré aux Hill par le magazine *Look* connaîtra également un grand retentissement. La renommée du Dr Benjamin Simon n'est sans doute pas étrangère à cet accueil. Les propos du célèbre psychiatre et neurologue de Boston ont fait le tour des États-Unis : « Ni l'un ni l'autre ne sont névrosés. Tant consciemment que sous hypnose, ils rapportent tous deux ce qu'ils croient être la vérité absolue. » Les commentaires du médecin et cet article que tout le monde s'arrache : il n'en faut pas plus pour causer un électrochoc à la population ! Les ovnis — qu'ils soient d'origine extraterrestre ou non — étaient de « mystérieux objets dans le ciel » qui, dans le meilleur des cas, devaient être du ressort des militaires. Mais si les ovnis étaient habités, si leurs occupants risquaient de s'amuser avec les humains, cela devenait une autre histoire...

La problématique des ovnis commence à se poser différemment. Le reste de la presse suit, et le cas Hill devient un *must* incontournable (mais toujours embarrassant) dès qu'il s'agit d'ovni.

Avec une telle couverture médiatique, les enlèvements à bord des ovnis sortent de la clandestinité. Pouvant difficilement être pris au sérieux par l'*establishment* scientifique, ces dossiers avaient d'abord embarrassé considérablement les ufologues : leur seule existence sapait le travail que divers groupes — tel le NICAP* — menaient de façon sérieuse auprès de l'armée et du gou-

---

1. Traduit en français sous le titre *Le Voyage interrompu*, éd du Rocher, 1982.

2. *Ettela'at* (journal du soir de Téhéran) du 13 octobre 1954.

vernement dans l'espoir de les convaincre que les ovnis étaient des véhicules extraterrestres[1]. Mais ce premier faisceau — ou plutôt ce mince rai — de lumière braqué sur ces histoires incroyables ne parvient pas à atténuer le rejet presque viscéral qu'elles inspirent. Seuls ont le courage de s'intéresser à ces cas maudits sur lesquels les « ufologues sérieux » répugnent à se pencher, quelques marginaux. Ceux-ci osent publier. En 1968, Otto Binder (journaliste indépendant spécialisé dans l'astronautique, membre du NICAP et considéré comme peu crédible à cause de ses curiosités « suspectes ») fera paraître ses enquêtes sur des enlèvements, notamment brésiliens, de l'époque dans un ouvrage intitulé *Flying Saucers are Watching us* (« Les Soucoupes volantes nous surveillent »). Une audace de pionnier quand on songe que la parution du premier livre consacré à ce sujet, celui de C. et J. Lorenzen[2], remonte à 1977 ! L'avenir allait lui donner raison d'être moins frileux que ses collègues et de savoir, avant les autres, s'arrêter sur un phénomène aussi déroutant qui ne devait cesser de prendre de l'ampleur et dont la découverte allait susciter de nouvelles questions à propos d'anciens cas trop rapidement éliminés comme « inacceptables ». Ainsi, avec le recul du temps, le cas de l'Australienne Marlène Travers, « enlevée » en 1966, pourrait s'interpréter différemment qu'il ne le fut sur le moment même. Non comme l'affabulation d'un cerveau dérangé, mais comme la relation au premier degré d'une expérience apparemment vécue de type inconnu que partageraient, dans les années à venir, des milliers de sujets à travers le monde.

Dans son enfance, Marlène Travers avait déjà observé des « soucoupes volantes ». En 1966, elle se trouve chez des amis à la campagne. Le soir, à court de cigarettes, elle sort seule pour se réapprovisionner dans un magasin

1. Dans les années soixante, le NICAP — au sommet de sa gloire — considérait que ces engins existaient mais n'avaient pas de pilote.
2. Coral et Jim Lorenzen, *Abducted !*, Berkeley, 1977.

situé à six cents mètres de la maison. Son attention est attirée dans le ciel par une « étoile » qui grossit démesurément ; bientôt, elle voit un disque argenté de quinze mètres de diamètre et trois mètres d'épaisseur atterrir non loin d'elle dans un champ. Une porte s'ouvre et un être « grand et beau », vêtu d'une tunique vert métallisé, sort de l'engin. L'être la regarde et lui annonce télépathiquement qu'elle aura l'honneur d'être la première femme sur Terre à avoir un enfant avec un habitant d'une autre planète [1]. Glacée de frayeur, Marlène Travers se sent contrainte par une force irrésistible à suivre la superbe créature à l'intérieur de la soucoupe où il lui arrive... ce qui lui avait été promis (Marlène Travers parlera de « viol »). Juste avant de quitter le vaisseau spatial, la jeune femme trébuche sur une sorte de bouton électrique ; une brûlure fulgurante lui traverse la cheville et elle s'évanouit. Lorsqu'elle revient à elle, elle est étendue dans le champ. La soucoupe s'est volatilisée. Claudiquant, elle retourne chez ses amis où elle apprend que *sa disparition a duré sept heures* et non une demi-heure comme elle le pensait. Un médecin est appelé pour soigner cette brûlure qu'elle n'avait pas avant sa disparition. D'après des examens ultérieurs, il semble que la jeune femme soit effectivement tombée enceinte mais *cette grossesse n'aura pas de suite* (du reste, qui pourrait jamais affirmer que le « père » ait été le bel extraterrestre ?). Dans le champ, une trace au sol a été découverte, à l'endroit où la soucoupe s'était posée, selon les dires de Marlène Travers.

La thématique qui devait, vingt-sept ans plus tard, inciter les congressistes à se réunir au MIT (enlèvement, expérience génétique, *missing time*, grossesse interrompue) est là. Évidente. Mais personne n'y prête attention, car les enquêteurs qui veulent bien étudier ce genre de cas sont les pestiférés de la communauté ufologique.

---

1. Ce qui n'est pas tout à fait exact car l'Africaine du Sud Elizabeth Klarer prétendait s'être fait engrosser en 1956 par un superbe ET venu d'Alpha du Centaure ; elle aurait passé quatre mois sur cette planète où elle aurait accouché d'un garçon prénommé Hayling, le premier hybride Terrien-Centaurien. Voir Elizabeth Klarer, *Behind the Light Barrier*, Howard Timmins, 1980.

L'année suivante, commence à circuler un autre cas qui, détail capital, fut *étudié par la commission Condon*. C'est celui d'Herbert Schirmer.

En 1966, l'US Air Force finança un important programme d'études sur les ovnis qui fut confié à l'université du Colorado et dirigé par le Pr Edward Condon (ancien directeur du *Bureau of Standards*, physicien nucléaire réputé). Ces recherches durèrent deux années au terme desquelles fut rédigé le désormais fameux « rapport Condon » publié en 1969, dont l'objectivité a été sévèrement critiquée et qui est considéré comme une entreprise de désinformation. La conclusion du rapport précisait que les ovnis « ne constituent pas un danger ou une menace pour la sécurité nationale » et qu'une « étude ultérieure approfondie des ovnis ne peut probablement pas se justifier dans l'espoir de faire progresser la science ». Ces conclusions (inexistence des ovnis bien que « des incertitudes demeurent ») rendues publiques en 1969 ont soulevé un tollé. Le coordinateur du rapport, le Dr Robert Lowg avait eu l'imprudence de laisser découvrir le mémorandum à usage interne qu'il avait rédigé et où il précisait le but réel du rapport : affirmer que les soucoupes volantes n'avaient aucune réalité objective tout en faisant croire qu'une étude sérieuse avait été entreprise. Quelques années plus tard, en 1970, l'AIAA (Institut américain d'aéronautique et d'astronomie) devait violemment critiquer le rapport Condon pour son manque de rigueur.

Le 3 décembre 1967, Herbert Schirmer effectue une patrouille de routine aux alentours d'Ashland (Nebraska) quand il remarque des lumières un peu au-dessus du sol. Pensant qu'il s'agit d'un camion qui aurait quitté la route et se serait retourné, il roule dans cette direction et découvre, en fait de camion renversé, un engin qui décolle dans un tourbillon de lumières rouge-orange en émettant un bruit de sirène. Très vite, l'objet disparaît dans le ciel. De retour à 3 heures du matin au poste de police, Schirmer consigne sur son rapport : « Ai vu une soucoupe volante à l'intersection des routes 3 et 63. Croyez-le ou pas. » Quand il rentre chez lui, il a une forte migraine et une *inexplicable marque rouge* au cou. Son histoire semble s'arrêter à une observation dont la durée n'a pas excédé deux minutes.

Bien qu'âgé de vingt-deux ans, Schirmer est tellement apprécié de ses supérieurs que peu de temps après sa déroutante aventure il sera nommé *chief of department*. Des ovnis, il n'en avait cure jusqu'alors et, cependant, il n'arrive plus à chasser la machine volante de sa mémoire. Il souffre de maux de tête si violents qu'il ne peut plus travailler. En dépit de sa récente promotion, il démissionne. (Pas facile, pour un policier, d'être étiqueté comme « celui » qui a vu un ovni et a osé le rapporter.)

Sur les conseils d'un ami, Schirmer se met à la recherche d'un hypnothérapeute. (En 1967, cette démarche n'était pas aussi simple que de nos jours, même aux États-Unis.) L'exploration sous hypnose de son insolite observation révèle un scénario connu aujourd'hui, mais abracadabrant en son temps où le phénomène des enlèvements, limité à quelques cas, demeurait inconnu. Dès son arrivée sur les lieux de l'accident présumé, un objet lumineux qui stationnait un peu au-dessus du sol se dirige vers le policier et vient atterrir près de lui. Plusieurs humanoïdes en sortent et l'entourent ; l'un d'eux lui braque sur le visage un rayon de lumière éblouissante. Un brouillard verdâtre englobe sa voiture. Schirmer sent ses forces et sa volonté l'abandonner : il est incapable de saisir son revolver et, de façon illogique, baisse la vitre de sa portière. Un des humanoïdes en profite pour l'agripper par le cou. Instantanément, Schirmer se retrouve hors de son véhicule.

— Es-tu le gardien de cet endroit ? lui demande un des humanoïdes.

Il ne peut répondre.

— Sais-tu où se trouve la centrale électrique ?

Sans laisser au policier le temps d'ouvrir la bouche, l'humanoïde enchaîne :

— Est-ce que tu tirerais sur un vaisseau spatial ?

Cette fois, il réussit à bredouiller : « Non, monsieur ! » Cette déclaration pacifique lui vaut une invitation à bord.

La description faite par Schirmer des aliens correspond à peu près à celle que les ravis donneront quinze ans plus tard des « Gris » (taille d'environ 1, 20 mètre, peau grise, simple fente en guise de bouche, immenses yeux obliques qui ne clignent jamais), à cela près que leur uniforme — une combinaison moulante — est doté d'une antenne et, sur la poitrine, d'un emblème représentant un serpent ailé [1]. Sous leur conduite, il visite l'engin à l'intérieur duquel se trouve un autre « vaisseau de surveillance » plus petit. Dans une des salles de l'ovni, le moteur d'un gros appareil hérissé de câbles et de cadrans tourne en émettant des lumières multicolores. Cette machine « électromagnétique » fournit à l'ovni sa puissance, lui explique-t-on par télépathie, et les aliens ont atterri afin de la recharger en se branchant sur la centrale électrique d'Ashland. Peu avares de détails, les humanoïdes se lancent dans un long discours. Ils s'intéressent depuis longtemps à la race humaine et ont entrepris un vaste programme de recherche sur la reproduction : « ils contactent les humains au hasard, de façon que nous ne comprenions rien à leurs procédés et qu'ainsi nous puissions nous familiariser progressivement à l'idée de leur présence parmi nous ».

Comme tous les ravis dont il devait être un des précurseurs, Schirmer est assuré qu'il ne gardera aucun souvenir de ce qu'il a vu et entendu, et que le contact se renouvellera.

Ce cas doit être considéré comme très important. Pour diverses raisons. D'abord, *il émane d'un policier*. Les chercheurs sont particulièrement attentifs à leurs

---

1. Ralph et Judy Blum, *Beyond Earth : Man's Contact with UFO's*, Bantam Books, 1974.

témoignages ainsi qu'à ceux des gendarmes, des militaires et des pilotes. De tels hommes ont été entraînés à observer avec une rigueur particulière et savent se contrôler en cas d'événements imprévus ou pouvant être dangereux. Par définition, ce sont des personnes dont le témoignage est plus fiable que celui d'un individu ordinaire.

Toute l'affaire Schirmer ayant été disséquée (mais non élucidée) par le rapport Condon, c'est par la grande porte que les enlèvements font leur entrée sur la scène ufologique. Schirmer est également un des premiers témoins dont le récit fut étudié par le Dr Leo Sprinkle, psychologue de l'université du Wyoming, une des figures incontournables de l'ufologie abductionniste que l'on retrouvera dans les grands cas d'enlèvements de la décennie soixante-dix. Un tournant de la recherche se précise avec ce cas. A partir de l'année 1967, l'utilisation de l'hypnose — qui avait déjà permis aux Hill d'explorer leur *missing time* — est avalisée par la commission Condon comme technique d'enquête et se trouve en quelque sorte officialisée.

Dans le récit que fit Schirmer lors de ses régressions hypnotiques, se trouvent un certain nombre d'éléments *absurdes* typiques de ce dossier. Comme la question servant d'entrée en matière (« Es-tu le gardien ? »), la promesse (apparemment non tenue) faite par les humanoïdes de revenir et de le contacter à nouveau, ou les « informations » sur leur provenance (Schirmer déclara : « Ils viennent d'une planète que nous ne connaissons pas, d'une galaxie voisine ; ils possèdent également des bases sur Jupiter et Mars. Ils m'ont dit que c'était la première des trois rencontres que j'aurai avec eux. Les suivantes auront lieu avant la fin de 1968. »)

Un autre détail est à retenir : le *serpent ailé* figurant sur l'insigne porté par les aliens. Nous trouvons là les prémices des thèmes ultérieurement développés dans la *lunatic fringe* [1] à partir des années quatre-vingt ; les déli-

1. Cette expression désigne la branche délirante de l'ufologie. Les adeptes de la *lunatic fringe* ont érigé un système de croyances pittoresques auxquelles ils sont attachés : les « aliens » seraient des ET

res sur la race « serpentoïde » ou « reptilienne » s'inspireront en partie de ce motif. Le serpent est l'emblème des aliens qui appartiennent à des races reptiliennes et présentent, entre autres, la particularité de répandre une mauvaise odeur : dépourvus de système digestif, ils excrètent par les pores de leur peau.

Le feuilleton télévisé de science-fiction *V* mettait en scène des aliens ayant pris l'apparence humaine et qui révélaient leur nature de « reptiliens » dès qu'ils arrachaient leur masque. Au Canada, de nombreux ravis assurent avoir été enlevés non par des « Gris » mais par des « Reptiliens ». Aujourd'hui, au Québec, cette figure de cauchemar fait tellement partie de la culture populaire que, pour la rentrée scolaire 1994-1995, les petits Québécois se sont vu attribuer un manuel de lecture assez spécial : les enfants y apprennent que les extraterrestres sont parmi nous pour nous étudier, nous analyser et... nous enlever. La couverture du livre intitulé *Mon prof est un extraterrestre* représente l'école : derrière une fenêtre, le maître attend les élèves. Il a un visage de « reptilien ». A la fin de l'ouvrage, une illustration semble issue de *V* : le « prof » enlève son masque humain, dévoilant sa véritable nature. Il a une face de reptile.

A partir des années soixante-dix, certains chercheurs considèrent que les enlèvements constituent un tournant capital dans l'évolution du phénomène ovni. Ils décident de se consacrer à l'élucidation de cette énigme dont les exemples ne cessent de se multiplier et se contentent de noter ces « histoires vécues » oscillant entre

---

venus d'une ou de plusieurs planètes et auraient passé des accords secrets avec le gouvernement américain. Celui-ci, en échange de connaissances technologiques, leur aurait accordé le droit d'avoir des bases secrètes souterraines sur notre planète. Bien sûr, la morphologie des ET, leur physiologie, leur nombre n'ont pas de secret pour ces adeptes qui savent différencier les « bons » (les grands Blonds) des « méchants » (les petits Gris), et connaissent les monstrueux plans de ces derniers qui ne visent rien d'autre que nous dominer et nous réduire en esclavage. Cela, dans un avenir très proche...

le conte d'horreur et le récit de science-fiction. Certains font état de détails bizarres, comme dans le cas Pascagoula où les aliens ont des « pieds d'éléphant » et où un pêcheur demeurera longtemps dans un ovni en lévitation oblique...

Le 11 octobre 1973, Charles Hickson (quarante-cinq ans) et Calvin Parker (dix-neuf ans) sont installés sur une petite jetée pour tester leur nouveau matériel de pêche dans la Pascagoula (Mississippi). Le poisson ne se presse guère au bout des lignes. Les deux hommes pensent changer d'emplacement quand un fort bourdonnement leur fait lever la tête : un objet volant auréolé de lumière bleue descend du ciel et s'apprête à atterrir. Non, l'objet s'arrête juste à côté d'eux, à une douzaine de mètres de la jetée, et demeure immobile, trente centimètres au-dessus d'un champ encombré de carcasses de voitures abandonnées et de détritus. D'étonnement, les deux hommes en oublient leur matériel. Ils contemplent, bouche bée, un vaisseau spatial gris-bleu ceinturé de lumières scintillantes, de forme ovoïdale et de la taille d'un gros camion, qui continue d'émettre un bourdonnement. Ils ne distinguent ni hublots ni rivets à la surface de cet engin qui semble fait d'une seule pièce et d'où, sans qu'ils aient remarqué une porte s'ouvrir, sortent trois silhouettes vaguement humaines. Leur apparence est tellement déroutante que les pêcheurs les désigneront sous le terme de « choses ». Effectivement, ces « choses » ne ressemblent en rien aux divers types d'humanoïdes habituellement décrits par les témoins. Ce sont des bipèdes de la taille d'un enfant de dix ans, et qui ne portent pas de vêtement. Leur peau, grisâtre, fait des plis autour de leur corps. Leurs jambes se terminent par une grosse masse cylindrique, comme un « pied d'éléphant » *(sic)*. Volant au-dessus du sol, les « choses » se dirigent à une vitesse fulgurante vers les deux hommes et, avant que ceux-ci aient eu le temps de réagir, les saisissent par les bras et les entraînent à l'intérieur du vaisseau. (Racontant ultérieurement leur aventure au poste de police, Hickson et Parker diront que les « choses » avaient dû les paralyser à distance, sans cela ils se seraient jetés à l'eau pour leur échapper.) A leur seul contact, les hommes s'évanouissent, Parker demeurera inconscient jusqu'à son retour. Hickson, lui, reprend connaissance à bord de l'engin. Il est totalement paralysé et proche de défaillir tant il a peur. Seuls ses yeux sont capables de bouger. Il observe les monstres qui l'entourent. Leur « visage » défie toute description. A la place des yeux, se trouvent deux traits entre lesquels dépasse une protubérance qui n'a rien d'un nez. Leurs oreilles, démesurées, pointent telles celles d'un âne. Ce qui devrait être une bouche n'est qu'une fente qui ne s'ouvre jamais, même lorsque les « choses » paraissent communiquer entre elles en bourdonnant. Leurs « bras » se terminent par des pinces.

Hickson ignore ce qu'est devenu Parker. Il *flotte* en position inclinée, au beau milieu d'une pièce nue. Il a l'impression d'être en apesanteur car son corps ne repose sur rien. C'est ainsi qu'il subit sa séance « médicale ». Un appareil (qu'il compare à un « œil énorme ») sort du mur et se déplace seul en flottant lentement au-dessus de lui, comme pour l'examiner centimètre par centimètre. A plusieurs reprises, les créatures tournent et retournent son corps pour que l'œil puisse tester son anatomie. Une fois l'examen terminé, l'œil se dirige seul vers une cloison qui l'engloutit. Les deux créatures sortent, laissant Hickson toujours paralysé, en lévitation oblique (son corps fait un angle de 45 degrés avec le sol de l'ovni) pour revenir quelques instants plus tard et le déposer sans ménagement sur la jetée, à l'endroit même où il avait été enlevé. Parker est ramené au même moment et reprend connaissance sur-le-champ. Les « choses » s'éloignent en glissant dans l'air sans faire de mouvements. Elles regagnent l'ovni qui disparaît « en moins d'une seconde ».

Les deux hommes sont hébétés. Il leur faut parler, exorciser cette effroyable aventure en la racontant, et ne pas rester plantés là, l'un à côté de l'autre, à rabâcher les mêmes détails invraisemblables, mais qui pourrait les croire ? Au terme d'une longue discussion, ils décident d'en référer aux autorités et appellent le bureau du shérif Fred Diamond, à Jackson. Il est onze heures du soir. Le capitaine Ryder prend la communication. Quelque chose dans la voix des hommes lui fait pressentir qu'il ne s'agit ni de farceurs ni d'ivrognes : il les convoque, séance tenante.

L'état de panique des deux amis est manifeste (Parker ne parvient pas à s'exprimer tant il tremble). Leur bonne foi également : avant d'être entendus, ils demandent à être soumis au détecteur de mensonge tant ils tiennent à être pris au sérieux. Ils sont interrogés pendant plusieurs heures puis laissés dans une pièce où, à leur insu, un magnétophone enregistre leurs propos. Le capitaine Ryder est impressionné :

— Après avoir écouté les bandes, je les ai crus. S'ils avaient menti, ils devraient être à Hollywood tant ils seraient bons comédiens. Hickson gémissait : « Mon Dieu, qu'est-ce qui m'est arrivé... je n'ai rien vu de pareil de toute ma vie... je suis en train de devenir fou... pourquoi cela m'arrive-t-il à moi ? J'ai fait la guerre et je n'ai jamais eu aussi peur de toute ma vie ! »

Parker est le plus affecté : il demeure en état de choc. A plusieurs reprises au cours de son interrogatoire, il tombera à genoux et se mettra à prier. Hickson estime que les « choses » agissaient *comme des robots* programmés pour effectuer des tâches précises avec eux. « Elles n'ont jamais essayé de communiquer avec nous. Je ne pense pas qu'elles voulaient nous faire souffrir mais j'ai eu très peur qu'elles nous emmènent. » Il se déclare persuadé que ces créatures continueront à surveiller la Terre et ses habitants de près.

Pendant leur déposition, le bureau du shérif recevra un appel téléphonique émanant d'un ancien pilote et mentionnant la présence d'un ovni vers les 8 heures du soir, non loin de la rivière Pascagoula. D'autres observations seront rapportées dans cette région pour cette même nuit, dont une par un ancien conseiller de la ville de Pascagoula. (Quarante-huit heures plus tard, un météorologue de Columbia faisait savoir que, ce jour-là, il avait observé sur son radar un écho ; il avait d'abord pensé qu'il s'agissait d'un avion survolant cette région, mais ce n'était pas possible. Après que l'écho eut indiqué que ledit « avion » était devenu stationnaire — ce qui était incompréhensible — l'écran s'était brouillé.)

Le lendemain, Hickson et Parker subissent un examen physique à la base aérienne de Kessler avant d'être interrogés par trois officiers de l'US Air Force Intelligence : aucune trace de contamination radioactive n'est détectée. Le rapport médical mentionne que les deux hommes sont dans un grave état de stress dû à une expérience traumatisante, et se prononce pour la sincérité des témoins.

Tandis que des journalistes venus des quatre coins des États-Unis tentent d'investir le bureau du shérif Diamond, les témoins sont confiés à deux scientifiques qui ont fait le voyage pour les rencontrer : le Dr James Harder (professeur d'engineering de l'université de Californie et hypnotiseur très qualifié) et le Dr Hynek [1]. Tous deux souhaitent mettre Hickson et Parker sous hypnose. Avec Hickson, il leur faudra interrompre l'expérience tant elle s'avère terrifiante.

---

1. Astronome, titulaire de la chaire d'astronomie de la North Western University (Illinois), le Pr J. Allen Hynek est sans doute la figure la plus connue de l'ufologie. Son rôle de conseiller scientifique de l'US Air Force dans le cadre du rapport Condon (commission d'enquête américaine sur les ovnis) l'amena à réfléchir différemment sur un phénomène qui l'avait laissé très sceptique. Il démissionna lorsqu'il comprit que ce projet était en réalité destiné à endormir le public plus qu'à faire la lumière sur ces mystérieux phénomènes. A diverses reprises, il a réclamé que le problème ovni soit étudié de manière scientifique, notamment dans son célèbre ouvrage *The UFO Experience, a Scientific Inquiry*, où il écrivait : « Le phénomène ovni constitue une découverte non négligeable pour la science... Nous devons déployer des efforts sans précédent pour entreprendre immédiatement des études scientifiques afin de tirer au clair ce problème et de trouver l'origine des ovnis. » Il fonda son centre de recherche, le CUFOS*, en 1973.

Le Dr Harder est persuadé qu'il s'agit là d'une manifestation d'ET et ne s'en cache pas :

— La panique absolue de ces deux hommes sous hypnose m'amène à croire leur histoire. Jamais ils n'auraient pu simuler une telle terreur sous hypnose.

Pour le Dr Hynek, l'incident de Pascagoula est une affaire sérieuse, un des cas les plus dramatiques parmi les expériences déjà répertoriées de contact avec les ovnis. Mais il est plus réservé que Harder. Reconnaître le côté terrifiant de cette expérience ne signifie pas pour autant considérer ce cas comme un kidnapping effectué par des robots envoyés par une civilisation extraterrestre.

Ultérieurement, d'autres tests psychologiques passés en 1976 sous la conduite du Dr Bast à l'hôpital Harvard de Detroit n'ont permis de déceler aucun indice de comportement psychotique, d'hystérie, ou d'accident cérébral, ni chez Hickson ni chez Parker. Le Dr Bast a estimé que ces hommes ne souffraient pas non plus de « folie à deux » (trouble psychique où un sujet psychotique dominant influence l'autre en lui faisant partager ses illusions).

L'incident de Pascagoula a eu un retentissement mondial et suscité une importante couverture médiatique. Fait étonnant, les articles de presse de l'époque n'ont pas fait montre de l'ironie à laquelle on aurait pu s'attendre. Nul ne s'est gaussé de ces deux pêcheurs affirmant avoir été enlevés à bord d'un ovni par des robots à pieds d'éléphant...

Autre cas célèbre aux États-Unis, celui de Travis Walton qui, le 5 novembre 1975, *disparut cinq jours*, après avoir été, *devant ses six camarades* (des bûcherons, comme lui), foudroyé par un ovni.

Les sept hommes roulent en camionnette en rentrant d'un chantier de coupe près de Snowflake (Arizona). A travers les arbres, ils remarquent une vive lumière : « Comme si la forêt brûlait », rapporta l'un d'eux. Ils se dirigent vers l'incendie supposé et découvrent un objet circulaire qui plane à faible altitude. Fasciné, Walton (vingt-deux ans à l'époque des faits) sort du véhicule et, en dépit des exhortations à la prudence de ses compagnons, se dirige vers l'objet. Un rayon de lumière bleue vient le frapper, le projetant en l'air. Comme un pantin disloqué, Walton retombe sur le sol à cinq mètres de là. Affolés, les autres bûcherons n'ont pas le courage de l'approcher, ils quittent les lieux et la camionnette démarre en trombe. Dans la soirée, les six hommes reviennent pour aider leur camarade qu'ils imaginent blessé. Mais Walton est introuvable : il a disparu. Les bûcherons s'en vont conter leur mésaventure au shérif. Celui-ci, persuadé qu'il s'agit en réalité d'un assassinat, organise une battue dans l'espoir de retrouver le corps. Sans succès.

Cinq jours plus tard, Walton réapparaît sur une route, à plus de seize kilomètres de l'endroit d'où il s'était volatilisé. Il est faible, pâle, déshydraté, confus, totalement désorienté, convaincu que deux heures seulement se sont écoulées depuis que le rayon lumineux l'a frappé. Ses souvenirs lui reviendront, par bribes, au cours des jours suivants. Il a repris connaissance allongé sur une table, à bord d'un engin. Trois humanoïdes à la peau grise, au crâne chauve, aux immenses yeux noirs qui leur dévorent la moitié du visage, sont penchés sur lui. Ils l'examinent comme des médecins. Walton surmonte sa peur, se redresse et les menace d'un cylindre métallique plein et lourd qu'on avait casé sous sa nuque. Les êtres s'enfuient. Cherchant une issue, Walton court à l'intérieur de l'engin, pénètre dans une autre salle où plusieurs humanoïdes semblables à ceux qui l'ont examiné suivent les instructions données télépathiquement par un humanoïde aux cheveux blonds, « beaucoup plus grand et d'apparence plus humaine », qui trône sur un fauteuil de matière transparente. Walton subit d'autres types de tests (il est installé devant un gigantesque écran représentant le ciel et doit manipuler divers boutons qui animent le mouvement des objets célestes) puis les ET l'attachent sur un siège. C'est le décollage : Walton entreprend à bord de l'ovni un périple interstellaire. Pendant son voyage dans l'espace, il remarque plusieurs autres ovnis en escadrille qui escortent le « sien »... En voyant la Terre disparaître, minuscule boule perdue dans l'immensité de ce cosmos noir où plonge l'engin, il perd à nouveau connaissance. Sans avoir la moindre notion de ce qui lui arrive par la suite, il se retrouve sur la route, près d'une station-service. Une bonne, brave station-service pour véhicules bien terrestres. La tête lui tourne. Allongé à même le sol, il voit dans le ciel s'envoler « son » ovni.

Walton s'est souvenu de son aventure sans avoir recours à l'hypnose. L'utilisation du détecteur de mensonge établit qu'il était persuadé d'avoir vécu ces événements. (Précisons que le détecteur de mensonge permet d'apprécier le degré de sincérité d'un témoignage — de savoir si son auteur est intimement convaincu de dire la vérité — et non de répondre à la question essentielle : le récit est-il conforme à la réalité des faits ?) Pendant la disparition de Walton, les six bûcherons furent soumis au détecteur de mensonge, le shérif demeurant persuadé d'avoir à régler une affaire criminelle. A l'exception de l'un d'eux — à qui il était arrivé de prendre de la drogue et qui de ce fait redoutait la police —, tous passèrent favorablement ce test.

Sans doute pour être plus spectaculaire, le récent film *Fire in the Sky* (« Le Feu dans le Ciel ») inspiré par cette affaire a pris un grand nombre de libertés avec les événements tels que les avait relatés Walton et n'a guère de rapport avec son histoire. L'histoire était suffisamment forte pour qu'il ne fût pas besoin d'en rajouter. Vingt ans plus tard, Walton et ses anciens collègues maintiennent leurs versions des faits.

Depuis 1975, les témoignages ne cessent de se multiplier, par paliers successifs. Les quelques dizaines de cas connus dans les années soixante-dix ont proliféré au point de se compter par milliers à partir de 1987. (Dans son étude parue en 1987 — *UFO* — Abductions, the Measure of a Mystery* —, le Dr Thomas E. Bullard, folkloriste de l'université d'Indiana, en comparait déjà trois cents et ces deux forts volumes étaient principalement axés sur les cas américains alors que le phénomène s'était déjà largement répandu à travers le monde !)

Une telle accumulation de témoignages commence à prendre des allures d'épidémie. Vite débordés, les chercheurs ne peuvent entreprendre d'enquête sur chaque enlèvement signalé, ni même recenser tous les cas existants. La situation ressemble à celle qui régnait à la fin du XIXe siècle, lorsque le spiritisme se répandit comme un incendie en Europe et qu'il devint impossible de comptabiliser les médiums. Le phénomène a atteint une ampleur collective[1] et les développements qu'il connaît actuellement ne laissent pas présager le moindre signe d'épuisement, au contraire, les histoires ne cessant de se compliquer et de s'enrichir de détails de plus en plus embarrassants.

A partir de 1967, l'hypnose sera utilisée régulièrement pour aider le sujet à recouvrer les souvenirs effacés de son conscient lors de son épisode amnésique (le fameux *missing time)*, notamment par le Pr Sprinkle, le pionnier en matière d'enlèvements.

Psychologue, professeur émérite à l'université du Wyoming, devenu psychothérapeute privé, spécialisé dans les cas d'enlèvements, Leo Sprinkle fut l'un des premiers universitaires américains à s'intéresser à ce sujet. En 1949, pendant ses études (à l'université du Colorado), il a fait sa première observation d'ovni. Sept ans plus tard, en présence de sa femme Marilyn, seconde observation. Il aura l'occasion de voir d'autres « lumières nocturnes » de ce type. Après avoir été totalement *hostile* à la possibilité de l'existence des ovnis,

1. Particulièrement aux États-Unis, au Canada, en Russie, en Australie et dans les pays d'Amérique latine. En France, les cas sont relativement rares.

Sprinkle devient *sceptique* (dans le sens grec du terme, c'est-à-dire ne se prononçant ni pour ni contre), puis *convaincu*. Lorsqu'il est nommé professeur à l'université du Wyoming, il est conseiller scientifique des deux plus grandes associations américaines de recherche ufologique : l'APRO* et le NICAP. A la suite de l'investigation menée sous hypnose par le Dr Simon pour le cas de Betty et Barney Hill, il s'intéresse à la possibilité des enlèvements. Entre 1964 et 1985, il fait passer des batteries de tests psychologiques à plus de trois cents personnes qui disent avoir vu des ovnis ou avoir été emmenées de force à leur bord.

Depuis 1980, Leo Sprinkle organise à l'université du Wyoming les Rocky Mountains Conferences : les abductees, échappant enfin à l'isolement auquel les condamnent des expériences considérées comme du « pur délire », viennent y narrer leurs aventures en présence de psychologues, d'ufologues, de sociologues, ou d'astrophysiciens. Chacun trouve normal d'y raconter la façon dont il a découvert autour de son lit ces petits personnages aux énormes yeux noirs dépourvus d'iris et aux allures de mantes religieuses, comment ils ont flotté dans les airs en *passant à travers le toit ou les murs* de leur maison, comment on leur a introduit des sondes dans le rectum ou le vagin, des implants dans le crâne. Les descriptions d'étranges appareils médicaux ou de « nurseries » peuplées de bébés et d'enfants hybrides circulent librement.

Délire collectif ? Trop facile de s'en tirer ainsi. Ces « expérienceurs », comme on les appelle parfois, exercent des professions demandant un certain équilibre : médecins, psychologues, militaires, policiers, conseillers financiers, enseignants.

Peu convaincu de la réalité d'un phénomène qu'il considérait comme une preuve de psychopathologie, le psychiatre James Gordon était troublé de constater que les expériences relatées par les ravis ne ressemblaient en rien à ce qui pouvait exister dans la littérature psychiatrique. Pour essayer d'en savoir davantage, il a assisté à un des séminaires annuels organisés par Sprinkle. Ayant passé plusieurs jours à observer les ravis et à s'entretenir en profondeur avec eux, il a été impressionné de constater combien la plupart lui paraissaient *normaux*, cohérents, réfléchis, en un mot... « ordinaires ». Après avoir précisé qu'il est difficile d'établir un diagnostic en dehors d'un contexte clinique, il ajoute : « Bien que leur expérience semble impossible à croire et quoiqu'elle puisse être réelle, il est évident qu'elle n'est *en aucune façon le fruit d'une sérieuse psychopathologie*[1]. »

Leo Sprinkle a lui-même été hypnotisé. Les récits qu'il recueillait le renvoyaient à certains souvenirs d'enfance où il se réveillait saignant du nez[2], avec le sentiment d'avoir été « visité » pendant la nuit. L'hypnose lui a permis de régresser à l'âge de dix ans : il s'est alors vu à bord d'un vaisseau spatial. Un grand humanoïde se tenait près de lui, lui expliquant télépathiquement qu'il devait apprendre à lire et à écrire de façon à pouvoir plus tard aider les gens à trouver leur but dans la vie. Ignorant les prévisibles sarcasmes de ses confrères, le psychologue décida de s'accepter comme « contacté », et de parler avec ses ravis d'égal à égal.

Il ne faudrait pas déduire de l'exemple de Sprinkle que toute personne qui entreprend une hypnose découvre qu'elle a été enlevée. Ainsi June Parnell, qui travaille avec Sprinkle, n'a pas vu le moindre ovni. Ses différentes régressions sous hypnose n'ont jamais fait émerger une bribe de souvenir refoulé pouvant suggérer un contact avec les aliens. Ce qui ne l'a pas empêchée de prendre comme base de départ pour sa thèse de psychologie les matériaux collectés par Sprinkle auprès de deux cent vingt-cinq personnes ayant eu des expériences avec les Visiteurs. (La thèse de J. Parnell établit que *les témoins ne souffrent d'aucune pathologie mentale*.)

---

1. « The UFO Experience », in *The Atlantic Monthly*, août 1991.
2. Chez les abductionnistes, le saignement de nez lié à un cauchemar d'ovni est considéré comme résultant de la pose ou du retrait d'un implant *via* les fosses nasales.

Leo Sprinkle a une *approche positive* du phénomène ; « ses » ravis considèrent leur expérience comme gratifiante et bénéfique. Alors que l'écrasante majorité des enlevés estiment être traités comme des « rats de laboratoire », comme du matériel humain soumis aux plus sinistres manipulations sans qu'on leur ait demandé leur avis, les abductees de Sprinkle ont le sentiment de participer à une expérience exaltante, d'être les élus d'un nouveau tournant de l'histoire de l'humanité à venir. Ces expériences seraient le fruit d'une Grande Pensée qui guide notre évolution et pousse l'homme à progresser. « Ces phénomènes, écrit-il, font partie d'un plan dont la finalité est de transformer les hommes en citoyens du Cosmos[1]. » Forts de cette perspective, ses ravis ne considèrent plus les aliens comme d'effroyables tortionnaires mais comme de bienveillants Frères de l'Espace venus les avertir des menaces qui pèsent sur une Terre en proie à notre folie technologique.

Parmi les cas les plus intéressants découverts grâce à Sprinkle, nous en retiendrons deux. Très différents. Celui de Pat McGuire, un propriétaire de ranch du Wyoming à qui les ET ne se sont pas contentés de faire *trouver de l'eau dans le désert* : ils lui ont demandé de se présenter aux élections. Et celui de Judy Doraty, une jeune femme enlevée avec sa fille et qui aurait vu les aliens aspirer un veau à bord de leur vaisseau, lui prélever des fragments de tissus et d'organes et rejeter la bête à terre après l'opération.

Pat McGuire, issu d'une famille catholique d'origine irlandaise, travaille dans un ranch avec sa famille et quelques ouvriers. Très jeune, il a une idée fixe : creuser un puits pour trouver de l'eau dans cette zone désertique. Tout le monde essaye de le décourager : il n'y a pas d'eau. Les tentatives d'en trouver dans cette région

1. Leo Sprinkle, *UFO Contactees, Captive Collaborators or Cosmic Citizens ?* in MUFON Symposium Proceedings, 1980.

se sont soldées par un échec, aussi personne — ni amis, ni famille, ni compagnies — ne veut l'aider, serait-ce à obtenir le matériel nécessaire. Pat McGuire continue à travailler dans le ranch sans cesser de caresser un rêve qui finit par tourner à l'obsession. En dépit de la désapprobation de son entourage, il se lance en 1971 et fore un puits d'une profondeur de cent mètres. A la stupéfaction générale, la pompe parviendra à débiter « 800 gallons d'eau pure à la minute[1] » (soit 3 632 litres). Un complexe système d'irrigation permet dorénavant à Pat McGuire d'arroser un vaste domaine où il cultive de l'orge.

A plusieurs reprises, Pat McGuire a eu l'occasion d'observer, en compagnie d'autres fermiers, des boules de feu. Il a vu des « soucoupes volantes » au-dessus de la maison, subi des phénomènes de poltergeist, des crises de paralysie durant son sommeil. Pendant une partie de chasse, il a eu un *missing time*. Ce n'est pas tout. Au cours de l'été 1976, après une manifestation d'ovnis, deux bêtes de son ranch sont retrouvées mortes, entièrement vidées de leur sang. Les yeux, les organes sexuels et la langue ont disparu, sectionnés d'une façon si habile que les tissus ne sont pas déchirés, et que pas une goutte de sang n'apparaît. Les bêtes ont été victimes de ce qu'on appelle les *mutilations animales** [2]. McGuire soupçonne les sectes et les cultes sataniques d'être à l'origine de ces cruautés jusqu'au jour où il voit une soucoupe volante planer au-dessus d'une de ses vaches. Comme pour la surveiller. Le lendemain, l'animal a disparu. McGuire finit par se demander si les coupables ne seraient pas les occupants des ovnis qu'il n'est jamais parvenu à observer en dépit de nombreux guets.

Au cours des années 1979 et 1980, Leo Sprinkle le fait régresser sous hypnose. Le psychologue reconnaît qu'il a rarement été aussi surpris par un récit d'abduc-

---

1. Leo Sprinkle, *UFO Contactees, Captive Collaborators or Cosmic Citizens ?* in MUFON Symposium Proceedings, 1980.
2. Voir annexe en fin de volume.

tee. Pat McGuire est tout aussi étonné. Il s'est retrouvé dans une pièce ovale où les aliens lui apprennent comment forer son puits et lui certifient qu'ils lui apporteront de l'eau s'il se plie à leurs directives. D'autres détails suivent. Des informations encore plus difficiles à admettre. A diverses époques, il aurait été incarné en officier juif, il aurait toujours combattu les ennemis d'Israël et une partie de son esprit aurait été « implanté » dans le corps d'un général israélien pendant la guerre des Six Jours. De telles révélations n'affectent pas McGuire, il n'y attache aucune importance. S'il ne sait comment interpréter les souvenirs de ses prétendues vies antérieures, il a réussi à trouver de l'eau où personne n'avait pu en obtenir (cela, nul ne peut le contester) et où il n'aurait jamais pu en trouver seul, n'ayant pas le moindre don de radiesthésiste. Depuis, il est persuadé que le « peuple des ovnis » gouverne l'humanité. Il vit toujours dans son ranch au nord de Laramie, avec sa femme et ses huit enfants.

Avec le cas Doraty, changement de registre. Les gentils aliens qui faisaient surgir l'eau du désert deviennent ici des écologistes pervers et sadiques.

En mai 1973, Judy Doraty, au volant de sa voiture, revient de Houston (Texas) où elle a joué au bingo et rentre chez elle, à Altaloma, en compagnie de sa mère, de sa fille Cindy, de sa belle-sœur et de son beau-frère. Depuis quelques minutes, une lumière dans le ciel, comme une grosse étoile, suit l'auto. Étrange. Son beau-frère pense qu'il s'agit d'un hélicoptère, Judy ne le croit pas, elle se gare sur le bas-côté de la route pour mieux observer le phénomène lumineux. A partir de cet instant, les cinq personnes *perdent toute notion du temps*. (Les adultes ne réaliseront leur *missing time* qu'en arrivant chez eux : ils ont mis un temps déraisonnablement long pour effectuer leur trajet.) En reprenant ses esprits dans l'auto, Judy est prise de violentes nausées. Pendant toute la semaine, migraines et inexplicables crises d'angoisse la tenaillent.

En 1978, elle fait une première tentative de régression mais elle n'arrive pas à recouvrer la totalité de ses souvenirs. Ceux qui émergent, de façon fragmentaire, présentent une telle étrangeté qu'elle écrit au Dr Sprinkle. Pendant l'hypnose, elle avait découvert qu'un halo de lumière jaune pâle entourait son automobile. Réminiscence plus déroutante, elle avait vu *un veau happé par un rayon de lumière*. La bête s'était fait comme « absorber » en s'élevant dans les airs.

Cet épisode, jusqu'alors sans précédent dans les récits d'enlèvements, retient l'attention d'une chercheuse, Linda Moulton Howe, qui prépare un film sur l'énigme des mutilations animales. Depuis des années, L. Moulton Howe enquête sur ce sujet dont le lien avec les ovnis lui paraît évident. Cette affaire pourrait-elle réunir à la fois un enlèvement humain et un cas de mutilation ? Une piste à ne pas négliger : aussi la réalisatrice s'efforce-t-elle de convaincre Judy de poursuivre les séances d'hypnose. Cette dernière est d'abord réticente : elle ne souhaite aucune publicité autour de son histoire. En réalité, comme si elle redoutait d'être confrontée à des souvenirs trop pénibles, Judy n'a plus tellement envie de savoir ce qui lui est arrivé. Cependant, à force de se faire prier, elle finit par accepter et recommence les séances d'hypnose, avec Sprinkle cette fois. Peu à peu, d'autres détails lui reviennent en mémoire, et la jeune femme finit par retrouver la trame de son aventure. Une histoire assez différente de celles auxquelles les ravis ont habitué le psychologue. L'enlèvement n'est pas axé sur Judy, réduite ici au simple rôle de figurante, mais sur... le jeune bovidé.

Une des salles de l'engin se présente comme un laboratoire. Judy y remarque toutes sortes d'appareils, des chaises pivotantes et une grande table de marbre sur laquelle est ligoté un veau vivant. De petits êtres à grosses têtes, utilisant avec virtuosité toutes sortes d'instruments, s'affairent autour de la bête ; ils tranchent, sectionnent, prélèvent des échantillons, disposent méticuleusement les « morceaux choisis » dans de petites bassines. Ces créatures sans nez ni bouche semblent surgies d'un conte infernal avec leurs longs ongles sombres comme des griffes d'oiseaux de proie, leurs grands yeux perçants et effrayants : des yeux hypnotiques dépourvus de cils, qui ne clignent jamais, dont l'iris est jaune et la prunelle verticale, telle celle des chats.

Horrifiée, Judy Doraty assiste à la vivisection de l'animal (plus précisément à l'ablation de quelques-uns de ses organes, dont la langue et les testicules). Bien que révulsée par ce spectacle, elle tente néanmoins d'interroger ses ravisseurs. D'une voix qui n'a rien d'humain (ou alors télépathiquement, Judy n'arrive pas à savoir), les humanoïdes lui font comprendre qu'il est inutile de poser des questions car, de toute façon, *elle ne se souviendra de rien*. Elle n'a pas droit à la parole, elle ne devrait pas être là, *sa présence est une erreur*. Plus tard, lui expliquent-ils, elle comprendra la nécessité de ces expériences sur les animaux. Ce sont en réalité des tests ayant pour but de déterminer le « stade de contamination » de la Terre. Les aliens se disent *préoccupés par la pollution de notre planète* et celle, plus grave, de notre eau ; non seulement la végétation et les animaux en seront affectés, mais les humains en mourront, affirment-ils.

Un peu plus tard, Judy Doraty découvre sa fille Cindy à l'intérieur de l'ovni. Les petits êtres l'ont étendue sur une table, l'examinent, et lui font des prélèvements de muqueuse dans la bouche. La mère est affolée à l'idée que sa fille puisse subir le même sort que le veau. Elle tente de s'interposer. Les créatures n'ont pas l'air de comprendre sa peur. « *Ils n'ont pas d'émotion* » (leitmotiv des ravis), découvre-t-elle avec horreur. Simplement en la touchant, les aliens parviennent à la « déconnecter », à la débrancher de la situation et Judy n'aura plus conscience de la suite des événements. Cette façon d'oblitérer la conscience du témoin apparaît comme une constante dans les récits des ravis : dès qu'ils tentent de se révolter, ou de ne pas se laisser faire, les aliens les touchent, généralement sur le front. Ce contact suffit à les faire sombrer dans un état de passivité et parfois de totale insensibilité physique. Comme s'il s'agissait d'une anesthésie agissant aussi bien sur le mental que sur le corps. Dans son ouvrage, *An Alien Harvest*, Linda Moulton Howe note l'hypothèse émise par Sprinkle : Judy Doraty aurait été « bloquée » de façon à ne pas assister aux prélèvements que les aliens auraient également effectués sur le corps de sa fille [1].

Quand Judy revient à elle, elle se trouve à l'intérieur de la voiture. La mère et la grand-mère de Judy ont vécu des expériences aussi étranges. Cindy paraît aussi avoir été enlevée. Dans la famille de Judy Doraty, quatre générations consécutives de femmes semblent « suivies » de très près.

Le cas de Judy Doraty établit une jonction entre deux dossiers dérangeants, celui des ravis et celui des mutilations animales. L. Moulton Howe, qui continue à suivre l'évolution de ce dernier sujet à travers le monde, s'interroge : « Peut-être les êtres désiraient-ils qu'une partie de Judy observe exactement ce qu'ils faisaient au veau. Peut-être une des raisons qui leur font abandonner les carcasses mutilées sans les dissimuler correspond-elle à leur volonté que les humains les remarquent. En ce cas, quel peut être leur but ? Veulent-ils renforcer notre sentiment qu'ils nous sont supérieurs ? Est-ce vital pour leur travail de nous donner une impression d'omnipotence ? Nous devons relever ce défi qui consiste à comprendre ce qu'ils sont réellement, pourquoi ils sont là, et *à savoir opérer la distinction entre la réalité et ce qu'ils implantent dans l'esprit humain* [2]. »

Une distinction à ne pas oublier.

1. Linda Moulton Howe, *An Alien Harvest*, éd. Linda Moulton Howe, 1989.
2. *Ibid.*

3

Budd Hopkins, le pionnier. — Les psys rejoignent les ufologues. — Michael Bershad ravi sans le savoir. — Hiboux, cerfs et loups : le bestiaire des souvenirs-écran. — Insémination artificielle, bébés hybrides et fœtus disparus. — Surréalistes bévues des kidnappeurs débordés. — Linda Cortile, le « cas du siècle ».

Leo Sprinkle pense avoir relevé une partie de la gageure définie par Linda Moulton Howe : savoir pourquoi « ils » nous visitent. Pour lui, le phénomène des ovnis et des enlèvements tend vers un but précis : nous faire évoluer vers le bien. L'article désormais célèbre (« *Abductees : Cosmic Citizen or Captive Collaborators ?* ») où il révèle avoir été lui-même enlevé ne laisse pas de place à l'incertitude : nous devons parvenir au niveau d'évolution des aliens qui sont nos professeurs et nos guides. Cette position est loin de faire l'unanimité : pour la plupart, ces aliens, qui n'hésitent pas à se livrer à d'abominables expériences sur les humains, sont les représentants sadiques et cruels d'une race épuisée qui essaye de se régénérer par des tentatives d'hybridation avec la race humaine.

Ce sinistre scénario de science-fiction commençait à circuler sous le manteau entre initiés lorsque apparaît le peintre Budd Hopkins, future grande star des enlèvements. Si, un soir de novembre 1975, ce talentueux artiste[1] de Manhattan n'avait été curieux, sa vie en eût

1. Peintre et sculpteur né en 1931 dont les œuvres sont achetées par de grands musées américains : Guggenheim et Whitney Museum à New York.

été changée et le phénomène qui nous intéresse ici n'eût pas pris une telle ampleur. Du moins si rapidement.

Ce soir-là, Hopkins sort de chez lui pour s'acheter une bouteille de vin chez George O'Barski. Le vieil homme (soixante-douze ans) ronchonne tout seul. Ça ne va pas. Son genou arthritique le fait souffrir. L'air absent, il répète : « On ne peut jamais savoir ce qui peut vous arriver. » Toujours affable, Budd lui dit quelques mots réconfortants, pose une question. Comme s'il n'attendait que cela, le marchand se confie : au début de l'année, il a eu la peur de sa vie en voyant quelque chose surgir du ciel alors qu'il rentrait en voiture chez lui.

« Surgir du ciel » : le peintre sursaute. Lui-même a eu l'occasion, en présence de deux amis, d'observer un ovni et, depuis, il s'intéresse au sujet. Sa curiosité pour ces mystérieux phénomènes allait être récompensée lorsque, devant un magnétophone, le marchand (qu'il connaît depuis quinze ans) lui narre en détail son aventure.

Au mois de janvier, après la fermeture de sa boutique, George O'Barski rentre chez lui en voiture en passant par le North Hudson Park. Sa radio se met à craquer, brouillée de parasites ; assez bas dans le ciel, un brillant objet lumineux dépasse l'auto en émettant un bourdonnement, s'arrête à trois mètres au-dessus du sol et amorce sa descente. Stupéfait, O'Barski observe un gros vaisseau de neuf mètres de long, illuminé d'une rangée de fenêtres. Une porte s'ouvre. Une dizaine de petits êtres encapuchonnés et vêtus de « tenues de sport d'hiver de même couleur », descendent à terre en utilisant une sorte d'échelle. Sans lui prêter attention, les humanoïdes creusent le sol avec des pelles, ramassent de la terre, des racines, des feuilles, enfournent ces échantillons dans des sacs et grimpent à bord de l'ovni ; l'échelle se rétracte, le vaisseau décolle et disparaît rapidement. Le lendemain, O'Barski retourne sur les lieux : des trous dans le sol correspondent aux excavations faites par les petites créatures.

Budd Hopkins, qui connaît suffisamment le marchand pour savoir qu'il n'est pas du genre à inventer pour se rendre intéressant, décide de mener une investigation sur cette histoire qui le laisse perplexe. En compagnie de deux enquêteurs du MUFON, il se met à la recherche d'autres témoins éventuels. Il en trouve un deuxième : Bill Pawlowski, portier d'un immeuble proche du lieu de l'observation, a été intrigué ce soir-là par un groupe de lumières brillantes émergeant d'une grosse masse sombre en suspens au-dessus du sol. Mieux, cette même nuit, la famille Wamsley, subjuguée par l'insolite phénomène, était sortie dans la rue pour mieux le contempler. Frank Gonzalez rapportait une observation identique, au même endroit mais six jours auparavant.

Cette convergence de témoins *indépendants* confère un poids particulier à l'affaire. Sous le titre alléchant de « Sane Citizen Sees UFO in New Jersey », Budd fait paraître son enquête de façon détaillée dans *The Village Voice*[1], une gazette new-yorkaise réputée de bonne tenue et peu suspecte de s'intéresser à un tel sujet. La publication de cette extraordinaire rencontre assortie d'une apparition d'humanoïdes venus sur Terre (à quelques kilomètres de New York) pour prélever des échantillons du sol de notre planète fait sensation ; l'article est repris par d'autres médias et Budd se trouve submergé d'appels. Il rencontre les témoins qui, la plupart du temps, rapportent d'inhabituels phénomènes lumineux dans le ciel, parfois à de faibles distances. Certaines histoires, plus complexes, font état d'un laps de temps manquant, comme si la mémoire du sujet avait été bloquée par l'observation et n'avait rien enregistré. Le cas O'Barski présentait une semblable anomalie : le marchand avait quitté sa boutique entre 1 heure et 2 heures du matin, et était arrivé chez lui vers 3 heures. D'habitude, il effectuait ce trajet en moins d'une demi-

1. Le *Village* est un peu le Saint-Germain-des-Prés de New York : un quartier prisé des intellectuels et des artistes.

heure et cette nuit-là, il ne s'était pas arrêté plus de cinq minutes dans le parc. Bizarre, bizarre...

Et puis c'est l'Idée, avec un grand I. Budd — qui est devenu ufologue de façon accidentelle et n'a aucune formation le préparant à entendre des événements « inhabituels » — a une intuition extra-ordinaire. Un grand nombre d'affaires présentent un épisode apparemment amnésique qu'il baptise *missing time*[1]. Pendant ce temps « manquant », ne pourrait-il s'être produit quelque chose de tellement difficile à accepter que le conscient refuse de le mémoriser, préférant en refouler le souvenir ? L'hypothèse est audacieuse, mais pour la vérifier, il faudrait avoir accès à ces souvenirs réprimés. Et Budd repense à l'affaire des Hill : leur *missing time* dissimulait un enlèvement. Ils avaient pu recouvrer les souvenirs cachés derrière cet apparent vide mnémonique grâce à l'hypnose. Pourquoi ne pas tenter d'utiliser cette technique pour forcer les blocages de la mémoire et mettre en lumière les souvenirs refoulés ? Un de ses amis, psychiatre, le Dr Robert Naiman, utilise l'hypnose pour libérer ses patients de la boulimie, du tabagisme ou de la drogue. L'artiste parvient à convaincre le psy de se lancer dans la grande aventure : faire régresser les témoins dans le temps, les ramener au moment où ils ont été confrontés à l'ovni et les aider à découvrir les zones obscures de ce *missing time* qui dissimule peut-être quelque chose d'intéressant.

En 1977, se forme un trio qui va révolutionner la recherche ufologique : Naiman, Hopkins et Ted Bloecher, un comédien passionné d'ufologie[2] et connu pour la qualité et le sérieux de ses enquêtes. L'exploration commence. Naiman induit l'état d'hypnose et amène le patient à se retrouver au moment de l'observation ;

---

1. Cette expression, qui ne revêt pas le caractère pathologique communément associé à l'amnésie, est dorénavant si célèbre qu'elle est utilisée pour désigner l'indice clé numéro un d'un enlèvement possible.

2. Auteur d'un catalogue recensant les rencontres rapprochées pendant la vague de 1947.

Hopkins et Bloecher, plus familiers que lui avec ce sujet, mènent l'interrogatoire. Les histoires stupéfiantes s'accumulent : les gens parlent de soudaines pannes de voitures, ils décrivent des déplacements incompréhensibles de leurs véhicules sans consommation d'essence, l'apparition d'une entité apparemment non terrestre dans leur chambre, ils affirment qu'ils flottent dans l'air, passent à travers des parois solides (murs, toits, fenêtres), visitent des engins spatiaux, voyagent vers une autre planète. Pendant leur régression, ils font état de peurs incontrôlables ; les souvenirs qu'ils revivent déclenchent en eux une telle panique que souvent le Dr Naiman doit arrêter la séance. Ces récits présentent un tel coefficient d'étrangeté que le psychiatre se sent dépassé : *cela ne ressemble à rien de ce qu'il peut entendre dans son cabinet*. Il en parle à des collègues qu'il présente à Budd : le cercle s'élargit. Enfin une femme se joint à ce groupe d'hommes, une psychologue, le Dr Aphrodite Clamar. Cette présence féminine se révèle indispensable car les témoignages des ravies regorgent d'épisodes gynécologiques embarrassants à confier à un homme, fût-il médecin.

L'hypothèse du *missing time* s'avère fructueuse et l'utilisation de l'hypnose met en évidence une succession de faits déroutants : un affranchissement des lois de notre physique, une manipulation du comportement du témoin soudain dépossédé de toute volonté, des manifestations d'êtres ou d'entités communiquant par télépathie, des laboratoires futuristes où le corps et le psychisme des ravis sont examinés et souvent torturés, des prophéties sur le futur désastreux de notre planète. Un bric-à-brac où la science-fiction rejoint le conte de fées, et où les ingrédients du film d'épouvante s'adoucissent de concepts d'écologie et d'amour universel : un mélange dont, et c'est peut-être le plus important, le héros — ou la victime ? — ne sort pas indemne. Qu'elle soit vécue de façon traumatisante (cauchemars récurrents, phobies, insomnies, crises d'angoisse, peur du noir, cicatrices, sentiment d'être violé, terreur que de tels faits ne se reproduisent) ou ressentie comme bénéfique (changement de conceptions de la vie, ouverture d'esprit, sentiment d'une conscience planétaire, développement de l'altruisme), l'expérience de l'enlèvement provoque un éventail de répercussions qui affectent l'ensemble de la personnalité.

Si Hopkins a eu l'intelligence de s'entourer de psys compétents et ne redoutant pas de s'aventurer dans un domaine aussi suspect, il possède un autre atout : la chance. Celle de tomber sur des « cas » qui le font progresser et lui permettent de risquer d'autres hypothèses. Un exemple ? Michael Bershad dont il relatera les aventures dans son premier ouvrage, *Missing Time*, en lui donnant le pseudonyme de Steven Kilburn. Budd le rencontre en 1978.

Michael Bershad désirait connaître la raison d'une invraisemblable crise de peur panique qui l'avait saisi au volant quelques années auparavant. A l'époque, Bershad habitait aux environs de Baltimore, et se rendait régulièrement à Frederick où vivait sa petite amie. Une nuit, alors qu'il rentrait chez lui, il s'était senti terrifié. Depuis, dès qu'il prenait cette autoroute, toujours au même endroit, la même sensation d'affolement le submergeait. Budd Hopkins subodore quelque chose d'important. Un collègue du Dr Naiman fait régresser Bershad dans le temps et le ramène au moment de sa première crise de frayeur sur l'autoroute. Le jeune homme commence par affirmer qu'il ne peut pas se souvenir, qu'*il ne doit pas se souvenir* (une réaction typique de ravis : ces derniers soutiennent qu'avant de les libérer les aliens leur ont donné l'ordre d'oublier et de se taire) ; néanmoins, plusieurs séances d'hypnose lui permettent de reconstituer son aventure. Cette nuit-là, sa voiture est attirée, comme par une force magnétique, sur le bas-côté de la route. Deux lumières passent dans le ciel. Bershad sort de son auto pour mieux les observer. Sans raison, il se sent pris de panique. Presque immédiatement une voix, à l'intérieur de sa tête, lui dit de ne pas avoir peur car il ne lui sera fait aucun mal.

Apparaissent trois petits êtres à la tête démesurément grosse, au menton pointu, à la peau très pâle, qui, marchant avec difficulté, se dirigent vers lui. Il ne peut plus bouger, se sent agrippé à l'épaule par une sorte de « pince de cuivre » et attiré à bord d'un vaisseau spatial. Là, il se retrouve nu, allongé sur une table d'opération, dans une pièce ronde bien éclairée au centre de laquelle trône une grosse machine inconnue munie de divers appendices. Un autre appareil descend du plafond, vient se fixer sur son crâne. Bershad se sent palpé, tâté, tordu dans tous les sens. On lui fait une piqûre. Alors qu'il est totalement paralysé, il voit une de ses jambes bouger, se détendre, se replier, s'étendre encore, puis l'autre... (comme si on stimulait son nerf fémoral, pense le médecin).

Bershad n'avait jamais mémorisé le plus petit détail permettant d'évoquer une telle aventure, *c'est l'hypnose et l'hypnose seule qui lui a permis de se rappeler son enlèvement*. De se rappeler ou d'inventer ? Le jeune homme est le premier surpris de ce qu'il raconte et ne peut accepter l'idée d'avoir vécu une telle histoire, mais ses souvenirs fraîchement retrouvés sont d'une précision implacable. Peu à peu, d'autres détails lui reviennent, comme si une vanne s'était ouverte dans sa tête, libérant des flots de réminiscences. Il narre à un neurochirurgien, le Dr Paul Cooper, le déroulement de l'examen médical subi à bord du vaisseau. Le praticien tente, sans succès, de piéger Bershad et constate que, sous hypnose, ce dernier fait état d'une connaissance du système nerveux digne d'un spécialiste. Sans chercher à dissimuler son étonnement, le chirurgien appelle Hopkins :

« Je viens de vivre les deux heures et demie les plus irréelles de ma vie. Steven [c'est-à-dire Michael] est un jeune homme remarquable. C'est un esprit brillant, doué d'un grand sens de l'observation et il est tout à fait crédible... Ce qu'il m'a raconté à propos de ce qu'il a subi et de ses réactions physiques, correspond exactement à ce qui se serait produit si on lui avait stimulé les nerfs que, d'après lui, on a touchés... Et cependant il ne possède aucune connaissance particulière du système nerveux. Il aurait fallu qu'il soit très informé pour inventer tout ça, et je suis sûr qu'il n'est pas du genre à mentir ! C'est un type très correct, et il m'a véritablement impressionné [1]. »

Budd est fasciné. Certains témoins se rappellent avoir observé un ovni, d'autres possèdent des bribes de souvenirs de leur aventure à l'intérieur d'un vaisseau, mais Bershad, lui, ne se souvenait de rien : il ne se rappelait même pas avoir observé un objet lumineux ! *L'absence de souvenir ne prouve donc rien*, remarque Hopkins. Le chercheur n'a pas fini d'en découdre avec les méandres et les caprices de la mémoire. Un peu plus tard, il découvre que ses témoins font état, avec la meilleure foi du monde, de *faux souvenirs*. Ils se rappellent avoir rencontré un animal aux grands yeux : hibou, cerf, loup, daim... L'hypnose révélera que, derrière l'apparence mémorisée de cet animal, se cache... un alien. Avec Virginia, ce sera un cerf.

A six ans, Virginia Horton, qui ramassait des œufs dans une grange, s'était soudain retrouvée dans une cour de ferme avec une jambe qui saignait abondamment. Ses parents ne comprirent pas comment elle avait pu s'infliger une blessure aussi profonde, propre et nette, comme faite avec un instrument bien affûté. Détail invraisemblable, son jean n'était pas abîmé et la fillette assurait qu'elle n'avait pas retiré son pantalon.

Dix ans plus tard, Virginia passe ses vacances en France. Lors d'un pique-nique, elle disparaît pour réapparaître, près de deux heures plus tard, en affirmant qu'elle ne s'était pas éloignée. Son chemisier est taché de sang comme si elle avait saigné du nez. Dans la forêt, elle a vu un cerf magnifique qui, elle en était sûre, lui a dit télépathiquement au revoir. A l'âge adulte, Virginia (devenue avocate) décide d'explorer ces deux heures dont elle n'a gardé aucun souvenir. Sous hypnose, le Dr Aphrodite Clamar lui demande de décrire ce cerf. Virginia parle

1. *Missing Time, op. cit.*

d'un petit humanoïde aux très grands yeux. Le Dr Clamar revient à la charge :

— Je vous demande de me décrire l'animal que vous avez vu.

— Mais oui ! Il est de la taille d'un enfant de dix ans, il a une grosse tête, des bras très longs, d'énormes yeux très noirs, mais... ce n'est pas un cerf, c'est un petit être...

Et Virginia embraye sur un récit d'enlèvement au cours duquel les aliens se sont livrés sur elle à ces multiples examens et opérations dont ils semblent si friands, en la prévenant aimablement avant de lui prélever un peu de muqueuse nasale : « On va rapporter chez nous un tout petit bout de toi. »

Virginia ne se souvenait que du cerf dont l'image — rassurante et ne pouvant guère susciter de questions — jouait le rôle d'un *souvenir-écran** implanté dans son esprit comme pour lui cacher d'autres événements inquiétants.

Cette intrusion du souvenir-écran, sous forme de descriptions d'animaux dont le comportement pendant l'abduction n'est pas plausible, est notée par la plupart des thérapeutes. Lorsque le ravi doit fournir davantage de précisions, il finit par découvrir qu'il s'agissait d'aliens. Juste avant de se faire enlever, un patient du Dr David Gotlib[1] vit trois chevaux. Le psychiatre lui demanda de les dessiner : le ravi crayonna trois « Gris » et se troubla lorsque son « erreur » lui fut signalée. Il affirma avoir représenté ce qu'il avait vu et était persuadé qu'il s'agissait de chevaux ! Sous hypnose, cet homme confirma son observation de trois « Gris ».

Dans le loft de l'artiste, défilent les ravis et leur cortège d'impossibles aventures. Au lieu de se contenter de

---

1. Psychiatre de Toronto, le Dr David Gotlib, après s'être occupé d'une femme angoissée à la suite d'un enlèvement et que plusieurs thérapeutes avaient rejetée, a rejoint le MUFON. Sceptique au début, il accumule maintenant les cas et a créé une revue consacrée à l'étude d'expériences inhabituelles, mais en fait dédiée aux enlèvements : le *Bulletin of Anomalous Experiences*.

collectionner les anecdotes, Hopkins s'efforce de relever les caractéristiques communes de telles expériences. Certaines avaient déjà été remarquées : paralysie et « mise sous contrôle » du futur ravi qui se trouve dépossédé de toute volonté, possibilité (pour les aliens et leurs victimes) de passer à travers les surfaces solides, affranchissement des contraintes de la pesanteur (les sujets flottent dans les airs), maîtrise du psychisme des témoins éventuels (les personnes qui accompagnent le ravi au moment de la capture sont « déconnectées » : elles ne voient ni n'entendent plus), prise d'échantillons de chair, de tissus, de sécrétions et de sang, intérêt pour la physiologie et la sexualité humaines (Villas-Boas), communications télépathiques, séquelles physiques (sur l'auto et les chaussures de Barney Hill), pose d'un implant, présence dans le « vaisseau » d'un être apparemment humain aidant les aliens. Budd va plus loin : peu à peu il découvre d'autres constantes. D'après lui, les enlèvements :

1. Présentent un épisode de *missing time* ;
2. Sont, contrairement à ce qu'on pouvait imaginer, des expériences très répandues (il y a plus d'enlèvements que d'observations d'ovnis) ;
3. Peuvent être perpétrés à l'insu de la victime (un sujet peut avoir été capturé et ne garder aucun souvenir conscient de son expérience, ou ne se souvenir que d'une seule abduction). « Tout enlèvement est en réalité un ré-enlèvement, affirme Hopkins. On pensait, par exemple, que l'abduction de Charles Hickson était une expérience unique dans sa vie. Des années après sa célèbre mésaventure sur la Pascagoula, je l'ai hypnotisé. A sa grande surprise, Charles découvrit qu'il avait déjà été enlevé plusieurs fois depuis son enfance » ;
4. Peuvent être dissimulés, sous des souvenirs apparemment normaux (on croyait jusqu'alors que les souvenirs étaient bloqués ou fiables, sans se douter de cette troisième voie : les souvenirs-écrans) ;
5. Débutent lorsque le sujet est enfant (1er enlèvement à l'âge de cinq ou six ans) ;

6. Se répètent de nombreuses fois dans la vie de l'abductee qui est marqué, comme un animal. Certains ravis seraient traités comme des spécimens humains et étudiés à leur insu pendant des années. Les ravisseurs leur implanteraient « un appareil de monitorage » lors du premier enlèvement, quand ils étaient enfants. La première abduction doit rester ignorée pour que ces ravis ne puissent soupçonner le rôle qui leur est dévolu et c'est pourquoi les aliens leur imposent un blocage de la mémoire, dit le chercheur qui pense avoir percé une partie de la stratégie des kidnappeurs : « Les quelques centaines de cas pour lesquels l'amnésie a été levée peuvent représenter seulement un faible pourcentage du nombre actuel d'enlèvements. A mon avis, l'épidémie peut être presque totalement invisible [1] » ;

7. Se multiplient à l'intérieur d'une même famille comme si elle était particulièrement « choisie ». « Les abductees sont suivis de génération en génération mais aussi colatéralement : les parents d'un ravi ont été enlevés, ses enfants le sont, ou le seront, tout comme ses frères et sœurs. »

Hopkins explique cette constatation par l'hypothèse d'expériences génétiques effectuées par les aliens.

8. Sont à l'origine de blessures physiques (prélèvements de peau, d'organes, de tissus...) et laissent des cicatrices. Les cicatrices mises en évidence (et photographiées) par B. Hopkins seraient dues à des interventions remontant en général à l'enfance du sujet. Elles se présentent soit comme des incisions rectilignes très fines de un à trois pouces de long, soit comme des marques rondes comme des incisions rectilignes très fines de 1/8 à 3/4 de pouce de diamètre, bien creusées (comme si de la chair avait été retirée) et qu'il appelle des *scoop marks* [2]. Parfois, après une période d'amnésie,

---

1. *Missing Time, op. cit.*

2. A partir de l'expression anglaise *scoop ice* (« portionneur à glace »), Budd Hopkins a inventé celle de *scoop mark* pour désigner les marques rondes en creux (semblables — en plus grand — aux lésions occasionnées par la petite vérole), que l'on retrouve fréquemment sur le corps des ravis et qui pourraient correspondre à un prélèvement de chair.

les témoins découvrent ces marques sur leur corps alors qu'elles n'y étaient pas la veille. Certains se rappellent consciemment qu'on les a couchés sur une table pour se livrer sur eux à une sorte d'opération. Sous hypnose, les ravis racontent — en hurlant de terreur — les épreuves infligées aux endroits correspondant à ces traces. Leur réaction est toujours la même : refus que cela puisse être vrai, puis horreur devant l'évidence et souvent dépression.

Les interventions des aliens laisseraient aussi des marques plus difficiles à déceler : des cicatrices *internes* qui seront seulement découvertes à l'occasion d'une opération effectuée par un réel chirurgien.

Ces trouvailles lui inspirèrent l'idée d'un ouvrage, *L'Épidémie invisible*, paru en 1981 sous le titre *Missing Time*, dont la publication eut un impact considérable sur la communauté ufologique ; les enquêteurs commencèrent à entrevoir la signification des détails bizarres qu'ils se contentaient de noter sans savoir à quoi les attribuer. Le bandeau apposé sur la couverture du livre (« Histoires détaillées de personnes kidnappées par les ovnis puis relâchées ayant perdu la mémoire. Cela vous est peut-être arrivé... ») constitua la meilleure des publicités : les acheteurs se précipitèrent. Le livre agit comme un appel à témoins : Hopkins y engageait les lecteurs pensant avoir vécu de semblables expériences à lui écrire. Assurés qu'ils pourraient rencontrer un enquêteur et que leurs lettres demeureraient confidentielles, les ravis sortirent de l'ombre. Par dizaines. Par centaines. Puis par milliers. Une telle initiative faisait des heureux dans les deux camps : chez les chercheurs, mais surtout chez les ravis, traumatisés par une expérience dont ils n'osaient parler à personne, pas même à leur conjoint ou à leur famille [1].

1. Devant l'affluence de ravis qui l'appelaient à l'aide, B. Hopkins créa Intruders Foundation, un groupe de soutien pour les abductees. Par le biais de cette organisation, il entretient des contacts étroits avec des psychiatres, des psychologues, des gynécologues, des radiologues, et regroupe des enquêteurs-hypnotiseurs qui sont parfois des

C'est ainsi qu'en 1983, Budd reçoit une lettre de Debbie Tomey[1], une mère de deux jeunes enfants, divorcée, et vivant chez ses parents à Copley Woods (faubourg d'Indianapolis). Cette jeune femme de vingt-quatre ans ayant découvert dans *Missing Time* des aventures semblables aux siennes, décrivit à Budd les insolites manifestations qui perturbaient son existence. A sa lettre était jointe une photo qui intéressa particulièrement le chercheur : une curieuse trace sur le sol du jardin dont les oiseaux et le chien refusaient de s'approcher. L'herbe y était brûlée. Une trace d'atterrissage d'ovni ? se demande Budd qui a retenu un autre détail non négligeable : depuis ses treize ans, Debbie a deux cicatrices inexplicables sur le corps.

L'artiste se déplace pour la rencontrer. Entre-temps, il s'est fait hypnotiser par Robert Naiman et par Aphrodite Clamar. Depuis sept ans, il assiste chaque semaine à des séances d'hypnose pour observer les différentes techniques (y compris celles de la police) : il veut pratiquer par lui-même. Le Dr Naiman vient de lui en donner l'autorisation et ce feu vert tombe à point nommé : Hopkins n'a personne de disponible pour Debbie, c'est donc lui qui va lui faire effectuer plusieurs séances de régression. De prime abord, ce cas promet d'être intéressant.

Depuis l'enfance, Debbie rêve d'étranges créatures et subit des phénomènes anormaux : elle est environnée de lumières inhabituelles, observe des ovnis, est persécutée

thérapeutes : « Il faut rassurer et soutenir psychologiquement ces gens pour qu'ils puissent retrouver un certain équilibre et intégrer ces souvenirs à leur vie. C'est une tâche malaisée : les familles et les amis ont du mal à accepter la réalité de tels événements et il est difficile de devoir cacher son histoire à son entourage. »

1. *Alias* Kathie Davis, pseudonyme sous lequel B. Hopkins la fit connaître, *alias* Debbie Jordan, nom sous lequel elle a publié avec sa sœur — ravie également — une sorte de journal à quatre mains (Debbie Jordan & Kathy Mitchell : *Abducted ! The Story of Intruders Continues*, Carroll & Graf, 1995) où elle narre par le détail ses démêlés avec les aliens et ses nombreuses manifestations de poltergeist. Pour plus de simplicité, je la désignerai sous le seul prénom de Debbie.

par les poltergeists et voit des petits êtres passer à travers les murs de sa maison. Sa famille est en butte, de façon permanente, aux tracasseries de l'invisible...

En 1978, Debbie est enceinte mais le fœtus « disparaît » de façon mystérieuse. Après un premier enfant, lorsqu'elle est de nouveau enceinte, elle est harcelée de coups de fil anonymes. La voix, plutôt masculine, est bizarre, métallique, nasillarde, heurtée. Debbie se fait mettre sur la liste rouge. A peine un nouveau numéro lui est-il attribué que la sonnerie retentit. C'est l'énigmatique interlocuteur. Le bébé naît. Un garçon. Mais l'enfant souffre d'un trouble peu banal : en fait de cris ou de babil, il émet des sons presque inhumains, semblables à ceux qu'éructait la voix anonyme. En 1981, Debbie divorce et retourne habiter chez ses parents. C'est là que se produisit, le 30 juin 1983, une série de spectaculaires phénomènes paranormaux dont certains effets (perturbations électriques notamment) se firent sentir aux alentours. Ce soir-là, intriguée par une vive luminosité à l'extérieur, Debbie était sortie dans le jardin ; elle se souvient seulement d'y avoir vu, avant de perdre connaissance, des petites entités semblables à des robots, et une sorte de vaisseau spatial posé sur quatre pieds. Elle revint à elle une heure et demie plus tard. Ses voisins avaient entendu un fort vrombissement et remarqué des flashes lumineux jaillissant de son jardin. Leur électricité était tombée en panne sans raison et leur maison avait vibré, comme s'il y avait eu un tremblement de terre. Là où Debbie avait vu l'engin posé au sol, l'herbe était morte, et la terre, complètement durcie : le gazon était saccagé par d'inexplicables traces.

L'hypnose révèle un enlèvement (avec examen clinique) pendant le *missing time* dans le jardin. Au cours d'autres séances de régression avec Budd, la jeune femme se met à revivre une série d'abductions : d'effroyables scènes où, à bord d'un ovni, des petits êtres gris aux yeux énormes (qui enlèvent également d'autres membres de sa famille) la déshabillent, l'étendent sur une table à étriers pour examen gynécologique, lui font subir toutes sortes de tests, lui insèrent divers instruments dans le vagin, ou lui enfoncent dans le nombril une longue aiguille terminée par une petite boule (détail qui ne manque pas de rappeler à Hopkins l'affaire Betty Hill). Debbie rapporte de multiples interventions douloureuses ou agréables, selon le conditionnement auquel elle est soumise. Au cours d'une régression particulièrement pénible, elle se retrouve une fois encore sur la table d'examen en proie à une souffrance intolérable et se met à hurler : « Il est à moi ! Laissez-le-moi ! Ils m'ont pris mon bébé ! » En larmes, elle explique qu'on lui a retiré du corps un fœtus. Ce fœtus dont elle n'avait jamais pu comprendre la « disparition » en 1978 ?

Les détails qu'elle donne sont monstrueux. Elle se fait enlever depuis qu'elle est petite. Pendant son adolescence, elle a été examinée et *fécondée artificiellement par les aliens* ; quelques semaines plus tard, le fœtus a été extrait de son corps. A bord de l'ovni, on lui présenta « sa » fille, Emily, fruit de sa grossesse interrompue. Debbie devait apprendre qu'elle avait « ailleurs » dix-neuf autres enfants hybrides issus de ses ovules prélevés par des aliens à de multiples reprises ! Lors d'autres enlèvements, elle a souvent eu l'occasion de revoir Emily : une petite hybride mi-humaine, mi-alien : « Elle avait l'air d'un elfe, ou d'un ange... très pâle avec de grands yeux bleus, une tête plus grosse que les enfants normaux », écrit Debbie [1]. Elle supplia ses ravisseurs de la laisser emmener sa « fille » mais un alien (le père ?) lui expliqua que la petite métisse ne pourrait vivre sur Terre. L'idée d'avoir perdu cette enfant déprima Debbie. Elle demanda à Budd de taire l'histoire d'Emily, et attendit plus de dix ans pour lever le secret sur sa grossesse interrompue et « récupérée » par les aliens.

Riche d'épisodes nouveaux, l'histoire de Debbie permet à Budd de pousser plus loin son schéma des RR4* et de leur donner un début de « sens » (un sens particulièrement déplaisant si on accepte, ainsi qu'il le fait, de considérer les détails rapportés comme des comptes rendus de faits réels). Avec ce cas, il dispose de quelques éléments solides. D'abord, il y a concordance de *témoignages indépendants* : Debbie et sa mère ont vu, chacune de son côté, d'inexplicables phénomènes lumineux dans leur maison et assisté à d'invraisemblables

---

1. *Abducted ! The Story of Intruders Continues, op. cit.*

problèmes de portes s'ouvrant et se fermant toutes seules. Plus intéressant, il possède des *preuves* corroborant la présence de l'ovni dans le jardin. Des *preuves* que quelque chose s'est produit objectivement :

— A travers les arbres, la voisine a observé de brillantes lumières au-dessus de la maison de Debbie (à un moment correspondant au décollage de l'ovni).

— Quelques secondes plus tard, un phénomène non identifié produisit un fort vrombissement dans les airs.

— Toutes les lumières se sont brutalement éteintes chez les voisins (sans problème de fusible ni de disjoncteur) pour se rallumer toutes seules.

— Une énigmatique trace au sol subsiste dans le jardin, là où Debbie avait vu l'ovni. L'herbe y est morte [1]. La consistance du sol a été modifiée : il a durci et n'absorbe plus l'eau.

— Les animaux (même les oiseaux) refusent de s'approcher de cet endroit. Le chien a perdu ses poils et il est mort.

— Après cet enlèvement, Debbie a souffert pendant plusieurs jours de problèmes de santé, comme si elle avait été exposée à des radiations de basses fréquences.

Lorsque Budd entreprend son enquête sur le cas Debbie (en 1983), les connotations sexuelles des enlèvements et l'apparent intérêt des aliens pour ce qui concerne la reproduction étaient ignorés : les ravis n'osaient en parler, et les rares enquêteurs informés ne se risquaient pas à poser de questions sur ces sujets scabreux. Il faut avoir le courage de faire face, se dit Budd. Ce cas complexe le fait longuement réfléchir [2] et lui inspire une hypothèse assez répugnante. Et si les aliens fécondaient les ravies avec leurs chromosomes et les enlevaient à nouveau pour récolter les fœtus hybri-

1. Pendant plusieurs années, la végétation ne repoussera pas à cet endroit.

2. Il le publiera en 1987 dans *Intruders, the Incredible Visitations at Copley Woods*. Debbie Tomey y porte le pseudonyme de Kathie Davis.

des dont ils assureraient ailleurs le développement ? Il est difficile d'accepter une telle éventualité, mais d'autres séances de régression effectuées avec d'autres femmes semblent confirmer son intuition : dans la plupart des cas de ravies qu'il explore, Hopkins retrouve ce monstrueux *scénario de génétique-fiction*.

L'induit-il ? Il est bien connu que l'hypnotisé a tendance à vouloir satisfaire les désirs — même inconscients — de son hypnotiseur. Et on pourrait se demander si le recours à l'hypnose ne crée pas ces scénarios d'enlèvements qui ne cessent de se multiplier aux États-Unis de la même façon qu'un emploi abusif de cette technique permettrait d'avoir accès à de prétendues « vies antérieures ».

« Faux, rétorque Budd Hopkins qui refuse un tel amalgame. Certaines personnes font des régressions parce qu'elles veulent se découvrir un passé gratifiant, intéressant ou qui pourrait expliquer leurs problèmes actuels. Dans les affaires d'ovnis au contraire, le témoin qui effectue ce type de régression entre dans un domaine non seulement déplaisant mais horrible où les sujets ont toutes les raisons de se sentir terrifiés, humiliés et traumatisés. D'autre part, dans 20 à 30 % des cas, les sujets retrouvent spontanément leurs souvenirs et leurs récits concordent exactement avec ceux obtenus sous hypnose. »

Mais ces récits, que sont-ils ? Des contes d'horreur où les ravisseurs semblent soucieux de fabriquer une race métissée en se mélangeant aux humains. Maintenant, les femmes sont légion à affirmer qu'on leur a prélevé des ovules ou implanté un embryon, à parler de leurs « grossesses interrompues » ou de leurs « fœtus manquants » (plus de quatre cents cas répertoriés mais, je m'empresse de le souligner, *non prouvés médicalement*).

Les aliens disposent également de toute une variété d'interventions médico-sexuelles réservées aux organes mâles de reproduction et maintenant les hommes se décrivent étendus sur la fameuse table, les jambes bloquées, le pénis inséré dans un appareil, la tête coiffée d'une sorte de casque, transformés en donneurs obligés de sperme. Ils se sentent « bizarres », éjaculent, voient les laborantins de l'espace recueillir la substance convoitée et... se retrouvent dans leur chambre ou leur auto. (Comment, devant de telles descriptions, ne pas songer aux expériences de nos primatologues qui implantent des électrodes dans le crâne des chimpanzés, et les font à volonté bâiller, avoir une érection, devenir agressifs ou se jeter sur la nourriture ? Comment ne pas penser aux médiévales histoires de succubes ?)

Aujourd'hui, presque tous les ravis masculins affirment avoir été contraints — et à de multiples reprises — à de tels prélèvements. Le premier à en avoir fait état fut... Barney Hill, en 1961. Le « père fondateur » des enlevés avait dû, lui aussi, passer par cet épisode, mais la chose était demeurée sous le boisseau. John Fuller jugea tellement choquant ce détail rapporté par le Dr Benjamin Simon qu'il n'osa le publier dans *Le Voyage interrompu*. Mais le témoignage était là, dûment consigné. Il fallut attendre la convergence de centaines de récits analogues pour lever le voile de la pudeur et permettre à Budd de développer l'hypothèse d'une interaction génétique entre nous et les ET (toujours les mêmes, ces vilains « petits Gris » au corps grêle d'insecte, aux yeux noirs démesurés). Ces nouveaux envahisseurs auraient besoin de régénérer leur race et se livreraient à des expériences au détriment des humains dont ils ne se soucient ni des douleurs, ni des peurs, ni des sentiments.

Une hypothèse qui n'avait pas fini d'influencer chercheurs et ravis.

Il faut reconnaître à Hopkins le mérite d'avoir su amener des psychiatres, psychothérapeutes et psychologues (qui jamais n'avaient manifesté de curiosité pour les ovnis) à s'intéresser aux abductions. Ces différents psys, stupéfiés par la similitude et par l'absence de contenu personnel de ces incroyables récits, finissent par reconnaître que de telles histoires résistent aux explications psychologiques habituelles : tout se passe comme si le ravi subissait une expérience imposée de l'extérieur sans l'influencer par sa personnalité, ses fantasmes ou ses craintes comme cela se produit dans les phénomènes délirants ou hallucinatoires.

Dans son grand loft, parmi les toiles et les sculptures, s'entassent une multitude de dossiers (ses cas), et une impressionnante collection de caisses dont certaines sont étiquetées « lettres à ouvrir » ou « lettres à lire ». Ce charmeur — et prodigieux conteur — est débordé. Tandis que le téléphone ne cesse de carillonner, il me bombarde d'anecdotes, me projette des enregistrements de régression sous hypnose et plaide pour la réalité des faits allégués. Son argument massue : l'extraordinaire similitude des détails physiques associés aux témoignages, telles les traces de blessures (estafilade ou *scoop mark)* apparues sous des vêtements qui n'étaient ni enlevés ni déchirés après que la victime (généralement un enfant) eut subi une période d'amnésie.

« J'ai personnellement étudié près de 450 cas, j'en connais des milliers (chaque semaine, en plus des enlèvements répétés que subissent certains abductees, il m'arrive en moyenne deux nouveaux cas). Je lis les rapports de mes collègues qui étudient ces phénomènes. Jamais le cœur n'est impliqué dans aucun des examens ou interventions subis par les témoins. Ni le poumon du reste. Nos "amis" de là-haut s'intéressent à tout ce qui est en dessous de la ceinture (ventre, organes génitaux, rectum), à la tête (nez, oreille, yeux), aux pieds et parfois à la colonne vertébrale, mais pas au cœur, l'organe que nous considérons comme le plus important : c'est quand même fou ! Si ces témoignages n'étaient que de la fantaisie, ils décriraient des techniques très perfectionnées d'électrocardiographie. Non seulement ces récits ne sont pas de la fiction mais ils montrent le désintérêt absolu que nous inspirons aux ET. Ceux-ci suivent leur programme, nous prennent ce qu'ils veulent, comme ils le veulent sans demander d'autorisation, sans se soucier de la souffrance et de la panique que leurs "opérations" engendrent. »

Et, précise Budd, les aliens arrivent à manipuler le cerveau des abductees ; ils y implantent de fausses perceptions pour les empêcher de comprendre ce qu'ils ont vécu. Dans la plupart des cas, les enlèvements se produisent pendant la nuit ; de cette manière, les ravis prennent leurs souvenirs pour des cauchemars. « C'est le plus subtil des camouflages, estime-t-il. Mais ces "rêves" terrifiants correspondent-ils à des souvenirs exacts ou à une manipulation de leur cerveau ? Dans le doute, je me garde de prendre au pied de la lettre les quelques informations que les abductees me donnent : il peut s'agir de mensonges auxquels les aliens veulent nous faire croire. »

Même si son discours se réfère aux « aliens » dont il ne doute pas de la réalité, Budd ne se considère pas comme un ufologue, il dit étudier les témoignages comme des récits d'expériences personnelles, dans une optique de psychologue (« Je cherche à découvrir comment le phénomène de l'enlèvement a affecté la vie de certains êtres, hommes, femmes et enfants, que je connais personnellement et avec qui je travaille... »). En fait, il s'implique totalement dans les problèmes de ses ravis (parmi lesquels se trouvent deux psychiatres, quatre psychologues, onze psychothérapeutes et quatre policiers), toujours prêt à leur accorder son temps, à les entourer, à les rassurer (sans leur demander un centime). C'est l'un des rares chercheurs à s'intéresser aux enfants puisque, c'est l'une de ses « découvertes », l'expérience commence toujours quand le sujet a cinq ou six ans.

Pour les jeunes ravis qu'il refuse d'hypnotiser, Hopkins a mis au point une technique d'entretien basée sur un test projectif[1]. Il leur présente une série de dessins

1. Ce genre de tests ne vise pas à établir des faits mais à connaître les émotions et les sentiments.

représentant les faces de dix personnages familiers de l'univers du petit Américain moderne (le Père Noël, Batman, un clown, un policier, une femme, une tortue Ninja, un ET [1], un petit garçon, une sorcière et une tête de mort) et leur demande de les identifier : « En découvrant l'ET, les enfants qui ont été enlevés réagissent très vivement ; ils manifestent une peur évidente ou refusent de regarder davantage. » Puis il leur propose de classer ces visages en deux tas : les « gentils » d'un côté et les « méchants » de l'autre. Enfin, ayant sélectionné deux images — dont l'une est obligatoirement l'ET — il leur demande de raconter une histoire inspirée par ces deux personnages. « Régulièrement, l'enfant désigne le visage de l'alien en me disant que celui-là lui fait peur (les enfants ont des souvenirs conscients qui ne sont pas encore censurés par un intellect selon lequel il est impossible de rencontrer un tel personnage). Je fais alors semblant de ne pas comprendre et m'exclame devant une autre tête dotée d'un grand nez : "C'est vrai, il n'a pas l'air gentil celui-là avec son grand nez !" Et l'enfant tempête : "Mais non, il n'avait pas de grand nez, il n'en avait pas du tout, tu te trompes, c'est celui-ci le méchant", et il désigne le dessin de l'alien aux grands yeux qui, en effet, n'a pas de nez. »

Après une conférence, Budd reçut la visite d'un père très inquiet au sujet de sa fille de cinq ans. Doris a peur de se coucher et fait des cauchemars terrifiants dont elle refuse de parler : il ne sait comment l'aider. Budd lui donne son « test de reconnaissance » (« C'était exceptionnel ; je ne confie jamais ce test à personne, précise-t-il, mais cet homme avait fait un long voyage pour me rencontrer ») que les parents font passer à Doris. J'ai regardé l'enregistrement vidéo de la scène.

La petite commence par identifier les personnages. Elle a l'air enchantée de ce nouveau jeu mais, en découvrant l'alien, elle change immédiatement d'expression

1. Tête en forme de poire renversée, immenses yeux noirs, absence d'oreilles et de nez, bouche réduite à une fente.

et se met à pleurer en répétant : « C'est celui de mon rêve, je ne l'aime pas », et se cache les yeux derrière les mains. Par la suite, chaque fois qu'on lui présente le visage de l'alien, Doris recommence à sangloter, se pelotonne contre sa mère en répétant : « C'est celui de mon rêve, je ne veux pas le voir, c'est le même, il est méchant ! » Lorsqu'elle doit raconter une histoire sur l'ET, le visage redouté déclenche une crise de panique et la gamine se couche à plat ventre sur le sol, la tête dans ses bras repliés. Son père la prend sur ses genoux. Doris pleure de plus belle :

— C'est celui de mon rêve, je ne peux pas t'en parler, papa, c'est trop terrifiant, il revient toujours la nuit dans mon rêve.

— Mais que fait-il dans ton rêve ?

— Non, je ne veux pas en parler, c'est trop effrayant, hoquette Doris, le visage enfoui contre la poitrine de son père.

Celui-ci promet d'être fort, l'assure qu'il peut tout entendre, Doris gémit et finit par se confier.

— Il me prend, il m'emmène dans sa voiture, une voiture noire, qui n'a pas de roues, pas de porte pour sortir...

Le père essaye de lui faire décrire cette « voiture ».

— Il n'y a rien à l'intérieur, pas de siège, pas de volant...

— Combien de fois as-tu fait ce rêve ?

— Très souvent. Dix fois.

A force de patience, les parents lui arrachent quelques détails : oui, c'est toujours le même vilain petit bonhomme aux grands yeux qui vient la nuit ; il amène des amis, méchants, stupides. Elle ne veut pas en parler. Et à voix basse, Doris risque une question :

— Mais où as-tu pris ce dessin ?

« Lorsqu'ils parlent de leurs cauchemars, jamais les enfants ne réagissent de façon aussi violente, commente Budd. Je me suis renseigné, ce visage d'alien n'existe pas dans la littérature enfantine, il n'est pas utilisé comme masque par exemple. Pour les enfants qui n'ont pas été ravis, un ET a forcément le visage de celui qui a été popularisé par le film de Spielberg[1] et il est sympathique. »

Lorsque Budd découvre « avec certitude » qu'un enfant a été enlevé, il a une priorité : aider les parents. « Ceux-ci ne doivent jamais lui dire que l'abduction était "un rêve" ou lui faire croire qu'ils peuvent le protéger. Les enfants savent que ce n'est pas possible — ils ont souvent vu leurs parents à la merci des aliens — et perdraient confiance en eux en découvrant qu'on leur ment. Les enfants ont peur d'être enlevés, et peur de ne jamais revenir aussi, pour les rassurer, je suis partisan de leur avouer, d'une façon neutre : "Nous ne pouvons pas toujours te protéger. Tu es tombé de bicyclette, par exemple, et nous avons soigné tes genoux. Nous sommes là pour t'aider. Moi aussi j'ai été enlevé, mais regarde-moi, je suis là, je suis revenu et tout va très bien." »

Souvent les enfants sont enlevés avec leurs parents, poursuit Budd qui, comme un magicien de son chapeau, continue à sortir les cas de ses archives :

> Très jeune, la petite Nicole L. parlait d'un mystérieux ami secret, « Kevin » qui l'aimait beaucoup, venait la voir dans son lit et l'emmenait dans un « endroit tout drôle ». Quand elle eut cinq ans, elle fut absolument terrifiée en voyant dans une vitrine de librairie la couverture de *Communion*[2]...
>
> Mrs L. se réveilla une nuit assise sur le bord du lit, avec, juste en face de son visage, les deux énormes yeux noirs d'un ET. Elle poussa un cri de frayeur ; l'alien disparut. Son mari dormait paisiblement ; très angoissée, elle se recoucha, essayant de se persuader qu'elle avait

---

1. Les descriptions d'ET faites par les ravis ne correspondent pas toutes à cette « race » de petits êtres gris et chauves aux grands yeux noirs que dépeignent les ravis de Budd Hopkins.
2. La couverture du livre de W. Strieber représente, en gros plan, une tête de « petit Gris », stylisée et inquiétante à souhait.

fait un cauchemar. Le lendemain matin, sa plus jeune fille (âgée de quatre ans) lui déclara :

— Cette nuit, j'ai vu Kevin et Nicole. Ils étaient magiques : ils flottaient dans les airs !

Mrs L. interrogea Nicole :

— Il paraît que tu as vu Kevin hier soir ?

— Oui !

— Comment est-il ? Aussi grand que moi ?

— Oh non, il est tout petit...

Budd fit passer son test à Nicole. Quand il lui montra le dessin représentant l'alien, la gamine se tourna vers sa mère :

— Maman, tu te souviens ? Toi aussi, tu étais avec Kevin dans cette pièce ronde où il habite, et tu étais allongée toute nue sur la table... Tu te rappelles le petit bébé très bizarre que l'infirmière m'a apporté pour que je le tienne ?

— Je parie que le bébé criait, comme tous les bébés, glissa Budd pour faire parler davantage la fillette sans l'influencer.

— Non, le bébé était silencieux, mais qu'il était étrange !

Et Nicole décrivit un bébé avec une tête énorme et des cheveux blancs, et qui avait l'air malade.

Quelques années plus tard, Budd retourna voir cette famille. La situation avait évolué. Nicole avait peur de Kevin et ne voulait plus le voir : quand il l'emmenait là-haut, il y avait des Kevin « méchants » qui lui faisaient mal, la déshabillaient et l'obligeaient à voir le « docteur ». Elle demanda à Budd :

— Tu veux voir le bobo qu'ils m'ont fait ?

Soulevant sa robe, elle lui montra, au-dessous du nombril, une blessure de forme carrée où la peau manquait. La mère avait remarqué d'autres marques, inexplicables, de ce genre sur le corps de sa fille.

« Maintenant, Nicole a peur de Kevin, commente Budd. Quand je lui montre les dessins, et qu'elle en arrive au portrait de l'alien, elle est réellement effrayée. Je lui ai expliqué que, sur ces images, les oreilles n'étaient pas représentées, mais qu'elle avait certainement pu voir celles de Kevin puisqu'elle était près de lui. Ce faisant, je lui tendais la perche pour qu'elle m'en parle puisqu'il est "normal" d'avoir des oreilles. Ça n'a pas marché et elle m'a assuré :

— Mais non, il n'a pas d'oreilles ! Il avait des trous à la place, comme les oiseaux !

« J'étais stupéfait d'entendre cela, commente Budd. »

La grille de lecture de Budd, moins sereine que celle de Sprinkle, présente les phénomènes comme objectifs, réellement vécus : les ravis sont enlevés physiquement et soumis à d'effroyables expériences. Il me donne le ton :

« Tous ceux qui s'occupent de cette recherche préféreraient, et de loin, que ça n'existe pas. C'est trop traumatisant pour les gens qui subissent ces expériences, trop lourd à supporter. Cela fait vingt ans que j'étudie ce genre de témoignages, j'ai assisté à trop de souffrance et de détresse. Chaque fois qu'un ravi a la preuve que ce qu'il a vu pendant l'hypnose n'est pas un rêve, qu'il a véritablement vécu tout cela, il a une dépression. D'autres pensent au suicide et certains ont été jusqu'au bout. »

Il faut se blinder pour regarder sans broncher certains passages de séances de régression. Les mots ne sauraient transmettre la détresse, la panique et l'horreur s'y exprimant, aussi ceux qui, tranquilles derrière leur bureau, se contentent de formuler quelques jugements définitifs en n'ayant qu'une approche livresque et sommaire du sujet, me paraissent assez... légers : suffit-il de lire la description d'une rose pour en connaître le parfum ? de feuilleter quelques pages du Larousse médical pour porter un diagnostic sur un patient jamais rencontré ?

Heureusement, quelques détails burlesques apportent une bouffée d'oxygène à cette suite, indéfiniment répétée, d'épreuves urogynécologiques. Certains ravis se retrouvent nus dans leur lit alors qu'ils portaient une veste de pyjama ou une chemise de nuit (le vêtement disparu ne se trouve plus dans l'appartement), le pyjama est enfilé en dépit du sens commun (la veste en guise de pantalon et vice versa) ou bien enfin ils se retrouvent avec un vêtement qui non seulement n'était pas celui qu'ils portaient pour dormir mais qui ne leur appartenait pas. Budd Hopkins m'a détaillé un nombre incroyable de ces bévues surréalistes dont regorgent ses dossiers. Après avoir visionné des extraits de séances de régression, je reconnais avoir accueilli avec plaisir cet intermède loufoque :

Une femme se réveille avec de vagues souvenirs d'un rêve peuplé d'aliens. En se levant, elle est prise de panique : elle ne voit presque plus rien d'un œil. Les aliens lui avaient mis « par erreur » une lentille de contact (elle n'en portait pas).

En conduisant sur une autoroute, Jessie s'affole : elle ne reconnaît pas son volant, ni son tableau de bord, ni ses sièges, ni sa voiture... elle se trouve dans une autre auto ! Terrifiée elle se gare sur le bas-côté et fait le point : elle n'a pas pu se tromper de véhicule, elle est partie de son garage et ne s'est pas arrêtée en chemin. Une auto — la sienne ! — la dépasse, conduite par un inconnu. Jessie n'a pas le temps de prévenir la police, ni même de réagir : elle se sent sombrer dans l'inconscience et reprend ses esprits un peu plus loin sur l'autoroute... au volant de sa voiture. « Les aliens se sont aperçus de leur erreur, commente Budd. Ils ont à nouveau enlevé les deux abductees pour les remettre dans les véhicules leur appartenant. »

Une mère s'était endormie avec son petit garçon dans son lit. Cette nuit-là, elle portait une chemise de nuit de Victoria's Secret (les dossiers des ufologues renferment jusqu'à la marque de la lingerie !), et l'enfant, son pyjama habituel. Le matin suivant, elle se réveille vêtue d'une chemise d'homme (inconnue et de grande taille) tandis que son fils (deux ans) est entortillé dans un pyjama taille 12-14 ans. (Imaginons les réactions d'une brave ménagère se réveillant auprès de son abductee de mari affublé d'une affriolante chemise de satin rose signée Victoria's Secret !)

A croire que les aliens, débordés par la cadence infernale de leurs kidnappings, n'ont pas le temps de rhabiller correctement ceux qu'ils déshabillent sans difficulté [1]. Au début, on accueille ces détails loufoques avec le sourire : on pense au somnambulisme, à la distraction, à l'affabulation, à toutes sortes d'explications plausibles, mais ce genre de détails se répète. De telles anecdotes — difficiles à vérifier comme *tous* les épisodes de la RR4 — ne sont pas l'apanage des ravis de Budd Hopkins, on les retrouve partout, comme nous le verrons au chapitre suivant. Ces « erreurs » semblent difficilement compatibles avec l'extrême souci de discrétion qui entoure les enlèvements. Pourquoi prendre la peine de « déconnecter » les témoins et laisser d'aussi évidentes preuves (question analogue à celle que formulait L. Moulton Howe à propos des mutilations animales : pourquoi laisser de façon aussi visible des cadavres d'animaux mutilés et tués dans le plus grand secret) ?

Lorsqu'un enlèvement se produit devant des témoins (un mari dans un lit, un enfant dans une chambre, un passager dans une voiture), ceux-ci entrent dans un état altéré de conscience. Ils sont momentanément « déconnectés », ne voient plus, n'entendent plus, et retrouvent l'usage de leurs sens quand le ravi est de retour. Le futur abductee, qui perçoit quelque chose d'inhabituel (lumière, bruit, sensation de présence) ne peut trouver recours auprès d'eux, ce qui accroît sa panique. Les chercheurs possèdent de nombreux exemples de personnes ainsi pétrifiées, les yeux ouverts mais ne voyant rien. Elles sont « hors du temps » et ne se souviennent de rien.

A quarante ans, Sylvia a retrouvé sous hypnose la clé d'un épisode amnésique vécu quinze années auparavant. Elle passait la soirée chez des amis à New York quand

1. Les ravis se retrouvent nus sur la « table d'opération », jamais gênés de leur nudité, ni devant les aliens, ni devant les autres abductees : des étrangers ou des membres de leur famille qui partagent la même expérience qu'eux.

soudain elle se retrouva dans un restaurant inconnu, en train de demander à un policier où elle était et ce qu'elle faisait là. Jamais elle n'avait eu une telle absence. Détail intrigant : aucun de ses amis ne l'avait vue quitter l'appartement. Pendant l'hypnose, Sylvia s'est sentie soulevée du sol, elle s'est vue flotter dans l'air incapable de redescendre, de crier, de se mouvoir. Dans le salon, chacun semblait figé comme une statue de cire. Les conversations s'étaient arrêtées, les gestes suspendus.

Depuis 1976, Budd Hopkins a hypnotisé plus de quatre cents ravis. Il retrouve, inlassablement, les mêmes épisodes : une fois paralysé, le ravi se sent emporté dans les airs et se retrouve nu, étendu sur une table où il est soumis à différents examens cliniques, avec des prélèvements de cheveux, de rognures d'ongles, de tissus, de sécrétions, de sang, à des manipulations mentales, et surtout à des interventions qui la plupart du temps concernent les organes sexuels. Après, hanté de cauchemars, il refuse d'accepter que ses souvenirs correspondent à des événements vécus. Certains enlevés se déclarent heureux et fiers de leur expérience, ceux qui gravitent autour de l'auteur d'*Intruders* sont, en général, terrifiés par leur expérience et redoutent d'être à nouveau confrontés à ces ravisseurs. Hopkins refuse qu'on puisse opérer une différence entre « ravi heureux » et « ravi malheureux ».

« D'abord, ce n'est pas parce qu'une personne prétend avoir été enlevée qu'elle l'a été. Pour un ravi, découvrir la réalité de l'enlèvement est une expérience traumatisante. On ne peut dire que les aliens soient mauvais : nous ne connaissons pas leurs intentions, aussi nous ne pouvons les juger. Pour ceux qui les subissent, c'est dramatique et c'est pourquoi j'essaye d'aider les gens à vivre avec les traumatismes engendrés par ces expériences. Les gens qui parlent d'extraterrestres ont fabriqué deux mythes. Ou il s'agit d'êtres supérieurs qui vont résoudre les problèmes de notre planète, ou ce sont des créatures diaboliques qui prennent plaisir à nous torturer comme si nous étions des rats de laboratoire. Les abductees sont écartelés entre ces conceptions, aussi fausses l'une que l'autre, de monstres maléfiques ou de sauveurs absolus dont ils ne comprennent pas les méthodes mais, dans tous les cas, ils n'éprouvent qu'un sentiment : la peur. L'idée que nous nous faisons de ces personnages est absurde car nous ne savons pas ce qu'ils sont en réalité », m'explique Budd. Cela ne l'empêche pas d'avoir une quasi-certitude quant aux raisons de leurs apparentes visites sur Terre.

« Depuis les premiers cas, nous avons appris que les aliens s'intéressaient à la reproduction des humains ; les interventions que subissent les abductees se présentent comme des expériences génétiques. Maintenant, nous savons de quoi il s'agit : *ils veulent obtenir quelques chose de nous, physiquement, sexuellement, et génétiquement, en termes d'ADN*. Ce qui permet de comprendre pourquoi les enlèvements se répètent indéfiniment et suivent certaines familles de génération en génération. Tout est ciblé sur la génétique. Le matériel dont je dispose m'amène à cette conclusion, que je formule avec le plus grand regret : ces aliens appartiennent à une très vieille race, épuisée, qu'ils veulent régénérer en créant des hybrides avec les humains. Ça a l'air fou, j'en conviens, et c'est quelque chose que personne ne veut accepter tant cette perspective est intolérable. »

Intolérable mais surtout absurde ! Ces implantations d'embryons, ces retraits de fœtus, ces expériences décrites comme du génie génétique ont lieu d'une manière artisanale, archaïque, peu compatible avec une race censée maîtriser une technologie supérieure à la nôtre. Il est difficile de concevoir que des visiteurs, capables de voyager à travers le temps et l'espace, de rapter des humains en leur faisant traverser les murs et glisser sur des rayons de lumière s'acharnent à torturer, un par un, de malheureux individus, femmes, hommes et enfants. A partir des banques qui existent dans les centres de recherche médicale mondiale, il est possible de reconstituer la race humaine avec les modes de biologie moléculaire maintenant connus.

« Chez les ufologues, une phrase circule : si un phénomène observé a l'air d'avoir un sens, c'est probablement parce qu'il n'est pas un phénomène extraterrestre. La plupart des choses qu'on connaît en matière d'ufologie n'a aucun sens selon notre perspective humaine. Ici, lorsqu'on découvre un antipoison par exemple, on connaît sa formule chimique, on sait comment le fabriquer, quand le préconiser : autant d'informations qui peuvent s'enseigner. Mais pour apprendre à faire de la bicyclette, il faut en avoir une, que quelqu'un vous fasse monter dessus et vous pousse. Avec les enlèvements, tout se passe comme si les occupants de l'ovni essayaient d'apprendre, un par un, à faire de la bicyclette. Leur "science" n'obéit pas aux mêmes critères que la nôtre, mais c'est ainsi que ça se passe !

« Plus j'avance dans mes enquêtes, plus les gens me décrivent leurs expériences, plus je m'aperçois à quel point ces affaires et les réactions qu'elles suscitent sont complexes. Certains ont peur à en mourir, d'autres sont stupéfaits, d'autres furieux, d'autres trouvent que leur esprit s'en trouve élargi, etc. Une femme m'a dit : "Budd, c'est comme si j'avais été violée par Dieu au cours d'un rendez-vous amoureux." Mais, précise Budd, il s'agit de viols, pas de séduction. »

Dans certains cas, une ébauche de relation personnelle, de lien émotionnel s'établit entre le ravisseur et l'enlevé. Budd Hopkins y voit la preuve de l'efficacité du contrôle subi par ce dernier. Après des expériences terrifiantes, le ravi se sent presque amoureux de ses ravisseurs. Il cite en exemple l'histoire d'un jeune homme de dix-sept ans qui conduisait vers Mexico avec un couple d'amis endormis à l'arrière de la voiture. Il s'était retrouvé environné de brouillard et se rendit compte que sa voiture flottait au-dessus du sol, comme guidée par une étrange créature. Il fut terrorisé et... se retrouva dans sa voiture. Le brouillard s'était dissipé. Deux heures s'étaient écoulées (exemple typique de *missing time*).

« Nous avons exploré son histoire sous hypnose. Il

nous a raconté une histoire classique d'enlèvement : il se souvenait d'avoir été étendu sur une table et qu'on lui avait prélevé du sperme. Mais tandis que nous poursuivions l'exploration de son aventure, il nous a décrit l'attirance qu'il éprouvait pour les entités rencontrées dans l'ovni et la tristesse qui le submergea lorsque s'est terminée son expérience. Comme s'il s'était trouvé confronté à une divinité irrésistible. Il éclata en sanglots : il ne s'était jamais senti aussi bien sur Terre et, en dépit du caractère terrifiant de son expérience, il désirait à nouveau se retrouver avec ces aliens. Il était persuadé qu'ils s'intéressaient personnellement à lui. »

Les répercussions de l'abduction sont parfois désastreuses, dit le chercheur (ses collègues tiennent le même langage). Outre de multiples phobies — peur des médecins, des hôpitaux, du noir, de certains points de la route —, les ravis perdent confiance, pire, estime d'eux-mêmes, ont des problèmes de relations humaines (on ne les croit pas, ils ont peur d'être considérés comme des fous), et ne peuvent avoir de relations affectives stables. Budd me donne des exemples :

« J'ai deux cas, identiques, de femmes mariées, mères de famille et hétérosexuelles, qui à la suite d'enlèvements (non explorés sous hypnose), ont découvert qu'elles ne voulaient rien savoir des hommes et ont commencé à vivre avec des femmes. Comme si quelque chose de dramatique s'était passé. Je connais bien l'une d'elles et lui ai demandé si quelque chose lui déplaisait quand elle faisait l'amour. Elle m'a répondu (textuellement) : “Je ne peux plus supporter que *quelque chose*, quoi que ce soit, pénètre dans mon corps.” Avant, mariée, elle avait une vie sexuelle normale. Je pense qu'elles ont toutes deux subi une rencontre sexuelle imposée dans l'ovni. Je n'ai pas de preuve, elles non plus. Mais ce qui est intéressant, c'est que leur changement est survenu quand elles étaient adultes (dans la trentaine).

« Une de mes abductees a été obligée de faire l'amour avec un ravi sous le regard des aliens. Même dans ces conditions, l'homme a été capable d'avoir une érection. Cette femme raconte que pendant l'acte sexuel son compagnon d'enlèvement avait les yeux pleins de larmes. Elle aussi pleurait. Comment de telles aventures pourraient-elles ne pas affecter la sexualité ? » conclut-il.

Cette anecdote ne cadre pas avec l'hypothèse de la régénération d'une race à renfort d'expériences génétiques et de création d'une race hybride. Deux ravis ensemble, même s'ils font l'amour à bord d'un ovni, demeurent des humains. Budd écarte l'objection en me parlant d'une de ses dernières découvertes, les *dream mates*. Il a rencontré une douzaine de cas. Depuis l'enfance, deux personnes — généralement de sexe opposé — qui ne se connaissent pas sont enlevées en même temps et se rencontrent dans un environnement non humain où, d'abduction en abduction, elles finissent par développer des liens d'amitié et ont parfois des relations sexuelles. Quand elles se rencontrent sur Terre, elles se reconnaissent au premier regard, et elles retrouvent le même état amoureux, ce qui ne manque pas de compliquer leur vie courante.

« Cela semble indiquer que les aliens sont curieux de savoir comment se développent l'amitié et la relation amoureuse chez les humains. Les ravis sont sous contrôle : les aliens parviennent à leur faire faire ce qu'ils désirent et observent. On dirait qu'ils mettent les gens en contact pour voir comment se développent les sentiments. Ils ont l'air d'être fascinés (c'est du moins ce que les abductees rapportent) par la diversité de réactions de leurs captifs et ne cessent de provoquer leurs émotions en jouant sur tous les registres. Des plus agréables aux plus terrifiants. »

Hopkins explique de cette manière la raison des projections sophistiquées (l'illusion de réalité est totale) auxquelles doivent assister les ravis. Les thèmes en sont apocalyptiques (cataclysmes naturels, guerres, désastres écologiques) comme s'il s'agissait de tester les capacités d'émotion. Ces visions peuvent prendre un caractère plus personnel (agonie d'un être cher) ou interactif : le ravi se voit impliqué dans un scénario auquel il doit prendre part.

Pendant un enlèvement, un ravi (fermier) a été emmené dans une salle où se trouvait un autre captif attaché sur une chaise. Les aliens lui ont tendu un fusil en lui donnant l'ordre de tirer sur l'homme sous prétexte qu'il était « mauvais », et en le menaçant, s'il refusait d'obéir, de ne pas le laisser sortir du vaisseau. En revivant cette scène sous hypnose, le fermier s'est mis à crier qu'il ne pouvait pas tuer. Il a hurlé : « Si quelqu'un doit être tué, ce sera vous » et a pointé son fusil sur les aliens. A ce moment-là, l'autre « abductee » s'est dégagé de sa chaise et s'est levé : c'était un alien ! Le fermier a été désarmé et conduit dans une autre pièce pour l'épreuve suivante.

« Cet homme avait pris comme une scène réelle une mise en scène visant à étudier ses réactions. Il ignore s'il a réussi son test ou pas. »

Des situations variées mettent en évidence la froideur glaciale des aliens, résume Budd qui risque une hypothèse :

« On dirait que les aliens possèdent un cerveau tellement performant qu'ils ne fonctionnent que par leur cerveau. Ils disent que, depuis des siècles, ils ont perdu toute affectivité, toute sexualité, tout sentiment. C'est possible. Personne n'a décrit deux aliens dans un vaisseau en train de se manifester de la tendresse ou de l'amitié, voire de l'hostilité. Ils ne font jamais état d'une relation émotionnelle pouvant exister entre eux. Chacun joue son rôle, seul le boulot existe. Un point c'est tout. »

Et ce « boulot » consiste en priorité à fabriquer une nouvelle race, Budd en est convaincu. Et une bonne partie de la communauté ufologique lui a emboîté le pas.

Maintenant, les histoires de fœtus implantés ou disparus sont courantes dans les récits d'abduction. Selon Budd, les cas de grossesses spontanées n'ont rien à voir avec les classiques grossesses nerveuses, et les femmes présentant ce qu'on appelle désormais le *syndrome de fœtus manquant* parlent de la disparition, inexplicable médicalement parlant, de fœtus dont l'existence avait été constatée. Ces drames se trouvent renforcés par le silence des gynécologues dont on m'a beaucoup parlé : ces spécialistes craindraient, si la preuve de la disparition anormale du fœtus était établie, d'être attaqués en justice. Il est un fait qu'aux États-Unis, traîner quelqu'un devant les tribunaux pour obtenir de colossaux dédommagements est devenu un sport national. Le domaine médical constitue une cible de prédilection pour les procéduriers : les avocats circulent dans les cliniques et distribuent leurs cartes aux malades en les assurant qu'ils sauraient les défendre en cas de problème, si minuscule fût-il. Les médecins les plus fréquemment poursuivis aux États-Unis sont les obstétriciens et Budd arguë de cette situation pour justifier l'absence de preuves médicales :

« Il est impossible de trouver un médecin qui accepte de signer un document, aussi nous ne pouvons obtenir la moindre preuve, le moindre indice d'une interruption anormale de grossesse.

« Lorsque les abductees sont enceintes, dans 95 % des cas, elles pensent qu'elles portent un bébé normal. Mais souvent elles se demandent comment elles ont pu tomber enceintes, et comment, soudainement, elles ne le sont plus, sans fausse couche. C'est alors, sous régression, qu'on découvre leur histoire. Le fœtus leur est retiré très tôt : il disparaît au bout de deux mois. »

Ses exemples sont difficilement acceptables (une mère de trois enfants qui vit, séparée de son mari, sans vie sexuelle et, se trouvant mystérieusement enceinte, doit se faire avorter, ou une autre femme, enceinte de sept mois, qui se réveille un matin le ventre plat, sans avoir fait de fausse couche) mais il paraît y croire. Il m'affirme connaître deux cents cas de fœtus manquants.

D'après leurs témoignages, une fois que les ravies ont été inséminées artificiellement par les aliens, les fœtus sont retirés de leur sein au cours d'une intervention douloureuse, et se développent *in vitro* à l'intérieur de l'ovni. Plus tard, les ravisseurs présentent à leurs captives les enfants hybrides : de hideux bébés à la peau transparente, au corps mal formé, avec une tête disproportionnée qu'elles doivent cajoler et nourrir, ou des enfants un peu plus âgés, pâles et maladifs (en fonction de nos critères) qui ont besoin de se faire materner. Les aliens parviennent à les persuader que ces enfants hybrides sont les leurs. Depuis Debbie, une écrasante majorité de ravies décrivent à leur tour ces présentations d'enfant, l'horreur qu'elles éprouvent devant ces monstres, leur refus d'accepter qu'elles puissent en être les mères mais, dociles aux suggestions télépathiques des ravisseurs, elles s'y attachent, comme à leur véritable enfant et, dans quelques cas, ne se résignent pas à les perdre. Ce fut le cas de Debbie, dont Budd salue le courage d'avoir été la première femme à « révéler totalement les côtés les plus intimes de son épreuve », libérant ainsi des centaines d'hommes, de femmes, et « facilitant le travail de thérapeutes et de chercheurs »[1].

Le fidèle Budd a toujours entouré et soutenu la ravie dont il a fait connaître les expériences, mais aujourd'hui, il se fâche. Il sait qu'une forme d'intelligence non humaine se mêle à l'humanité, interagit avec elle et la manipule mais il SAIT, du moins il l'affirme, « qu'une partie de notre gouvernement est au courant de ces intrusions et de ces interventions mais, pour des raisons qui lui sont propres, nie délibérément ces faits vis-à-vis du public[2] ».

Autre épisode de l'enlèvement rapporté : l'insertion d'implants. De minuscules petits appareils généralement introduits dans la tête (*via* les fosses nasales,

---

1. Voir l'introduction de *Abducted ! The Story of Intruders Continues, op. cit.*
2. *Ibid.*

l'oreille ou la cavité oculaire) ou dans les organes sexuels. Les ufologues se perdent en conjectures sur l'utilité de ces mystérieux objets dont la présence, constatée par des examens médicaux, n'a jamais fourni la preuve d'une origine extraterrestre.

« Qu'est-ce qu'un Papou de Nouvelle-Guinée comprendrait en découvrant un homme porteur d'un pacemaker ? Comment pourrait-il savoir ce que c'est, à quoi cela sert ? Pour les implants, nous nous trouvons dans la même situation. Sont-ils mis en place pour nous retrouver, nous contrôler et nous manipuler, pour donner aux aliens des informations sur nous ou sont-ils programmés pour autre chose ? Nous ne le savons pas.

« Le problème des preuves est délicat. Il faut d'abord prouver que l'objet était bien dans le corps (en général, on le découvre quand il en sort). Savoir s'il est constitué d'une matière terrestre ou extraterrestre. Les radiographies ne permettent pas de le savoir. Les scientifiques qui ont étudié quatre implants présumés sont extrêmement prudents : s'ils font une déclaration officielle et qu'il est prouvé par la suite qu'ils se soient trompés, leur carrière est terminée. Trois de ces objets ont été rejetés du corps ; le quatrième a été trouvé par terre près du sujet après qu'il eut éternué. Ces implants étaient constitués de matières organiques (carbone, oxygène, silicone) et possédaient peu de composants métalliques, aussi les voit-on mal sur les radios. On les détecte mieux par IRM. Quatre autres abductees ont dû, pour un problème nerveux qui n'était pas lié à leur enlèvement, passer une IRM ; l'examen a révélé l'existence d'une incompréhensible petite masse près du nerf optique. Un abductee a eu un implant de forme cylindrique dans le pénis. » C'est le Pr D. Pritchard, du MIT, qui en fit l'analyse.

« Lorsqu'un implant est expulsé du corps de façon naturelle (soit qu'il sorte seul à travers la peau, soit que le sujet l'expulse en éternuant), le premier réflexe des abductees est de le jeter, comme si on leur en avait intimé l'ordre, par suggestion hypnotique. »

Et Budd me tend la radiographie d'un visage de profil. Le cliché montre, à la racine du nez, l'image nette et précise d'un objet tortillé de deux centimètres, terminé par trois petites spires, comme celles d'un ressort mécanique.

« C'est Linda Cortile. Son cas est, de loin, le plus étonnant que je connaisse. C'est *le* cas du siècle car il a plusieurs témoins, dont un personnage politique très important. J'attends l'autorisation de publier son témoignage pour écrire un livre qui mettra un point final aux arguments de ceux qui pensent que les faits rapportés ne sont pas réels. D'habitude les témoins (par exemple le mari dans un lit lorsque la femme est enlevée ou les passagers d'une voiture dont un seul sera ravi) sont plongés dans un état altéré de conscience : ils ne voient rien, n'entendent rien. Qu'il y ait des témoins extérieurs à une abduction est capital. »

« Dame des sables », « Reine des ravies », « Ange de porcelaine »... On pourrait réciter les litanies de Linda Cortile (pseudonyme), une abductee si célèbre que son affaire s'intitule « Le cas du siècle ». Son histoire a tout d'un roman échevelé : policiers, gardes du corps, services secrets, espions, armes, kidnapping (par des humains), lettres anonymes, fausses identités, coup de foudre allant jusqu'à la folie, présents mystérieux, importants personnages politiques, complot, trahisons, coups bas, délires, filatures. A part le meurtre, rien ne manque mais, compensation, Linda a été enlevée par les ET.

J'ai souvent rencontré cette New-Yorkaise de quarante ans, séduisante et malicieuse, qui se définit comme une « patriote conservatrice républicaine » et habite au dernier étage d'un immeuble proche du pont de Brooklyn. Elle m'a frappée par sa gentillesse, son intelligence, et... son équilibre.

— J'en ai assez de cette agitation, me dit-elle. Je veux avoir une vie normale. Je suis une femme d'intérieur, j'aime m'occuper de mon mari et de mes enfants, peindre et faire la cuisine. Je ne veux plus être enlevée. Ni passer mon temps à me faire radiographier pour des histoires d'implant. C'est mauvais pour la santé. Dorénavant je refuserai.

Linda m'a montré un stupéfiant examen de son crâne. L'enregistrement radiographique tourne lentement autour de sa tête. Sur l'écran, on voit un long objet qui semble métallique tant il est net, comme une grosse aiguille de six centimètres qui part de la racine du nez et se termine dans la mâchoire.

— Voilà ce que j'ai eu dans la tête. D'où mes problèmes de dents. Vous comprenez que j'en ai marre.

Le cas de Linda est compliqué tant il est plein de rebondissements, d'intrigues, de polémiques, d'accusations et de fausses pistes. D'enquête en contre-enquête, il tient en haleine les ufologues. En attendant que Budd Hopkins consacre un livre à « son » cas majeur, je vais essayer de le résumer, sans décrire ce qui se passe pendant les enlèvements que Linda aurait subis depuis l'enfance (opération, implant, etc.). Ici l'important est la façon dont se dévoile une affaire dont l'épisode principal aurait, pour l'instant, dix-huit témoins.

Peu après la naissance de son premier enfant, en 1976, Linda se découvre une bosse sur le nez. Bien que cette minuscule protubérance ne fût ni très visible ni très dérangeante, cette bosse l'obsède. Elle consulte un médecin qui la félicite de la qualité de l'intervention qu'on lui avait faite dans le nez. Linda proteste : jamais elle n'a été opérée du nez, même lorsqu'elle était enfant, ses parents le confirmeront.

Pendant quatorze années, des crises d'engourdissements la prennent sans raison, elle a l'impression de vivre au cours de la nuit des « choses bizarres et inquiétantes » dont elle ne garde que des souvenirs confus. Elle a peur de devenir folle mais n'ose en parler.

Elle va découvrir un autre univers quand, par hasard, elle achète *Intruders*.

— D'après la couverture, une maison dans la nuit

baignée d'une étrange lumière, je pensais qu'il s'agissait d'un policier, angoissant comme je les aime. Je n'étais pas au courant de ces histoires d'ET qui kidnappent les gens à bord de leurs ovnis et les opèrent. Je n'ai pas pu dépasser le premier chapitre. Quand j'ai lu que Debbie Tomey avait subi une mystérieuse opération et qu'on lui avait inséré un implant dans le nez, j'ai jeté le livre. Je suis catholique, je ne crois pas aux fantômes ni à ces histoires invraisemblables, et cependant, je redoutais d'avoir vécu la même histoire que Debbie.

Linda attend un an avant d'oser écrire à Hopkins. Budd l'appelle, la fait régresser sous hypnose. Elle retrouve le moment où, à huit ans, elle avait cru voir un fantôme. C'était un enlèvement. Budd, qui lui fait découvrir d'autres abductions où la famille de Linda est impliquée, classe son dossier parmi les centaines qui s'accumulent chez lui.

— Je ne savais que penser de cela. Un matin mon fils, Johnny, a eu une crise de larmes. Il m'a expliqué que je ne l'aimais pas : quand des vilains petits êtres étaient venus l'enlever, je n'avais rien fait pour l'aider, j'étais restée immobile et je l'avais laissé partir sans m'y opposer. Alors j'ai commencé à aller aux rencontres de soutien que Budd organise et où j'ai pu rencontrer d'autres abductees.

« Un soir, le 30 novembre 1989 (à l'époque j'étais sceptique au sujet de ces histoires d'enlèvements : je me faisais hypnotiser pour me débarrasser de rêves dont le souvenir me terrifiait), au moment où j'enlève mes babouches pour me coucher, l'engourdissement m'envahit à nouveau. Et je vois, consciemment (j'étais debout, les yeux ouverts), un petit alien avec des yeux énormes, près de la fenêtre. Je n'arrive pas à réveiller mon mari. Je suis dans un tel état de panique que je pense mourir d'une crise cardiaque. Avant que la paralysie ne me gagne, je jette mon oreiller sur l'alien qui tombe. J'ai peur que l'ET ne devienne agressif mais, c'est fou, je me sens flotter vers la fenêtre dont le rideau m'enveloppe. On me tambourine sur le dos et je suis jetée de haut sur mon lit. Mon appartement est bizarre, tellement silencieux. Mon mari gît sur le lit, immobile. Je le secoue, il ne bouge pas. Il n'a pas l'air de respirer et je crois qu'il est mort : je me rends compte que je n'ai pas rêvé, qu'il s'est passé quelque chose et je bondis vers la chambre de mon second fils. Tout aussi immobile. Je pensais ma famille morte de peur. J'ai mis un miroir sous le nez de mon bébé. Ouf, un peu de buée, il respirait. Mes deux fils et mon mari se sont réanimés à leur tour. C'était incompréhensible. Je n'ai pas osé appeler la police de peur qu'on ne me prenne pour une folle. Il était 4 h 45 du matin. Or, je m'étais apprêtée à me coucher vers une heure.

« Mon mari n'avait rien vu, rien entendu. Comme si on l'avait mis dans un état second. De mon bureau, j'ai appelé Budd Hopkins.

« Au cours de l'hypnose, je me suis vue flotter dans l'air, dans la lumière, ne pouvant ni crier, ni bouger, ni pleurer : mes émotions restaient bloquées à l'intérieur. Mes larmes ne parvenaient pas à sortir de mes yeux et je ne pouvais diriger mon regard. Je me trouvais dans une lumière bleue entourée de brouillard. J'ai vu le dessous de l'ovni dans lequel je suis entrée en flottant, puis je me suis vue assise sur une table d'opération. Le tissu blanc contre mon visage n'était pas le rideau comme je l'avais cru, mais ma chemise de nuit qui s'était relevée tandis que je flottais vers l'ovni. Le tambourinage sur mon dos correspondait à l'examen que les aliens m'ont fait dans l'ovni, vertèbre par vertèbre. Ils m'ont enfoncé une longue aiguille dans le nez. »

Pour Hopkins, c'est un cas d'abduction comme il en connaît tant.

Quinze mois plus tard, en février 1991, le cas allait prendre une autre envergure. Hopkins reçoit une lettre de deux policiers (Richard et Dan), qui, écrivent-ils, ne parviennent pas à oublier ce qu'ils ont observé dans la nuit du 30 novembre 1989, près du pont de Brooklyn où leur voiture était tombée en panne. A la hauteur du dernier étage d'un immeuble près d'eux, stationnait un blanc, se mettent à flotter dans les airs et pénètrent par le dessous dans l'objet qui n'était pas accroché puisqu'il s'envole.

Budd Hopkins est heureux. Ses détracteurs ne pourront pas dire que c'est l'hypnose qui induit les récits : ces cinq témoins rapportent des souvenirs conscients. Mais l'affaire continue. De plus en plus compliquée.

Linda s'est fait capturer une seconde fois par Dan. Il l'emmène dans une maison de la CIA, proche de la mer à Long Island, l'oblige à revêtir une chemise de nuit semblable à celle de son enlèvement pour la photographier, tente de la noyer, se jette à ses pieds, fou d'amour, en l'appelant sa « Dame des Sables ». Elle est sauvée par Richard.

Voilà Linda flanquée d'un garde du corps pour la protéger tandis que Budd, transformé en détective, court le département de la police de New York, les services secrets, les responsables de la délégation britannique, l'ambassade du Pakistan, le consulat russe de New York, le Département d'État et les Nations unies (la limousine du « troisième homme » était escortée d'autres voitures officielles) sous de fallacieux prétextes : il ne peut dire sur quel sujet il enquête sous peine d'être pris pour un malade mental.

Linda est harcelée. Son nom a été divulgué (Cortile est son pseudonyme d'abductee), des hordes d'enquêteurs la traquent. On compare le style de dessin des témoignages, les caractères des lettres dactylographiées, le moindre point de son récit. On la soumet à différents examens : a-t-elle l'imagination et surtout l'envergure nécessaires à monter une imposture d'une telle ampleur ? (Réponse : non.) Il faut d'autres analyses de son implant. Pas de chance : la veille de son IRM, Linda se réveille avec du sang plein son oreiller. Elle a saigné du nez : pendant la nuit, les aliens l'ont enlevée pour lui retirer l'implant, cette preuve. Une autre nuit où elle est enlevée avec son fils, qui retrouve-t-elle dans l'ovni ? Pérez de Cuellar. (Johnny identifiera le visage de l'ex-secrétaire de l'ONU parmi différentes photos qu'on lui soumettra.)

Arrêtons cette affaire qui suscite de tumultueuses polémiques et dont la complexité commence à dépasser Budd Hopkins : « On dirait une savante mise en scène, comme pour dire : "Voilà ce que nous sommes capables de faire, en plein Manhattan, à l'insu de tous les citadins." Pour moi, ce n'est pas par hasard si, pour une fois, il y a tant de témoins : dix-huit personnes ont vu l'ovni et Linda sortir par la fenêtre. Ce n'est pas par hasard. C'est une forme de message que je ne sais comment interpréter. »

Imposture ou « cas du siècle » ? L'avenir le dira. Les aliens — si aliens il y a — n'ont jamais fait montre de bonne volonté pour aider ceux qui croient en eux à prouver leur existence. Pour compliquer le tout, il faut préciser que l'affaire Linda présente d'extraordinaires similitudes avec un roman de science-fiction paru en avril 1989 (*Nighteyes*, de Garfield Reeves-Stevens), dont l'héroïne est enlevée avec sa fille de son appartement de Manhattan et parvient, sur un rayon de lumière, jusqu'à l'ovni. Elle contacte un expert ès abductions qui vit à New York, est enlevée par des agents du FBI.

Jamais Hopkins ne mentionne le nom de Javier Pérez de Cuellar. Il laisse courir les rumeurs : « Le troisième homme m'a averti : si je dévoilais son identité sans son consentement, il serait obligé de démentir, vu sa position, et ça n'aurait aucun intérêt. Je dois attendre qu'il veuille témoigner de son plein gré : alors là, le monde changera. »

Attendons. Encore une anecdote en forme de point d'interrogation. D'après les chercheurs, les aliens parviennent à imposer des sentiments à leurs captifs (voir les *dream mates*), puis ils observent leurs réactions. Il semblerait que Linda et Pérez de Cuellar — qui se sont plusieurs fois rencontrés (sur Terre, précisons-le) — soient persuadés qu'il existe une relation familiale profonde entre eux. Pourquoi Pérez de Cuellar fit-il un somptueux cadeau à Johnny (un casque de cuivre venant d'un ancien scaphandrier) ? L'objet existe, magnifique, je l'ai vu. Je n'ai aucune preuve que ce casque ait été donné par l'ancien secrétaire des Nations unies, si ce n'est la parole de Linda. A l'époque, elle m'a demandé de tenir secret ce détail qui depuis a été largement divulgué. L'arrivée du casque dans l'appartement de Linda est romanesque (comme ce qui touche le personnage). Dans la rue, Johnny voit s'arrêter à sa hauteur une limousine. A l'intérieur, un homme (Pérez de Cuellar) l'invite à monter à côté de lui. Le petit garçon refuse : sa mère lui a interdit d'aller dans la voiture d'un inconnu. L'homme insiste, il voudrait lui faire un beau cadeau. Du trottoir à la voiture, le pacte est conclu : l'homme fera livrer le cadeau à son domicile mais à une heure précise donnée par le gamin : quand ni son père ni sa mère ne seront là. Marché conclu. Stupeur de Linda quand elle découvre cet objet — peu discret — dans le placard de son fils : elle sait qu'il n'aurait jamais pu s'offrir un objet de ce prix.

De façon surprenante, Pérez de Cuellar, dont l'implication dans le « cas du siècle » a été rapportée dans la presse et dans des livres, esquive les questions touchant à ce sujet. Lorsque, venant de Paris, il partit à Guadalajara pour assister à l'enterrement d'un cardinal mexicain assassiné, un reporter de la UPI [1], Jay Sapir, parvint à l'interviewer à son escale de Chicago. Pérez de Cuellar pensait que l'entretien porterait sur Saddam Hussein, le processus de paix au Moyen-Orient ou la Bosnie. Sapir lui montra un article où son nom était mentionné pour l'affaire de Linda. Javier Pérez de Cuellar demeura dans le flou : « Je ne me souviens de rien de ce genre. Il y a un restaurant où nous allons parfois à Brooklyn, peut-être mes gardes ont-ils vu une étrange lumière. » Budd Hopkins était présent ; il eut ensuite un entretien en tête à tête avec M. Pérez de Cuellar dont il revint, plus persuadé que jamais que c'était le « troisième homme ».

---

1. United Press International : grande agence de presse.

Sous prétexte de féliciter le secrétaire de l'ONU à propos d'un de ses discours sur le nationalisme, le prince de Liechtenstein (un des sponsors du congrès au MIT) lui écrivit, disant qu'à une party à New York, il avait rencontré quelques-uns de ses amis : Richard, Dan et Linda, « habillée comme la Dame des Sables ». Pérez de Cuellar le remercia de sa lettre mais il ne releva pas l'allusion.

4

Évolution récente des Rencontres du 4e type : les cosmonautes franchissant les espaces intersidéraux cèdent la place aux chirurgiens cosmiques venus recueillir du matériel organique et génétique, et se nourrir des émotions humaines. — Petits Gris et autres formes d'entités : faut-il se fier à l'apparence des Visiteurs ? — Viol physique et mental. — Phénoménologie de l'expérience.

Avec insistance, les chercheurs soutiennent que les ravis rapportent la même expérience comportant les mêmes épisodes se succédant dans le même ordre, et mettant en scène des détails identiques. Selon Bullard, quel que soit l'hypnotiseur, ou la personnalité et le milieu socioculturel du sujet, les récits d'enlèvements sont identiques, y compris dans les plus petits détails. L'historien David Jacobs, maniaque s'il en est de la plus infime précision, affirme avoir dégagé, chez des individus qui n'ont pas pu se parler, un *modèle identique imposé à la minute près*, et développant des détails inconnus du public. Le psychiatre John Mack s'avoue troublé par la similitude des témoignages et de leur schéma « identique, même dans les plus infimes détails — y compris les éléments spécifiques qui ne sont pas divulgués dans les médias — chez des personnes qui n'ont pas eu la possibilité de se communiquer leurs expériences ».

Oui, mais... A trop s'acharner sur le détail, à trop vouloir l'insérer dans un déroulement chronologique « minuté », on oublie l'essentiel : la tonalité, le contexte, le

SENS. L'analyse phrase par phrase du *Boléro* de Ravel, pour prendre un exemple musical archiconnu, ne permet pas de rendre compte du pouvoir de fascination de l'œuvre, de sa montée vers un paroxysme : le thème, lancinant, demeure le même du début à la fin et par-delà une mélodie identique chante une autre musique. Ainsi les RR4 seraient une expérience immuable, toujours identique ? Cette affirmation me semble surprenante. Lorsque l'on étudie les affaires documentées depuis les cas fondateurs (Villas-Boas et Hill) jusqu'aux plus récents, il apparaît au contraire que le scénario de l'enlèvement est en constante évolution : certains épisodes s'appauvrissent et tendent à disparaître tandis que de nouveaux détails clés sont rapportés, suggérant une autre signification de l'abduction. Entendons-nous bien. Par principe, trois phases sont nécessaires à un « enlèvement » : le rapt — ou la sortie de l'état « normal » —, la détention dans un « espace » apparemment autre — période pendant laquelle se produira l'examen médical semblant justifier la capture —, et le retour — reprise de la vie habituelle.

Cette structure en trois épisodes est celle du *voyage initiatique* :

1. Le novice se trouve séparé de la réalité ordinaire : il est pris, dans un autre environnement et, s'il ne « part » pas ailleurs, ce qui l'entoure lui apparaît différemment.

2. Il est soumis à une épreuve, subit un enseignement, ou reçoit des dons.

3. Vient le retour : l'initié a été modifié par son expérience.

Cette composition tripartite ne saurait disparaître. Elle existe, découpée de la même manière, dans le plus banal kidnapping effectué par des malfrats humains et... dans chaque action : 1. Je sors de chez moi ; 2. Je vais écouter un prédicateur fou (ou un concert de bols tibétains ou je vais regarder le soleil se coucher sur un champ d'avoine) ; 3. Je reviens. Changée : de toute façon, je ne suis plus exactement la même. Alors, puisqu'il faut parler de « structure » ou de « modèle » de la RR4, soyons plus précis ! Nous avons la chance de posséder « l'étalon-mesure » de l'enlèvement : les huit séquences formant la structure du scénario type dégagée par T.E. Bullard en 1987 dans *The Measure of a Mystery* : capture, examen médical, conférence, visite de l'engin, voyage spatial, expérience de type religieux, retour sur Terre, et répercussions.

Qu'en reste-t-il même pas dix ans plus tard ? Pas grand-chose. Ne demeurent que les épisodes 1 (capture), 2 (examen), 7 (retour) et 8 (répercussions).

Déjà le premier épisode tend à se modifier. Au début, les RR4 se produisaient en majorité sur les routes désertes, quand le futur abductee conduisait sa voiture, ou dans un endroit isolé (lac, forêt, sentier de campagne) ; maintenant la capture s'effectue le plus souvent dans la chambre à coucher.

Le cœur de l'abduction se focalise sur « l'examen » (épisode 2) et la procédure médico-sexo-génétique. Dans les trois cents enlèvements étudiés par Bullard, un « examen » sur cinq seulement concernait les organes sexuels des abductees. Depuis, un nouveau scénario est apparu dont les expérimentations de génétique et d'hybridation constituent le pivot. Tout ce qui concerne la reproduction passionne les aliens (ils commentent l'hystérectomie d'une femme ou guérissent une autre de la stérilité) et terrifie les ravies qui parlent de leurs grossesses interrompues[1], de fœtus manquants, de bébés hybrides (nous noterons au passage que, comme par hasard, cette évolution se dessine après que la pratique de l'avortement a été rendue légale aux États-Unis en 1972 — avec les problèmes que cela n'a pas fini de susciter dans la conscience américaine — et s'accentue

1. Les rapports mentionnant des cas de grossesse mystérieusement interrompue et de fœtus disparus sont si nombreux (« je connais plus de deux cents cas plausibles », m'a dit Budd Hopkins qui poursuit : « Et souvent, les femmes peuvent ne pas se rendre compte qu'elles ont été fécondées et qu'on leur a retiré l'embryon ») qu'a été créée l'expression de « syndrome de fœtus manquant ».

au moment où se popularisent les notions de banque de sperme, de fécondation *in vitro*, de bébés éprouvettes, de clonage, de manipulations génétiques, etc.). J'ai rencontré près de deux cents ravis, je me suis longuement entretenue avec une quarantaine d'entre eux qui avaient exploré au préalable leurs expériences avec des thérapeutes ou des hypnotiseurs et acceptaient de m'en parler. *Tous* m'ont décrit les diverses interventions à caractère scientifico-médical qu'ils avaient subies, les présentations d'enfants — certains ravis masculins en font état, comme les femmes — la plupart mentionnent des projections hautement sophistiquées de scènes catastrophiques de notre monde dévasté par des cataclysmes naturels, des guerres et une pollution apocalyptique (dans ces usines à fabriquer les hybrides que sont devenus les ovnis, la surpopulation de la Terre ne fait pas partie des désastres à venir...) et des reconstitutions de type holographique de leur propre vie.

La conférence (épisode 3) ? Elle se réduit, pendant les projections (interactives) de scènes de désastres ou de merveilles, à de brèves informations sur le futur probable de notre planète si nous ne changeons pas de comportement, et sur la mission de l'abductee.

La visite de l'engin avec la description de « la salle des machines », du poste de pilotage (épisode 4) ? Oubliée ! Même si le « vaisseau » paraît immense avec ses enfilades de corridors, ses passerelles et ses ascenseurs, les ravis ne voient que les salles où ils ont des tests ou des interventions à subir, et celles où ils sont priés d'admirer les résultats des expériences génétiques. La visite se conforme à l'évolution du scénario, et permet de découvrir de nouvelles pièces : la salle d'incubation des fœtus, la « chambre à bulle » des prématurés, la nursery, la « salle de présentation » où l'on fera materner les hybrides par les ravies... La matérialité du vaisseau, si présente dans les premiers récits, s'efface progressivement : la « soucoupe » devient transparente et perd tant de son importance que les ravis la mentionnent à peine. Elle peut même être absente. Dans *Secret*

Life, David Jacobs rapporte comment une de ses ravies, enlevée tandis qu'elle faisait l'amour avec son mari, aurait été examinée par les aliens sans quitter sa chambre.

En pleine activité sexuelle avec Tom, son mari, Nancy ressent une « décharge électrique » dans les hanches. Tom regarde l'heure : à en croire sa montre, il fait l'amour depuis plus de... quarante-cinq minutes ! Impossible, il vient juste de commencer.

Sous hypnose, Tom voit des aliens pénétrer dans la chambre ; ils le « déconnectent » et, profitant de ce qu'il ne peut plus bouger, s'emparent de sa femme puis la replacent sous son corps. Son « absence » n'a pas fait cesser son érection (« un record », commente David Jacobs). Revenu à un état normal, le couple continue de faire l'amour comme si rien ne s'était passé. Sous hypnose, Nancy découvre qu'un petit être se tient près de sa couche, il tend les bras vers elle, la tire par les jambes pour la placer au bord du lit. Son mari ne réagit pas, comme s'il était paralysé et inconscient. Elle demande à l'alien de la laisser faire l'amour avec son mari car elle désire avoir un autre enfant et se trouve au moment le plus favorable de son cycle. Peine perdue. Dans la chambre soudain baignée de lumière bleue, trois autres petits êtres s'approchent à leur tour. Après avoir subi, sur son propre lit, la procédure d'examen habituelle des aliens, Nancy sera remise dans la même position sous son mari qui reprendra le *coitus interruptus* sans qu'il s'en soit douté.

Le voyage vers d'autres mondes (épisode 5) se trouve réduit à la portion congrue. En voie de disparition les odyssées intergalactiques, la Terre vue de loin comme une petite boule perdue dans l'immensité, les découvertes de cités fantastiques avec des tours cristallines, des arcs de lumière, des successions de dômes étincelants : la traversée de l'espace ne s'effectue plus comme un voyage, mais comme une projection sur écran à laquelle le ravi *assiste*. Parfois l'engin plonge sous les eaux, ou s'enfonce sous la Terre : il s'engouffre dans une colossale base (de type militaire) souterraine où des humains en uniformes de l'US Army coopèrent avec les aliens. L'aspect *space-opera* ou science-fiction du scénario perd de sa splendeur. Linda Cortile, « le cas du siècle » à qui je demandais de me détailler ses voyages, a éclaté de rire : « Moi ? Pfffftt ! Je ne connais que les salles d'examen. Ou alors quelquefois, "ils" me débarquent sur une plage — qui a l'air bien de chez nous — et m'obligent à faire des trous dans le sable ! »

La théophanie (épisode 6) ou rencontre avec une entité de type religieux, censée se produire à l'insu des ravisseurs ? On ne me l'a mentionnée qu'une fois, et encore, de façon incertaine, sans « message » : pendant que Peggy assistait à la projection d'un gigantesque raz de marée qui doit submerger le sud des États-Unis, elle a « cru voir » *(sic)* une « divinité indienne vêtue d'or » apparaître au-dessus des flots. Elle a eu l'honnêteté de poursuivre : « Mais je ne sais pas si je l'ai vue — je m'en suis souvenue en rêve — et c'était si rapide, comme un nuage qui glissait, ou si je l'ai rajoutée parce que je suis convaincue que seule la spiritualité peut nous sauver. Quand on a voulu fouiller ce point dans une séance de régression, je n'ai plus revu la divinité. » (Depuis onze ans, Peggy part chaque été dans un ashram aux Indes.)

Il suffit de comparer l'expérience rapportée par un abductee brésilien de l'ancienne génération (1969) et celle d'une ravie américaine de la nouvelle génération pour saisir cette évolution.

L'enlèvement à Bebedouro [1] a tout d'un récit bâclé de science-fiction. C'est ce qui en fait la saveur. En matière de RR4, l'invraisemblance des récits est, paradoxalement, un indice d'authenticité (à tant faire que d'affabuler, il ne serait pas difficile d'inventer « mieux », ou « plus intelligemment »), et il faut un courage plus que certain, lorsqu'on est un homme équilibré comme le héros de cette aventure, José Antonio Da Silva, pour

1. Voir le rapport du Pr Hulvio Brant Aleixo, traduit du portugais en anglais : « Abduction at Bebedouro » in *FSR*, vol. 19, n° 6, 1974 et « Bebedouro II : the little men return for the soldier », in *FSR*, vol. 21, n°s 3 et 4, 1975.

oser présenter comme vécu un tel scénario. Je me contenterai de résumer cette affaire que j'affectionne particulièrement.

Le 10 mai 1969 à 7 h 25 du matin, Geraldo Lopes Da Silva, officier de la sécurité des chemins de fer, remarque dans la gare de Belo Horizonte un voyageur portant, dissimulé dans un vêtement, un paquet qui lui paraît suspect (à l'époque, les vols de fils de cuivre étaient fréquents sur les chemins de fer), et lui demande ses papiers :

— Je n'en ai pas, on me les a pris... Mais je suis soldat, je m'appelle José Antonio Da Silva et j'ai vingt-quatre ans.

Le paquet contient, banalement, du matériel de pêche, de la nourriture et quelques effets. Le jeune homme affirme être l'ordonnance du major Celio Ferreira, commandant en second du bataillon de gendarmerie de la police militaire du Minas Gerais, et avoir vécu une histoire incroyable. Il est tellement affaibli que le major Ferreira appelé pour l'identifier (il avait fait effectuer des recherches pour le retrouver), au lieu de le renvoyer dans ses quartiers, le logera vingt-quatre heures à son domicile pour lui permettre de récupérer. Le lendemain, le soldat, mal en point, rejoint sa famille où personne ne comprenait qu'il ait ainsi disparu plus d'une semaine sans prévenir, depuis le samedi 3 mai où il avait pris l'autobus pour aller pêcher pendant le week-end dans une petite lagune de Bebedouro.

Le 4 mai vers trois heures de l'après-midi, immobile devant sa canne à pêche, José Antonio a l'impression de n'être pas seul mais cela ne l'inquiète pas. Autour de lui, les buissons remuent... un long grognement en sort tandis qu'un « jet de feu » de couleur verdâtre vient le frapper aux jambes. Le soldat tombe. Sans réaliser ce qui lui arrive, il se sent tiré par les pieds, ses genoux raclent le sol — il est seulement vêtu d'un short. Il tente de s'accrocher à la végétation mais ses agresseurs, deux petites créatures masquées et armées, l'entraînent vers les marécages. Un peu plus loin, un troisième individu de la même taille (1, 20 m environ), également armé, leur emboîte silencieusement le pas ; le petit groupe arrive à une curieuse machine posée à même le sol : un grand cylindre vertical noir haut de 2 mètres environ, inséré entre deux plates-formes horizontales et ceint de barreaux obliques. L'objet — que l'on pourrait comparer à une gigantesque bobine de diabolo — est nanti d'une porte ; José Antonio est jeté sur le sol d'une salle grise brillamment éclairée bien qu'il ne puisse comprendre d'où provient la lumière [1], et où tout (murs, sol, plafond, sièges et ustensiles) lui paraît fait de pierre. De petits humanoïdes vêtus d'une combinaison métallique, coiffés d'un casque leur emboîtant la tête jusqu'aux épaules et qui se prolonge à la base d'un tuyau relié à un réservoir (à oxygène ?) le relèvent, lui enfilent un casque identique dont le port le blessera aux épaules et à la nuque, lui lient les mains et les jambes et l'asseyent de force sur un banc. A leur tour, les êtres se sanglent sur leurs sièges. Le soldat tente d'observer la situation à travers les deux trous crevant son masque à la hauteur des yeux. Il entend un bourdonnement et a l'impression que l'objet décolle verticalement puis accélère. Ses ravisseurs parlent entre eux de façon animée dans une langue inconnue. Le soldat a peine à respirer. La lumière devient intolérable, il ferme les yeux et ne les rouvre qu'à « l'atterrissage ». Les êtres défont leurs « ceintures de sécurité », le détachent, lui occultent la vue en apposant un bandeau sur son casque, et le transportent dans une autre salle où on lui retire son bandeau.

La pièce, bien éclairée mais dépourvue d'ouverture [2] est très vaste : José Antonio l'évalue à plus de 150 mètres carrés [3], mais l'étroitesse de son champ de vision, limité aux deux trous du casque, ne lui permet pas de distinguer la scène dans son ensemble. Une quinzaine d'homoncules s'agitent. Ils ont retiré leurs casques, découvrant une abondante chevelure et de longues barbes. L'un d'eux, à la carrure plus imposante, semble être « le chef ». Ses cheveux roux, ondulés, lui descendent — comme sa barbe — jusqu'aux hanches ; sous l'épaisse barre conti-

1. Cette réflexion est commune à tous les ravis qui parlent toujours d'une pièce éclairée d'une brillante lumière dont ils ne parviennent pas à trouver la source.

2. Autre détail souvent rapporté : le ravi pénètre dans une pièce par une porte que par la suite il ne verra plus.

3. Le soldat avait évalué la taille de l'engin en forme de diabolo dans lequel il avait pénétré à moins de quatre mètres carrés. La description d'ovnis plus grands intérieurement qu'ils ne le semblent vus de l'extérieur est assez fréquente.

nue des sourcils, ses yeux verts scrutent José Antonio. Un regard empli de bonté, pense le soldat mais il n'a pas le temps de se rasséréner : la découverte suivante le terrifie.

Sur une table basse de pierre gisent quatre cadavres. « Morts d'avoir voulu enlever leurs casques », pense José Antonio. Les homoncules ne prêtent pas attention à ces dépouilles, tout à l'excitation de sa présence parmi eux. L'un d'eux examine minutieusement le contenu du paquet où ont été regroupés son matériel de pêche et ses vêtements (José ne portait qu'un short au moment de son enlèvement) et le fait passer aux autres. Hameçons, couteaux, boîtes d'allumettes, aliments et effets circulent de main en main. Les créatures lui confisquent sa carte d'identité, conservent un spécimen de ce qu'il possédait en double et le soumettent à un interrogatoire portant sur les armes. Malgré différents croquis qu'on lui montre sur les murs pour l'aider, la barrière linguistique rend l'échange impossible. José n'est pas au bout de ses surprises : un liquide vert foncé qu'il est contraint de boire le revigore aussitôt. La mystérieuse boisson a un autre effet, magique : elle lui permet de comprendre le langage de ses ravisseurs.

A la fin de l'entretien, le « chef » propose à José Antonio de le ramener sur Terre afin qu'il recueille pour les ET un grand nombre d'informations ; par la suite, on viendra le chercher, il restera sept ans à étudier chez eux et enfin ils pourront débarquer sur Terre où le soldat leur servira de guide.

Bon patriote, José Antonio repousse l'offre d'un vigoureux signe de dénégation. Pour se donner du courage, il entreprend d'égrener le rosaire qu'il porte autour de la taille et commence à prier à voix haute. A la quatrième dizaine, le « chef », visiblement irrité, essaye de lui arracher l'objet religieux. La croix lui reste entre les mains. Le symbole chrétien suscite une discussion si animée entre les ET qu'ils ne voient pas une silhouette humaine se matérialiser en face de José : un grand être blond et barbu, vêtu d'une robe de moine. L'apparition s'adresse au jeune homme dans un excellent portugais. La détresse de José s'allège au fil de ces mystérieux propos que, par la suite, il refusa de dévoiler. Quelles que fussent les ruses utilisées par les enquêteurs pour essayer d'obtenir d'autres informations sur le visiteur blond, le soldat demeura inébranlable : il ne devait rien révéler tant qu'il n'aurait pas reçu de nouvelles instructions (lesquelles à ce jour, soit vingt-cinq ans plus tard, ne lui sont pas parvenues). La bénéfique entité se dissipe comme elle était apparue. Fort irrités, comme s'ils avaient « senti » que le soldat avait eu un contact qui leur échappait, les humanoïdes le ramènent sur Terre.

Il fallut près d'une heure à José Antonio pour reprendre ses esprits. La nuit était tombée. Il avait faim et soif : il se désaltéra et se nourrit de poissons. Lorsque le soleil fut levé, il ne reconnut pas le paysage. Il devait découvrir qu'il était à *près de 35 kilomètres* de l'endroit où il s'était installé pour pêcher. Son retour fut difficile : il souffrait de blessures ouvertes aux épaules et à la nuque causées par le port du casque, sa jambe droite était sérieusement abîmée. Plus grave, la disparition de ses papiers, gardés par les petits êtres, le perturbait. Le plus étonnant lui restait encore à découvrir : la durée de son aventure. Enlevé de Bebedouro le dimanche 4 mai, il se retrouvait ailleurs, et non pas le lundi comme il le pensait, mais le vendredi 9. *Son absence avait duré cinq jours !*

Sa famille constata qu'il avait le visage brûlé, qu'il se déplaçait avec difficulté, souffrait d'inappétence, de constipation, de tenaces maux de tête et d'irritations oculaires. Plus grave, il se plaignait d'une importante perte d'acuité visuelle. Ces troubles finirent par s'atténuer avec le temps.

L'histoire de José Antonio Da Silva ne se termina pas avec son retour. Douze jours plus tard, il était dans son lit. Passé minuit, le soldat éprouva une envie irrésistible de sortir voir... ses chèvres. Il se rendit dans le jardin où il eut la stupéfaction d'apercevoir, en combinaison de vol, les trois homoncules qui l'avaient enlevé. Ses anciens ravisseurs l'attendaient. Refusant de les voir ou de les entendre davantage, il se dépêcha de rentrer chez lui.

Lorsqu'un enquêteur lui demanda la raison de son comportement, il s'expliqua d'une voix énergique :

— Vous ne pensez quand même pas que j'accepterais de travailler contre mon propre peuple.

Pour José Antonio, il était évident que ces petits êtres représentaient une menace directe pour le futur de notre planète.

Jennifer a trente-sept ans. Cette jolie brune est comédienne et donne des cours d'art dramatique. C'est une femme posée, qui s'exprime sobrement, en choisissant ses mots, soucieuse que l'on comprenne bien qu'elle n'a aucune certitude au sujet de sa propre histoire qu'elle aimerait pouvoir étiqueter « illusion », « rêve » ou « projection ».

Après avoir lu *Communion* et *Transformation* de W. Strieber, Jennifer veut savoir ce qu'une de ses amies pense de ces abductions : elle appelle Christina. A son grand étonnement, celle-ci lui raconte qu'elle a été enlevée à plusieurs reprises.

« C'était mon amie, et j'ignorais tout de son expérience. J'ai réalisé ce qui pour moi était inconcevable : dans mon entourage, quelqu'un avait vécu cela ! Cette histoire d'enlèvement m'a terrifiée à un point tel que c'en était anormal : je me demandais pourquoi je pouvais ainsi éprouver une telle peur. J'avais une marque au mollet. » (En parlant, Jennifer m'a montré un exemple de ces *scoop marks* popularisées par Budd Hopkins qui en publia des photos dans *Missing Time* : une marque circulaire, bien creusée dans la chair, ayant à peu près deux centimètres de diamètre.) « Je n'y avais jamais prêté attention, mais d'un seul coup je me suis mise à paniquer. Je ne voulais pas me mettre à délirer, à inventer mais l'inquiétude était là, tenace : et si cela m'était arrivé à moi aussi ? Cette perspective m'affolait tellement que je n'en ai pas soufflé mot à Christina : au fond de moi, je redoutais qu'elle me dise que c'était possible. »

Un soir, pendant qu'elle regarde un film à la télévision, Jennifer voit sur l'écran un alien « qui a l'air gentil » et émet des bruits bizarres. « Il apparaissait sur l'écran, comme s'il était dans le film, mais il n'était pas dans le film, il était vivant. » La jeune femme a l'impression que le petit être va sortir de l'écran, mais l'apparition se dissipe après quelques minutes. Sur le moment, Jennifer se sent plus amusée qu'effrayée mais, pendant quelques jours, elle refuse d'allumer son poste.

L'année 1991 est pour elle marquée d'une pierre noire : « En l'espace de quelques mois, je perds ma grand-mère que j'aimais beaucoup, j'ai un accident à la jambe et il faut m'opérer d'un kyste à l'ovaire. Après l'opération, le chirurgien me demande ce que j'ai déjà subi comme intervention à cet ovaire. Je n'en avais jamais eu auparavant. Il ne me croit pas et me dit que je n'ai aucun intérêt à lui cacher quelque chose qu'il a pu constater. Du reste, il a profité de son opération pour enlever les adhérences que j'avais, suite à ma première intervention.

« Cette fois, ma peur me semble fondée : je raconte tout à Chris qui insiste pour me faire rencontrer Budd Hopkins. Celui-ci, très occupé, n'a pas le temps de me recevoir. Au fond, cela m'arrangeait, je redoutais trop de me découvrir victime de ces histoires horribles.

« Le 26 décembre 1991, j'étais étendue sur mon lit pour une sieste. J'éprouve une sensation étrange. Inquiétante. Celle d'une présence dans mon appartement (j'avais déjà éprouvé ce sentiment-là). Terrifiée, je me pelotonne entre mes oreillers et... m'endors. Combien de temps ? Je n'en ai aucune idée. Lorsque je me réveille, il n'y a rien de spécial.

« En mars 1992, la même scène se reproduit, pendant ma sieste. C'est le début de l'après-midi, aux environs de 14 heures. Encore l'impression que quelqu'un se trouve chez moi. Je me sens bizarre et en même temps je me dis que je dois rêver, ce n'est pas possible autrement ! Cependant, je suis bien éveillée et j'entends une voix m'ordonner :

« — Prends le chien !

« Qu'est-ce que ça veut dire ? Je n'ai pas de chien. La porte s'ouvre et une masse légère et blanche, comme un voilage, se matérialise dans l'entrebâillement. A ma gauche, j'entends une sorte de chuchotement, puis un bruit très léger qui monte et qui descend, semblable au crissement d'un stylo sur une feuille de papier. Je suis étendue à plat ventre, j'aimerais regarder l'heure à mon réveil mais je me sens fixée à mon lit, comme si des barres de métal s'étaient refermées sur moi pour m'emprisonner. J'ai l'impression qu'on va me retourner pour me mettre sur le dos et je ne peux rien faire, je suis paralysée. Je suis seulement capable de me répéter : Je ne veux pas partir, je ne veux pas partir...

« Puis tout redevient normal. Je suis sur mon lit et j'ouvre les yeux. Il est 15 h 45. Je me demande s'*ils* sont partis. Je vérifie : personne dans mon appartement. La porte d'entrée n'est pas fermée à clef, mais je ne suis pas certaine d'avoir pensé à la verrouiller. Je ne sais pourquoi, mais je tombe de sommeil et m'étends à nouveau. Le lendemain, je raconte cet incident à Chris et à une de mes amies, psychothérapeute, qui me suggère de me faire hypnotiser pour retrouver ce qui s'est véritablement passé cet après-midi-là. Trois semaines plus tard, je fais ma première hypnose avec Budd Hopkins.

« Budd me fait revivre cette journée du 26 décembre. Très vite, j'ai l'impression de me retrouver dans mon appartement, en chemise de nuit blanche (ce jour-là, j'avais mes vêtements : je m'étais étendue tout habillée pour une courte sieste). Je me vois flotter à travers les escaliers et me sens emportée vers le toit de l'immeuble sur lequel est posé un petit vaisseau spatial en forme d'ogive dressée verticalement ; il est en métal terne, comme de l'étain. Je me retrouve à l'intérieur du vaisseau, allongée sur une table.

« Quand Budd m'interroge sur ce qui s'est passé, je ne peux rien lui dire de plus, je ne me souviens de rien. Alors Budd me demande de lui parler des deux cicatrices que j'ai dans le dos [Jennifer me montrera sur son dos deux *scoop marks*, plus petites que celles qu'elle porte sur la jambe] et dont ma mère, que j'avais questionnée à ce sujet, pensait qu'elles correspondaient peut-être à d'anciennes vaccinations. Je me retrouve alors petite fille, dans le Connecticut où je vivais lorsque j'étais enfant. Je suis dans la cour regardant ma maison, et je sens une présence autour de moi. Sous hypnose, j'ai eu l'impression que les marques m'ont été faites ce jour-là, mais je ne suis sûre de rien, d'autant que pendant la séance j'ai ajouté une aile à un bâtiment qui en était dépourvu. Au cours de cette régression, j'ai vu un alien, de dos seulement, mais j'ai bien remarqué sa main, sa peau grise. Quelle expérience : l'alien était en noir et blanc alors que je revoyais le reste de la scène en couleurs. »

Dès la première séance d'hypnose, Jennifer s'est sentie plus à l'aise. Elle se rend dorénavant aux réunions de son groupe de soutien mais elle continue à se poser des questions. Ses rêves sont très orientés, peuplés d'ovnis, de bébés hybrides qu'on lui fait tenir et materner, elle s'y voit enceinte. Au cours d'une régression, elle se voit s'occupant d'un bébé bizarre, décharné, à la peau très foncée, qu'elle « range » *(sic)* au Frigidaire, dans une boîte métallique. Quand elle sort le bébé pour le nourrir, il est presque mort. Pendant une autre séance, elle se retrouve dans la maison de son enfance du Connecticut ; de sa chambre qu'inonde une étrange lumière bleue venue de la fenêtre, elle assiste à des départs massifs d'humains de tous âges, attirés « par centaines » à l'intérieur des vaisseaux spatiaux.

Sous hypnose, Jennifer a décrit ses différentes épreuves gynécologiques sur l'incontournable table d'examen et ses rapports avec les bébés hybrides : « Ils m'ont introduit dans le vagin une sorte de tube terminé par une pince. Cet instrument est allé jusqu'aux ovaires où ils m'ont prélevé quelque chose... Ils m'ont obligée à prendre dans mes bras un bébé à la peau presque noire, si mal conformé, si... incomplet (il n'avait ni seins ni organes génitaux), que je n'ai pu m'empêcher de pleurer. Déjà, au cours de séances précédentes, je m'étais vue en train de tenir ce bébé et de lui donner le sein. Cela est très étrange : je n'avais pas de lait et cependant je parvenais à le nourrir, comme on m'y contraignait. »

Jennifer est une femme intelligente, réfléchie. Elle a voulu savoir ce qui lui était arrivé et c'est pourquoi elle s'est lancée dans l'aventure de ces régressions sous hypnose, mais elle s'avoue déçue et a l'impression de piétiner en mettant au jour les mêmes scénarios que les autres : « Mon véritable problème est simple : est-ce que cela m'est arrivé ou pas ? Maintenant que j'ai ces histoires dans ma tête, il faut que je me débrouille avec. » Elle a refusé de se faire psychanalyser.

Quatre importantes modifications

Avant de passer à la phénoménologie de l'enlèvement tel qu'il est rapporté de nos jours, je tiens à souligner quatre éléments symptomatiques de l'évolution de la RR4, c'est-à-dire du passage d'une visite exploratoire de notre planète à l'interaction sur la race humaine.

1) De l'explorateur au chirurgien cosmique

Les aliens (ou plutôt *l'intelligence qui se dissimule sous cette apparence* pendant l'expérience de l'enlèvement) ont d'abord commencé par attirer l'attention sur leur merveilleux *voyage*. Leur « véhicule » a pu être observé sous toutes ses formes (discoïdal, ovoïde, sphérique, triangulaire, avec coupole ou sans, avec hublots ou sans...) et activités (en vol, stationnaire, posé au sol, et même en « panne » : des ufonautes ont été vus en train de bricoler leur engin !) ; il présentait l'inconvénient d'aveugler les témoins, de leur brûler les yeux ou le corps, quelquefois même de les tuer [1], il avait parfois l'obligeance de laisser des traces au sol (affaire de Trans-en-Provence où d'inexplicables modifications de la végétation ont été étudiées par le Pr Michel Bounias) ou des échos sur les radars (vague belge de 1990), pouvait avoir des accidents et même s'écraser sur Terre

1. Dans *Confrontations* (éd. Robert Laffont, 1991), Jacques Vallée présente un grand nombre de cas où les témoins sont victimes des ovnis : ils sont agressés, blessés, et parfois même ils meurent de cette « confrontation ».

(crash de Roswell). Les aliens prélevaient des échantillons de notre planète (sol, flore et faune) dont ils ne devaient pas supporter l'atmosphère car ils étaient casqués, vêtus de scaphandres munis de sortes de réservoirs leur permettant de respirer, comme dans ce cas allemand :

> Au cours de l'été 1948, un berger voit son troupeau pris de panique courir en tous sens. Tandis qu'il essaye de le regrouper, un engin d'une trentaine de mètres de longueur émerge d'un « brouillard artificiel » et atterrit. Le berger s'approche de l'engin, le touche. Il reçoit un choc électrique si violent qu'il tombe à terre, inconscient. Quand il revient à lui, il se trouve 80 mètres plus loin, environné de petites entités à grosses têtes qui ont sur la poitrine un réservoir muni de tubes dont ils se servent pour respirer. D'autres humanoïdes sont en train de prélever des échantillons du sol. Puis les humanoïdes regagnent le vaisseau qui décolle en émettant un son aigu. Pendant plusieurs jours, le visage du berger portera des marques de brûlures. Le sol est également brûlé. Ce cas remontant à 1948, il n'y a pas eu de tentatives de savoir ce qui s'était passé pendant le temps où le berger avait perdu conscience [1].

L'accent était mis sur une visite d'origine extraterrestre, et le phénomène s'appliquait à nous en persuader avec suffisamment d'indices pour galvaniser la foi des croyants mais... pas assez pour emporter la conviction des sceptiques. Un double langage de manipulateur efficace et dont le caractère équivoque est clairement énoncé comme nous l'avons vu avec Herbert Schirmer (« D'une certaine manière nous voulons désorienter les gens de façon que vous ne compreniez rien à nos procédés. ») et qui s'étale en toutes lettres dans les textes de la planète « Ummo » qui ont inspiré au physicien Jean-Pierre Petit ses derniers travaux de cosmologie (« Croyez-nous mais pas trop », écrivent-ils avec insistance).

1. J. Fiebag, *Die Anderen* (« Les Autres »), Herbig, 1993.

Puis, merveille : la Terre ne pose plus de problème aux ufonautes qui pénètrent dans les maisons des ravis tête nue et vêtus d'un collant (de la même manière les ravis, où qu'ils soient « emmenés », respirent une atmosphère qui leur convient). Maintenant que le principe de leur voyage est admis — du moins par les visités — c'est un autre élément du scénario qu'il faut implanter : celui d'une *race en voie d'extinction* ne parvenant plus à se reproduire, venue se servir chez nous en matériel génétique et organique et se nourrir du spectacle d'émotions qu'elle n'est plus capable de ressentir.

La récolte systématique et la préservation du patrimoine génétique humain est une urgence, expliquent les aliens pour justifier leurs enlèvements répétés. Certes, ils ont besoin de nous pour se reproduire, expliquent-ils (n'est-il pas flatteur, soutiennent les tenants des « bons aliens », d'être ainsi *élus* pour leur rendre ce service ?), mais ils doivent se dépêcher de constituer des stocks car, à force de maltraiter notre planète, nous y ruinons les conditions favorables à la vie et nous y souffrirons sous peu des mêmes problèmes génétiques qu'eux.

Le thème de l'appauvrissement génétique de notre race est apparu dans les RR4 *avant* que la communauté scientifique ne commence à diffuser le constat — pour l'instant inexpliqué — de la baisse de la spermatogenèse humaine. Cette chute du taux de spermatozoïdes a été annoncée sans équivoque par le Pr Louis Guillette (biologiste de l'université de Floride) dans un congrès scientifique : « Chacun des hommes présents dans cette salle n'est plus que la moitié de l'homme qu'était son grand-père » (du point de vue de la fécondité, non de la virilité, devons-nous préciser). Le 23 mars 1994, dans sa leçon inaugurale au Collège de France, le Pr Étienne-Émile Baulieu (l'inventeur de la pilule abortive, la RU 486) mit un peu plus de formes : « Dans nos pays, en deux générations, la concentration moyenne des spermatozoïdes dans le liquide séminal a diminué de moitié », mais le message était le même. Parmi les causes invoquées : le stress et la pollution, cette pollution que ne cessent de dénoncer les aliens et dont ils viendraient mesurer l'étendue. Si, pour l'instant, la raréfaction des spermatozoïdes ne menace pas l'espèce humaine, elle pourrait continuer à évoluer jusqu'à un seuil où la reproduction deviendrait impossible. Quel sera alors le nouveau prétexte des visiteurs si habiles à choisir des thèmes qui parlent à notre inconscient ?

Dans la perspective de rencontres à des fins médico-expérimentales, il devient logique que « la visite » de l'engin s'adapte à une telle finalité et évolue. Aux voyageurs fiers de leur machine ont succédé les chirurgiens et généticiens fiers de leurs expériences, de leurs opérations, de leurs hybrides ; aux honneurs des cartes du ciel, des postes de pilotage et des machines, ceux des diverses pièces réservées à la culture des embryons, au développement des fœtus et à la croissance des enfants hybrides.

2) De l'individuel au collectif

Dans le cas de Bebedouro, J.A. Da Silva a remarqué « quatre cadavres humains ». La présence d'autres captifs était parfois signalée dans les récits. En nombre réduit. L'enlèvement se vivait comme une expérience individuelle, rarissime ; même s'il était enlevé avec un ami, un passager, son conjoint ou sa famille, le ravi se posait la question : « Pourquoi moi ? » ou « Pourquoi nous ? » La multiplication des expérienceurs va de pair avec leur découverte mutuelle à bord : puisque les enlèvements sont massifs, les ravis sont amenés à se rencontrer dans l'ovni, non par poignées d'individus, mais par centaines. Réalisant qu'il y a tant de captifs à bord, les abductees ont l'impression d'avoir été enlevés « dans une rafle », non individuellement, mais collectivement. Certains décrivent des salles d'examen avec des centaines de lits occupés par des centaines d'abductees nus à différents stades de leur épreuve.

3) Une nouvelle alliance : les « dream mates » ou compagnons d'enlèvement

Les ravis ne se contentent pas de s'entr'apercevoir dans l'ovni, certains s'y retrouvent presque systématiquement, racontent-ils. Ils ont le souvenir — conscient ou resurgi au cours d'un rêve, selon les cas — de s'être fréquemment trouvés à bord de l'ovni avec un autre humain de leur âge, enlevé comme eux. Parfois même cet « autre » est là, à chaque ravissement, comme si les aliens jouaient les entremetteurs dans le seul but de voir les abductees établir une relation affective, voire sexuelle. Les deux enlevés font connaissance à bord de l'engin quand ils sont enfants et, les expériences se répétant, continuent à se retrouver au fur et à mesure qu'ils avancent en âge. Ils se parlent, échangent informations et confidences sur leur vie terrestre et leurs diverses expériences à bord, deviennent amis, de plus en plus intimes, et quelquefois font l'amour... sous le regard intéressé des aliens. Ce sont les *dream mates*. Cette nouvelle thématique commence à se développer depuis deux ans à peu près ; les chercheurs en voient se multiplier les exemples à travers les États-Unis. Lorsqu'ils se rencontrent (sur Terre), les *dream mates* se reconnaissent au premier coup d'œil, et vérifient que les confidences échangées à bord correspondent à des faits précis. Certains *dream mates* qui avaient développé une relation amicale ou amoureuse dans l'ovni éprouvent les mêmes sentiments en se retrouvant. Leurs retrouvailles peuvent être dramatiques s'ils sont déjà mariés chacun de son côté : l'amour imposé par les aliens subsiste. J'ai souvent entendu rapporter ce genre de situations dans les groupes de soutien. Avec parfois des explosions de colère : « ils » nous manipulent, « ils » interviennent aussi dans notre vie privée, « ils » ne nous laissent plus aucun choix et font de nous ce qu'ils veulent. A une ravie qui lui confiait son désarroi (elle était très éprise de son *dream mate* mais ne voulait pas suivre cette inclination de peur de « faire plaisir » aux aliens), Hopkins a eu cette réponse pleine de bon sens : « Oubliez-les et faites ce qui vous plaît ! »

Christina Morciglio a quarante ans et elle a retrouvé sur Terre son *dream mate*, sans avoir jamais espéré qu'il pût exister.

Après avoir fait des études de psychologie à l'université du Michigan, Christina a choisi d'être danseuse mais, à cause d'un accident au genou, elle a dû interrompre sa carrière il y a huit ans. Depuis, elle travaille dans la finance. Elle a été mariée pendant cinq ans. Son histoire vaudrait à elle seule un livre. Parmi ses souvenirs *conscients* (et fragmentaires) se rapportant aux aliens ou aux ovnis, j'en choisirai quatre.

Premier souvenir. Un cauchemar récurrent que Christina faisait fréquemment lorsqu'elle était petite fille. Une impulsion irrésistible l'obligeait à descendre dans le sous-sol de sa maison. Là, elle se retrouvait allongée sur une grande table. Auprès d'elle, se tenait un être très maigre, avec une grosse tête trouée d'énormes yeux noirs (elle le surnommait « l'homme squelette » tant il semblait décharné). Elle savait que cet être venait pour elle et cela la terrifiait à ce point que, régulièrement, elle se réveillait en hurlant (ce qui réveillait sa grand-mère dont elle partageait la chambre). La seule pensée de ce cauchemar suffisait à la paniquer : la petite fille avait remarqué que lorsque « l'homme squelette » était là, elle n'était plus capable de réfléchir de façon logique ou de s'échapper et lui laissait faire tout ce qu'il voulait.

Deuxième souvenir. A l'université du Michigan, quand elle avait dix-neuf ans, sa meilleure amie, Mimi, venait parfois passer le week-end chez elle. Son premier souvenir conscient d'ovni remonte à un de ces week-ends. Christina est assise sur son lit ; à travers la porte ouverte, les deux amies bavardent ensemble. Christina a l'impression d'être surveillée par un observateur invisible. Elle s'approche de la fenêtre : au-dehors, il y a des lumières inhabituelles. La tête contre la vitre, elle découvre, se détachant sur le noir de la nuit (il est plus de 23 heures) un spectacle étrange et demande à son amie de venir immédiatement. Muettes de stupéfaction, les deux jeunes filles contemplent un ovni de forme ovale et qui semble métallique. Juste en dessous de l'objet, un carrousel de lumières multicolores tourne, éclatant de splendeur. L'objet s'approche, silencieusement, en direction de l'immeuble.

Christina suggère de sortir pour mieux voir l'objet : « Je ne comprends pas du tout pourquoi j'ai eu besoin de sortir étant donné que l'ovni s'est tellement approché de nous tandis que nous le regardions que nous aurions presque pu le toucher en étendant le bras par la fenêtre. Il planait, immobile, juste à la hauteur de mon étage (le troisième). »

Vu de l'extérieur, le spectacle semble plus magnifique encore mais, brutalement, l'ovni disparaît. « Pas du tout comme s'il était parti très vite, mais plutôt comme s'il s'était dématérialisé. Il était là, et une seconde plus tard, il n'y était plus. Et nous avions pu l'observer pendant une bonne dizaine de minutes. » Les deux amies n'ont jamais eu peur mais se doutent que personne ne les croira si elles racontent cette histoire vraie. Elles se couchent. Le lendemain, elles parleront à peine ensemble de cet événement et ne l'évoqueront plus par la suite.

Troisième souvenir. Trois mois plus tard, les deux filles auront une autre Rencontre Rapprochée. Elles sont en voiture. Mimi conduit. Une troisième étudiante se trouve à l'arrière de l'auto. C'est la nuit (à peu près 22 heures). Mimi remarque six ovnis lumineux « en forme de saucisse » qui se déplacent en dessinant une ligne oblique sur le ciel noir et les suivent. Pour vérifier, elle effectue diverses manœuvres, et les amies se rendent compte que la voiture a beau tourner à angle droit, emprunter une rue bordée d'immeubles élevés, les ovnis ne les quittent pas, ils sont toujours en vue, jamais cachés par une façade ! Mimi arrête la voiture devant un bâtiment et les filles sortent pour mieux observer le manège des objets lumineux. Ceux-ci modifient leur allure, se disposent en « V » parfaitement symétrique, un à la pointe, et deux de chaque côté, et s'immobilisent. Les trois filles comptent, recomptent : il n'y en a que cinq. Où est passé le sixième, se demandent Mimi et Christina ? Elles ne peuvent continuer à scruter le ciel, leur autre amie tombe à genoux sur le sol, pleure bruyamment, se frappe la tête, s'arrache les cheveux. Elles ont le plus grand mal à l'asseoir de force dans la voiture, et la ramènent chez elle, en pleine crise de nerfs.

Quatrième souvenir. Christina est allongée sur une table d'opération dans une bizarre salle d'hôpital, alors qu'elle n'est pas malade et qu'elle n'a pas besoin de se faire examiner. Elle voudrait partir mais se sent incapable de bouger. Elle a très peur. On lui dit de se calmer et on l'assure que *tout* se passera bien. Ce « tout » lui fait peur : normalement, il ne devrait *rien* lui arriver. On lui met alors dans le nez un liquide étrange, assez épais, qui ressemble à « des gouttes de métal ». Elle a tellement peur qu'elle perd conscience et son souvenir s'arrête là.

Christina m'affirme qu'elle n'était absolument pas intéressée par les ovnis, qu'elle n'avait rien lu à ce sujet alors qu'elle se définit comme une boulimique de la lecture. Un jour, dans une librairie, elle voit un livre sur Betty Andreasson[1] : *The Watchers*. Sans réfléchir, sans même le feuilleter, elle l'achète, elle qui choisit amoureusement ses livres : « Et je n'avais pas l'habitude de dépenser 20 dollars pour n'importe quel ouvrage ! »

Rentrée chez elle, elle prend le livre, et ses mains se mettent à trembler de façon irrépressible. « Je ne me reconnaissais pas : jamais je n'ai été sujette à des tremblements de cette sorte, sans motif. » Elle tourne quelques pages mais elle n'a plus aucune envie de lire cet ouvrage qui l'avait tant attirée une heure auparavant.

Quelques jours plus tard, elle est prise de crises de larmes, se sent déprimée, ne peut plus dormir. Toujours sans raison. Cependant, elle a l'intuition qu'il existe un rapport entre son état dépressif et ce livre qu'elle a feuilleté (mais dont elle avait pu voir les illustrations). Une amie lui conseille de prendre rendez-vous avec Budd Hopkins. Elle préfère appeler l'auteur de l'ouvrage et elle lui rapporte les incohérentes réactions provoquées par *The Watchers*, et certaines de ses observations d'ovnis. Raymond Fowler n'a pas l'air surpris et lui recommande de consulter Budd Hopkins[2]. La résistance de Christina

1. Un des ouvrages de Raymond Fowler consacré à Betty Andreasson. Voir note 8 chapitre 1.
2. Budd Hopkins, qui a sacrifié à sa passion pour les RR4 une

cède, elle appelle Hopkins qui, par téléphone, l'interroge sur ses rêves récurrents, ses cauchemars, ses phobies (Christina a besoin de lumière pour dormir, elle a horreur du noir[1]) et les éventuelles marques ou cicatrices bizarres qu'elle peut avoir sur le corps (pendant plusieurs mois, Christina a eu sous la peau du genou comme un « rectangle » dur : Une sorte d'écharde de 2 centimètres de long sur 3 millimètres de large qui est sortie toute seule, sans douleur ni saignement, lorsqu'elle avait entre treize et quatorze ans). Lui demandant expressément de ne rien lire à ce sujet, Budd lui donne un rendez-vous pour une première hypnose.

Hypnose se rapportant au souvenir n° 2. La séance de régression ramène Christina dans son appartement du Michigan. Tandis qu'elle regarde à la fenêtre, elle entend clairement une voix lui intimer l'ordre de sortir de son appartement et d'aller à l'extérieur, devant l'immeuble. C'est alors qu'elle propose à Mimi de descendre. Budd lui demande alors de se concentrer sur les sensations de ses pieds pendant qu'elle sort de son appartement : « Alors là, c'est fou ! Mes pieds ne touchaient plus le sol. Je me suis vue en train de flotter dans les airs. »

Et Christina se retrouve à l'intérieur du vaisseau. Trois petites créatures l'entourent. Elle subit l'examen médical avec ses variations gynécologiques de rigueur. Tout lui semble familier : elle a l'impression qu'« elle les connaît déjà », qu'elle avait déjà été dans le vaisseau auparavant où « ça » s'était déjà passé. L'un des êtres s'occupe particulièrement d'elle, il lui parle longuement, lui dispensant une sorte d'enseignement, insistant sur ce point : elle doit aider la planète. Christina se sent à la fois stressée et responsable ; elle demande ce qu'elle doit faire. L'être esquive la réponse avec un énigmatique : « Tu le sauras, le moment venu. » Christina est submergée d'angoisse :

---

brillante carrière artistique, travaille bénévolement avec ses ravis à qui il ne demande jamais un *cent* pour les séances d'hypnose, les groupes de soutien, etc. Sans se cantonner dans un rôle distant et confortable d'enquêteur, il s'implique dans ses recherches, dispensant sans compter amitié, chaleur et réconfort aux abductees.

1. En général, les abductees reconnaissent que, pour dormir, ils doivent avoir une lumière auprès d'eux ; beaucoup disent laisser une télévision ou un poste de radio (parfois les deux) fonctionner pendant leur sommeil.

elle a la certitude que seul un miracle pourrait sauver la Terre.

La séance d'hypnose a duré deux heures. Christina se sent d'abord furieuse, outrée de ce qu'elle découvre (« Comment osent-ils ? ») puis rassérénée, libérée : les pièces du puzzle s'assemblent. Il y a une certaine logique dans les souvenirs fous qui la hantent.

Hypnose se rapportant au souvenir n° 3. Quand les trois étudiantes sont sorties de la voiture, elles suivent les évolutions de six disques. Le sixième, plus gros et d'une forme différente, émet un rayon jaune en direction de Christina. Dès que celle-ci se trouve enrobée de lumière, elle se sent happée et monte, en suivant ce rayonnement, jusqu'à l'ovni. Presque aussitôt, elle se retrouve nue, étendue sur la table d'examen. Résignée. Des visages la surplombent. On l'examine, on lui introduit dans le vagin un petit objet métallique de la taille d'une plume de stylo. Après ce déplaisant intermède pseudo-médical, elle a un bref entretien avec un alien et, sans savoir comment elle a quitté l'engin, se voit à nouveau en ville, auprès de l'étudiante agenouillée, au bord de l'hystérie. « C'est seulement après cette séance d'hypnose que j'ai réalisé quelque chose que j'aurais dû remarquer depuis longtemps : après cette observation que nous avions faite à trois, nous ne nous sommes jamais parlé de cet "incident" pourtant peu banal. Nous ne l'avons jamais évoqué, fût-ce d'une phrase. Comme si cela nous avait été interdit. »

Les différentes séances de régression de Christina ont peu à peu révélé des épisodes, fréquemment rapportés par les ravis mais dont elle n'avait jamais entendu parler.

La *présentation.* Christina se revoit, âgée de quinze ou seize ans, à l'intérieur d'un ovni de vaste dimension, dans une sorte d'auditorium. Elle se sent heureuse et se balance sur un trapèze. Au-dessous d'elle, tout le monde chante. Mais elle reçoit l'ordre de redescendre et on lui amène une petite fille fragile de trois, quatre ans qu'on lui met d'autorité dans les bras lui demandant de la bercer : « C'était un bébé bizarre : elle avait une perruque brune, un menton très en pointe, un nez délicat, un teint pâle, maladif, une peau transparente. Elle m'aimait. Quand on me l'a enlevée, elle a gémi : "Maman !" J'étais bouleversée. Comme s'il s'agissait de ma fille. »

En découvrant ce qu'elle vient de revivre, Christina se

croit victime de son imagination. Non, lui explique Budd : il s'agit du « rêve de présentation ». De nombreuses femmes lui rapportent cette même scène que leur imposent les aliens, sans doute pour se repaître des émotions humaines, ou alors parce que les enfants hybrides ont réellement besoin de l'affection de la mère à laquelle ils ont été arrachés à l'état de fœtus comme le croient les enlevées.

Christina a récemment rencontré son *dream mate* : tous deux ont comparé les souvenirs — bons et mauvais — de leurs expériences à bord, se sont rappelé leurs échanges, leurs effusions : « Jamais je n'aurais pensé qu'il existait véritablement : j'avais l'habitude de le rencontrer dans des "rêves". C'était vertigineux : nous savions tout l'un de l'autre. J'aurais pu être aveugle, j'aurais su qui il était. Quand il m'a embrassée, j'ai reconnu son baiser, tellement particulier et intense. »

4) L'interpénétration des races

Le thème de la fusion alien/humain qui constitue la base des expériences génétiques et d'hybridation se trouve poussé à son dernier stade lorsque, sous hypnose, les ravis découvrent qu'*ils ont été des aliens* dans une autre vie. Si l'on a envie de sourire en découvrant chez Edith Fiore le cas de Dan, ex-alien lassé des combats intergalactiques venu se reposer sur Terre [1], on est troublé lorsqu'une autorité comme John Mack prend la parole. Avec lui, les abductees retrouvent sous hypnose des souvenirs de vies antérieures et l'un d'eux, narrant

1. La psychologue californienne a publié (voir *Encounters : a Psychologist Reveals Case Studies of Abductions by Extraterrestrials*, Ballantine, 1990) l'histoire de ce patient qu'elle a fait régresser sous hypnose : on croirait un épisode de *Star Trek* ! Au cours d'une vie antérieure, Dan aurait été un exterminateur vivant à bord d'un vaisseau interplanétaire et se serait incarné près de Washington dans le corps d'un enfant pour se reposer du dur labeur de la police spatiale. Comment ne pas penser que ce côté science-fiction du « témoignage » a été directement suggéré par une hypnose conduite dans la volonté délibérée de découvrir une « belle histoire » ?

les supplices qu'il endure à bord, reçoit une série de flashes : « quand il était alien », il a fait la même chose, il a même contraint une femme terrorisée à s'accoupler avec lui. Il commence alors à décrire l'expérience vue des deux côtés ; ravisseur et ravi. Et le psychiatre de commenter : « Ils [les abductees] peuvent découvrir qu'ils ont imposé, avec leur personnalité alien, ce que les aliens leur font subir ainsi qu'à d'autres humains, comme sonder les esprits ou effectuer les expériences de reproduction. » Mack est le seul à explorer la signification possible d'une telle thématique. Il n'hésite pas à conclure : « L'identité alien semble être liée d'une certaine façon à l'âme humaine ; une des tâches à laquelle se trouve confronté l'abductee consiste à intégrer ses personnalités humaine et alien, ce qui revient à redonner de l'âme à son humanité [1]. »

Nous sommes loin du simple voyage interplanétaire.

STRUCTURE DE L'ENLÈVEMENT
1. Phénomène visuel (boule lumineuse, ovni émettant des lumières scintillantes) et/ou auditif (bourdonnement, série de « bips »).
2. Le décor familier bascule dans l'étrangeté. Paralysie.
3. Apparition d'entités (qui s'approchent de la voiture ou du lit).
4. Influence hypnotique, importance du regard, communication télépathique. Assurance qu'aucun mal ne sera fait. Perte de conscience *(missing time)*.
5. Départ du témoin : à travers les murs, sur un rayon de lumière, en hors corps* (l'entrée dans l'ovni n'est pas remémorée). Quelquefois l'ovni rejoint un vaisseau-mère.
6. A l'intérieur de l'ovni. Sujet déshabillé puis soumis à un examen médical. Prélèvements d'échantillons de tissus, de chair, d'organes, piqûres, injections de liquides.
7. Influence des êtres pour rassurer le sujet. Examen du mental et du psychisme.
8. Interventions de type chirurgical ayant un rapport avec la reproduction.

1. John Mack, *Abduction, Human Encounters with Aliens*, Scribner's Sons, 1994.

9. Visites des autres pièces de l'ovni. Aperçu de la science des aliens (technologie, résultats des expériences génétiques et de métissage, présentation des enfants hybrides).

10. Rencontres avec d'autres aliens. D'autres ravis se trouvent également dans l'ovni.

11. Autres examens psychologiques et mentaux. Projections d'images de catastrophes. Messages. Manipulation mentale.

12. Retour (décidé de façon abrupte par les aliens), découverte du *missing time*. Le sujet se retrouve parfois dans un endroit où il n'était pas allé.

13. Répercussions : grande fatigue après l'expérience. Conséquences physiques : quelquefois cicatrices, marques, douleurs, infections. Dans d'autres cas, guérisons. Conséquences psychologiques et spirituelles. Au début : panique, phobies, insomnie, anxiété. Pour certains, transformation de l'être : changements d'intérêts, de conceptions, élargissement de la conscience, dons psychiques.

LES SOUVENIRS

1. SOUVENIRS CONSCIENTS

Stimulus déclencheur : phénomène visuel lumineux (rayon de lumière, nuages, lueur nocturne, ovni), plus rarement signal sonore (cf. plus loin).

Perceptions initiales : sentiments de vide, d'être isolé, surveillé ou « sous contrôle », silence total, distorsions de la perception, mal de tête, pressentiment que quelque chose va arriver, impression d'étrangeté, de ne plus reconnaître un lieu familier.

Effets sur l'extérieur :

— Sur les appareils (effets électromagnétiques sur les véhicules, les radios, les télévisions), la voiture semble se mouvoir seule, trajets effectués de façon anormale (le véhicule flotte, le paysage se répète, la consommation de carburant ne correspond pas au trajet parcouru), effet magnétique sur les montres et les boussoles.

— Sur le sol : traces, modification de la végétation.

Effets sur le témoin :

— Physiques : courbatures, hématomes, brûlures, cloques, éruptions cutanées, problèmes oculaires (larmoiements, baisse de l'acuité visuelle), coupures, estafilades, cicatrices, traces de prélèvements ou d'injections, saignements de nez, troubles intestinaux, problèmes de coordination, d'équilibre, guérisons, suintements incompréhensibles du nombril ou du vagin, troubles urologiques ou gynécologiques, déshydratation, soif intense, maux de tête, tension, stress, sommeil perturbé. Sensibilisation générale accrue, sensitivité électrique.

— Mentaux : anxiété, peurs incoercibles (d'être seul, sans lumière ou source de bruit sécurisant), phobies multiples (ascenseurs, ponts, endroit précis d'une route, chambres d'hôpital, odeurs comme la cannelle, le soufre ou l'ammoniaque, sons : sifflements, vrombissements, bourdonnements), état dépressif, cauchemars, rêves d'enlèvement, sentiment d'être obligé de taire l'expérience, retour par flashes de la mémoire, souvenir de sang.

— Paranormaux : apparitions, facultés psi développées, expériences inhabituelles, poltergeists, faculté de guérir.

— Changement de personnalité : élargie, détériorée, intérêts nouveaux (philosophie, spiritualité), préoccupations d'ordre écologique ou spirituel, besoin de retourner prendre des cours ou de changer d'emploi.

2. SOUVENIRS CACHÉS

Temps manquant, réapparition (le témoin est inconscient d'avoir effectué un trajet et ne se retrouve pas à l'endroit où a débuté l'expérience), inconscience, semiconscience, perte du sens de l'orientation.

Manifestations physiques aberrantes : possibilité de flotter, de voler, de suivre un rayon lumineux, de passer à travers les corps solides, de sortir hors de son corps.

Pendant l'enlèvement :

— Psychologie des « êtres » : amicaux, cruels, indifférents, évasifs, trompeurs.

— Leur nombre : de trois à une dizaine. Présence d'un « leader ».

— Les communications : par télépathie, ordre de tout oublier, promesse que les « êtres » reviendront ou assurance qu'ils surveilleront longtemps le témoin, avertissements, prophéties catastrophistes (ne se réalisant pas).

— Examens et procédures de type médical : table d'opération, appareils futuristes à scanner, implants, sondes et injections, intérêt porté aux articulations, au système nerveux, au système génital, démembrement.

— Contrôle mental : pensées altérées, mission imposée, informations prises directement dans le cerveau, calme injustifié, actions bizarres ou inhabituelles, somnambulisme, lassitude, sentiment de ravissement, d'extase, de paix alternant avec la terreur.

Parfois, des signes avant-coureurs (auditifs ou visuels) se produisent juste avant l'enlèvement : éclairs, série de trois à six notes de musique, petite sonnerie, suggestions verbales, coups, bruits très aigus, bourdonnements d'oreilles (fréquents chez les expérienceurs enfants). Seul le futur ravi les perçoit. Ils diffèrent d'un témoin à l'autre. Les messages commentant l'expérience (pendant qu'elle a lieu ou après) sont également précédés de bourdonnements.

Caractère d'étrangeté ou état altéré de conscience ?

Au début des RR4, les ravis sont frappés par un *silence inquiétant*, déraisonnable. Des effets électromagnétiques se produisent : les voitures n'obéissent plus et continuent d'avancer, se dirigeant vers le bas-côté de la route en dépit des efforts du conducteur, certaines s'arrêtent, d'autres continuent à rouler (alors la route s'améliore ou suscite des cahots à intervalles réguliers), d'autres enfin sont « aspirées dans l'engin ». Dans quelques cas, elles deviennent « transparentes ».

Le 22 mai 1973, vers 3 heures du matin, sur une autoroute près de Catanvuda (État de São Paolo, Brésil) la voiture d'Onilson Patero est survolée par un ovni. Alors que son véhicule est illuminé par un faisceau de lumière bleue émis par l'engin, Patero s'aperçoit que la carrosserie est devenue transparente et que, de son siège, il voit le moteur comme si le tableau de bord et le capot n'existaient plus et distingue la culasse, la dynamo et le ventilateur. Le même phénomène se produit à l'extérieur : sorti de son auto transparente, il découvre qu'à travers elle, il peut voir la route et le paysage[1].

Les lois de notre physique semblent abrogées pour l'extérieur mais aussi pour la personne du témoin qui se sent voler à travers les airs, suivre des rayons lumineux (Barney Hill dit qu'il *flotte* au-dessus du sol, tandis que sa femme le décrit *marchant* vers l'engin dans une semi-inconscience). Le sujet est isolé, il ne peut appeler à l'aide, il entre dans un monde qui se dérobe totalement à lui. Le reste disparaît dans une non-existence (les autres témoins possibles — conjoint dans le même lit ou passager dans la même voiture — sont « déconnectés » : en « état d'animation suspendue », ils ne voient plus ni n'entendent rien). Le décor familier bascule dans l'étrange. Ce phénomène est perceptible dans la nature.

En juillet 1976, Suzanne et son ami veulent passer le week-end en pleine nature et s'arrêtent dans la région de Saint-Polycarpe (Québec). Ils sont tous deux couchés dans leur caravane quand, vers 22 h 30, la nuit chavire dans l'insolite. Brusquement, les bruits cessent. Les grenouilles, les criquets, les insectes se taisent. Plus un craquement de branche, ni un souffle dans les feuilles. Rien. Un silence total, presque inquiétant, règne. L'air change, il se parfume et répand une odeur sucrée. Suzanne ouvre les yeux : au-dehors une forte lumière crève le noir et s'infiltre dans leur roulotte. Des phares de voiture ? Suzanne n'entend rien. Le chien, un doberman, ne gronde pas, ne réagit pas, cependant Suzanne s'inquiète : il doit se passer quelque chose d'anormal ! Elle sort pour en avoir le cœur net. Dans le ciel, juste au-dessus d'elle, trois sources lumineuses disposées en triangle inondent le paysage d'une violente lumière blanche un peu bleutée. Suzanne a l'impression que ces trois projecteurs surgissent d'une énorme masse sombre. Elle réveille son ami. Michel sort à son tour et lève la tête pour observer le

1. Voir *Phénomènes spatiaux*, n° 37, septembre 1973. Également la bande dessinée de Lob et Gigi, *Les Apparitions d'Ovni*, éd. Dargaud, 1979.

phénomène. Suzanne voit les yeux de son ami se révulser, et tous deux se retrouvent dans leur caravane, ne se souvenant de rien, pas même de la façon dont ils y sont rentrés. A l'intérieur de leur tête, des voix leur parlent directement. Suzanne a très peur. Les voix la rassurent : tout se passera bien mais elle doit s'étendre, ainsi que Michel. Terrifié, le couple obéit. Ils s'allongent et, très vite, se sentent emportés dans les airs, au-dessus de la cime des arbres.

Le lendemain quand ils se réveillent, ils ont tous deux uriné au lit. Suzanne a fait un rêve étrange dont elle raconte à son ami le peu qu'elle se rappelle : il y avait un être qui ne paraissait pas humain « avec de l'électricité dans le corps ». Elle s'était retrouvée dans une vaste pièce très éclairée mais où il n'y avait pas d'éclairage visible. On lui projetait des images insoutenables de famines, d'enfants décharnés au ventre ballonné. Tous les deux pleuraient. Michel n'en revient pas : c'est son propre rêve que Suzanne raconte. Ils auraient tous deux rêvé exactement de la même façon ? Ce n'est pas possible ! Donc, il ne s'agissait pas d'un rêve.

Les voilà stupéfaits, essayant de reconstituer à deux leurs visions de la nuit. Ils sortent. Des centaines d'insectes morts, secs, jonchent le sol autour de la caravane : des guêpes, des mouches, des criquets. Suzanne se rappelle le brusque silence de la veille. Comme si, tout d'un coup, il n'y avait plus rien eu de vivant autour d'eux. C'est à en devenir fou. Ils quittent ces lieux inquiétants pour finir le week-end ailleurs, là où ils ne seront pas seuls. Mais ils sentent qu'ils ne peuvent parler à personne d'une affaire aussi invraisemblable.

Les jours suivants, Suzanne se sent mal. Elle n'arrive plus à dormir, vomit « comme de la gélatine avec du sang dedans », a des prémonitions qui se réalisent et perd ses cheveux. Son médecin constate une sévère détérioration du cuir chevelu. Elle se fait hypnotiser. Sans résultat. En 1993, nouvelle tentative avec le psychologue Jean-Roch Laurence — un spécialiste de l'hypnose et de la mémoire — qui anime à Montréal un groupe de réflexion sur les abductions. J.-R. Laurence est sceptique sur ce sujet qui l'intéresse néanmoins vivement. Les séances de régression permettent à Suzanne de reconstituer les épisodes d'un scénario d'enlèvement avec examen médical, prélèvements de cellules, introduction dans son corps d'aiguilles terminées par une bille ; elle a horriblement peur, mais les petits êtres la rassurent, lui répètent que tout se passera bien. Selon le psychologue : « C'est un des cas les plus intéressants que je connaisse. Pour le moment, il n'y a pas d'explication. Peut-être les insectes étaient-ils déjà là la veille quand ils sont arrivés et n'ont-ils rien remarqué à cause de l'obscurité, peut-être tout pourrait-il se réduire à un rêve à deux qu'ils ont renforcé en en parlant pendant plusieurs années. On ne saura jamais, mais il est évident qu'il s'est passé quelque chose. »

Après cet événement, la vie de Suzanne a changé. Elle a le sentiment que l'homme n'est plus seul sur la Terre, et cette conviction lui confère un profond bien-être, un amour de la vie. Lorsque, préparant une émission sur les enlèvements, Sophie Thibault, journaliste de la télévision canadienne (TVA), lui demande si elle accepterait de se soumettre au détecteur de mensonge, Suzanne répond, enthousiaste : « N'importe quand, madame, ça me ferait même plaisir. Quand on dit la vérité, on n'a pas peur de ça. »

L'aventure de Carl Higdon (développée un peu plus loin) souligne davantage le climat de *haute étrangeté* par lequel débute le ravissement : caractère subitement enchanté de la forêt, silence respectueux présageant un événement, superbe animal (magique) que la balle ne peut atteindre, métamorphose du tir en jet inoffensif et du projectile meurtrier en objet dérisoire, apparition d'une créature non humaine dotée d'une baguette pouvant matérialiser les objets et les transporter, don d'aliment merveilleux (une pilule censée nourrir Higdon pendant quatre jours). En remplaçant le fusil du chasseur par une arbalète ou une arquebuse, on se croirait dans un conte du Moyen Age.

Cette étrangeté est un *phénomène subjectif* — s'il s'agissait d'une donnée objective, elle serait perçue par tous : dans certains cas, un enfant est ravi au milieu d'un groupe de camarades mais lui seul bascule dans ce temps hors du temps — dû à une altération de la conscience, dont le mécanisme inducteur peut être :

— Un phénomène électromagnétique (cf. les pannes de moteurs et des circuits électriques des voitures lors d'une RR) naturel ou artificiel capable d'agir sur le psychisme et le cerveau du témoin. Cette variation de l'électromagnétisme est alors ciblée sur un véhicule donné : des enlèvements se produisent sur des routes passantes et une seule auto est affectée.

— Un phénomène provoqué par l'« agent » caché derrière le phénomène ovni et qui manipule le témoin : une autre forme de conscience ou d'existence, l'intrusion d'une autre dimension (pour Jenny Randles[1], ce serait une intelligence extraplanétaire qui agit sur le cerveau des sujets sensitifs).

Cette *altération de la conscience* se trouve dans toutes les rencontres anormales et autres cas d'apparitions :

— Dans le folklore, ceux qui entrent dans « le pays des fées » commencent par se sentir perdus dans leur environnement ouaté de brume et de silence.

— Dans les apparitions mariales.

A cet égard, les apparitions de Medjugorge — non reconnues par l'Église — ont offert aux scientifiques l'opportunité unique d'étudier dans d'exceptionnelles conditions des voyants[2] en extase (pendant leur Rencontre), l'apparition ayant accepté les demandes expresses des autorités d'apparaître toujours au même endroit — dans l'église — et à la même heure (on croit rêver, la Vierge se pliant aux exigences d'un État marxiste !). Tandis que chaque après-midi les six adolescents levaient les yeux à la même seconde en voyant descendre vers eux l'apparition invisible pour les autres, les chercheurs consultaient leurs appareils enregistreurs. Pendant l'extase, aucun stimulus de la vie ordinaire ne parvenait au cerveau des enfants. Quelles que fussent les expériences tentées, leurs organes sensoriels paraissaient hors d'atteinte, « déconnectés »

1. In *Alien Abductions : the Mystery Solved*, Inner Light Publications, 1988.

2. Terme consacré pour désigner les témoins des apparitions religieuses.

comme diraient les ufologues. L'éclair d'un flash dans leurs yeux ne les faisait pas ciller, ne réduisait même pas l'ouverture de leurs pupilles ; une explosion à leur oreille ne déclenchait aucune réaction du système auditif. Insensibles au froid, à la chaleur, aux piqûres, ils étaient ravis, raptés, hors du monde. Les scientifiques durent conclure : dans leur vie ordinaire, les petits voyants de Medjugorge présentaient un profil psychologique tout à fait normal (à l'instar des ravis, ils n'étaient ni menteurs, ni mythomanes, ni délirants) et leurs « visions » ne pouvaient s'expliquer en termes d'hallucinations ou de troubles mentaux. Ce constat ne prouvait pas pour autant que le phénomène corresponde à une manifestation de la Vierge, mais les croyants marquaient un point sur ceux qui veulent clore le dossier des apparitions mariales sous l'étiquette « superstitions populaires ». Nul alien n'ayant encore accepté de procéder aux enlèvements à date, heure et lieu fixes, les chercheurs n'ont pu tester l'état des ravis pendant leur abduction. Force nous est de constater que — contrairement à la Vierge — le phénomène ovni ne tient guère ses promesses quand il annonce qu'il se manifestera. Nous l'avions déjà remarqué avec le policier Schirmer, c'est plus évident avec l'entité venue de Gharnasvarn, dont nous parlerons plus loin.

Cette altération de la conscience se retrouve dans les rites de transe, de possession et d'extase comme si l'entrée dans cet état favorisait l'accès à ces phénomènes anormaux : rencontres avec les ancêtres, les déités, les animaux-totem et... les entités des ovnis. Dans le cadre du phénomène ovni, il est difficile de parler de « condition absolue et nécessaire » tant il serait outrecuidant de vouloir assigner des paramètres précis à des expériences dont le principal mérite est de nous stimuler par *l'énigme* qu'elles nous proposent. On découvre maintenant des cas de NDE vécus *sans* que les expérienceurs aient à passer par l'imminence de la mort (jusqu'alors considérée comme l'incontournable déclencheur du phénomène) : ils n'étaient ni dans le coma, ni malades, ni accidentés ou menacés dans leur vie.

Au début de leur enlèvement, certains ravis *tentent de lutter* (preuve qu'ils sont dans un état *ordinaire* de conscience). La manipulation de leur cerveau — ce qu'ils appellent « la mise sous contrôle » de leur volonté et de leur motricité — les fait entrer dans un état où les péripéties apparentes de l'enlèvement peuvent se produire. En ce sens, les techniques de « résistance » utilisées par certains abductees comme Sarah Smith ou Jan Whitley sont efficaces : *elles proposent plus de résister à l'entrée dans un état de conscience qu'à un « être »*.

Apparence de l'ovni

La littérature ufologique a consacré des centaines de pages à l'apparence extérieure des ovnis. Je ne m'y attarderai pas, préférant souligner quelques détails étranges.

La taille des vaisseaux

Elle peut aller du side-car au porte-avions. Betty Andreasson décrit un ovni si réduit qu'il n'y a de place que pour une personne mais qui s'agrandit de dix fois ; Michael Bershad, lui, parle d'un vaisseau « beaucoup plus grand à l'intérieur que vu de l'extérieur ». Cette dernière remarque est tellement fréquente qu'elle en est devenue banale. A l'intérieur de l'ovni, l'espace devient une dimension transformable au gré des besoins : un ovni, de taille réduite extérieurement, peut comporter des nurseries « grandes comme un terrain de football » *(sic)*, trois niveaux différents, des passerelles, des ascenseurs, des garages pour « ovnis de poche » (parfois le transport s'effectue dans un petit ovni qui amène le ravi à l'intérieur du vaisseau-mère). Les pièces sont rondes (dépourvues de coins) et celle où est pratiquée « l'examen » a un plafond en coupole.

Les portes ou ouvertures de l'ovni

Elles se voient de l'extérieur. Une fois refermées sur le captif, elles sont indiscernables, comme si elles n'avaient jamais existé. Sans doute n'ont-elles jamais existé : elles peuvent être imaginées par ajustement mental du ravi à la situation : il est habitué à pénétrer en un lieu par un passage, une ouverture. Quand le ravi cherche à s'enfuir d'une salle où il est retenu, parfois — comme T. Walton — il y parvient (mais il est aussitôt rattrapé) mais généralement la pièce n'a plus de porte (puisque l'abductee pense qu'il est impossible d'échapper à de tels « êtres », il est logique qu'il ne « voie » pas d'issue, dans les deux sens du terme). Le retour s'effectue si précipitamment que l'enlevé n'en garde pas de souvenir.

Ces portes qui disparaissent une fois franchies constituent une belle métaphore pour les explications des enlèvements : sitôt proposées, elles font preuve de leur insuffisance. L'astronome Pierre Guérin avait formulé cette « loi », toujours valable pour un phénomène s'acharnant à se dérober : « En ufologie, à peine une loi est-elle découverte et démontrée, qu'elle est aussitôt réfutée par les observations suivantes », et, logique, il ajoutait : « ... y compris celle-ci ». Ce jeu avec les portes s'illustre d'une autre manière quand les aliens, si forts à quitter une maison en traversant le toit ou les murs, n'en dédaignent pas une utilisation presque traditionnelle pour apparaître ainsi que nous le verrons avec Sarah Smith : ils les font s'entrebâiller progressivement comme pour annoncer leur venue (voir aussi les nombreuses descriptions données par Whitley Strieber dans ses deux récits autobiographiques). La porte fermée qui s'ouvre toute seule est un symbole d'effraction, de menace (viol, cambriolage, agression) et, par le jeu d'associations inconscientes incontrôlables, crée une peur induisant l'entrée dans un autre état de conscience où les sensations ne s'organisent pas en fonction des informations qu'elles apportent mais de la peur projetée.

Température à l'intérieur de l'ovni

Toujours rapportée comme froide.

Technologie et appareils

La technologie utilisée par les aliens offre un surprenant mélange de vieilleries hors d'âge, de *high-tech* futuristes, et de possibilités de manipulations directes (c'est-à-dire opérées sans le recours d'aucun appareil) sur le psychisme et le corps de l'enlevé. La plus totale incohérence (apparente) règne dans leurs procédés.

Un humanoïde emmène Jack T., neuf ans (enlevé depuis qu'il a deux ans) *à pied* jusqu'à un garage. C'est avec une *vieille Cadillac* qu'il le conduit à l'ovni où des aliens assistent à une projection si étrange que le garçon déclare que ce n'est pas « du cinéma normal ». On lui attache des capteurs au poignet ; un appareil indescriptible relié à un ordinateur sonde ses pensées et ses sentiments qui sont transformés sur un écran en chiffres et en dessins. Jack est informé qu'il s'agit d'un test pour savoir s'il répond à certains critères (non définis) intéressant les aliens (Jack sera épuisé après l'examen). Pendant ce temps, son père (qu'il retrouve dans l'ovni mais qui n'a pas été enlevé en même temps que lui) est convié à la visite d'une sorte de « musée du temps » où sont exposés des appareils « fabriqués par les hommes » depuis le début du siècle et dans le *futur*.

S'ils peuvent passer au travers des corps solides, les aliens ont besoin d'un spéculum pour élargir les sphincters et les orifices qu'ils percent, et y introduire les instruments réservés à la récolte des ovules et au retrait des embryons. Ils ne sont pas capables d'écarter les cellules du corps humain comme de vulgaires doubles rideaux, ainsi qu'ils le font avec les molécules des matériaux inertes. Ce qui ne les empêchera pas, quelques instants plus tard, de *retirer* totalement un organe à leur cobaye pour le replacer dans son lieu d'origine sans en affecter le fonctionnement (si ce n'est pour le guérir dans certains cas) au cours d'opérations magiques dignes de l'initiation chamanique : globes oculaires retirés puis replacés (l'œil gauche de Betty Andreasson[1], pour lui mettre un implant de verre au fond de la cavité), ouverture de la boîte crânienne pour la dépose et la repose du cerveau (affaire Sandy Larson[2]) comme s'il s'agissait d'une pièce de moteur.

Le ravi n'a plus aucun repère, se trouvant à la fois soumis à des épreuves moyenâgeuses, futuristes, surréalistes ou parapsychologiques. C'est ainsi qu'il est indifféremment maintenu sur la « table d'opération » *manu militari*, par des sangles de l'époque de Charcot, par des crochets ou par un champ paralysant. Des électrodes sont implantées dans son corps pour envoyer des micro-ondes pulsées dans son crâne afin de stimuler son système nerveux ou de tester sa motricité. Des interventions genre laparoscopie ou cœlioscopie sont rapportées plus de dix ans avant qu'elles n'aient été pratiquées en médecine (terrestre !), comme dans le cas de Betty Hill. Certains « appareils médicaux » surgissent des murs au moment d'être utilisés et y retournent après ; ils se déplacent tout seul, obéissant au « désir » du chirurgien cosmique qui se contente de les regarder, et ont la possibilité de rendre les corps *transparents*. Des scanners révolutionnaires passent au-dessus du corps du ravi et envoient leurs informations sur de gigantesques écrans. L'abductee décrit d'incompréhensibles manœuvres : il est entièrement immergé dans de

---

1. R. Fowler, *The Andreasson Affair*, Englewoods Cliffs éd., 1979.
2. S. Rogo, *UFO Abductions : True Cases of Alien Kidnappings*, Signet, 1980.

gros cylindres verticaux emplis d'un liquide coloré, où il peut néanmoins respirer.

Apparence des visiteurs

Les Gris

Les Gris : humanoïdes chauves, dépourvus de système pileux et d'organes sexuels, souvent comparés à des mantes religieuses et surnommés « petits Gris » dans le jargon ufologique : de 90 centimètres à 1,20 mètre de haut, peau grisâtre, grosse tête en forme de goutte d'eau inversée, absence d'oreilles et de protubérance nasale, fente non ourlée de lèvres à la place de la bouche — lorsque ces entités communiquent avec les ravis, leur « bouche » ne s'ouvre pas —, immenses yeux noirs ronds ou en amande mais dépourvus de blanc et de paupières, mains de quatre ou trois très longs doigts effilés dont un pouce, bras tombant jusqu'aux genoux, cou très fin et fragile, jambes rectilignes comme des cylindres se pliant au « genou », silhouette grêle, « insectoïde ».

Si les aliens les plus communément décrits correspondent à ces Gris généralement dotés d'un patron (le « grand être », habituellement blond, plus humain de traits et mesurant plus de 1,80 mètre), il semble exister toutes sortes d'autres aliens dont il serait trop long d'énumérer ici les variétés.

Une femme, vivant dans l'Indiana, est reçue par Budd Hopkins dans son bureau et lui raconte son enlèvement. Budd lui montre un dessin représentant le visage d'un alien :

— Comment avez-vous pu obtenir un portrait aussi ressemblant de mes ravisseurs ?

— Ce n'est pas « votre » ravisseur. Ce dessin a été fait par une autre abductee qui vit en Caroline du Nord.

La stupéfaction causée par cette réponse (l'anecdote remonte au début des années quatre-vingt) ne serait plus possible aujourd'hui où l'étrange face du Gris est maintenant presque aussi populaire aux États-Unis que celle de Mickey (la publicité l'utilise pour le café, les cartes de crédit, les liqueurs, les téléphones cellulaires, et sa description fait la une des journaux — du *Wall Street Journal*, et du *Boston Globe* au *Los Angeles Time)*. Plus de surprise donc mais l'horreur demeure. Plus profonde car elle semble motivée : pas question pour cette femme d'espérer qu'elle a tout imaginé puisque d'autres personnes ont subi la même mésaventure.

Et les autres

Nous résumons quelques traits d'humanoïdes rapportés par les témoins.

Visage : triangulaire, allongé, asiatique, avec menton pointu, sans menton, couvert d'écailles.

Teint : pâle, livide, jaune, gris (toutes les nuances), brun, orange sanguine, rouge sang, argileux.

Système pileux : totalement chauves, hirsutes, velus, barbus, longs cheveux noirs soyeux, ou blonds, parfois roux.

Yeux : un, deux, trois, ou plus ; sans paupières, avec deux paupières superposées, abrités derrière du verre, sans iris, tout en iris très coloré et dépourvus de prunelle, prunelle en forme de trait horizontal.

Nez : long, très long, juste deux trous en guise de narines, pas de nez ni de narines.

Bouche : grande et rouge, ouverte en rectangle, simple fente allant d'une oreille à l'autre, absente, trait dessinant une fente qui ne peut s'ouvrir.

Cou : long et gracile, massif et court, absent.

Mains : semblables à des pinces, terminées par des griffes, ou des doigts (dont le nombre varie de deux à six), palmés, crochus, raides ou effilés.

Taille : varie entre 70 centimètres et 6 mètres.

Tenue vestimentaire : de la combinaison moulante d'une seule pièce à l'armure souple, avec parfois des capes, des insignes militaires, des baudriers, des capuchons ou des masques.

Pour changer des petits Gris américains, voici un cas brésilien de RR4 avec de « répugnants bipèdes à face de rat » :

> Dans la soirée du 15 octobre 1979, Mme Luli Oswal (pianiste de concert fort connue au Brésil et mère de sept enfants) part en voiture visiter une de ses filles. Un étudiant de vingt-cinq ans, ami de cette dernière, l'accompagne. Chemin faisant, ils s'amusent à parler d'ovnis et ne tardent pas à remarquer dans le ciel trois phénomènes lumineux qui les escortent. Au Brésil, un clin d'œil céleste fait presque partie du quotidien. Le retour sera plus difficile. L'auto se montre capricieuse : elle accélère ou ralentit toute seule, progresse par bonds irréguliers. Les portières claquent, les ceintures de sécurité voltigent. Le réservoir d'essence, plein, indique qu'il est presque vide. Pour ajouter à l'insolite, les lumières observées à l'aller réapparaissent, et bientôt d'autres surgissent de la mer. Surgit un vaisseau orangé en forme de cigare et crevé de nombreuses fenêtres illuminées. L'objet, tellement énorme qu'il emplit la vallée, dirige vers la voiture trois lumières éblouissantes. L'étudiant est terrifié. Les deux automobilistes ne se souviennent plus de ce qui leur arrive ensuite. Ils reprennent leurs esprits plus loin, à l'intérieur de la voiture dont la radio refuse de fonctionner. En faisant le plein d'essence, ils réclament du café. Le pompiste s'excuse mais il ne sert plus à boire à cette heure, presque 2 heures du matin. Les passagers font un calcul : impossible ! Il ne peut être plus de 23 h 30, au maximum. Ils repartent, perplexes, tandis que l'homme les exhorte à la prudence : personne n'ose plus emprunter cette route de nuit car d'étranges objets non identifiés la survolent et se montrent parfois agressifs.
>
> La suite du voyage s'effectue plutôt mal : chaque fois que la voiture passe devant un endroit éclairé, les portières recommencent à claquer. Chez eux, les voyageurs doivent se rendre à l'évidence : le retour leur a pris cinq heures au lieu de deux.
>
> Pendant les deux jours suivants, Mme Oswal fut dans l'incapacité d'uriner mais les problèmes rénaux dont elle souffrait mystérieusement avaient *guéri*. En contrepartie,

pendant plus d'un mois, *ses yeux ne cessèrent de la brûler et de larmoyer.* L'étudiant refusa de se faire hypnotiser. La régression hypnotique à laquelle Mme Oswal se prêta révéla qu'elle avait gardé plus de sérénité que l'étudiant, terrorisé par tous les événements.

Tandis que les caprices de leur voiture rendent la conduite presque impossible, les voyageurs remarquent qu'un ovni noir les suit. Puis ils notent la présence d'un autre vaisseau, énorme (300 mètres de diamètre), transparent, qui plane dans le ciel. D'autres ovnis le rejoignent. En revivant sous hypnose les événements suivants, Mme Oswal manifeste une frayeur incontrôlable. Un rayon de la lumière aspire la voiture qui quitte la route, s'élève et pénètre dans l'ovni noir par le dessous. Alors qu'ils n'ont pas quitté leur véhicule, la pianiste et l'étudiant se retrouvent à l'intérieur du vaisseau, entourés d'aliens monstrueux : de *répugnants bipèdes à face de rat* venus, prétendent-ils, d'une galaxie proche de Neptune.

Des rongeurs, ils possèdent les oreilles, une bouche réduite à une fente et un appendice nasal long et mince, plus proche du museau que du nez. Luli Oswal n'arrive pas à déterminer s'ils sont nus (seulement vêtus de leur peau de rat) ou revêtus d'un collant gris, mais elle remarque leurs pieds palmés. Non loin d'elle, sur une table, l'étudiant. Étendu, inerte. Mort peut-être. Ou évanoui. Après avoir subi un examen médical (comprenant l'incontournable épisode gynécologique), la pianiste est exposée à un bombardement de rayons lumineux qui lui provoque une violente douleur au niveau des oreilles. Pour ce faire, les créatures utilisent un volumineux appareil hérissé de tubes ; elles n'ont pas besoin de manipuler l'appareil, il leur suffit de regarder un tube pour que le rayon vienne frapper la partie du corps qu'elles désirent examiner. Les tubes transmettent des informations qui s'affichent toutes seules sur un écran et que les aliens étudient en communiquant mentalement entre eux.

Lorsque l'hypnotiseur lui demanda si elle avait remarqué une odeur particulière, Mme Oswal répondit sans hésiter : « Oui, celle du *soufre.* » Elle s'inquiète de son jeune compagnon, inanimé sur la table. Des aliens lui ont longuement examiné la tête (toujours au moyen de tubes lumineux) et les organes génitaux.

— Pensez-vous, interroge le médecin pendant l'hypnose, que ces créatures auraient pu prélever quelque chose du corps du jeune homme ?

— Oui, c'est ce à quoi je suis en train d'assister ! Mais je ne comprends pas... cela me semble impossible[1] !

Si chaque pays a des cas de RR4 où le ravi est confronté à d'autres types d'entités (comme les « reptiliens » que nous avons évoqués, pour le Canada et, plus rarement, l'Italie), le « petit Gris » des États-Unis tend néanmoins à s'imposer comme « le » modèle de l'alien et à devenir omniprésent. Même les Anglais, jusqu'ici visités par de grands blonds de « type nordique », commencent à s'aligner sur le modèle du visiteur type des Américains.

En dépit de cette progressive uniformisation, certains types spécifiques continuent de nos jours à se manifester. Pour l'exemple, je citerai ici un récent cas allemand de RR4 (1989).

Il est à peu près six heures du soir. Par un après-midi pluvieux, Rolf Kaster (étudiant en chimie) se promène à bicyclette au bord de la Ruhr, près de Schwerte-Ergste quand, sans comprendre comment, il se retrouve au milieu d'un pré. Il est 10 heures du soir, la nuit est tombée. Rolf pense avoir eu un accident et s'être évanoui ; il rentre chez lui en proie à une incompréhensible fatigue. Peu à peu, par flashes, des souvenirs l'assaillent. Il a rencontré des géants. Il s'est trouvé à bord d'un vaisseau spatial. (L'étudiant, commente l'astrophysicien allemand Illobrand von Ludwiger qui a présenté ce cas au congrès du MUFON de 1993, était gêné de l'absurdité de son témoignage et a précisé que s'il avait voulu inventer une histoire d'ovni, il aurait imaginé un récit plus intelligent).

Alors que Kaster pédale à travers les bois, un animal (ou plutôt ce qu'il a d'abord pris pour un animal) jaillit d'un fourré à dix mètres de lui. Il descend de sa bicyclette, et voit apparaître une silhouette féminine qui grandit, grandit, jusqu'à atteindre une taille qu'il estime entre 3,50 mètres et 4 mètres. La géante, très mince et

---

1. Enquête effectuée par Irene Granchi, voir *An Encounter with « rat-faces » in Brazil*, in *FSR*, vol. 29, n° 1, 1983.

plutôt belle, est vêtue d'une combinaison métallique qui ne laisse apparaître que ses doigts et son visage. Peu intimidé par une telle stature, Kaster lui demande si elle vient du futur, et la géante, après lui avoir déclaré qu'elle est originaire de la constellation du Loup, l'invite à la suivre. Il se trouve à l'intérieur d'un bois, dans une clairière au-dessus de laquelle flotte un nuage situé à une centaine de mètres d'altitude. Soudain, le nuage se crève en trois colonnes de pluie qui inondent trois petites portions circulaires du sol. Une grosse chaîne de fer terminée par une barre descend à l'intérieur de l'une d'elles. La géante y entraîne l'étudiant qu'elle a installé sur son épaule, s'agrippe à la chaîne et tous deux sont aspirés à travers la colonne de pluie jusqu'à un vaisseau discoïdal d'une centaine de mètres de diamètre. A l'intérieur se trouvent d'autres géants complètement nus — mâles et femelles — avec lesquels il ne peut communiquer. En revanche, Kaster découvre qu'il est capable d'échanges télépathiques avec une bizarre créature « en forme d'entonnoir » et possédant de multiples yeux vert-de-gris qui stagne au fond d'un grand aquarium. Pour l'étudiant, aucun doute : ce monstre est le « capitaine » de l'ovni. Il est arraché à sa contemplation et, coiffé d'un casque relié à un ordinateur, passe une série d'épreuves mentales qu'il pense être des tests d'intelligence. L'ordinateur répond à ses questions et le jeune homme pressent que cette machine lui donne accès à toutes les connaissances actuelles et à venir. Il en profite pour obtenir des formules de produits pharmaceutiques révolutionnaires, de nouvelles solutions pour produire de l'énergie. Les seules questions refusées par ce super-cerveau concernent les « géants ». Kaster n'a cure de ces dérobades, il a l'intuition que ceux-ci ne sont que des robots biologiques dotés d'une forme quasi humaine destinée à le rassurer.

Quand il veut retirer son casque, il éprouve une telle douleur qu'il ne peut plus respirer et... se retrouve dans l'herbe, près du fourré. Il est en pleine confusion et tellement épuisé qu'il doit rentrer à pied, incapable de se tenir sur sa bicyclette. A peine arrivé chez lui, il sombre dans un sommeil de plomb. Le jour suivant, il découvre que ses cheveux sont poisseux, comme s'ils avaient été enduits de gomina.

La stupidité et la naïveté de cette histoire permettent d'exclure l'hypothèse qu'un étudiant se soit risqué à l'inventer. Kaster est persuadé que les informations données par l'ordinateur sont applicables et il essaye d'en tirer des brevets afin de prouver la réalité de son témoignage.

Quelques détails inspirent toutes sortes de spéculations

Peau grise et peur du soleil.

Lorsque les enlèvements ont lieu de jour, les aliens semblent redouter le soleil. Ce détail qui permit à Higgins de leur fausser compagnie (les ET se consolèrent en s'amusant à lancer des cailloux) est rapporté dans le cas Higdon. Une rumeur s'est forgée par l'addition de ces divers ingrédients (peur du soleil, peau grise — toutes les nuances, des plus claires aux plus foncées —, grands yeux) : de tels détails peuvent correspondre à une vie dans un environnement peu éclairé, ou souterrain, donc les aliens vivraient sous la Terre.

Les clones.

A bord de l'ovni, Travis Walton a remarqué des humains mêlés aux aliens, mais des humains *totalement identiques* (dans notre vocabulaire actuel, on pourrait parler de clones). Selon d'autres témoins, les aliens sont tellement semblables qu'il ne s'agirait plus d'entités autonomes mais de sosies ou de « robots biologiques ». Des observations analogues se multiplieraient : brigades d'humains identiques collaborant, dans des bases souterraines, avec les aliens indiscernables les uns des autres. De nouvelles peurs ne cessent de se succéder. Les manipulations génétiques qu'opéreraient les aliens leur permettraient de fabriquer des clones à une cadence industrielle (pour mieux nous asservir dans un futur proche, affirment les tenants de la théorie des « méchants aliens »). Encouragée par la récente maîtrise — humaine — et l'utilisation officielle des techniques de clonage (la production de clones de bovidés à la demande de l'industrie alimentaire date de la fin des années quatre-vingt pour les États-Unis, et de 1990 pour la France), cette hantise de la *lunatic fringe* est alimentée par certains récits d'abductees selon lesquels les visiteurs seraient des experts en clonage.

Dirant Mello Ferraz (aujourd'hui homme d'affaires) a dix-huit ans lorsqu'il se retrouve soudain « ailleurs », transporté — sans qu'il ait compris comment — de sa cuisine à une petite pièce carrée *privée d'ouverture*. Une voix surgie du plafond lui dit de ne pas avoir peur et, sur le mur vide, se dessine une porte qui s'ouvre pour laisser passer un gros objet en forme d'œuf. De cet œuf émerge un humain, sosie de Dirant : son propre double ! La voix lui demande de toucher sa réplique : la consistance est celle de la chair humaine. Le double lui tape sur l'épaule : « Reste tranquille. Et souhaite-moi une bonne journée, je n'ai pas l'intention de faire du mal à qui que ce soit », et disparaît à travers le mur. Stupeur du Brésilien : la voix du clone est une réplique de la sienne. Un écran de télévision se matérialise et Dirant peut suivre les évolutions de son double chez lui. Programme unique et spectacle peu plaisant pour le garçon : le clone se montre odieux avec son entourage.

Dirant affirme être resté du 28 février 1974, 19 h 30, au 1er mars 1974, même heure, dans la pièce carrée (ce qui ne fait guère qu'une journée, l'année 1974 n'étant pas bissextile). Il n'avait pas conscience du temps — sa montre s'était arrêtée — et n'a eu ni faim ni soif. Il était fasciné par son double qu'il vit passer à travers un mur, déclenchant la panique d'un ouvrier de l'usine, mais parfois l'écran s'éteignait. Dès que Dirant commençait à s'ennuyer, différents livres et revues se concrétisaient devant lui : il aurait ainsi lu un numéro de *L'Homme-Araignée* qui n'était pas encore en vente ! Ces interruptions de programme lui faisaient manquer les actions — les plus intéressantes, pense-t-il — de sa réplique. Celle-ci avait quitté la maison pendant la soirée et s'était fait déposer en forêt par un chauffeur que le garçon décrivit comme « le clone du chauffeur de l'usine familiale ». Qu'allait-elle faire la nuit dans les bois ? Dirant Mello Ferraz se pose toujours la question. A l'époque, il a pu vérifier certains agissements de son double (celui-ci avait trouvé dans un taxi un sac de femme contenant des papiers d'identité et l'avait rapporté à sa propriétaire). La famille ne s'est jamais doutée de la substitution en trouvant que le comportement de Dirant avait été inexplicablement déplaisant pendant ce temps.

La banalité des activités du « clone », tandis qu'il représentait Dirant, plaide pour la sincérité de l'auteur du récit. Un mythomane eût pu, sans difficulté, ajouter de merveilleuses péripéties à celles, ordinaires, dévoilées par l'écran magique (un seul franchissement de muraille).

La rencontre de Dirant, rencontre typiquement brésilienne par son côté fantaisiste et décontracté, me paraît être une belle illustration de la manipulation du témoin. Celui-ci verra et croira *ce qu'on lui donne à voir*, et ce qu'on lui donne à voir n'est pas forcément ce qui *est*. Libre à lui de penser que les clones ont envahi la planète.

L'APPARENCE ? POUR QUOI FAIRE ?

Plusieurs races ?

La *trop* grande variété de types d'ET (dans les RR3, presque chaque humanoïde différait de l'observation précédente) a amené certains chercheurs à remettre en cause l'hypothèse de races venues d'une autre planète. « Que cinquante races d'ET viennent nous visiter, passe encore, mais 2 000 ! Pourquoi un tel embouteillage sur Terre ? Ça n'a pas de sens ! » commente Jean-Luc Rivéra, un ufologue français d'une rare érudition en matière d'enlèvements.

Selon l'astrophysicien Carl Sagan, en admettant qu'il y ait un million de civilisations avancées dans notre galaxie, chacune aurait dû envoyer 100 000 missions par an pour nous trouver parmi un milliard de possibilités de voyages. On peut imaginer que la Terre ait été détectée immédiatement et que la bonne nouvelle se soit répandue à travers le cosmos, amenant un flux de voyageurs cosmiques vers notre planète bleue mais cela fait beaucoup de suppositions guère fondées. Je préfère — pour une fois — prendre en considération le propos d'un visiteur. Dans un célèbre cas de Rhodésie (1976) étudié par Cynthia Hind, celui de Peter et Frances, le jeune couple enlevé a parlé avec le « capitaine » de l'ovni qui leur déclara : « Nous n'avons pas de forme, nous pouvons prendre l'apparence qui vous arrange. Si vous désirez que je prenne celle d'un canard parce que c'est ce qui vous conviendrait le mieux, je prendrai aussitôt l'apparence d'un canard. » A force d'être décrit dans la littérature, les revues ufologiques, les *pulps*, la publicité, etc., le Gris a fini par se faire admettre, il est le *canard* qui dérange le moins parce qu'il fait presque partie du paysage irrationnel.

Selon Karla Turner, chercheuse et ravie (elle a été, ainsi que sa famille, l'objet de plusieurs RR4 et a publié ses expériences dans *Into the Fringe*), il y aurait *plusieurs races d'aliens* dont les buts divergeraient. Les uns (les « bons ») viendraient nous visiter pour nous protéger et mettre un terme aux sévices perpétrés sur nous par les autres (les « mauvais ») ; des ex-pilotes, des ex-militaires et d'autres humains — dont, en nombre croissant, les abductees affirment avoir constaté la présence à bord des ovnis — collaboreraient avec les « bons » pour faire cesser ces intrusions.

Une de ses ravies, Amy, rapporte qu'une alien (femelle) de la « bonne race » lui avait retiré du cou un implant profondément enfoncé dans les cordes vocales en lui expliquant que « lorsque cet objet était activé, il bloquait le cerveau et devenait l'organe de commande centrale du corps ». Et K. Turner de commenter : « D'habitude, le témoin n'a pas de difficulté à reconnaître la nature non humaine des forces qui suscitent de tels événements : la manipulation du temps et de l'espace par ces êtres, la façon dont ils jouent avec notre psychologie et nos perceptions, tout cela relève d'une technologie bien au-delà de l'humain[1]. »

Moins naïve qu'il ne paraît au premier abord en dépit de sa conception banalement dualiste d'ET bons et mauvais mais bien réels venus d'un autre monde, Karla Turner n'accepte pas entièrement les récits de ses ravis et envisage l'hypothèse d'une *manipulation du témoin* : les aliens le font entrer dans un état altéré de conscience pendant la rencontre afin de « mieux le contrôler », de l'empêcher de juger objectivement la situation et de donner par la suite des renseignements authentiques sur son expérience. De cette manière, son récit ne correspondra pas obligatoirement à ce qui s'est passé. « Les abductees rapportent une information totalement contrôlée par les aliens[2]. »

Manipulation du témoin

Cette hypothèse de la manipulation du témoin est soutenue par des écrivains comme John Keel, Jacques Vallée et, en France, par Jean Sider[3] qui considèrent le « phénomène ovni » comme la manifestation actuelle d'une mise en scène savamment orchestrée par une forme d'intelligence protéiforme toujours présente autour de la terre et cherchant à nous abuser.

On se rappelle, à propos de la carte dessinée par Betty Hill, la critique que Jacques Vallée faisait du travail de Marjorie Fish. Dans *Ovni, la grande manipulation*[4], il écrit : « Si la carte a vraiment existé, c'est peut-

1. Karla Turner, *Expanding the Parameters of the Alien-human Abduction Agenda*, MUFON Symposium Proceedings, 1994.
2. *Ibid.*
3. Un chercheur sérieux et très bien documenté dont je ne saurais trop recommander les ouvrages même si, dans un domaine où nous sommes réduits aux conjectures, il présente souvent ses convictions comme des certitudes : *Ultra top-secret : ces ovnis qui font peur*, Axis Mundi, 1990 ; *Contacts supra-terrestres*, tome 1 : *Leurres et Manipulations*, Axis Mundi, 1994 ; *Ovnis : dossier secret*, éd. du Rocher, 1994.
4. Éd. du Rocher, pp. 50 à 59.

être qu'elle avait été placée là *pour que Betty Hill la voie* [1], et non pas pour servir d'instrument de navigation au pilote. Essayait-on de "renforcer" Betty dans sa conviction qu'elle avait affaire à des visiteurs extraterrestres ? Cherchait-on à détourner son attention de quelque chose d'autre ? Ou bien s'agit-il simplement d'un élément symbolique venant de l'inconscient du témoin ? Je crois qu'aucun des contactés, y compris le couple Hill, n'a été physiquement présent dans une soucoupe bien réelle. Il est beaucoup plus probable qu'ils aient subi un "trip", un voyage non physique, mais situé dans l'imaginaire, guidé et contrôlé par un système dont nous n'avons pas encore une idée claire, un système de contrôle qui est de nature psychotronique plutôt que de nature purement physique. »

Vallée évoque l'utilisation, par ce système de contrôle, de symboles qui produiraient un effet sur la conscience ; ceux qui y sont soumis « abandonnent la réalité objective, le domaine des perceptions ordinaires ». Leur être antérieur ayant été anéanti, ils entreprendraient à leur retour « de changer la réalité sociale environnante ».

Notre cerveau en question

Pourquoi expliquer la manipulation dont seraient victimes les ravis seulement par une manœuvre délibérée des aliens ou de cette mystérieuse (et mystificatrice) forme d'intelligence ? Il est temps d'incriminer nos propres structures mentales. Les spécialistes du cerveau s'accordent à penser que *nous ne pouvons assimiler une perception totalement nouvelle à notre système cognitif*. (Pour un enfant de deux mois, un fauteuil vu pour la première fois est un monstre incompréhensible. Puis la connexion va s'établir dans son cerveau — cette simple représentation demande que dix neurones soient con-

1. C'est nous qui soulignons.

nectés — et y demeurera : dans sa vie quotidienne, ces dix neurones gardent la trace de cette perception et pourront la faire surgir à nouveau quand l'enfant verra un fauteuil, quand il l'imaginera ou en rêvera.) Pour comprendre et intégrer une nouvelle information, le cerveau doit pouvoir la comparer à un élément qui a déjà laissé sa trace. Notre conception de la réalité repose sur nos connaissances : ce que nous savons déjà, nos croyances, notre culture. *Nous n'acquérons pas de nouvelles connaissances, nous ne faisons qu'augmenter les informations que nous possedons*. Le stimulus proposé à notre perception *doit* correspondre aux réalités dont nous avons déjà fait l'expérience pour que les processus analytiques de raison et de logique nous permettent de l'interpréter, de savoir le décoder (c'est-à-dire de le percevoir de façon compréhensible) : le « jamais vu » ne peut être appréhendé comme le démontre une expérience faite par le Pr John Wilson au sein d'une tribu primitive africaine (une société de tradition orale qui n'avait jamais vu de film et ignorait ce type d'images). Il présenta un film éducatif sur les méthodes d'hygiène et demanda aux indigènes ce qu'ils en avaient retenu. Aucun ne put lui répondre, ils n'avaient littéralement rien « vu » mais tous avaient remarqué... un poulet dont l'apparition devant l'écran avait été plus que brève. L'animal avait constitué pour eux l'unique moment de réalité d'un spectacle incompréhensible.

Ce même genre d'expérience fut repris par des psycho-ethnologues. Mêmes résultats. Les comptes rendus de brefs documentaires projetés à des tribus primitives ne mentionnent pas, même sous une forme approximative, les produits de notre civilisation technologique (les automobiles ne sont pas perçues, tandis que la végétation occidentale, différente de la flore locale, est remarquée). Parvenue au cerveau, l'information visuelle n'est pas intégrée au niveau du néocortex car, n'étant assimilée à rien de connu, elle ne peut utiliser une liaison neuronale existante. Ce que nous ne percevons pas et qui reste à l'état de sensations diffuses parce que le cerveau ne parvient pas à l'organiser en perception, nous apparaît comme une hallucination, une expérience impossible à communiquer. C'est le problème des expériences ineffables, comme celles du mysticisme, des NDE et des RR4. Ceux qui les éprouvent sont obligés de les interpréter d'une façon compatible avec leurs croyances, leurs expériences ou leurs attentes, et, pour les exprimer, de s'ajuster aux dimensions, au langage de la vie ordinaire (traduction = trahison, disent les Italiens). Il est normal que le ravi déforme ou embellisse *involontairement* son aventure : il ne peut faire face à une expérience aussi illogique. Son « biocomputer » rejette le scénario de l'enlèvement qu'il ne peut traiter car il ne peut l'assimiler aux précédents programmes intégrés, aussi en fabrique-t-il un autre — pas plus crédible que celui de la rencontre mais qui sera présenté d'une façon que le sujet considère comme plus acceptable. Serait-ce par sa conformité à des récits familiers de science-fiction.

Bertrand Méheust (dont le premier ouvrage, *Science-fiction et Soucoupes Volantes*, est consacré à l'influence des récits de science-fiction sur ceux des abductees) a retrouvé des narrations d'enlèvement par les ET dans les livres de S-F antérieurs aux rapports d'abduction (tel *Hodomur, homme de l'infini*, publié en 1934). Un chercheur américain a remarqué que les témoignages de RR4 se sont multipliés *après* que les films de science-fiction eurent popularisé ce thème pendant une dizaine d'années. Le thème de kidnappeurs venus du cosmos était suffisamment familier à la mentalité américaine pour créer des connexions dans le cerveau, et permettre de relier des expériences inconnues à un schéma déjà intégré.

Le cas des Hill (1961) présente de troublantes similitudes avec le scénario du film *Invaders from Mars* (« Les Envahisseurs de la planète Mars »), sorti en 1953. Les aliens décrits par Betty différaient des Gris : ils avaient un grand nez que la ravie compara à celui de Jimmy Durante, comédien dont l'appendice nasal était de belle dimension.

Cas Hill :	*Film « Invaders from Mars » :*
Nez à la Jimmy Durante	Grand nez
Table d'opération	Table d'opération
Aiguille enfoncée dans le nombril	Aiguille pour insérer des implants dans le cou
Carte du ciel montrée dans l'ovni pour expliquer d'où ils viennent	Carte montrée dans l'observatoire pour discuter de la distance Terre-Mars

La multiplication de tels exemples n'affaiblit en rien la sincérité des témoignages. Le Dr Simon — qui hypnotisa les Hill et ne croyait pas à la possibilité d'un enlèvement par les ET — s'efforça en vain de tendre des pièges à ses patients pour les amener à se contredire et dut conclure à leur entière bonne foi. Les ravis *croient* à leur histoire et la présentent comme « plus réelle que la réalité ». B. Méheust ne l'ignore pas quand il ironise : « Pourquoi les ET nous visiteraient-ils au moment précis où un genre populaire vieux d'à peine un demi-siècle est précisément en train de les imaginer et de décrire leur irruption sur Terre ? Pourquoi arriveraient-ils équipés de pied en cap avec l'imagerie forgée par le genre en question ? Pourquoi les péripéties auxquelles donne lieu leur interaction avec les êtres humains ressembleraient-elles à ce point à celles qu'ont imaginées les auteurs des *pulps* américains destinés aux adolescents[1] ? » On a beau jeu de discuter de l'influence de la science-fiction sur l'élaboration des récits d'enlèvements, le sens dans lequel s'exerce cette influence peut se lire selon une direction inverse. Les auteurs inventent-ils des histoires qui nourrissent l'imaginaire des ravis ou au contraire la science-fiction produit-elle de tels récits parce que nous les portons déjà en nous, parce que nous les avons vécus depuis toujours, sans trop le savoir ? Il est quand même curieux de constater que ce thème de visiteurs venus du ciel est le *seul* qui parle suffisamment à notre inconscient pour susciter

1. *Éloge de la SOBEPS,* texte à paraître dans Ovni-Présence.

tant (des centaines de milliers) de « témoignages vécus » : on n'a jamais vu une épidémie, même de moindre ampleur, avec les thèmes tout aussi populaires de vampires ou de loups-garous. Le folkloriste T.E. Bullard a montré, exemples à l'appui, comment « les scénarios d'enlèvements circulaient largement dans la culture populaire bien des années avant que n'apparaissent des récits vécus d'enlèvements [1] ».

Et pourquoi circulaient-ils si largement ? D'où vient l'inspiration des auteurs de science-fiction ? Plus qu'une création *ex nihilo*, leurs histoires ne seraient-elles pas une tentative — inconsciente — d'exprimer des expériences mal perçues mais *toujours présentes dans l'histoire de l'humanité* ? Une expérience tellement liée à nous que, dans un cas anglais, le visiteur prend la peine de préciser d'emblée *qu'il ne vient pas pour un enlèvement* et cela à une date — 1957 — où les témoignages de RR4 n'existaient pas et ne pouvaient donc inspirer de fantasme de crainte ou d'espoir.

L'héroïne de l'affaire que nous allons présenter ne s'intéressait pas aux ovnis. Avec le recul du temps, cette phrase prononcée par l'humanoïde — « Je ne veux pas vous enlever » — est plus étonnante que tout le reste de l'histoire.

Le 19 novembre 1957, dans la campagne proche de Birmingham, l'atmosphère est à l'orage. Cynthia Appleton, jeune mère de deux enfants, voit une inhabituelle lumière rose baigner le paysage devant sa fenêtre. Elle a l'impression d'avoir un vertige et un grand être blond vêtu d'une combinaison grise se matérialise dans son salon tandis que la lumière redevient normale à l'extérieur.

L'être lui parle télépathiquement, lui dit de ne pas avoir peur, *il ne veut pas l'enlever*. Venu d'une autre planète, Gharnasvarn, il aimerait, comme les gens de sa race, rester sur Terre et vivre en harmonie avec nous mais cela ne sera pas possible tant que les hommes continueront à

1. « UFO Abduction Report : The Supernatural Kidnap Narrative Returns in Technological Guise », *Journal of American Folklore*, n° 102.

faire des guerres. Sans écran, il matérialise une image en trois dimensions, comme une sorte de projection holographique (en 1957 !) pour lui montrer deux ovnis (semblables aux « vaisseaux des Vénusiens » qu'Adamski prétendait avoir photographiés) en train de voler dans l'espace, et lui explique que sa race est très intéressée par le « Titium » (titane peut-être ? comme le suggéra plus tard M. Appleton). Avant de se dissiper, l'alien promet de revenir.

Le 7 janvier 1958, l'être se manifeste à nouveau. Cette fois, il est accompagné d'un « supérieur », plus petit que lui. Les deux entités félicitent Cynthia d'avoir parlé de la visite précédente et lui annoncent qu'ils sont en relation avec des savants : bientôt les hommes fabriqueront une sorte de canon de lumière dont on parlera beaucoup (peu après, la presse annonça les premières applications du laser). La visite est brève : quelque chose dans l'atmosphère empêche les êtres de se matérialiser plus longtemps. Après leur départ, la pièce sent le *soufre* et Cynthia Appleton subit des démangeaisons et des bourdonnements d'oreilles.

Le 7 février 1958, sonne à la porte d'entrée un inconnu qui dit s'être brûlé la main et voudrait se faire soigner. Il assure être déjà venu dans cette maison. Quand il retire son chapeau, découvrant ses longs cheveux blonds, Cynthia (qui est avec sa fille) le reconnaît : c'est son mystérieux visiteur extraterrestre habillé comme un honnête citoyen britannique. Il lui réclame de l'eau bouillante et y plonge sa main. Après s'être fait une « injection de lumière blanche pour se protéger des bactéries terrestres », il enduit sa blessure d'une gelée qui restaure instantanément sa peau. Enfin, guéri, il peut dispenser à son hôtesse un enseignement sur la nature de la vie, la protection de la planète... et lui promet de revenir le 7 des cinq mois suivants pour la faire bénéficier de cinq autres cours (cette promesse rappelle l'annonce faite par la Vierge à Fatima en 1917 des dates des prochaines apparitions pour le treizième jour des mois suivants). Cet après-midi-là, le visiteur ne se dématérialise pas, il part dans la plus pure tradition des MIB*, en utilisant une limousine noire conduite par un alien au teint olivâtre.

Après son départ, Mrs Appleton trouva un petit fragment de « peau morte » au fond du bol utilisé par le visiteur pour se soigner. Par l'intermédiaire du Dr John Dale — qui s'était intéressé à cette histoire dès le début — l'échantillon présumé de peau d'alien fut confié à un biologiste à l'université de Manchester qui avait accès à un microscope électronique, équipement rare à l'époque.

Sous divers prétextes, les dates annoncées ne furent pas respectées. La leçon suivante eut lieu le 11 (et non le 7) mars 1958. L'alien se matérialisa comme sur un écran de télévision et expliqua qu'une bactérie terrestre l'avait contaminé, l'empêchant de respecter ses rendez-vous. Il promit de revenir trois mois plus tard, en mai. Autre promesse non tenue. Et ce sera seulement le 18 août, en fin d'après-midi, que Mrs Appleton le verra entrer tranquillement par la porte donnant sur sa cour qui était demeurée ouverte. Elle lui demanda pourquoi il avait mis tant de temps à revenir et le visiteur rétorqua :

— Qu'est-ce que le temps ? Le temps n'est rien. Le temps n'existe pas. Le temps est seulement le passage d'un jour à l'autre. Le commencement d'une floraison. La floraison commence par s'épanouir et puis après elle flétrit. C'est la seule raison pour laquelle on parle du temps.

— Mais le Dr Dale tenait beaucoup à vous rencontrer.

— Ça n'a pas d'importance. Je te donnerai un objet contenant un message que tu ne comprendras pas mais que la personne qui s'intéresse à nous pourra immédiatement décoder.

Avant de disparaître, il lui remit un morceau de métal portant quelques signes. Lorsqu'elle voulut le donner au Dr Dale, Cynthia fut incapable de retrouver l'objet, pourtant soigneusement rangé dans une enveloppe, mais elle se rappelait suffisamment les signes pour les dessiner. Et le Dr Dale en reconnut certains comme des lettres que George Adamski prétendait avoir vues inscrites par un de ses Vénusiens. Ce seul détail suffit à discréditer auprès d'un certain nombre d'ufologues cette histoire aujourd'hui regardée avec plus de considération.

Malgré ses efforts, jamais l'ufologue britannique Jenny Randles (qui reprit l'enquête de façon très minutieuse [1]) ne put obtenir les résultats de l'analyse ni récupérer le

1. Jenny Randles, *A Visitor from Gharnasvarn*, in *IUR**, vol 13, n° 4, 1988.

lambeau de peau morte. De tels incidents avec les éléments (photos, échantillons, implants) qui pourraient constituer une ébauche de « preuve physique » sont monnaie courante. De façon presque systématique, les témoins « égarent » les pièces auxquelles ils devraient accorder une grande importance, ou les abîment involontairement, empêchant de ce fait toute analyse, ou bien constatent leur disparition...

Pour l'instant, peu importe si la connaissance des thèmes de science-fiction a influencé les ravis et leur perception d'une incompréhensible expérience, ou si cette expérience anormale a nourri inconsciemment l'imaginaire des auteurs de science-fiction, nous allons aborder la phénoménologie de l'expérience de la RR4, en gardant en tête que ce que le témoin rapporte n'est pas forcément ce qui lui est arrivé.

La capture

Apparition de l'entité

L'alien apparaît d'un seul coup, près de la voiture ou du lit du futur captif qui se sent paralysé (cette paralysie peut être engendrée par la peur ou induite par le phénomène qui provoque la « rencontre »), le regarde dans les yeux et le persuade télépathiquement que tout se passera bien. L'effet apaisant du regard et du message de l'alien est immédiat ; en dépit de sa frayeur, le visité perd tout contrôle de la situation et de lui-même. Il s'abandonne.

Enlèvement d'un sujet se trouvant avec d'autres personnes

Pendant la rencontre, les témoins éventuels sont « déconnectés » ou endormis : en « état d'animation suspendue », ils ne voient plus, n'entendent plus et ne se doutent de rien.

— *En auto* : une fois que le conducteur s'est arrêté sur une route écartée, un rayon de lumière vient frapper le véhicule. Les non-victimes basculent dans l'inconscience, visages figés, tête pendant sur la poitrine. La lumière change, attire la victime qui flotte vers l'engin.

— *Dans la nature ou au cours d'une réunion* : le futur ravi éprouve l'irrésistible envie de s'éloigner tandis que ses compagnons s'absorbent dans la contemplation de quelque chose qui va les fasciner (un insecte, une feuille). Un peu plus loin, dans un endroit isolé, apparaît un alien et la capture peut s'effectuer. Lorsqu'il se retrouvera à son point de départ, dans un état de conscience ordinaire, l'abductee découvrira ses amis comme « pétrifiés » puis il les verra recouvrer une animation normale, sans se douter de leur absence.

— *Dans une chambre*, l'autre témoin a l'air de dormir profondément ; les efforts du futur ravi pour le tirer de cet état demeurent vains.

Transport vers l'ovni

Passant à travers les fenêtres, les murs, le toit ou la carrosserie, le ravi se met à flotter — horizontalement vers un champ ou une clairière où est posé l'ovni, ou verticalement si l'ovni stationne dans les airs —, il peut aussi marcher sur une grande distance avant de rejoindre l'engin (cf. le Pr Salter) ou glisser sur un tapis de lumière. D'autres se sentent aspirés par un rayon de lumière émis par l'engin et se retrouvent à bord sans comprendre comment. Quelques-uns se rappellent avoir été pris de nausées tandis qu'ils flottaient verticalement vers le vaisseau.

Lorsque l'enlèvement s'opère à partir d'une voiture, le sujet change d'itinéraire sans le réaliser et se dirige vers un endroit écarté. Après la vision de l'ovni, il éprouve l'impérieuse nécessité de s'approcher de l'engin. De petits êtres l'escortent ou alors il se sent comme « aspiré » vers l'objet.

Entrée dans l'ovni

Ce moment — comme celui où le ravi quitte l'engin — est mal mémorisé et les détails ne sont pas révélés pendant la régression hypnotique. Même sous hypnose, les témoins ne précisent pas la façon dont ils pénètrent à l'intérieur de l'ovni. Cette « amnésie du seuil » recouvre l'entrée et la sortie de l'ovni.

Le témoin se retrouve dans la salle principale où il subira son examen, ou dans une « salle d'attente ». Il voit d'autres humains attendre leur tour, comme lui, ou en train de se faire examiner.

PROCÉDURES DITES « MÉDICALES »

Sous cette terminologie se regroupent l'examen physique, les tests psychologiques et mentaux et les interventions concernant la génétique et la reproduction.

La terreur du ravi lui vaut de nombreuses communications télépathiques rassurantes, mais jamais il n'obtient de réponse satisfaisante à ses questions. L'effet pacificateur des aliens est parfois de courte durée et le témoin peut à nouveau se sentir paniqué, veut se débattre ou s'enfuir : les entités le calment par suggestion de type hypnotique, en le regardant au fond des yeux ou en le touchant. Betty Hill souffrit violemment lorsque l'aiguille fut enfoncée dans son nombril ; un être lui toucha la tête et la douleur disparut.

Salle d'examen

Une pièce circulaire, au plafond en coupole, d'où sort une brillante lumière dont personne ne peut expliquer l'origine, au décor sobre comme une salle d'opération d'hôpital. Les appareils ne sont pas toujours visibles, ils peuvent « surgir des murs » au fur et à mesure des besoins. Parfois plusieurs tables d'opération — avec des enlevés nus à différents stades de la procédure médicale — sont alignées. Certains abductees décrivent des salles où des aliens, par petits groupes, s'affairent autour « de centaines d'humains » étendus chacun sur leur table. Karen Morgan (une ravie de David Jacobs), tremblant d'épouvante, explique sous hypnose : « Cette fois-ci, ils ne sont pas venus nous chercher un par un. Ils nous ont pris ensemble. C'est comme pour Auschwitz, exactement comme pour Auschwitz[1]. » Les gens enlevés ensemble sont alors séparés.

Examen physique. Prélèvements

L'examen est bref, il durerait à peu près dix minutes selon Jacobs. Le ravi est palpé, tâté, tapoté, scanné des pieds à la tête. On vérifie ses réflexes, presse ses muscles, fait jouer ses articulations, lui tord les membres, lui fait des incisions dans le genou ou le bras (la plaie cicatrise instantanément, sans écoulement de sang). L'examen minutieux des organes sexuels, de la tête qu'on fait rouler d'un côté et de l'autre, des oreilles, des yeux, de la bouche, des dents, du cou, de la thyroïde, etc., s'accompagne de multiples prélèvements (fragments de muqueuses, de peau, de substances organiques, de sang, de salive, de lait — quand l'alien presse le sein d'une ravie non enceinte, il en sort du lait !). Le seul organe délaissé est celui auquel les humains attachent la plus grande importance : le cœur.

Puis la victime, qui se sent comme une chiffe molle et a l'impression de ne plus avoir de muscles, est assise pour un examen du dos, vertèbre par vertèbre, et un examen rectal (assorti de prélèvements de muqueuses et de matières fécales).

1. *Secret Life, op. cit.*

Manipulation mentale : projections et visualisations

D'autres épreuves consistent à faire visualiser au ravi des situations, des personnages, afin de tester ses réactions affectives ou intellectuelles, sa façon de penser, sa mémoire, son intelligence, ses associations. Des scènes plaisantes et bucoliques, des paysages somptueux, alternent avec des séquences sans intérêt mais où l'attention est stimulée par de petits objets inconnus émettant de la lumière ou dotés de motricité. Viennent des images de désastres (tremblements de terre, inondations, guerres intergalactiques ou terrestres) qui présentent tous les caractères de la réalité et sont soit implantées directement dans le cerveau, soit projetées sur des écrans interactifs permettant à l'abductee d'intervenir. Devant certaines scènes pénibles (agonie d'un être cher ou spectacle de la famille du ravi errant affamée sur une planète ravagée), le captif a beau protester, il est contraint de les subir et encouragé à ressentir profondément ses émotions (par la suite, des visions le hanteront sous forme de cauchemars).

Épreuves interactives

A l'intérieur de l'ovni, se concrétisent diverses scènes auxquelles le ravi doit prendre part et dans lesquelles sont impliquées des personnes qu'il connaît — membre de sa famille, patron, ami ou relation amoureuse — et qui au dernier moment se révéleront être des aliens. Il est soumis à des cas de conscience qui le stressent (tuer quelqu'un pour sauver un enfant) comme si les ravisseurs cherchaient à tester sa personnalité ou éprouvaient le besoin de se nourrir de ses émotions.

Les scènes de cataclysme présentent un caractère hallucinant de réalisme : le ravi a l'impression d'y assister en direct, comme s'il était sorti du temps. Des commentaires lui parviennent télépathiquement et l'informent qu'il s'agit là du futur de sa planète. Par la suite, il considérera ces visions comme prophétiques et les rapportera comme telles.

Peut-être les expérimentations médicales et les souffrances endurées ne sont-elles que des expériences de manipulations mentales. Subsiste alors l'énigme des séquelles physiques (meurtrissures, cicatrices, traces d'injection).

Procédure des implants

Une fois que le sujet a été sondé physiologiquement et psychologiquement, il est apte à subir cette procédure. Au moyen d'une longue aiguille, les aliens introduisent (ou enlèvent) un petit objet d'apparence métallique dans la tête du sujet tout près du cerveau (*via* le canal lacrymal, les sinus ou les oreilles), parfois dans les épaules, les genoux ou les chevilles. Dans de rares cas, des implants sont insérés près des ovaires ou dans le pénis (cas de Richard Price dont l'implant a été analysé par le physicien David Pritchard du MIT). La finalité de cet objet alimente toutes sortes de spéculations : l'implant pourrait servir à localiser l'individu qui doit être à nouveau enlevé, à modifier son comportement, ou agirait comme un régulateur hormonal.

Souvent la pose ou le retrait d'un implant occasionnerait des saignements de nez. Des patients consultent alors un ORL qui découvre un trou bizarre à l'intérieur du nez.

L'histoire de Kerry est si compliquée qu'il fallut à Budd Hopkins pas moins de quarante-cinq séances d'hypnose pour la démêler. Faisant du scooter des neiges lorsqu'elle avait quatorze ans, Kerry perdit le contrôle de son véhicule et fut retrouvée par un voisin évanouie à quelques mètres de son engin. Certains de ses vêtements (manteau, moufles, écharpe) étaient déposés sur le scooter autour duquel on n'a pu trouver nulle trace de pas sur la neige fraîche ; ils étaient soigneusement pliés, ce qui exclut l'hypothèse qu'ils aient pu être lancés à distance. On ramassa l'adolescente inanimée ; il n'y avait de sang ni sur son visage ni sur la neige et cependant on devait découvrir près de son oreille un « trou » profondément creusé dans la chair et au fond duquel jaillissait une petite protubérance. Son beau-père, chirurgien connu, la fit radiographier et découvrit dans la tête de Kerry une masse énigmatique, visible, insérée dans un enchevêtrement de nerfs ; pour cette raison, il estima impossible de retirer cette masse nouvellement apparue.

Jean-Luc Rivéra est catégorique : « Je connais bien Kerry, et je puis témoigner qu'avant son accident elle n'avait pas ce "trou", trop important pour passer inaperçu. »

Certains expulsent l'implant en se mouchant. Leur réaction est toujours la même : se débarrasser séance tenante de ce petit objet, « comme s'ils avaient été programmés pour le jeter », m'a expliqué Budd Hopkins.

*Inspection mentale ou mindscan**

Ce « balayage » ne requiert pas d'appareil de type radiologique comme son nom pourrait le laisser penser ; il est effectué par une entité qui semble être « chef » : son apparence plus humaine et sa stature plus élevée ravalant, par comparaison, les autres aliens au niveau de robots biologiques ou de clones. Au cours de cet examen — souvent vécu comme un viol psychique —, l'alien approche son visage près de celui du ravi, le regarde intensément dans les yeux et parfois lui touche le front. Par ce moyen, il parvient à le contrôler et à changer ses dispositions psychologiques ; il le calme, le rassure, lui inspire de la sympathie pour ses ravisseurs et le but qu'ils poursuivent. L'entité parvient à capter les informations directement dans le cerveau de son patient, à les modifier, à lui en imposer d'autres. La peur cède alors la place à une confiance totale et à un sentiment d'amour universel.

D'après Budd Hopkins, les ravisseurs profitent souvent de ce moment pour faire croire aux jeunes enfants qu'ils sont leurs véritables parents ; les enfants les croient et considèrent leur mère comme une usurpatrice. Il m'a cité plusieurs cas en commentant : « Selon cette idée implantée dans leur psychisme, celui qui est censé aimer véritablement l'enfant fait partie de ses ravisseurs, et souvent est celui qui dirige toutes les expériences ! »

Interventions sur les organes de reproduction

Rien de ce qui se rapporte aux fonctions sexuelles n'est épargné : récolte d'ovules, implantation ou extraction d'un embryon chez les femmes, prélèvement de sperme chez les hommes. La prise des ovules s'effectue en appuyant fortement sur l'abdomen de la femme et en introduisant divers types d'instruments dans son vagin jusqu'à l'ovaire ou en insérant une longue aiguille reliée à une sorte de seringue dans le nombril. Cette procédure est décrite comme très douloureuse, mais la souffrance cesse dès que l'alien pose sa main sur le front de la ravie. Après sa rencontre, Barney Hill — *premier* ravi à rapporter un prélèvement de sperme — constata sur le bas de son ventre l'apparition de marques semblables à des verrues disposées en cercle et pouvant correspondre à l'apposition autour de son sexe d'un appareil circulaire. Les enlevés masculins, même avant la puberté, constatent des marques et des meurtrissures autour de leur région génitale.

Quelques abductees (hommes ou femmes) se révoltent et injurient les ravisseurs, mais rien n'arrête la marche de l'opération décidée par les aliens. Les petits êtres s'acquittent de leurs tâches avec une efficacité et une précision qui les font comparer à des robots programmés.

D'après les témoignages, les ET semblent pouvoir contrôler totalement le système nerveux central humain, sans affecter les organes vitaux ni la respiration. Mais ils créent également des hallucinations, aussi convient-il d'accepter avec circonspection le scénario rapporté et d'après lequel les ravisseurs sont intéressés par ce qui touche :

— à la *reproduction*,

— à l'*aspect émotionnel de la sexualité* (leur voyeurisme ne se limite pas aux activités sexuelles forcées de ravis, mais à l'expression des liens affectifs qu'ils s'évertuent à faire naître entre leurs captifs),

— à la *douleur* (qu'ils infligent froidement pour étudier les réactions),

— et à l'*émotivité* (images projetées de destruction de la planète, de scènes concernant la vie intime de l'enlevé, obligation de tenir et de materner des bébés fragiles ou maladifs).

Présentation d'enfants

Si, au cours des premiers enlèvements, les aliens faisaient visiter leurs salles des machines et leur poste de pilotage (comme si la grande affaire était le « voyage » jusqu'à nous), aujourd'hui, nous l'avons signalé, la fierté des visiteurs porte sur leurs expériences génétiques dont ils ne se lassent pas de montrer les résultats ; ils paraissent désirer que les ravis se sentent fiers d'avoir participé à ces succès. Ils leur font visiter les salles — très bien éclairées — consacrées aux différents stades de développement des hybrides. Le parcours presque obligé du ravi comporte une halte dans la salle d'incubation ; un appareil y est connecté à de grands bocaux de verre emplis d'une solution liquide où flottent des fœtus (Anita Davis a vu un alien placer l'embryon qu'on venait juste de lui extraire dans cet *incubatorium*). L'abductee doit contempler ces horreurs dignes des musées de sciences naturelles, mais ici les fœtus vivent et la machine en règle le développement.

Autre étape : la nursery. Sous la garde d'aliens femelles [1], les bébés sont entreposés plus que couchés dans des sortes de tiroirs transparents superposés (il s'agit parfois de centaines de bébés dans des centaines de boîtes). Les ravies doivent demeurer auprès de ces petits êtres imparfaits selon nos critères, pâles, maigrichons, fragiles et presque chauves, dépourvus des réflexes de bébés humains (ni gestes, ni mouvements, ni cris, ni pleurs, ni rires), mais dont les yeux ont déjà une qualité hypnotique de fascination à laquelle la ravie n'échappe pas ; souvent elle rapportera que ce bébé était « un sage qui possède la connaissance ».

Les captives doivent se comporter comme des mères et des nourrices : on leur explique que ces bébés ont besoin d'une « maman », et certains sont présentés aux abductees comme étant leur enfant (fabriqués à partir de leurs ovules), aussi la « mère » doit-elle prendre « son » bébé dans les bras et lui donner le sein (ou s'occuper d'un orphelin provisoire). Même si la ravie n'a pas de lait, les aliens la contraignent à allaiter et la femme y parvient. A une ravie qui refusait, hoquetante de larmes, de tenir contre elle pareille monstruosité, la nurse-alien (bonne bougresse) offrit un autre « produit », un peu plus réussi. Passé le premier choc, la « mère » est généralement heureuse de jouer ce rôle : elle se dit qu'elle fait du bien au bébé et se sent déchirée qu'on le lui reprenne. Après la « présentation », les femmes, devenues très maternelles, ont envie de continuer à assumer cette fonction et, de retour sur Terre, quelques-unes, persuadées qu'on leur a retiré leur enfant, sombrent dans une mélancolie, à la limite de la dépression.

Les enfants hybrides plus grands (ils sont « présentés » jusqu'à l'âge de dix ans ; après, ils partent vivre « ailleurs ») attendent, immobiles, vêtus d'une sorte de

1. La différence entre aliens mâle et femelle s'effectue au « senti » de l'abductee puisque les entités décrites ne présentent aucun caractère sexuel évident : traits et stature identiques, absence de seins et d'organes sexuels.

chemise de nuit. Ils ont des têtes très grosses par rapport à leurs corps fragiles et décharnés, de grands yeux, un petit nez, une bouche minuscule au-dessus d'un menton pointu, et souvent n'ont pas d'oreilles. Les aliens leur offrent des compagnons de jeux humains, de jeunes abductees de leur âge.

Cette expérience bouleverse autant les hommes : « Je me sentais responsable de cet enfant, j'aurais voulu pouvoir continuer à le protéger... toujours. Il me manque et j'y pense sans cesse », m'a confié Ralph, abductee de Caroline du Nord, trente-six ans.

Caractère des aliens

Cruauté, indifférence. Ne manifestent aucun scrupule à violer psychiquement et physiquement, à infliger des tortures physiques (ils n'ont pas encore découvert l'anesthésie) et mentales. Disposent d'une panoplie de tests pour mesurer la résistance à la souffrance : quelquefois les patients s'évanouissent et, par la suite, un alien commente sobrement : « Cela devait être fait[1]. » Ne s'intéressent qu'à la physiologie du ravi et aux problèmes qui pourraient affecter sa fécondité.

Grande bonté (thèse soutenue par les adeptes des « bons » aliens). Les supplices qu'ils infligent sont destinés à nous faire prendre conscience de notre véritable position dans l'univers. Ils nous aiment, nous guident, veulent nous aider à restaurer une qualité de vie sur Terre, à nous rendre le sens des valeurs d'amour et de spiritualité.

Égalité d'humeur. Jamais en colère. Même si le ravi se rebelle.

Mensonge. Toujours ils assurent : « Vous n'allez pas souffrir, tout se passera bien... » avant d'infliger de véritables tortures. Feignent, par leurs questions naïves, de tout ignorer de l'homme (étonnement devant les

1. David Jacobs, *Secret Life, op. cit.*

notions d'âge ou de vieillissement, interrogations répétées sur notre reproduction sexuée, émerveillement devant un ongle laqué de rouge). Répondent n'importe quoi sans se soucier de paraître cohérents ou crédibles. Quand W. Strieber demande : « Pourquoi moi ? » il s'attire un gratifiant : « Parce que votre lumière était allumée. » Avec d'autres ravis, la réponse n'est guère plus flatteuse : « Parce que vous vous trouviez là. » Propos qui, comme d'habitude, ne correspondent à rien : si véritablement ces ravis sont enlevés à de multiples reprises, ils ne sont pas raptés par hasard, ils sont *suivis*.

Rouerie. Font soudain montre de courtoisie à la fin de l'enlèvement : « Ils essayent de créer une impression d'amitié pour que les enlèvements suivants se passent plus facilement pour eux », déduit Budd Hopkins.

Précision et efficacité. Jamais d'hésitation ou de temps mort dans leur façon de procéder à la complexe procédure de l'expérimentation médico-sexo-génétique. Grande dextérité à manier leurs divers instruments à toute vitesse.

Obstination et méthode (en fonction d'une logique qui leur est propre). La patience avec laquelle ils perpètrent incessamment les mêmes examens ne mérite qu'un qualificatif : infinie. Un ravi demanda à un alien combien de temps il leur fallait pour étudier quelqu'un. Réponse (au rare accent de vérité) : « Cela peut prendre des années ! » Même si le sujet a déjà été enlevé à de nombreuses reprises, ils recommencent toute la procédure, faisant attention aux modifications qu'ils remarquent sur leur victime : couleur des cheveux (prise des cheveux décolorés ou permanentés), fausses dents (prélèvements effectués sur la gencive), cicatrices, taches de pigmentation...

Connaissance illimitée. Les lois de l'univers et celles de son évolution future leur sont familières. C'est pourquoi ils veulent nous empêcher de faire des « bêtises » et de poursuivre cette folle escalade de technologie polluante et agressive qui constitue une menace pour le cosmos, disent-ils.

Orgueil. Incapables de dissimuler leur fierté devant le résultat de leurs expériences génétiques, ils n'ont pas l'air de comprendre que les ravis soient horrifiés devant ces hybrides maladifs et difformes, et les persuadent mentalement que ce sont de beaux enfants qu'ils ont envie de tenir.

Fin de l'expérience

Souvent les abductees quittent l'ovni presque à regret parce qu'ils ressentent de l'affection pour leurs ravisseurs. Après les avoir traités comme du matériel de laboratoire, les aliens se montrent plus courtois, comme pour leur laisser une meilleure impression et faciliter les rencontres ultérieures. Mais visiblement, ils ont hâte de passer « au suivant ». Quand les épreuves sont terminées, le ravi est emmené au « vestiaire » où se trouvent ses vêtements. On l'aide à s'habiller (souvent de travers : vêtements mis à l'envers ou qui appartiennent à quelqu'un d'autre) et on le presse de partir.

Retour

La façon dont l'abductee revient, généralement en passant à travers le toit ou la fenêtre n'est jamais bien précisée. Dans quelques cas, les aliens l'aident à se mettre au lit. A son réveil, il trouve du sang sur ses draps ou sur ses taies d'oreiller. Les femmes découvrent sur leurs jambes une substance poisseuse qui coule de leur sexe et sèche rapidement, d'autres ont le cuir chevelu imprégné de gélatine (certains ravis disent qu'on leur enduit des parties du corps d'une sorte de gelée colorée — semblable au gel aseptique utilisé dans nos hôpitaux sur le champ opératoire — avant de leur appliquer des électrodes ou de les « opérer » : ce détail est un des derniers apparus pour la description de la procédure médicale). La plupart se réveillent très fatigués.

Missing time

Nous avons déjà parlé de cette caractéristique de l'expérience. Une fois levée cette barrière amnésique (par le biais de souvenirs retrouvés soit consciemment, soit sous forme de rêves, soit sous hypnose), la récupération de tous les détails n'est pas assurée pour autant.

Blocage des souvenirs

Retrouvant leurs souvenirs, les ravis refusent d'en évoquer certains. Ce n'est pas la peur du ridicule ou d'être jugés comme délirants qui motive leur refus car cette fréquente réaction de blocage se manifeste au cours des interrogatoires menés par des thérapeutes ou des enquêteurs qui connaissent le dossier des enlèvements. Les abductees affirment qu'on leur a intimé l'ordre de ne rien révéler de leur expérience et qu'on les a assurés que, de toute façon, ils n'en garderaient aucun souvenir.

> A l'aube du 28 novembre 1980, l'agent de police Alan Godfrey ayant terminé sa tournée de nuit s'apprête à rentrer à Todmorden (Yorkshire) quand il aperçoit devant lui sur la route un engin de 4 mètres de haut en forme de coupole qui plane au-dessus du sol.
>
> Godfrey veut alerter son poste, mais ni la radio de son auto ni son talkie-walkie ne fonctionnent. Il commence à esquisser un croquis de l'engin, mais la machine se volatilise. Arrivé au commissariat, il ne sait s'il doit consigner officiellement son observation mais, apprenant que des collègues de Halifax ont récemment vu de semblables objets volants, il rédige son rapport. Son témoignage circule et fait l'objet de plusieurs articles dans la presse locale ; trois enquêteurs ufologues de Manchester (dont un officier de police) le convainquent de tenter une régression sous hypnose. Il se prête à l'expérience avec un psy-

chiatre auquel la police fait appel pour aider les témoins à se remémorer des détails de crimes.

Sous hypnose, le policier se rappela être descendu de son auto pour faire un croquis de l'engin. L'objet émit alors dans sa direction un éblouissant rayon lumineux et Godfrey regagna en toute hâte son véhicule qui refusa de démarrer ; il eut l'impression de plonger dans un univers de ténèbres, comme s'il perdait conscience. En revivant ces événements — la séance a été filmée — Godfrey commença à s'agiter et à montrer d'évidents signes de peur : quelque chose le « tenait », criait-il. Sans transition, il se retrouva à l'intérieur d'une salle voûtée, à côté d'un grand humanoïde barbu, vêtu de noir et blanc ; de hideux petits bipèdes à tête ronde et de la taille d'un enfant de six ans s'approchèrent de lui et commencèrent à le palper, à lui tapoter le corps, à faire jouer ses articulations. Le barbu (qui s'était présenté sous le nom de Joseph) le rassura : ces petits êtres n'étaient que des robots et ne lui feraient aucun mal. Puis Joseph l'entraîna vers une table couverte de cuir noir sur laquelle il voulut l'étendre. Godfrey commença par se débattre. Pas longtemps. Quelque chose en lui *l'obligeait à se soumettre* : il abandonna toute résistance sans se poser de question. Une vive lumière fut projetée sur sa tête tandis qu'une complexe machinerie était disposée autour de lui. Quand le psychiatre lui demanda de se concentrer sur cet appareil pour le décrire, Godfrey se cabra : il ne pouvait pas, *il n'avait pas le droit d'en parler* et déclara : « Chaque fois que je pense à cet appareil, j'ai très mal[1]. »

Les abductees se comportent d'abord comme s'ils avaient reçu une suggestion posthypnotique leur enjoignant de ne pas donner certaines informations. Guidés par leur hypnotiseur, ils parviendront (souvent après plusieurs séances) à retrouver leurs « souvenirs » et à accepter d'en parler. Cette soudaine libération ne fait qu'accentuer l'étrangeté de leur aventure. Si, comme le croient certains, les ravisseurs possèdent une technologie et une science de la manipulation mentale défiant

1. Jenny Randles, « A Policeman's Lot' », *FSR*, vol. 23, n° 2, août 1980.

toute description, s'ils utilisent des techniques de suggestion, comment pourraient-ils ignorer que l'hypnose permet de lever les blocages de la mémoire ? Peu logique. Alors, *les souvenirs retrouvés sous hypnose ne correspondraient-ils pas à un* SCÉNARIO IMPLANTÉ *dans l'esprit du ravi pour mieux contrôler à la fois ses croyances et les informations qu'il donnera ?* Subtile manœuvre : de telles informations seront alors prises au sérieux car elles semblent avoir été « arrachées » à la volonté des aliens...

Souvenir-écran

Le blocage de la mémoire peut s'effectuer de manière plus subtile que l'amnésie par le biais du souvenir-écran : un souvenir de substitution créé pour surmonter un traumatisme. Le souvenir conscient d'une présence « impossible » (loup, chouette gigantesque, daim, ange...) dans la nature ou dans sa chambre, persuade le ravi qu'il se remémore un rêve. L'utilisation de l'hypnose lève le masque : la présence insolite se révèle être un alien, et le rêve, une abduction. Habituellement, la transformation s'opère sous la forme d'un animal (chouette pour W. Strieber, élan pour Carl Higdon, cerf pour Virginia Horton, colibri pour Mary[1]) et, de la même manière, l'ovni se déguise : un bus[2], ou une ambulance (avec Linda Cortile).

En psychologie, on considère que les souvenirs-écran servent à cacher les abus sexuels ou les violences physiques : les enfants qui ont subi de tels traumatismes rejettent ces événements hors de leur mémoire consciente. Par la suite, les souvenirs pénibles réapparaissent *déguisés* : ils ne sont plus douloureux. Les souvenirs-écran dissimulent fréquemment le début d'un enlèvement (dans son étude portant sur 300 cas d'abduction, Bullard en recense 270).

---

1. Budd Hopkins, *Missing Time, op. cit.*
2. Cas cité par Jacques Vallée dans *Dimensions*.

Alors que certains chercheurs présentent le souvenir-écran comme une image *inventée par le ravi* pour adoucir l'impact de la dérangeante réalité de l'ovni sur sa propre psyché (il est engendré par le cerveau pour cacher l'horrible apparence des visiteurs, affirme W. Strieber), Budd Hopkins, comme David Jacobs, soutient qu'il est *imposé*. Il va même plus loin, c'est une technique d'une rare efficacité pour nous leurrer. S'appuyant sur un cas de Washington il démontre que le *même* souvenir-écran a été imposé à une ravie et à son amie, *non enlevée* mais présente lors des faits allégués, pour justifier de façon cohérente leur retour tardif.

En janvier 1988, deux jeunes étudiantes de Washington rentrent chez elles vers 2 heures du matin. L'angoisse les étreint : elles ne reconnaissent plus la route qu'elles empruntent régulièrement et se sentent perdues dans une ville morte. Au milieu de la chaussée, six voitures sont enchevêtrées dans un carambolage mais la scène est irréelle ; il n'y a personne autour de l'accident : ni passagers, ni conducteurs, ni blessés, ni ambulance. Elles rentrent très tard chez elles, impressionnées par ce surréaliste incident que l'une rapporte à sa mère. L'hypnose (effectuée par Budd Hopkins) révèle que l'accident était le souvenir-écran dissimulant un ovni. Seule une des deux jeunes filles a été enlevée (les aliens lui ont dit qu'elle ne se souviendrait *que* des voitures) ; l'autre a été « déconnectée » selon la technique bien connue définie par Hopkins et certains enquêteurs.

Selon Hopkins, « les mêmes souvenirs-écran plausibles ou ridicules peuvent être imposés avec une égale facilité au témoin non enlevé pour la même rencontre. Les témoins gênants ne posent pas de problème, c'est ainsi que les enlèvements dans les zones urbaines demeurent cachés [1] ».

La question que nous posions plus haut à propos des souvenirs retrouvés sous hypnose peut se poser avec les

1. Budd Hopkins, *The Ongoing Problem of Deception in Ufo Abduction Cases*, The Intruders Foundation.

souvenirs découverts une fois que l'« écran » est levé. De quel droit décréter que tels détails (les daims, hibous et autres animaux) sont des souvenirs-écran, tandis que les autres sont des souvenirs qu'il faut prendre au pied de la lettre, ou plutôt de l'image ? Pourquoi admettre que le cerf puisse être un souvenir-écran cachant un alien, sans songer que l'alien enfin débusqué pourrait également être un autre souvenir-écran, dissimulant autre chose auquel nous ne pouvons pas avoir accès ? Le déroulement de l'enlèvement tel qu'il est rapporté par des milliers de ravis — et souvent arraché, bribes par bribes, grâce à l'hypnose — pourrait n'être qu'un scénario-écran implanté dans leur mental soit parce qu'ils sont incapables de comprendre la véritable nature de l'expérience qu'ils ont vécue, soit parce que l'Intelligence qui les manipule nc désire pas qu'ils s'cn souviennent et leur fabrique « sur mesure » un scénario *destiné à être découvert* sous hypnose de façon que nous croyions avoir percé le secret.

Erreurs

Efficaces et discrets : tels seraient les aliens qui, sans se soucier de leurs victimes, poursuivent leur but secret. Infaillibles ? Que non pas ! Ces experts de la traversée des apparences (et des corps solides), champions hors catégorie de lévitation, maîtres de l'horreur absolue, généticiens sans frontières, éveilleurs de la conscience planétaire, se trompent ou plutôt *nous montrent qu'ils se trompent* : personnes enlevées par erreur (le père de Betty Andreasson rejeté comme « trop vieux »), rendues dans des voitures qui ne leur appartiennent pas, ou dans des lieux où elles ne se trouvaient pas, avec des vêtements dont la provenance demeure énigmatique (ils n'appartiennent ni au témoin ni à sa famille)... Linda Cortile se réveille avec les manches de sa veste de pyjama enfilées autour des mollets en guise de pantalon, ou avec un vêtement qu'elle ne portait pas pour s'endormir. Elle m'a assuré n'être pas somnambule et n'avoir jamais eu ce genre de problèmes dans les temps heureux où les aliens voulaient bien la laisser en paix.

Que de distractions chez les kidnappeurs du cosmos !

— Une riche Américaine, d'un certain âge, se retrouve périodiquement toute nue dans son jardin. C'est dans ce simple appareil qu'elle doit se faire ouvrir la porte — close de l'intérieur — de sa maison. Elle ne récupère jamais ses coûteuses chemises de nuit de soie et n'a pas la chance d'être « ramenée » avec un autre vêtement (cas de John Carpenter).

— Sous hypnose, Patti Layne (professeur d'université) retrouva la clé de certaines de ses mésaventures au pensionnat : il lui arrivait de se réveiller ailleurs que dans son lit, alors que les promenades nocturnes étaient interdites dans cet établissement et que l'adolescente ne souffrait pas de somnambulisme. Sans s'en douter, Patti avait été enlevée à maintes reprises. Une nuit où elle revenait en flottant à travers la fenêtre fermée, elle s'était retrouvée dans la chambre d'une de ses camarades de classe qu'elle réveilla. L'adolescente avait dû inventer une histoire pour rendre plausible son irruption dans cette chambre au milieu de la nuit. Une autre fois, elle s'était retrouvée dans la salle de bains, ses affaires de toilette éparpillées sur le sol. A l'époque, elle n'avait pu comprendre ce qui s'était passé (cas de David Jacobs).

— Un automobiliste avait quitté l'autoroute qui conduisait à Dallas pour faire un somme au bord d'une petite route. Il s'installa sur la banquette *arrière* pour dormir tandis que son passager se reposait à l'avant. Pendant son sommeil, il fut enlevé et se retrouva en train de conduire — donc sur le siège *avant* — sur une autoroute et *dans le mauvais sens*. (L'autre passager n'avait pas bougé.) Un retour au réel brutal et pouvant difficilement demeurer inaperçu (cas de David Jacobs) !

— Emily Cronin, son jeune fils et une amie faisaient une halte sur une route des environs de Los Angeles. Une éblouissante lumière jaune entoura leur véhicule tandis qu'un son strident paralysait Emily. Elle sentit sa voiture secouée. Sous hypnose, elle se souvint : un grand être bizarre regardait à l'intérieur de son auto en la secouant violemment. Deux autres êtres surveillaient le premier et lui dirent télépathiquement (mais Emily parvint à comprendre) qu'il se trompait de personne et qu'il n'aurait pas dû se trouver là. Emily mobilisa son énergie et parvint à bouger un doigt. Lumière, son, entités : tout s'évanouit et la situation redevint normale [1].

A se demander si ces « fausses manœuvres » ne seraient pas plus *délibérées* qu'involontaires, et les ravis, victimes d'une comédie montée pour les intriguer...

Le plus bel exemple de ces « erreurs » est le cas Higdon : quand les aliens s'aperçoivent qu'ils n'ont pas sélectionné un bon ravi (c'est-à-dire conforme à leurs besoins), une trappe s'ouvre dans l'ovni et l'homme est jeté à terre, sur une pente rocailleuse où il se blesse.

L'affaire remonte au 25 octobre 1974, Higdon (quarante et un ans) part chasser l'élan dans une forêt du Wyoming. Il gare sa voiture dans une clairière et bientôt aperçoit cinq élans, dont un très beau mâle. Il le vise et tire. Pas de détonation. Un silence absolu s'est abattu sur la forêt. Les oiseaux se taisent. Plus un vol d'insecte, plus un craquement. Higdon voit la balle sortir du canon *au ralenti* et tomber, une quinzaine de mètres plus loin. Il la ramasse. Le plomb a disparu. Ne reste que l'enveloppe de cuivre, fondue, déformée. Il met l'incroyable objet dans sa poche et fait quelques pas ; un monstrueux humanoïde vêtu d'une combinaison moulante foncée lui fait face. Fort trapu, l'être mesure à peu près 1,80 mètre. Sa tête jaunâtre est des plus insolites : surmontée de deux cornes (ou antennes ?) d'une vingtaine de centimètres qui partent du front, elle vient se ficher dans les épaules. Ses bras, dépourvus de mains, s'arrêtent au poignet ; l'un des deux se termine par une sorte de tube.

Les propos de la créature (qui s'exprime en anglais)

1. Ann Druffel & Scott D. Rogo, *The Tujunga Canyons Contacts*, Penguin Books, 1988.

sont d'une banalité peu compatible avec son aspect surprenant :

— Comment allez-vous ?

— Pas mal, répond Higdon.

— Avez-vous faim ?

Comme un prestidigitateur, l'humanoïde fait jaillir une petite boîte qui plane en direction du chasseur. Higdon l'attrape et y découvre des pilules rondes. Il en avale une et empoche la boîte.

— Voulez-vous venir avec nous ? demande l'être qui lui désigne, à quelques mètres de là un gros objet cubique un peu plus haut que lui.

Une proposition qui n'admet pas de choix : Higdon se sent paralysé et se retrouve à l'intérieur de l'engin (de l'intérieur beaucoup plus vaste que vu de l'extérieur). Un autre humanoïde lui place sur la tête un casque hérissé d'électrodes et de fils, et le « cube » décolle.

— Notre planète se trouve à 163 000 miles-lumière de la Terre, lui explique-t-on. (Higdon soutiendra à la police qu'il se souvient très bien de cette expression de « *miles-lumière* » qui lui avait paru insensée.)

L'ovni se pose sur la planète des humanoïdes, une planète du futur illuminée de carrousels lumineux, de vertigineux gratte-ciel, et Higdon est conduit à l'intérieur d'une tour gigantesque où il subit un examen médical rapidement expédié : il apprend qu'il ne « correspond pas à ce qu'on *attend* de lui ». Le revoilà à nouveau dans le cube en direction de la Terre. L'engin ralentit, survole la forêt d'où le chasseur a été enlevé. Au moment où celui-ci aperçoit sa voiture, l'humanoïde agite son tube en direction du véhicule qui disparaît par enchantement. Higdon n'a pas le temps de s'étonner, c'est la secousse : il se retrouve à terre où il a été jeté sans ménagement. Il ne parvient pas à se repérer. Un peu plus loin, au milieu d'un marécage, une camionnette. Il s'y réfugie, perdu, nauséeux, trop confus pour raisonner, les yeux brûlants et larmoyants. Un grésillement, puis une voix. C'est la CB. Sauvé ! Higdon supplie qu'on vienne le rechercher, mais il n'est pas capable de donner sa position, il ne sait où il est. On le retrouvera vers minuit, à l'intérieur de... son *propre véhicule* — il ne l'avait pas reconnu — enlisé au milieu d'un bourbier si marécageux que les policiers devront venir le rechercher à pied en se demandant par quel impossible prodige la voiture avait pu parvenir jusqu'à un tel endroit.

Higdon demeura trois jours au Memorial Hospital de Rawlins. Au moment de son admission, ses propos confus (il ne se souvenait ni de son nom ni de l'existence de sa famille et parlait d'un voyage vers une autre planète) l'avaient fait prendre pour un délirant. Les tests et divers examens établirent qu'il était sain d'esprit, ne souffrait pas de commotion ni de lésion cérébrales et n'avait pas pris de drogue. Par la suite, les témoignages sur sa moralité et son sérieux affluèrent.

Les sauveteurs de Higdon n'en revenaient pas que la voiture ait pu se frayer un chemin à travers un lac de boue impraticable, l'affaire s'ébruita et fut reprise par la presse *à cause du témoignage de la police*. Alerté, le Dr Leo Sprinkle parvint à convaincre le témoin d'accepter de se faire régresser. L'hypnose confirma ses souvenirs et ajouta d'autres détails, tout aussi fantastiques mais trop longs à rapporter ici.

Nul ne peut savoir si les souvenirs — conscients ou récupérés — correspondent à des *faits réels* ou à un *scénario implanté* dans l'esprit de Higdon dont la bonne foi ne saurait être mise en doute. Nous préférons souligner trois faits *concrets* :

1. L'aspect de la balle que Higdon eut la bonne idée de récupérer fut jugé incompréhensible par l'expert de la police qui écrivit : « On dirait qu'elle avait été retournée de l'intérieur vers l'extérieur par une main surhumaine ! » Un métallurgiste, conseiller scientifique de l'APRO, ne fut pas plus capable d'éclaircir l'énigme.
2. A la suite d'un problème tuberculeux, Higdon avait un poumon très abîmé (réduit et crevassé) dont l'état ne pouvait s'améliorer ni naturellement ni grâce à la chirurgie. Après son expérience, aucune séquelle de son ancienne maladie ne subsistait.
3. Les calculs rénaux dont souffrait Higdon disparurent de la même manière.

Quelques années plus tard (en septembre 1978), Higdon se prêta à des expertises psychologiques effectuées par deux spécialistes de l'hypnose : le Dr Greenberg (conseiller scientifique de la police de Los Angeles) et le Dr Sidney Walter (entre autres titres, conseiller auprès du ministère de la Santé et expert au ministère de l'Enseignement et des Affaires sociales). Tous deux le jugèrent sincère ; ses réactions pendant l'hypnose lorsqu'il décrivit la lumière violente à laquelle il avait été exposé démontrèrent qu'il avait été « réellement confronté à cette extraordinaire lumière ». Un test fait à l'aide d'une version plus sophistiquée de détecteur de mensonge (le PSE : *Psychological Stress Evaluator*) amena l'expert à conclure : « Je suis forcé d'admettre que quelque chose d'absolument fantastique est advenu dans la vie de cet homme : l'appareil le prouve de façon catégorique. »

Cette histoire suscite (au moins) deux interrogations — que nous pouvons nous poser dans d'autres cas :

— La voiture de Higdon a été retrouvée au milieu d'un bourbier où il était impossible de rouler. Cette anomalie a intrigué la police et déclenché des publications dans la presse. Comme si « on » avait délibérément cherché à attirer l'attention sur cet incident. A quoi correspond cette volonté d'ostentation dans un domaine où toutes les précautions sont prises pour brouiller les pistes et ne laisser aucune preuve ?

— L'examen médical « des aliens » s'est interrompu très vite sous prétexte que Higdon ne faisait pas l'affaire. Or, l'homme avait subi une vasectomie après la naissance de son quatrième enfant. A-t-il été rejeté parce qu'il n'avait pas d'intérêt dans le cadre des expériences d'hybridation, ou ce rejet est-il une mise en scène visant à nous conforter dans l'idée à la mode que de telles expériences sont le but des enlèvements ? (Selon D. Jacobs, le but de l'enlèvement est la production d'enfants et la constitution d'un stock génétique. Il suit en cela les théories de Budd Hopkins qui décrit longuement les prises de sperme et d'ovules, les insertions et les retraits de seringues terminées d'une petite bille, les présentations de bébés artificiellement procréés.)

Jenny Randles a étudié le cas d'une Anglaise d'une cinquantaine d'années, enlevée puis rejetée après l'examen à bord de l'ovni parce que jugée « trop vieille » (cet incident remonte à novembre 1978, *avant* la publication des livres où Budd Hopkins expose ses théories sur le but des enlèvements). Le même jour, un peu plus tard, quelques kilomètres plus loin, quatre jeunes femmes d'une vingtaine d'années qui roulaient en voiture sont à leur tour enlevées. Et l'ufologue britannique de commenter : « Dans tous les cas que j'ai étudiés, lorsque le sujet a *dépassé l'âge de faire des enfants*, l'enlèvement est interrompu. »

Répercussions

Trois types de réaction suivent une abduction. Les ravis considèrent leur expérience :

Comme traumatisante : ils se sentent violés, menacés dans leur existence, et vivent dans la hantise que cela ne recommence.

Comme bénéfique : elle a changé leur conception de l'existence, éveillé leur curiosité et déplacé leurs centres d'intérêt. Ils lisent, s'informent, militent pour une certaine qualité de la vie.

Comme ambiguë : ils sont partagés entre l'appréhension et le désir d'en savoir plus.

Pour la majorité des enlevés, l'existence devient plus difficile à partir du moment où ils retrouvent leurs souvenirs (que ce soit par des flashes de mémoire spontanée, à travers des rêves récurrents ou par l'hypnose) : harcelés de cauchemars, de réminiscences de scènes d'épouvante peuplées de monstrueuses créatures, ils vivent dans la hantise que pareille épreuve ne leur soit à nouveau infligée. La plupart éprouvent d'inexplicables peurs à des endroits précis de routes, de ponts, ou de champs. Quelques enlevés commencent à montrer des signes de paranoïa, doutent de leur santé mentale ; certains professionnels de la santé les traitent comme des malades mentaux, les médicalisent lourdement et, avec l'accord de la famille persuadée que leur parent a perdu la raison, essayent de les diriger vers des institutions spécialisées. Selon les concepts occidentaux — que ne partagent pas d'autres formes de culture ou de civilisations — *de tels événements ne peuvent se produire*. Aussi les abductees s'efforcent-ils de chasser ces obsédantes visions d'yeux monstrueux, et de pénétration d'instruments menaçants dans leur corps. Ils vivent écartelés entre la certitude que l'étrange a fait irruption dans leur vie et le besoin d'être considérés comme normaux par le reste du monde.

La RR4 a un profond impact émotionnel sur l'expérienceur et s'accompagne de transformations psychophysiologiques (sensibilisation accrue à la lumière, aux sons, à l'humidité, à l'alcool, aux médicaments), biologiques (modification du système nerveux, du niveau énergétique, moindre besoin de sommeil) et spirituelles. Beaucoup se sentent investis d'une mission (leurs ravisseurs leur ont enseigné qu'ils devaient œuvrer pour la paix dans le monde, lutter contre la pollution et aider à prévenir le presque inéluctable holocauste nucléaire) et leur discours s'apparente à celui des *channels* (version *new-age* des médiums à incorporation du XIXe siècle) dont les propos sont basés sur des « révélations » d'entités. D'autres deviennent guérisseurs : ils ont été « informés » que tel sera leur rôle.

5

Sont-ils fous, sont-ils normaux ? — Impossible évaluation d'une incompréhensible explosion. — Entre l'ange et l'alien. — L'hypnose en question. — Multiples régressions. — Vrais ou faux souvenirs ? — Peter Robbins ou la résistance à la confabulation.

En découvrant ces extraordinaires récits transmis par des « témoins directs », le premier réflexe est de rire ou de hausser les épaules : il ne peut s'agir que d'affabulations ou de délires ! Une autre réaction serait inquiétante mais, dès qu'on étudie le dossier (et les sceptiques devraient avoir cette honnêteté), ce jugement *a priori* révèle sa fragilité.

Depuis dix-huit ans, le petit monde des ravis a tellement intrigué les spécialistes du cerveau et de la psyché qu'un livre ne suffirait pas à recenser les différentes études qu'ils lui ont consacrées en utilisant un arsenal de tests et d'hypothèses. Par leur refus de se laisser enfermer dans un moule, ces aventures narguent la communauté des psys pourtant habituée aux expériences inhabituelles.

Ces « peu crédibles histoires rapportées par des témoins tout à fait crédibles », selon la formule du Dr Leo Sprinkle, dérangent à être transmises de la même manière, sans référence au caractère ou à la vie du témoin, selon un schéma monolithique et *totalement impersonnel*. Les ravis ont beau appartenir à tous les milieux, à toutes les cultures, en dépit de leurs origines diverses, de leur personnalité, de leur niveau culturel, social ou économique, ils racontent *le même enchaînement d'identiques événements* dont il n'existe *aucune mention* dans la littérature consacrée aux maladies mentales[1].

Il n'en demeure pas moins que la revendication d'un vécu aberrant entraîne automatiquement l'assimilation des ravis à des individus dérangés, et les enclôt dans une tautologie ainsi décryptée par Budd Hopkins :

« Pourquoi croyez-vous avoir été enlevé ? Vous le croyez parce que vous êtes fou ! Et comment savons-nous que vous êtes fou ? Eh bien parce que vous croyez que vous avez été enlevé ! » Un cercle vicieux dont il est difficile de sortir.

Que penserait un psychiatre qui ignore la religion catholique en entendant un prêtre lui dire que chaque jour il mange le corps du Christ et boit son sang ? Dans notre société, quelqu'un est jugé normal s'il correspond au système de croyances de celui qui l'examine (la normalité, rappelons-le, n'est qu'une notion statistique, de conformité au plus grand nombre, et n'a aucune connotation qualitative). Quand un interlocuteur remet en question notre système de références, nous nous trouvons devant une alternative : ou notre interlocuteur est fou, ou notre système de références est faux.

Un thérapeute persuadé que les ET n'existent pas cataloguera logiquement un abductee dans la catégorie « paranoïde », déplore le Dr Jean Mundy. « Pour savoir si les ravis sont "dérangés" ou pas, il faudrait les faire examiner par un psychologue ne refusant pas *a priori* l'hypothèse que les ET puissent visiter la Terre », souhaite cet ancien professeur de psychologie à l'université de Long Island[2].

C'est à la fois beaucoup demander et totalement inu-

---

1. John Mack, *What might the UFO abduction Phenomenon mean for the Human Future ?* (conférence donnée le 23 avril 1993) et Dr Berthold Schwartz (qui a effectué ces recherches sur une période de dix ans), in *UFO Dynamics : Psychiatric and Psychic Aspects of the Ufo Syndrom*, Rainbows Books, 1983.

2. In *Bulletin of Anomalous Experiences*, vol. 2, n° 3.

tile ! Pour l'instant, rien ne nous permet de prendre les témoignages au pied de la lettre et de penser que l'expérience apparemment vécue comme une « rencontre avec les aliens » en soit véritablement une. Le ravissement, et nous l'avons déjà dit, est peut-être l'entrée provisoire dans une autre dimension de la réalité où le psychisme du sujet est manipulé par une forme d'Intelligence, et soumis à un environnement illusoire, virtuel, présentant l'apparence de la réalité. Pour étudier, sans parti pris, la psychologie des ravis, il suffit de taire leur expérience jusqu'à la conclusion de l'expertise. Ce travail a été effectué au cours d'une expérience capitale réalisée en aveugle par le Dr Elisabeth Slater.

En 1981, une psychologue (le Dr Aphrodite Clamar), et deux chercheurs en ufologie (Ted Bloecher et Budd Hopkins), sélectionnèrent neuf sujets (cinq hommes et quatre femmes) ayant eu un *missing time*, et rapportant avoir été enlevés dans un ovni et soumis à un examen médical ; ils demandèrent au Dr E. Slater d'effectuer leur évaluation psychologique. La psychologue *ignorait* qu'il s'agissait de ravis. Il y avait quatre célibataires, quatre divorcés, et un homme marié ; tous possédaient des diplômes et exerçaient des professions les amenant à avoir des contacts publics (enseignant, joueur et professeur de tennis, ingénieur en électronique, avocat, homme d'affaires, artiste, secrétaire, technicien d'audiovisuel, directeur d'un laboratoire pharmaceutique).

Cette étude avait pour but de déterminer, à l'insu du Dr Slater, s'il existait chez ces individus un élément pouvant les prédisposer à inventer de telles histoires selon des schémas semblables. La psychologue nota les caractéristiques suivantes : intelligence légèrement supérieure à la moyenne, vie intérieure riche, faible sens de l'identité, vulnérabilité dans le domaine des relations humaines, tendance à être sur ses gardes, et faible estime de soi. Autant de traits qui, précise-t-elle, indiquent une grande sensibilité mais pas de tendance à la paranoïa, aussi les jugea-t-elle normaux, ne faisant état d'aucun trouble mental.

Une fois son travail terminé, le Dr Slater fut informée de la particularité des sujets qu'elle venait de tester. La psychologue — qui avait l'habitude des malades mentaux — ne cacha pas sa stupéfaction : « Je n'ai *jamais* entendu de telles histoires. Certains patients prétendent que la CIA les met sur tables d'écoute, que la voix du diable leur ordonne de se suicider ou de tuer leur conjoint mais qu'ils ont été capturés par des aliens, ça, jamais ! Je ne peux pas dire que ces gens ont été enlevés comme ils le soutiennent, mais je constate qu'*ils ne sont pas fous*. Je n'ai aucune explication pour ce groupe. »

Après s'être documentée sur les enlèvements, Slater se remit au travail. Ayant remarqué que ces abductees présentaient le même sentiment d'insécurité que les victimes de viols, elle émit une hypothèse : il était possible que leurs problèmes psychologiques soient, de la même manière, *causés* par les enlèvements. En réitérant, de façon catégorique, sa conviction que les sujets ne présentaient *aucun profil psychopathologique*, elle précisa : « ... ces batteries de tests ne peuvent prouver la réalité des enlèvements par les ovnis, néanmoins on peut conclure que les résultats ne sont pas incompatibles avec la possibilité que les faits allégués se soient produits. En d'autres termes, il n'existe *pas d'explication psychologique apparente* pour ces témoignages [1]. »

Plus question de considérer comme des psychotiques ceux qui affirment avoir été capturés, dénudés, étendus nus sur une table d'examen pour y subir d'invraisemblables opérations avant d'être relâchés par des ufonautes leur assurant qu'ils ne se souviendront de rien, résume le Pr J. Allen Hynek [2] qui qualifie cette recherche de « capitale ».

---

1. Ted Bloecher, Aphrodite Clamar et Budd Hopkins : *Summary Report on the Psychological Testing of Nine Individuals Reporting UFO Abduction Experiences*, Fund for UFO Research, 1985.

2. « Abductees are "normal" people : the psychologist and the abductee », in *The International UFO Reporter*, vol. 9, n° 4, 1984.

D'autres études menées par le Dr Rima Laibow (psychiatre de New York) sur 76 cas, et par le Dr June Parnell (de l'université du Wyoming) sur 265 cas ont abouti aux mêmes conclusions. Même constat chez le Dr Jean Mundy (spécialisée dans le diagnostic des maladies mentales à l'hôpital Saint-Vincent de New York) qui a étudié la psychologie des enlevés, chez Warren, Zimmer, etc. On n'en finirait pas de citer les travaux. Ces spécialistes s'attendaient à déceler des traces de psychopathologie chez des sujets prétendant avoir vécu de si folles expériences, ils ne découvrirent que l'angoisse (une angoisse plausible si l'on a vécu de telles aventures) et ce qu'on appelle en psychologie le PTSD* *(post traumatic stress disorder)* : les effets secondaires inhérents à un événement traumatique *vécu physiquement*, et non en imagination. Le Dr Aphrodite Clamar, qui s'était impliquée dans cette recherche et fit régresser sous hypnose de nombreux sujets, devait déclarer : « Je n'ai jamais pu discerner la moindre pathologie chez les personnes qui prétendent avoir fait de si étranges rencontres. »

Dans la foulée, toutes sortes d'hypothèses furent envisagées : prédisposition à extérioriser des fantasmes, traumatisme de la naissance, instabilité du lobe temporal[1]... le constat demeure le même : le ravi est désespérément normal.

Il peut arriver à un sujet parfaitement *normal*, en bonne santé et équilibré, d'avoir de fausses perceptions, des hallucinations : les psychologues, psychiatres, neurologues et autres spécialistes de la santé mentale en conviennent. 79 % des Américains ayant répondu à un

1. L'activité du lobe temporal est associée aux expériences religieuses, aux apparitions, aux visions, aux hallucinations. Certains chercheurs, tel Michael Persinger de l'Université Laurentienne de Sudbury (Canada), pensent que la labilité du lobe temporal peut expliquer les enlèvements, mais une telle « explication » est incapable de justifier le caractère quasi monolithique de l'expérience de l'abduction.

sondage effectué par *Omni*, reconnaissent avoir eu occasionnellement des hallucinations. Un tiers d'entre eux les ont d'abord considérées comme des perceptions réelles.

Les ravis présentent souvent leur expérience comme vécue dans une sorte de « rêve plus réel que la réalité » (une expression fréquente chez les expérienceurs de NDE ou de rencontres avec les ovnis). En dehors des drogues, les rêves constituent le moyen d'accès le plus répandu aux états hallucinatoires. Pour certains sujets, cette porte demeure ouverte même lorsqu'ils sont éveillés (rêves hypnagogiques, se produisant juste avant l'endormissement, ou hypnopompes, après l'endormissement). Sortant d'un profond sommeil, ils voient près de leur lit un démon mâle (incube) ou femelle (succube), un fantôme, une sorcière, ou toute autre créature terrifiante de la nuit ; les visions hypnagogiques — rêve éveillé — peuvent se produire dans la journée. De telles expériences semblent réelles et s'accompagnent souvent de l'impression de tomber ou de flotter mais elles n'occasionnent ni meurtrissures, ni brûlures, ni cicatrices.

Quand Ronald Siegel, psycho-pharmacologue de l'université de UCLA (Los Angeles), spécialiste des états altérés de conscience et auteur d'un essai qui fait autorité sur les effets des drogues sur le comportement[1], poursuivait ses études à l'université de Chicago, il demanda à son professeur comment il était possible de comprendre les perceptions d'une mouche. La réponse fut laconique : « Deviens mouche toi-même ! » Et Siegel allait (presque) suivre la consigne. Fort du principe que les lois du cerveau et les principes de la perception sont identiques pour chaque humain et qu'il suffit d'être soumis à de fortes pressions de l'environnement pour avoir des hallucinations, Siegel décida d'expérimenter sur lui-même. Faute de pouvoir devenir mouche, il s'immergea plusieurs heures dans le caisson d'isolation

1. *Intoxication : Life in Pursuit of Artificial Paradise*, Dutton, 1989.

sensorielle de John Lilly : tandis qu'il flottait dans le noir, il « rencontra » de vilains petits êtres gris qui menacèrent de l'enlever, et un Bouddha nu beaucoup plus amical et doté de gigantesques oreilles noires à la Mickey. Pour comprendre les troubles des vétérans du Viêt-nam qui le consultaient, il se fit enfermer dans une cage de bambou semblable à celles utilisées par les Nord-Vietnamiens pour torturer leurs prisonniers. Les hallucinations, il pouvait désormais en parler.

Dans *Fire in the Brain* [1] (un ouvrage qui se dévore comme un Stephen King), il expose les cas de dix-sept de ses patients ayant vécu des expériences terrifiantes et pour qui l'hallucination avait été la façon la plus économique de se tirer sans trop de dommages d'une situation de danger de mort. Et Siegel cite à l'appui le cas d'une victime qui parvenait à endurer ses tortures en se réfugiant dans une sorte de paradis qu'elle s'était inventé (phénomène de dissociation).

L'argumentation que déploie Siegel pour établir que les hallucinations ne sont pas l'apanage des malades mentaux, et que tout être normal soumis à des conditions hautement anormales ou extraordinaires sera presque invariablement conduit à avoir des hallucinations [2], se retourne contre ceux qui veulent l'utiliser pour dénier aux enlèvements tout fondement objectif et les réduire à des productions erronées du cerveau. Que des expériences biologiques courantes, ou des réactions psychologiques et physiologiques du cerveau et du système nerveux, puissent susciter des images étranges, des illusions de possession démoniaque par exemple, c'est entendu. Mais ces « productions exceptionnelles » *nécessitent des circonstances exceptionnelles* : fièvres élevées, isolation sensorielle ou au contraire stimulation excessive, épuisement physique et mental, utilisation de drogues, dramatiques conditions physio-

1. *Fire in the Brain : Clinical Tales of Hallucination*, Dutton, 1989.
2. Lesquelles sont régulièrement rapportées comme des rencontres avec des fantômes, des démons, des entités immatérielles ou des extraterrestres.

logiques, détresse émotionnelle. *Autant d'éléments qu'on ne retrouve pas chez les ravis.*

Le comportement allégué des « aliens » est typique de celui observé dans les rêves : les êtres volent, apparaissent, disparaissent, passent à travers les obstacles. Mais, étrangement, *ces rêves sont partagés* ! Les captifs enlevés en même temps décrivent les mêmes manifestations. Des indices matériels subsistent parfois, remarqués par des témoins indépendants : pannes de moteur, traces au sol, écho sur les radars. Le scénario irréel s'inscrit dans l'espace-temps. Tout se passe comme si les « êtres » rencontrés ne se manifestaient pas physiquement, mais étaient issus d'*une réalité autre*, indépendante de la nôtre. Une hypothèse à laquelle de nombreuses observations nous renvoient. Même si le phénomène de l'enlèvement n'était qu'une hallucination collective (concept non admis par la psychologie), il n'en serait pas moins mystérieux : comment la *même* hallucination, présentant des caractères aussi spécifiques, pourrait-elle être partagée par des milliers de personnes à travers le monde depuis plus de trente ans ?

Et pour l'instant, nul n'est parvenu à expliquer comment des sujets normaux pouvaient rapporter les *mêmes* folles histoires (voir les études d'Alvin Lawson, Scott Rogo, Louis Schoenherr).

Même les psychiatres et les thérapeutes qui ne s'intéressent pas au phénomène ovni finissent par reconnaître que les récits d'enlèvements résistent aux explications habituelles et que leurs tentatives d'établir un modèle psychopathologique autre que des troubles liés à un événement traumatisant ont été vaines. Les tests psychologiques n'ont révélé aucune preuve de trouble mental ou émotionnel qui pourrait expliquer ces expériences. « Ce sont à proprement parler des ENI (expériences non identifiables)[1] puisqu'on ne peut leur

1. Comme le reconnaissait le psychiatre John Mack à un débat télévisé sur les enlèvements : « Il n'y a pas d'explication psychiatrique pour ce phénomène. C'est un authentique mystère. »

trouver aucune explication s'accordant à notre compréhension de la psyché. »

En conclusion — provisoire — j'emprunterai cette déclaration du Dr David Gotlib[1] : « Je suis sûr d'une chose : un certain nombre de ces expériences [RR4] ne peuvent être expliquées d'une façon conventionnelle et l'on ne peut les rejeter comme étant simplement dues à des hallucinations, à la cryptomnésie*, à des troubles du sommeil ou à l'épilepsie du lobe temporal. Et je suis prêt à défendre cette position devant mes pairs. »

Pour ce thérapeute (dont la démarche prudente ne saurait être qualifiée d'abductionniste), la réunion de preuves permettant de soutenir cette assertion constitue « une des plus importantes réalisations de l'ufologie pendant ces dernières années ».

Presque 80 % des enlèvements recensés dans le monde proviennent des États-Unis où se concentre le plus grand nombre de chercheurs (et de médias) intéressés par le sujet[2]. En dépit de tant d'efforts, « rien n'est sûr à propos des enlèvements si ce n'est qu'ils sont fréquents », remarque, désabusé, le folkloriste Thomas E. Bullard.

Pour extraordinaire qu'elle soit, cette expérience n'est qu'un exemple parmi celles qui semblent transcender les limites que nous nous sommes assignées : NDE, sorties hors du corps, manifestations paranormales (pré-

---

1. In *BAE*, vol. 5, n° 1.
2. Avec la liberté d'expression retrouvée, les témoignages commencent à se multiplier en Russie où « l'enlèvement à l'américaine » commence à se répandre. Toutefois, il semble difficile d'accorder un grand crédit à ces récits. Dans l'ex-URSS, l'ufologie est souvent le prétexte d'un commerce comme j'ai eu l'occasion de le constater sur place : non seulement les témoignages évoluent au gré de la demande, mais les enquêtes — dans les cas que j'ai voulu suivre — m'ont paru très arrangées. Les ufologues rapportent, hilares, les billevesées qu'ils fabriquent à l'intention de leurs collègues et des journalistes venus de l'Ouest.

monition, perception extrasensorielle, psychokinèse, matérialisation, ectoplasmie), phénomènes physiques du mysticisme (bilocation, stigmates, inédie[1], hyperthermie, lévitation, odeur de sainteté). A travers les âges et les continents, d'innombrables individus ont rapporté que des « êtres » non humains (divinités, saints, fantômes, défunts, personnages du folklore tels les elfes ou les fées, démons, anges, extraterrestres, dames blanches) leur étaient apparus d'une façon qui leur semblait *tout à fait réelle*.

Exception faite pour la flambée de phénomènes spirites qui enfiévra le XIXe siècle, l'étude d'un tel domaine a peu tenté la communauté scientifique : le seul soupçon d'une éventuelle connotation religieuse suffisait à ranger le sujet dans la catégorie des superstitions. Cependant, les faits — ou plutôt les témoignages car nous sommes ici dans le domaine de l'humain et non dans celui, pur et dur, des poids et mesures — sont là. Ces phénomènes de visions et d'apparitions font partie de l'histoire de l'homme : du « bon sauvage » de Papouasie au citadin des mégapoles, du païen romain à la bergère des Pyrénées, du paysan celte du XVIe siècle au policier britannique d'aujourd'hui.

De toutes les rencontres anormales, celles qui se réfèrent aux aliens sont les mieux documentées. Il existe plus de groupements ufologiques et de chercheurs soucieux de percer le mystère des éventuels occupants des ovnis que d'associations se consacrant, par exemple, aux apparitions de la Vierge[2] qui ne cesse de se manifester (États-Unis, Rhodésie, Corée, Rwanda, Bosnie, Italie, France...).

Mais l'évaluation quantitative est délicate. Selon une étude menée par le CUFOS (Center for Ufos Studies), 70 apparitions d'humanoïdes ont été répertoriées en

1. Possibilité de vivre en état de jeûne total.
2. Entre 1928 et 1975, 230 cas d'apparitions mariales suffisamment « crédibles » pour être retenues ont été rapportées au Vatican (qui ne les a pas reconnues officiellement comme telles).

cinq mois aux États-Unis, d'août à décembre 1973. Sachant la répugnance des individus à rapporter de telles visions (les récits de créatures extraordinaires discréditent autant les témoins que les chercheurs qui en tiennent compte), on peut supposer que de telles apparitions sont plus fréquentes.

Différentes tentatives ont été effectuées pour évaluer le nombre de personnes ayant fait d'étranges rencontres. Déjà en 1894, à la demande du National Opinion Research Center, la Society for Psychical Research de Londres a effectué un recensement des expériences paranormales : sur plus de 15 000 personnes sondées, un dixième avait eu une hallucination qui se présentait comme une apparition (10 % : nous sommes bien au-delà des 2 % du sondage Roper). Des spécialistes du folklore ont entrepris des études analogues. Ces diverses enquêtes travaillaient sur une base relativement sûre, en s'adressant à des sujets en possession de souvenirs conscients. Les ravis, ainsi que l'a établi Budd Hopkins, peuvent ignorer qu'ils ont été enlevés (ou ne connaître que des détails fragmentaires de leur histoire) : en pareil cas, formuler le questionnaire de l'enquête destinée à les dénombrer constitue un exercice de haute voltige et les résultats obtenus ne sauraient s'interpréter que comme des indices de probabilité. En 1988, le questionnaire d'*Omni* avait mobilisé de nombreux lecteurs qui pensaient avoir vécu cette expérience [1], mais il ne permettait pas de distinguer les véritables enlevés des ravis imaginaires. Toutes sortes d'événements, d'images, de sentiments peuvent être considérés comme des *indices* d'enlèvements *possibles* ; bien peu étant exclusivement propres aux RR4, le risque de surestimer le nombre des enlevés est inévitable.

C'est dans cette optique qu'il convient d'envisager le

---

1. Ce sondage donnait le chiffre ahurissant de 15 millions d'abductees aux États-Unis, c'est-à-dire 6 % de la population américaine. Un score légèrement supérieur à celui de 5,5 % obtenu par David Jacobs parmi les étudiants de l'université Temple de Philadelphie. Comparativement, le pourcentage du Roper (2 %) semble bien modeste !

nombre de 3 700 000 ravis américains donné par le Roper[1] : cette enquête à l'échelle nationale a permis d'établir *l'étendue des symptômes* d'enlèvement plus que le nombre de ravis réels.

L'énormité de ce chiffre a suscité des débats cocasses. Pour les savourer, il faut garder trois points en tête :

1. Le Roper tenait compte des expériences vécues par les adultes. En extrapolant aux enfants (le premier enlèvement se produit à l'âge de cinq ou six ans), le chiffre d'enlevés aux États-Unis passe de 3 700 000 à 5 000 000 ;

2. Chaque abductee est « suivi » toute sa vie (ou plutôt jusqu'à l'âge de cinquante-cinq ans, les aliens semblant plus portés sur l'obstétrique et la sexologie que sur la gérontologie), ce qui lui assure une moyenne de dix expériences au *minimum*.

3. Le phénomène est mondial et pas seulement américain.

Au terme d'un savant calcul et en se basant sur les données du Roper élargies aux enfants, Robert Durant, ufologue américain et pilote de ligne (donc sensible aux éventuels problèmes d'embouteillage de l'espace aérien) évalue à 2 740 le nombre d'enlèvements perpétrés chaque jour aux États-Unis[2]. En ramenant à deux heures la durée moyenne d'un enlèvement qui nécessite la présence de six aliens, il estime que « 1 370 ET travaillant 24 heures sur 24 pourraient suffire à accomplir ces travaux sur le continent américain ». Mais d'autres paramètres viennent compliquer son travail. Ainsi, il existe des « heures creuses » pour les captures, tandis que d'autres sont surchargées (les ravis ne parlent-ils pas de salles où ils « attendent leur tour » ?). Et Robert Durant, bon prince, accorde aux chirurgiens cosmi-

---

1. Devant une réunion de la section du New Jersey du MUFON, Budd Hopkins déclara que le nombre véritable (mais inavouable) des abductees aux États-Unis était de 9 millions.

2. In « Alien Abduction Workload », *BAE*, vol. 4, n° 1, et *Fate*, septembre 1993.

ques, pour les seuls États-Unis, un effectif aisément transportable de 3 000 aliens (les porte-avions peuvent convoyer plus de 5 000 hommes).

Et que faites-vous des 100 millions d'hybrides auxquels ces expériences auraient donné vie persifle un autre chercheur (après un autre calcul dont je vous épargne les détails). Des aliens en si petit nombre devraient être des mères totalement épuisées ! Les querelles sur les chiffres peuvent n'être pas tristes.

Au grand dam des *nuts and boltists*[1], Dennis Stacy fait observer que si une personne sur cinquante était enlevée de notre planète, le ciel serait obscurci d'ovnis venus pour perpétrer ces abominations. Les abductions sont *trop* nombreuses pour avoir lieu réellement, dans de « vrais » ovnis, et on se trouve devant une alternative :

— Soit l'hypothèse d'enlèvements physiques, avec de réels bébés hybrides, est bonne (mais elle est incompatible avec les données du Roper qu'il faut abandonner) ;

— Soit les chiffres du Roper sont exacts (et l'enlèvement est un phénomène psychologique).

Il faut choisir entre l'HET* et le Roper : leurs conclusions sont inconciliables.

Les différences culturelles, confessionnelles, sociales ou philosophiques compliquent encore les données du problème : la relation du témoin varie selon son système de références. En fonction de leurs convictions religieuses, certains interprètent les histoires d'enlèvements en termes d'anges et de démons, d'autres les situent dans une approche du surnaturel conforme aux traditions de leur culture[2], tandis que les enfants y

1. Ceux qui pensent que les ovnis sont des vaisseaux « en tôle et boulons », c'est-à-dire des objets physiques et matériels.

2. Cynthia Hind, ufologue d'Afrique du Sud, remarque que « les Africains voient les choses sous un éclairage différent de celui de la perception habituelle occidentale et que les différentes appartenances religieuses (musulmans, chrétiens fondamentalistes, catholiques) affectent les témoignages » (communication au congrès du MUFON de 1993).

voient la manifestation de compagnons de jeux imaginaires ou la réalisation d'une bande dessinée.

A cet égard, le revirement d'Alice Haggerty est significatif.

Alice Haggerty a quarante ans. Avec ses yeux ardoise, ses cheveux cendrés ondulés, mi-longs, elle donne d'abord l'impression d'être calme, très réservée. Elle s'exprime d'une voix égale. Je ne l'entendrai hausser le ton que lorsqu'elle me parlera de David Jacobs qui l'a hypnotisée et a exposé son cas (sous le pseudonyme de Lynn Miller) dans *Secret Life*. Elle a passé son enfance en Pennsylvanie où ses parents étaient fermiers, et se souvient d'avoir été enlevée depuis son enfance où elle « disparaissait » dans les champs pendant cinq heures. Quand je lui demandai combien de fois elle pensait avoir été enlevée, Alice me répondit très tranquillement : « Des centaines de fois ! »

C'est une enfant peu heureuse, fréquemment battue. Elle ne s'étonne pas qu'un « ange » (sans ailes, une créature lumineuse dont elle parle au féminin) vienne l'enlever. Son premier souvenir d'enlèvement ? A quatre ans, elle s'est retrouvée juchée sur un cheval à l'intérieur de l'écurie fermée à clé de l'extérieur. A l'époque, elle était trop petite pour pouvoir monter toute seule sur le dos de cet animal. Dans la psychologie classique, on pourrait interpréter son « ange » comme un de ces compagnons de jeux imaginaires avec lesquels certains enfants s'amusent en secret et qui leur apportent douceurs et consolations, mais les souvenirs d'Alice sont beaucoup plus riches : dépassant la notion de « visite » d'un petit être surgi de l'imagination enfantine pour enchanter les bambins, ils s'organisent en récits merveilleux nourris d'une thématique peu répandue chez des sujets de cet âge.

C'est à Philadelphie où s'installe sa famille obligée de quitter la ferme, qu'Alice vivra une exceptionnelle aventure. Elle a sept ans et tombe gravement malade. La diphtérie. Ses parents sont mennonites, membres d'une secte hostile aux interventions médicales, aussi refusent-ils de la faire hospitaliser bien que le médecin les ait avertis qu'Alice risquait de mourir. Il faut se soumettre aux lois divines, déclare sa mère : la gamine est condamnée. Par une nuit d'orage, alors qu'elle est au plus mal (le médecin avait annoncé qu'elle ne passerait pas la nuit), elle voit pénétrer dans sa chambre un être radieux vêtu d'une tunique blanche ceinturée de lumière. L'entité la prend dans ses bras et, passant à travers la fenêtre fermée, l'emporte dans les airs. Mon ange m'emmène au paradis, pense Alice. En fait de paradis, elle se retrouve à l'intérieur d'une sorte de « structure » posée sur le sol où l'accueille un « médecin de type amérindien » aux grands yeux noirs, vêtu d'un « superbe uniforme » et dont la poitrine, ornée de deux serpents, est traversée en diagonale par un large ruban coloré. Le médecin l'enferme à l'intérieur d'un cylindre vertical de verre, règle une machine, et le container s'emplit totalement d'un liquide bleu. Alice peut, néanmoins, continuer à y respirer.

Ces souvenirs, m'assure-t-elle, sont conscients, et ont été complétés sans hypnose, dans des rêves ultérieurs[1].

Je lui ai demandé si elle avait eu peur, si elle avait essayé de se débattre, ou de s'enfuir :

— Non ! Je pensais que c'était un ange qui m'emmenait et je n'avais rien à craindre : un ange ne peut pas faire de mal. Je n'ai commencé à avoir peur que lorsqu'on m'en a donné l'ordre.

— Qui « on » ? Votre famille ?

— Non, le Dr Jacobs ! Après m'avoir hypnotisée, il m'a expliqué que ces êtres n'étaient pas des anges mais des aliens dont je devais avoir peur parce que leur intrusion dans ma vie était un viol et qu'ils venaient pour me torturer. Avant, mes enlèvements étaient agréables. C'était beau. Pur. Maintenant j'ai peur. Et mes enlèvements sont devenus horribles, terrifiants.

1. Lorsque la mémoire d'une expérience a été bloquée, les souvenirs peuvent, par flashes, affleurer ultérieurement au niveau conscient soit au cours de la journée, soit pendant des rêves.

Alice a l'impression d'être restée à peu près un quart d'heure dans le cylindre. Une fois sortie, on la fait s'allonger sur une table d'opération. Trois ou quatre (elle ne se souvient plus) êtres étranges avec de grands yeux — dont elle devait « apprendre » par la suite qu'ils étaient des « petits Gris » — regardent le « médecin » promener au-dessus de son corps une baguette magique. Après cet examen, le « médecin amérindien » annonce à la petite fille qu'elle est guérie. L'Être lumineux la reprend dans ses bras et la ramène dans sa chambre à travers les airs, en franchissant, comme à l'aller, la fenêtre fermée. Une fois dans son lit, Alice s'endort. Lorsqu'elle se réveille le lendemain, elle est *guérie*. Affamée, elle court réclamer de la nourriture, mais sa mère, connaissant la gravité de son état, la renvoie au lit et appelle en urgence le médecin, le Dr Barbay. Celui-ci ne peut que constater l'incompréhensible guérison d'Alice.

Passons sur les multiples enlèvements qu'Alice dit avoir subis, pour ne retenir que les plus intéressants. Lorsqu'elle a treize ans, toujours à Philadelphie, elle voit, cette fois en rêve, le même Être de lumière entrer par la fenêtre. Elle regarde intensément cet « ange au féminin » et se retrouve blottie entre ses bras, flottant à mi-hauteur dans sa chambre, et pourtant, quand *elle regarde son lit, elle s'y voit endormie*. (Dans un rêve habituel, le dormeur accomplit directement ses actions : il marche, vole, court, escalade. Le rêve d'Alice se présente comme une OBE* où la conscience du sujet, projetée hors du corps, lui permet de s'observer à distance.) Une fois encore, elle se retrouve dans le même bâtiment, en compagnie des mêmes petits êtres aux grands yeux et du « médecin amérindien ». On la déshabille et, en confiance, elle s'allonge toute nue sur la table d'opération. Après un examen gynécologique, elle est emmenée dans une autre pièce circulaire brillamment éclairée où surgissent du sol de grands présentoirs avec des cartes géographiques compliquées.

« Ce sont des plans de bataille, commente une voix

dans sa tête. Tu as une mission particulière sur cette Terre, et nous devons t'y préparer. »

Une partie du mur incurvé se transforme en écran et Alice assiste à une sorte de projection cinématographique où défilent différents points du globe. Les commentaires lui parviennent télépathiquement. Affolants. Tous ces endroits vont disparaître. Elle doit sauver l'humanité condamnée à périr et trouver des grottes où les humains seront protégés. Aux visions du monde en proie aux pires catastrophes naturelles, succèdent des scènes de batailles. « Les combattants étaient à cheval et la voix m'expliquait que j'assistais à un futur tout proche où les humains choisiront de guerroyer à cheval parce que les radars ne peuvent détecter les bêtes. » Massacres, corps éventrés, hordes de réfugiés affamés et mutilés se traînant comme des loques humaines, terres arides dont la végétation a disparu, fleuves de boue submergeant les cités : la petite fille, bouleversée, supplie son ange de la ramener. Celui-ci accepte et Alice se retrouve dans sa chambre.

Par la suite, elle subira plusieurs enlèvements identiques (examens médicaux, interventions de type « magique » faisant appel à une technologie inconnue, visions catastrophistes du futur de la planète, discours sur la nécessité de changer l'humanité) dont elle garde des souvenirs précis. Ces « révélations » sont trop lourdes à garder pour une enfant : Alice se confie au pasteur qui, outré par tant de mensonges frisant le sacrilège (se prétendre visitée par un ange), la bat et l'exclut de la communauté religieuse. Même accueil de la part de ses parents : ils la rouent de coups pour lui apprendre la modestie. Alice se résigne à taire ses expériences. Son apparent retour à la raison n'améliore pas ses rapports familiaux : l'enfant est mal aimée. Pour se débarrasser d'elle, ses parents l'obligent à épouser un Libanais de vingt-deux ans son aîné. Elle n'a pas le choix : à dix-sept ans, elle se marie et s'installe avec son époux dans le New Jersey. Peu après, Peggy, sa petite sœur (douze ans) également battue par ses parents, vient se réfugier chez elle. « Un après-midi où je l'avais emmenée au bord de la mer, j'ai vu mon ange voler au-dessus des flots et s'approcher de moi. Il était immense. Je me suis sentie submergée de bonheur mais il a disparu très vite. J'ai d'abord pensé qu'il ne voulait pas se montrer à cause de Peggy, mais elle aussi l'avait vu, nettement, et partageait mon euphorie. Elle le connaissait ! C'est ainsi que j'ai découvert que ma sœur vivait les mêmes expériences que moi. J'ai compris que, ce jour-là, mon ange n'était pas venu pour moi mais pour aider cette petite fille traumatisée d'avoir assisté à un rituel satanique. »

Un mois après son mariage, Alice est enlevée et subit une insémination. A trois reprises, m'affirme-t-elle, elle sera enceinte *à cause des enlèvements*, et à trois reprises, le fœtus disparaîtra. Elle est certaine que ses grossesses n'ont aucun rapport avec sa vie conjugale : « Je le sentais du plus profond de moi-même. Pour être objective, je dois reconnaître qu'il y avait une infime possibilité que j'aie pu être enceinte de mon mari, mais intuitivement je *savais*, et avec une totale certitude, que ces grossesses étaient le fait de ces inséminations. »

Après trois ans de vie conjugale, elle quitte son mari dont elle a deux enfants, George (né en 1974) et Lucy (née en 1977). Son ange continue de l'enlever et Alice de trouver cela normal : elle n'est pas surprise en voyant son propre fils et un homme inconnu avec un chien dans la salle d'opération. « Après cet enlèvement, George, qui avait de sérieux problèmes scolaires, s'est métamorphosé. Du jour au lendemain, il est devenu un très bon élève, et maintenant, il fait des études de biochimie. »

En 1985, elle rencontre David Jacobs. Une dizaine de régressions sous hypnose lui font découvrir une trentaine d'enlèvements. Les visiteurs se manifestent toujours mais, depuis l'hypnose, Alice les redoute. L'ange a disparu, elle est aux mains des aliens. Ils lui font tenir un bébé bizarre, un hybride, avec une énorme tête, d'immenses yeux, et une peau si fine que les plus petites veinules s'y dessinent, et lui intiment l'ordre de lui donner le sein. « J'ai commencé par refuser mais j'ai été forcée de m'exécuter. Une fois par semaine, pendant plus d'un an, j'ai été contrainte de le nourrir. Ils m'ont obligée à "scanner" son esprit : je croyais que je ne saurais pas. Il m'a suffi de le regarder très intensément dans les yeux. J'ai découvert que, sous son crâne disproportionné, ce bébé possédait la connaissance de tout l'univers. »

Les expériences d'Alice doivent-elles être classées dans la catégorie « rencontre avec l'ange » ou « rencontre avec les ET » ? Vaine question. Mais ce sont des expériences de plus en plus souvent rapportées, c'est là l'important. Faute de pouvoir évaluer *strictement* le nombre d'abductees, les chercheurs en sont réduits à constater l'étendue d'une expérience dont la multiplication constitue à elle seule une énigme.

Pendant l'été 1994, le *Ladies Home Journal* titrait à la une : « Ce mariage peut-il encore être sauvé ? » Pas question de violences, d'adultère, de drogue ou d'alcoolisme dans le naufrage annoncé de ce couple. Son problème ? La femme est sujette à des enlèvements à répétition. Situation intolérable pour son mari. « Un homme ne peut supporter que sa femme se fasse enlever : cela le rend furieux, mais il peut également souffrir de son impuissance à la protéger », commente Budd Hopkins. Côté femmes, mêmes réactions. « Mon mari est enlevé trois fois par mois. A chaque fois, les aliens lui prélèvent du sperme : c'est du viol pur et simple ! » s'indigne Deborah H. qui a rejoint un groupe de soutien de Philadelphie : « J'avais besoin d'entendre de la bouche d'autres abductees que les activités sexuelles avec les aliens sont seulement mécaniques. » D'après le Dr Bill Cone, un psychologue californien, les hommes répondent par la colère et la jalousie aux enlèvements de leur femme : « La plupart des époux deviennent agressifs et de nombreux enlevés divorcent », aussi Budd Hopkins s'efforce-t-il de jouer les conseillers conjugaux : « Je recommande aux abductees de ne pas divulguer à n'importe qui une expérience dont la notoriété risquerait d'altérer une relation maritale déjà compromise. Un conjoint est plus tolérant tant que ses voisins ne sont pas informés. »

La presse féminine fait ses délices de cette nouvelle donne de la jalousie et ouvre ses colonnes aux déboires de Linda Cortile : « Mon ménage n'est plus ce qu'il était. Steve était beaucoup plus affectueux avant mes enlèvements », reconnaît la célèbre abductee tandis que son mari rétorque : « Linda ne me prête plus la même attention. J'ai l'impression que les médias m'ont pris ma femme. » Ces potins de presse illustrent le climat des États-Unis où l'enlèvement est une expérience si répandue que la mention « abductee » figure dans les petites annonces de rencontres ou dans les annonces matrimoniales, au même titre que « non fumeur » ou « amateur de free jazz ». Cette banalisation d'un type de « rencontre extraordinaire » que l'on pensait exceptionnelle indique-t-elle que les cas se multiplient ou que la barrière du silence est levée ?

Il est incontestable que l'utilisation de l'hypnose peut expliquer la soudaine explosion des témoignages dans la mesure où de nombreux sujets (70 %) n'ont pas de souvenirs conscients de l'enlèvement : ils se rappellent un phénomène lumineux, une période de confusion, et leur retour au réel. Même le *missing time* peut leur échapper sur l'instant et n'être découvert que rétrospectivement, quand le sujet essaye de reconstituer son emploi du temps, en réalisant qu'il a mis un temps anormalement long pour effectuer un trajet. Comme si l'expérience avait brouillé la mémoire de l'abductee, lui laissant des lambeaux de rêve ou des bribes de souvenirs.

Certaines situations traumatisantes procurent une amnésie (ce mécanisme psychologique inconscient protège l'individu d'une réalité trop pénible à accepter) mais elles affleurent à la conscience sous forme de cauchemars récurrents. L'hypnose révèle (pas systématiquement) chez les personnes qui font des cauchemars d'aliens et d'ovnis, un scénario d'enlèvement. Pendant les régressions, sont décrits des actes, des gestes, des instruments, des insignes, des symboles ou des sentiments, que l'on retrouve dans d'autres témoignages et que les chercheurs taisent : non divulgués, de tels éléments servent de preuve que les ravis n'inventent pas, d'aucuns en déduisent que les enlèvements sont des expériences réelles, objectives et que les dessins correspondent à des caractères extraterrestres remarqués à bord de l'engin.

Curiosité d'en savoir plus sur les RR4, désir d'aider les ravis à surmonter leurs traumatismes et leurs phobies [1], le recours à l'hypnose est de plus en plus fréquent et les témoignages prolifèrent.

Faut-il incriminer cette technique ?

Sans prétendre trancher en quelques pages le débat de l'hypnose, je tiens à exprimer ici quelques réserves dans la mesure où l'utilisation anarchique et débridée de cette technique (telle qu'elle se pratique souvent aux États-Unis par des abductologues sans formation médicale ou psychologique) risque de faire plus de mal que de bien. Jacques Vallée aime citer le cas de « Mme Victor » qui faillit mourir d'une crise cardiaque en revivant son expérience au cours d'une régression effectuée par des amateurs. D'autres risques sont moins spectaculaires mais tout aussi réels, dus à l'effet iatrogène des souvenirs exhumés. En ufologie, aucun hypnotiseur ne respecte la consigne donnée à la grande époque de l'hypnose médicale : par suggestion posthypnotique, il faut, après chaque régression, effacer les souvenirs recouvrés.

Quand il s'agit d'exhumer des souvenirs oubliés ou refoulés, l'utilisation de la régression hypnotique est

1. Selon la théorie freudienne, les souvenirs refoulés exercent des ravages inconscients. Une fois retrouvés, ces souvenirs, même déplaisants, ne font plus de dégâts et le processus de guérison commence.

controversée. S'il est exact qu'elle permet de faire émerger des informations enregistrées subconsciemment (le numéro d'immatriculation d'une voiture) et des souvenirs rejetés par le conscient (un événement traumatisant comme un viol ou une agression), il est vrai qu'elle peut susciter des affabulations et parvenir à créer des *pseudo-souvenirs*. En revivant sous hypnose un événement antérieur, certains sujets intègrent si bien un détail imaginé ou suggéré que leurs « souvenirs » imaginaires sont souvent acceptés comme réels. L'étude du cerveau ne permet pas d'opérer une distinction entre les signes des souvenirs véritables et le bruit d'un faux souvenir. L'expérience imaginaire laisse dans le cerveau une empreinte aussi nette que l'expérience vécue, disent les spécialistes, et c'est pourquoi les sujets imaginatifs et facilement hypnotisables sont rarement capables de faire la différence entre un pseudo-souvenir et un véritable[1].

Fiabilité de la mémoire et faux souvenirs

Par des questions trop orientées, l'hypnotiseur peut infléchir la découverte des souvenirs disparus. Il est étonnant de voir comment la psychologue Edith Fiore conduit ses régressions. Mme Fiore connaît si bien la façon dont les ravis *doivent* subir leur examen médical dans l'ovni qu'elle n'hésite pas à leur suggérer ce qui a dû leur arriver[2]. Il arrive que le patient cherche, sans le savoir, à se conformer aux désirs — même inconscients — de son hypnotiseur en lui narrant le récit que ce dernier désire entendre. Il ne s'agit plus de souvenirs retrouvés, mais de confabulation*.

---

1. « Hypnotizability. Preference for an Imagic Cognitive Style, and Memory Creation in Hypnosis », par Louise Labelle, Jean-Roch Laurence, Robert Nadon et Cambell Perry, in *Journal of Abnormal Psychology*, 1990, vol. 99, n° 3.

2. Voir les séances de régression dont le texte est publié dans *Encounters*.

Sous le terme de confabulation, on désigne l'activité de l'imagination qui, sollicitée par une attente, un désir ou une suggestion, fait surgir des représentations fantasmatiques. Ces créations de l'inconscient investissent la mémoire et passent pour des souvenirs réels (les récits des vies antérieures découvertes au moyen de la régression sous hypnose offrent d'innombrables exemples de confabulation).

Le mécanisme de la mémoire est complexe : le cerveau ne fonctionne pas comme un ordinateur. Se souvenir implique un processus interactif de reconstruction par l'imagination et ne consiste pas à rapporter mécaniquement des images. En découvrant la capacité du cerveau à inventer et à construire la réalité à partir des informations qu'il traite, les neurophysiologistes ont remis en cause la fiabilité de la mémoire maintenant reconnue comme un processus en perpétuelle activité et non comme une fonction de stockage. Ce qui se présente comme un souvenir est un montage complexe de fragments d'événements, de discussions et de lectures, de souvenirs d'autres personnes, de suggestions et *surtout* des croyances que le sujet possède.

Jean-Roch Laurence, professeur de psychologie à l'université Concordia de Montréal, considère l'hypnose comme la « dernière des techniques » à utiliser pour étudier les abductions : « On croit que c'est un sérum de vérité, en réalité l'hypnose permet toutes sortes de confabulations ; les récits obtenus sous hypnose mêlent des événements véridiques et des projections. » Troublé de constater que des individus normaux et intégrés à la société affirment avoir été enlevés, le Pr Laurence a créé dans son Institut d'hypnose clinique et expérimentale un groupe de recherches sur les ravis (où il les hypnotise, en dépit des réticences mentionnées). Bien que sceptique, il reconnaît : « Il y a des cas où on ne peut absolument pas expliquer pourquoi tel événement s'est produit ou pourquoi telles blessures ou telles marques physiques sont apparues. »

Les investigations sous hypnose des enlèvements s'insèrent dans un contexte sensible outre-Atlantique où l'exhumation de souvenirs oubliés déclenche procès sur procès (dans la plupart des États, la nouvelle législation permet aux victimes d'abus sexuels de poursuivre leurs bourreaux dans une période allant entre trois et six ans après l'émergence des souvenirs réprimés). Sans nier l'existence d'abus sexuels ou de délits incestueux, l'Amérique commence à s'interroger sur le bien-fondé des « souvenirs retrouvés » grâce à diverses thérapies qui révèlent des scénarios de viols chez des personnes n'ayant jamais eu le moindre souvenir spontané de ce type. Le syndrome de fausse mémoire (SFM) est à l'origine de nombreux drames aux États-Unis et entraîne une polémique. Dans leur ouvrage *The Courage to Heal*, Ellen Bass et Laura Davis soutiennent que l'absence de souvenir ne prouve pas qu'il n'y a pas eu d'abus sexuels : « Si vous n'arrivez pas à vous rappeler les détails, écrivent les auteurs, mais si vous avez l'impression confuse que quelqu'un a abusé de vous, c'est probablement le cas. »

Le schéma incriminé est le suivant : un patient consulte un thérapeute (pour un problème de relations conjugales, de boulimie, de dépression). Au cours de la thérapie, surgissent des souvenirs d'abus sexuels dans l'enfance qui n'avaient jamais émergé. Encouragés à les accepter comme réels, les patients parviennent à *créer* des scénarios de viols, d'incestes ou d'abus physiques. Persuadée que ses problèmes ont un lien avec ces histoires d'abus, la victime supposée se tourne vers les tribunaux : brouilles familiales, lettres haineuses, plaintes, procès et poursuites pour des préjudices dont le plaignant reconnaît par la suite qu'ils sont imaginaires et résultent d'une confabulation. Le mal est fait comme le montre cet exemple.

Souffrant de dépression, Melody Gavigan, une informaticienne de Long Beach (Californie) âgée de trente-neuf ans, se fit soigner dans un hôpital psychiatrique. Cinq semaines de traitement la persuadèrent que son état résultait de rapports incestueux subis pendant l'enfance et dont elle avait refoulé la mémoire. Melody refusa une telle éventualité jusqu'au moment où la thérapie lui fit « retrouver des souvenirs enfouis » d'une précision telle qu'elle fut convaincue d'avoir été molestée, violée et sodomisée dans l'âge le plus tendre par son père. « Souvenirs » totalement faux comme elle devait le réaliser plus tard en engageant une procédure contre l'hôpital pour les préjudices subis par elle et sa famille [1].

Après que des familles ont été brouillées, des personnalités brisées, des carrières ruinées, des innocents incarcérés, le mouvement commence à s'inverser et l'on voit des patients poursuivre les thérapeutes qui les avaient amenés à se fabriquer une mémoire. Maintenant, une véritable polémique s'installe devant les tribunaux : est-il possible d'oublier un événement traumatique pour se le rappeler des années plus tard ? Peut-on oublier les abus sexuels répétés ? Les souvenirs peuvent-ils être stockés et cachés puis exhumés à volonté ? Les souvenirs sont-ils exacts ?

Il est facile d'implanter de faux souvenirs, soutiennent les experts. Le Dr Nicholas Spanos, professeur de psychologie à l'université Carlton d'Ottawa, s'est livré à des expériences dans son laboratoire. Avec ou sans procédures hypnotiques, il réussit à implanter de faux souvenirs. Sans risques : les abus sexuels retrouvés appartiennent à une personnalité antérieure. Le pouvoir du thérapeute n'est pas neutre. Son patient l'admire et se laisse influencer. Il n'existe aux États-Unis et au Canada aucune norme établie pour devenir thérapeute, ou consultant. Après quelques heures de formation en hypnose, les travailleurs sociaux s'occupent des présupposées victimes d'abus sexuels... ou d'enlèvement (ces deux types de victimes sont souvent présentées conjointement dans les débats). Le *syndrome de faux souvenirs* est dénoncé comme une épidémie, « la pire à frapper la famille depuis des décennies » (innocents faussement accusés, patients dont les problèmes

1. *Times*, 29 novembre 1993.

sont aggravés par de mauvaises thérapies). Une autre crainte se dessine : les victimes risquent de n'être plus prises au sérieux. Créée en 1992, la Fondation du Syndrome de Faux Souvenir (dont le comité consultatif comprend une longue liste d'experts spécialisés dans les problèmes de la mémoire) remet en cause l'acceptation sans réserve de *tous* les souvenirs, lorsqu'ils ne sont pas corroborés par des faits. C'est là le problème des enlèvements — du moins pour ceux qui veulent prendre les récits au pied de la lettre ; en l'absence de preuves objectives (photos, enregistrements vidéo, implants certifiés d'origine extraterrestre), il n'existe pas de critère fiable permettant de distinguer un souvenir réel d'une confabulation.

Régressions à répétition

La littérature consacrée à la récupération des souvenirs soutient que *la première narration sous hypnose est la plus exacte*. Il y a une dizaine d'années, j'avais demandé au Pr Léon Chertok (une autorité en matière d'hypnose) s'il voulait bien explorer le *missing time* d'un photographe à qui il était arrivé une curieuse aventure sur une route du Vexin. Chertok n'avait jamais entendu parler d'enlèvements (à cette époque, en France, ces histoires étaient inconnues). Très sceptique quant aux ovnis, il ne put résister à la curiosité lorsqu'il apprit que le témoin avait pris des photos ne correspondant pas à son observation. Mais avant de le recevoir, il précisa : « J'espère que cet homme ne s'est jamais fait hypnotiser, sinon c'est inutile. Un sujet soumis à une hypnose mal conduite mémorise de fausses informations qu'il prend pour vraies ; par la suite, il sera incapable de s'écarter de ce récit de fantaisie. » Cependant, les détails les plus traumatisants (pas seulement pour les abductions) sont les plus longs à se révéler : ils sont enfouis et l'hypnotiseur doit effectuer plusieurs séances avant de les faire émerger. Certains ravis se prêtent jusqu'à soixante séances tant le chercheur tient à découvrir leur histoire dans sa totalité. (De telles pratiques ont permis à David Jacobs de « découvrir des détails nouveaux ».) Comment être certain qu'en revenant sur certains épisodes l'enquêteur (surtout s'il a en tête un schéma préfabriqué) ne risque pas d'influencer le récit de son patient ? Le débat reste ouvert.

Hypnotisée par Edith Fiore qui la présente comme « une des milliers de personnes enlevées ou contactées par les ET », Sandi se retrouve dans une pièce hémisphérique pour l'examen : on lui « introduit quelque chose dans le rectum[1] » et on lui recommande de ne pas poser de questions. Edith Fiore (p. 21) suggère à la jeune fille que les aliens lui ont dit qu'elle ne se souviendrait de rien. La thérapeute suggestionne encore sa patiente en lui demandant (p. 23) si on lui a fait un examen du vagin (réponse non), si on lui a introduit des aiguilles dans le corps (réponse non). Mme Fiore insiste : pour elle, une ravie *doit* avoir eu un examen vaginal. La pauvre Sandi avait déjà subi un prélèvement rectal, mais ce n'était pas suffisant : pour Mme Fiore une femme ne saurait être une "véritable" abductee sans ce détail capital ; elle l'hypnotise donc plus profondément. Sandi alors se « souvient » d'aiguilles dans son cou, dans son dos, dans son bras, dans l'avant-bras, entre le gros et le second orteil, dans le nombril où on lui aurait fait une sorte de cœlioscopie. Enfin ! Comme la sorcière devant le tribunal de l'Inquisition, la ravie raconte ce qu'on veut qu'elle raconte. Elle est rentrée dans l'ordre. (Pas tout à fait : elle n'a rien dit à propos de son vagin. La Sainte Inquisition aurait sans doute tourné la roue d'un cran.)

En direct avec les aliens pendant la régression

A grand renfort d'hypnose et d'entretiens, les chercheurs s'efforcent de lever le voile du mystère. L'expérience se présentant comme vécue, ils veulent savoir ce

1. Titre du chapitre consacré à Sandi : « They Put Something in My Rectum. »

que l'on « fait » aux ravis, ce qu'on leur « montre », ce qu'on leur « dit ». Est-ce possible ? Le plus sincère des témoins peut fournir des informations erronées, censurer celles qui l'embarrassent, donner un récit incomplet ou mal interpréter ce qu'il a vécu. Il subsiste des événements que l'hypnose ne parvient pas à explorer complètement.

Nous avons mis en évidence quelques points dont on ne saurait négliger l'importance :

— manipulation du psychisme du témoin (celui-ci rapporte ce qu'il *croit* avoir vu ou entendu),

— incapacité du psychisme humain à comprendre des situations nouvelles, donc à les restituer,

— tendance naturelle à interpréter des éléments inconnus en les assimilant à du déjà connu (influence de la science-fiction),

— orientation possible donnée par l'enquêteur (qui souhaite un récit conforme à son attente).

Nous pourrions allonger cette liste, guère encourageante quant à la fiabilité des renseignements obtenus, mais nous devons nous en accommoder : pour essayer de connaître ces expériences, il faut passer par le témoignage de ceux qui la vivent. Et les expérienceurs peuvent, en toute bonne foi, fabriquer sur mesure des informations.

L'ufologue britannique Jenny Randles a remarqué que sous hypnose certains témoins s'imaginent transmettre les demandes de l'enquêteur aux aliens et répondent comme si les renseignements avaient été obtenus pendant l'abduction.

Dans le cas dit « Aveley[1] », une famille — John et Elaine Avis, et leurs trois enfants — fut enlevée en 1974. Leurs souvenirs conscients se résument à une observation de lumière dans le ciel suivie d'un problème avec leur automobile, soudain environnée d'une brume verdâtre et glaciale ; moteur et radio tombèrent en panne avant

1. Nom du petit village de l'Essex proche du lieu où se produisit cette RR4.

de se remettre spontanément en marche tandis que la brume se dissipait. Les Avis avaient planifié leur retour de façon à pouvoir regarder une dramatique à la télévision. Arrivés chez eux, ils constatèrent que les programmes étaient terminés. Ils pensèrent à regarder l'heure : une heure du matin passée. Ils avaient plus de trois heures de retard. En dépit de leurs efforts, les Avis ne purent éliminer cet incident de leur mémoire. Ils commencèrent à avoir des cauchemars, à subir des phénomènes de poltergeist. John souffrit de dépression nerveuse et perdit son emploi. Il finit par se mettre en rapport avec une association d'ufologues et accepta de se faire hypnotiser. La régression révéla un scénario d'enlèvement (familial) par deux types différents d'aliens : de grands humanoïdes casqués, portant des combinaisons métallisées et de hideuses petites entités aux yeux triangulaires et aux énormes oreilles pointues, vêtues de blouses de chirurgiens.

Après leur Rencontre, le comportement du couple se métamorphosa. Ils cessèrent de boire vin et alcool, devinrent végétariens et soucieux de la qualité de l'environnement. John, gros fumeur, abandonna totalement la cigarette dont il ne supportait plus l'odeur.

Pendant que Mrs Avis était sous hypnose, J. Randles intervint. Les ravisseurs lui auraient-ils expliqué pourquoi ils enlevaient ainsi les humains ? Après quelques instants de silence, Mrs Avis annonça qu'elle avait posé cette question aux aliens. Ils viennent pour nous protéger. Nous sommes leurs enfants, issus d'expériences génétiques effectuées il y a dix mille ans. Ils ne veulent pas que nous détruisions notre planète comme ils ont ruiné la leur, située dans une autre galaxie. Ils vérifient le résultat de leurs expériences en étudiant notre code génétique. Pour ne pas perturber notre civilisation, ils opèrent dans le plus grand secret et c'est pourquoi ils enlèvent les gens, de nuit.

L'ufologue se rendit compte que Mrs Avis posait mentalement ses questions aux aliens *pendant* l'hypnose. Les « informations » étaient le fruit de l'imagination inconsciente de la ravie stimulée par les questions de l'enquêtrice (bel exemple de confabulation).

En Grande-Bretagne, où le phénomène ovni est envisagé avec plus de scepticisme qu'aux États-Unis, il existe depuis 1982 un code d'éthique pour l'hypnose : cette technique doit demeurer dans un cadre thérapeutique (pour aider le patient et non pour prouver des cas) et les régressions doivent être conduites par quelqu'un possédant les qualifications nécessaires. A l'instigation de J. Randles, le BUFORA* (British UFO Research Association) accepta un moratoire de cinq ans sur l'utilisation de l'hypnose. L'ufologue justifiait ses réticences en fonction de deux arguments principaux :

— une telle technique peut figer le ravi à l'intérieur d'un scénario conforme aux croyances de l'hypnotiseur (danger de confabulation),

— son utilisation risque de faire croire à l'abductee qu'il a vécu quelque chose de très grave (insémination, extraction de fœtus).

Une fois terminé ce tour critique, venons-en aux côtés positifs de la presque incontournable investigation sous hypnose.

Les sceptiques n'avaient pas attendu la polémique à propos des faux souvenirs pour dénier toute réalité aux récits d'enlèvements obtenus sous hypnose. En 1977, Alvin Lawson, professeur d'anglais à l'université de Californie (Long Beach)[1] voulut prouver que les récits des abductees étaient des fictions issues de régressions orientées. Il hypnotisa huit étudiants en leur suggérant qu'ils étaient enlevés à bord d'un ovni et leur demanda de décrire ce qui leur arrivait. Il espérait ne trouver aucune différence entre enlèvements « réels » et imaginaires. Bien que les suggestions fussent directrices (« Imaginez que vous voyiez quelques entités ou quelques êtres à bord de l'ovni. Décrivez-les » ou « Vous êtes soumis à une sorte d'examen physique. Décrivez ce qui vous arrive »), les deux types de récits avaient peu de traits communs. Contrairement aux témoignages des

1. *What Can we Learn from Hypnosis of Imaginary Abductions ?*, MUFON Symposium Proceedings, 1977.

abductees, les récits imaginaires présentaient des détails spécifiques particuliers. Quand Lawson suggéra aux étudiants qu'ils allaient subir un examen médical, ceux-ci décrivirent des machines bizarres, des appareils à rayon X, etc., aucun ne parla de prélèvements effectués sur son corps. Lawson commença par en déduire que les histoires étaient imaginaires, celles des « vrais » abductees autant que celles des faux [1]. Un tel verdict ne manqua pas d'être critiqué et Lawson lui-même eut du mal à tirer les conclusions de son expérience. Il admit que les abductees reconnus comme tels présentaient des caractéristiques que l'on ne retrouvait pas dans les enlèvements imaginés :

— les cas réels se produisent involontairement,
— les témoins sont la plupart du temps terrifiés,
— une partie de leur emploi du temps n'a pas été mémorisée,
— l'expérience s'accompagne parfois d'effets physiques,
— des effets physiologiques sont constatés sur le témoin,
— le témoin subit ultérieurement des répercussions psychologiques (cauchemars, phobies),
— il y a des manifestations psychiques et d'autres effets émotionnels.

Alvin Lawson reconnut que tout récit d'enlèvement supposé contenait du matériel à étudier : une conclusion que le rationaliste n'avait pas envisagée.

Des techniques améliorées

Lorsque commencèrent à apparaître les détails scabreux des RR4, les chercheurs durent affiner leurs techniques d'hypnose : il fallait aider les ravis à ne pas opérer de discrimination entre les souvenirs qu'ils voulaient livrer et ceux dont ils n'osaient parler.

---

1. *The Hypnosis of Imaginary Abductees* in Proceedings of the First International UFO Congress, Warners Books, 1980.

Afin d'éviter qu'un détail gênant n'entrave la libération de la mémoire pendant que l'abductee revit une scène pénible, Budd Hopkins, au lieu de lui demander de décrire ce qui lui fait peur, lui fait explorer systématiquement son corps en commençant par les pieds. A chaque étape, il l'interroge sur ce qu'il ressent : est-ce normal ou pas ? Lorsqu'il détecte une anomalie (une stimulation, une douleur, une intervention étrangère), il s'attarde sur cet endroit du corps, et seulement quand le sujet est prêt, lui suggère de raconter ce qu'il est en train de revivre. Il est de bon ton de critiquer Budd Hopkins qui, par son credo sans faille (les enlèvements sont pratiqués par des extraterrestres qui se livrent à des expériences d'hybridation sur les humains), représente avec Jacobs la tendance « abductionniste » la plus dure et la plus intransigeante. J'ai pu visionner un certain nombre de ses régressions et reconnais avoir été favorablement impressionnée par l'extrême prudence avec laquelle il les conduit de façon à ne pas influencer le sujet. Du reste, onze thérapeutes, sans doute à même de juger son travail, font partie de son groupe de soutien et lui demandent assistance.

Autre méthode chez le Dr Richard Haines. Pendant les cas de régression, ce médecin californien (qui travaille pour la NASA) utilise deux micros : l'un placé normalement, et l'autre, près des cordes vocales. Puis il réenregistre simultanément les deux bandes sur un magnétophone stéréo. L'écoute lui permet de noter les subvocalisations qui précèdent les réponses verbalisées et souvent les contredisent (par exemple, on peut entendre le sujet subvocaliser « non », et dire « oui » aussitôt après).

Un dossier qui résiste

L'hypnose ne produit pas systématiquement des scénarios d'enlèvements. Jenny Randles rapporte qu'en

Grande-Bretagne, différents cas de Rencontres Rapprochées ont été explorés sous hypnose pour savoir si un enlèvement ne s'y trouvait pas. Peine perdue. Sur trente-six cas faisant partie d'une étude de Budd Hopkins :

— dans cinq cas, les souvenirs d'enlèvements étaient spontanés (pas d'utilisation de l'hypnose),

— dans vingt cas, l'enlèvement a été découvert par l'hypnose,

— dans onze cas, l'utilisation de l'hypnose n'avait pas révélé de souvenir d'enlèvement.

Un tiers des ravis ont des souvenirs spontanés de leur expérience : ce pourcentage est admis chez tous les chercheurs. Thomas E. Bullard a effectué un travail approfondi pour essayer de savoir si l'hypothèse de la confabulation pouvait expliquer les autres. L'analyse de deux cents cas établit qu'*il n'y a pas de différence entre les souvenirs spontanés d'enlèvements et les souvenirs d'enlèvements retrouvés grâce à l'hypnose*. Les souvenirs d'examens médicaux apparaissent deux fois plus souvent dans les cas d'hypnose que dans les souvenirs spontanés mais il s'agit là de l'exemple type d'événements dont le conscient peut ne pas désirer garder la mémoire car ils constituent la part la plus traumatisante de l'enlèvement.

Toujours selon Bullard, il n'y a « aucune différence significative » entre les données recueillies par des hypnotiseurs expérimentés, par des novices, par des hypnotiseurs croyant en la possibilité des événements et par ceux qui n'y croyaient pas : « L'hypnose produit beaucoup moins de différence que les critiques ne l'ont prétendu. » Un diagnostic qui rejoint celui du Dr Rima Laibow (cette psychiatre — qui connaît bien le dossier des enlèvements — a créé un symposium annuel consacré à la recherche et au traitement des « traumas anormaux expérimentés »). Étudiant les troublantes convergences des récits d'enlèvements, le Dr Laibow remarque :

1. Les ravis appartiennent à tous les milieux, à toutes les cultures.

2. Ceux qui se croient enlevés ne montrent pas d'autres signes de pathologie psychotique, de pensées fausses, d'hallucinations, ou d'obsessions.

3. En dépit de leur origine diverse, de leur personnalité, de leur niveau culturel ou socio-économique, ils racontent les mêmes histoires. Ces narrations n'ont pas la même richesse symbolique que le matériau issu des fantasmes (elles ne sont pas personnalisées et n'ont aucun lien avec la vie de l'abductee).

4. Bien que l'on prétende que cette similitude soit due à l'introjection faite par l'hypnotiseur, un nombre significatif de ces scénarios ont été présentés spontanément, avant que n'ait été utilisée l'hypnose ou toute autre technique visant à faire émerger les souvenirs.

On a beau essayer de rejeter le dossier, il résiste...

Une des meilleures illustrations de cette résistance se trouve dans le cas de Peter Robbins. Aujourd'hui âgé de quarante-neuf ans, Peter est un homme équilibré, calme, aimant la nature. Enfant, ses passe-temps préférés étaient le dessin, la lecture, et ses collections de minéraux, de fossiles et d'insectes.

Le 19 juin 1961, par une belle matinée ensoleillée, Peter, alors âgé de quatorze ans, joue avec sa sœur devant leur maison à Long Island (État de New York). Cinq engins argentés, de la taille d'un avion mais de forme discoïdale, entourés à la périphérie de sortes de hublots jaunes, passent dans le ciel. Peter les désigne à Helen : les objets volent très vite, en formant un V.

Les enfants n'ont jamais vu de telles machines. « Il ne s'agit ni d'avions, ni de dirigeables, ni d'hélicoptères », se dit Peter en énumérant mentalement ce que ces choses argentées ne peuvent être. Les enfants regardent sans mot dire ces machines silencieuses et brillantes qui soudain se figent dans les airs. Elles s'immobilisent et... ne tombent pas. L'idée qu'il pourrait s'agir d'ovnis effleure Peter mais il la repousse : le garçon croit que les ovnis n'existent pas. Peut-être a-t-il la chance d'observer des prototypes secrets. Sans raison apparente, il se met à courir à toute vitesse vers sa maison, laissant Helen dans le jardin. Pendant sa course, il « oublie » les objets et il lui arrive une expérience curieuse : il se sent exister « au ralenti », comme au cinéma. Le jardin bascule dans une luminosité bleue. Une jambe figée en l'air, le pied dans le vide, il tombe avec une infinie lenteur : « Je suis tombé si lentement que j'ai vu le sol de l'allée se rapprocher tout doucement de mon visage. J'ai pu observer le manège des fourmis autour de leur fourmilière : observer les fourmis, ça m'avait toujours passionné. Ma dernière pensée a été : Quelle merveilleuse journée ! »

Et Peter sombre dans le noir total : il perd conscience.

Helen n'a pas cessé de regarder les engins. Surgit, de celui qui se trouve à une extrémité du V, un rayon de lumière bleue. Elle a l'impression que le rayon va toucher Peter mais ne peut détacher son regard des ovnis car elle assiste à un spectacle prodigieux : un vaisseau-mère énorme, « cent fois plus gros que les autres, incroyablement gros, et dépourvu de fenêtre », rejoint sans bruit la formation. Un par un, les ovnis disparaissent, happés par le gros vaisseau qui continue sa course en les absorbant, avant de disparaître à son tour à une vitesse fulgurante.

Peter reprend ses esprits. Il ne sait pas combien de temps il est demeuré inconscient. (Après avoir des années plus tard subi — ainsi que sa sœur — des séances d'hypnose, Peter évaluera la durée de son évanouissement à une vingtaine de minutes.) Il croit entendre dans sa tête, « pas dans les oreilles », sa sœur lui demander : « Ça va ? » Il pense : « Oui, ça va », mais il ne veut pas parler, il se sent dans un état bizarre.

Le récit d'Helen correspond à celui de Peter. Lorsque le « vaisseau-mère » eut disparu, Helen découvre son frère étendu sur le sol. « Je me suis approchée de lui pour lui demander s'il allait bien et, avant que j'aie ouvert la bouche, j'ai entendu Peter me répondre télépathiquement : "Ça va, mais je ne veux pas parler." C'était étrange : nous n'avions pas échangé une parole et nous nous étions bien compris. J'étais dans un état second, je suis rentrée m'enfermer dans ma chambre, au premier étage. »

Les belles machines volantes ont disparu du ciel quand Peter revient à lui. Dans sa chute, il s'est blessé au coude. Douloureux. Lui, qui a toujours été si calme éprouve un sentiment de rage incontrôlable, « presque une envie de meurtre, sans aucune raison », mais sa rage s'évanouit instantanément et se transforme en fierté : il va avoir une belle cicatrice, comme un homme ! Réjoui par cette idée, il rejoint Helen dans sa chambre. Sa sœur ne veut pas lui parler. Alors il descend à la cuisine et annonce à sa mère : « Helen et moi, nous avons vu dans le ciel quelque chose qui ressemble aux soucoupes volantes des films de science-fiction. »

La mère, qui sait que son garçon n'a rien d'un fabulateur, le fixe attentivement : « Tu es certain de ce que tu racontes ? » Oh oui, il en était sûr...

Au cours de l'après-midi, Peter enfourche sa bicyclette et se rend dans une bibliothèque. Pour la première fois de sa vie, il emprunte deux livres sur les ovnis. Ce n'était pas ce qu'il cherchait, m'assure-t-il : « Je désirais trouver des informations sur les nouveaux prototypes d'avions, ou quelque chose qui puisse expliquer de façon scientifique et abordable pour moi l'observation que nous avions faite. » (Peter retrouvera sous hypnose le titre d'un de ces livres : *Flying Saucers have landed*, de Desmond Leslie et George Adamski.)

Les enfants commencent à regarder en silence les photos des ouvrages mais, sans se concerter, décident de ne pas poursuivre. Curieusement, *ils ne parleront jamais de l'incident*. Pendant la semaine, Peter rumine cette histoire impossible ; pour se changer les idées, il prend une petite amie mais n'ose lui parler de cette aventure qu'il ne mentionnera jamais pendant plus de treize années : « A force de volonté, je suis parvenu à oblitérer totalement ce souvenir de ma mémoire. »

En 1975, Peter a vingt-neuf ans. Pour lui, la vie est belle. Il est peintre, fait des expositions, enseigne la peinture dans une école d'art plastique renommée (la School of Visual Arts de New York) et a une *girl friend* : que souhaiter de plus ? Helen s'est lancée dans le rock : elle écrit pour des groupes avec un certain succès. Le frère et la sœur sont restés liés mais ils n'ont jamais reparlé de l'incident.

Au mois de février, Peter est chez lui, à Chinatown. C'est le Nouvel An chinois. Pendant qu'éclatent pétards et fusées, l'histoire vécue en juin 1961 lui revient en mémoire d'une façon abrupte. Comme un film qui se déroulerait dans sa tête. Avec tous les détails. Y compris les fourmis. Inquiétant de se rappeler si bien quelque chose d'aussi fou ! Il appelle Helen :

— Voyons-nous vite : j'ai peur qu'il ne nous soit arrivé quelque chose de terrible quand on était petits. Il faut que tu me dises si ce dont je vais te parler te rappelle quelque chose...

Helen l'interrompt :

— Je sais ce que tu vas me dire...

Le frère et la sœur prennent rendez-vous pour parler de l'incident. Ils font des dessins. Comparent. Identiques.

Helen poursuit :

— Ce n'est pas tout, mais peut-être n'aimeras-tu pas savoir de quoi il s'agit.

Elle lui parle du rayon bleu venu le frapper. Comme un voile se lève dans la tête de Peter : avant de basculer dans le noir, il s'était senti enveloppé de bleu. Ce flash de mémoire l'affole : une lumière bleue, dans le jardin, c'est aberrant ! Il commence par nier ce détail, accuse sa sœur d'inventer mais, préférant être honnête vis-à-vis de lui-même, il s'efforce de raisonner logiquement : « J'acceptais d'avoir vu cinq ovnis, mais je refusais l'idée d'un rayon bleu sortant d'un ovni pour me frapper ! Ce n'était guère cohérent. »

Peter et Helen s'efforcent de traquer leurs souvenirs. Pourquoi Helen ne lui avait-elle rien dit ?

— Quand je me suis penchée sur toi, je t'ai demandé mentalement si ça allait, tu m'as répondu télépathiquement que ça allait mais que tu ne voulais pas, absolument pas, que nous parlions de cela. Jamais. C'est pour cela que nous n'en avons jamais parlé. Tu es mon frère aîné, je te respecte, je t'ai obéi. C'était impressionnant de voir qu'on pouvait se parler sans ouvrir la bouche, sans prononcer un mot. J'y ai souvent pensé. Et j'étais sûre qu'un jour, il nous faudrait affronter cette histoire.

— Pourquoi ?

— Parce que depuis, j'ai des cauchemars particuliers. Je comptais t'appeler la semaine prochaine à ce sujet.

A partir de cette conversation, la vie de Peter change. « Très jeune, j'ai eu la chance de savoir ce que je voulais faire : être artiste, peindre. Après cette conversation avec Helen, j'ai réalisé que j'avais peut-être quelque chose de plus important à faire de ma vie. Qu'il y avait mieux que faire du fric, avoir des bonnes critiques, ou cultiver son ego. J'ai changé, et ma peinture a changé. »

De ce jour, Peter devient obsédé par les ovnis. Il les

représente sur ses toiles, il commence à lire sur le sujet, à correspondre avec les chercheurs. Il connaissait Budd Hopkins en tant qu'artiste, mais en découvrant dans *The Village Voice* son enquête sur l'affaire O'Barski, il entrevoit une piste et demande à Budd de lui faire rencontrer le vieil homme. Helen, Peter et Budd deviennent amis.

En 1976, Peter décide d'entreprendre une psychothérapie. Le secret qu'il sent devoir garder au sujet de son expérience lui pèse. Quand il a une nouvelle petite amie, il ne sait s'il peut lui en parler. Et à ses copains ? A l'époque, le sujet était moins connu que maintenant et Peter est un homme pondéré : « Dans la vie, il faut faire très attention à la façon dont on exprime la réalité. » Le souvenir revenu de son expérience le hante. De façon obsessionnelle. Traumatisante. Ce n'est pas normal. Il choisit, pour sa thérapie, de s'adresser à un disciple de Wilhelm Reich dont il admire l'œuvre : le Dr Baker.

« Chaque fois que je téléphonais au Dr Baker, il me répondait qu'il était très occupé et me demandait de le rappeler la semaine suivante. Il voulait savoir si j'étais réellement motivé. Je suis tenace comme un bouledogue, j'ai tenu le coup : au septième appel, j'ai eu mon rendez-vous. Ça n'a pas été simple d'arriver à lui dire que je venais parce que j'avais eu une expérience de type ovni dont le souvenir m'obsédait. J'ai même pleuré en évoquant cette histoire : je me suis rendu compte que j'avais besoin d'aide. J'avais l'impression qu'on m'avait agressé lâchement, par-derrière. Baker, qui avait observé des ovnis avec Wilhelm Reich et avait publié sur ce sujet, était fasciné par ma rage : “Vous aimeriez faire face à ces aliens, et vous bagarrer avec eux”, m'expliqua-t-il. Grâce à lui, j'ai réussi à accepter mon expérience, au lieu de la refouler comme je l'avais fait pendant plus de treize ans, ou de la dissimuler, comme à l'époque où je me suis rendu chez lui. »

Par la suite, Peter rencontre Pete Mazzola, un des rares policiers spécialisés dans l'utilisation des régressions sous hypnose dans le cadre d'enquêtes criminelles. Ce détective avait créé le Scientific Bureau of Investigations où furent formés plus de huit cents inspecteurs. Il propose au jeune homme de l'hypnotiser. Peter attend un an avant d'accepter. Il se retrouve lors de son aventure, au moment où le jardin était nimbé de bleu. Il se voit tomber au ralenti. Et c'est le noir. On a beau chercher si cet évanouissement (inexplicable chez un garçon en bonne santé) ne dissimule pas un épisode particulier : rien. Par la suite, Peter a effectué plusieurs autres séances de régression. *Jamais d'autres éléments que ceux dont il avait gardé le souvenir conscient n'ont émergé.*

Ce point de l'histoire de Peter est important : il montre que, contrairement à ce que certains affirment, on ne saurait incriminer l'hypnose, ou la confabulation, d'être à l'origine des récits d'enlèvements. Du moins de tous les récits. Nulle situation ne saurait être plus propice aux fantasmes que celle de Peter. D'abord il a eu une expérience ovni qui exerce un effet réel sur lui : un évanouissement sans cause apparente. Par la suite, il s'est totalement impliqué dans la recherche ufologique. Depuis quelques années, il aide Budd Hopkins à faire face au courrier d'abductees (réels ou imaginaires) qui déferle chez l'artiste des quatre coins de la planète, lui demandant de l'aide. En contact permanent avec les drames et les émerveillements de ce dossier chaque jour plus important, il dispose de tous les éléments lui permettant de s'autosuggestionner et de se fabriquer un « solide » scénario d'enlèvement. Il connaît même les détails que les chercheurs ne font pas circuler, pour départager les « vrais abductees » (c'est-à-dire sincères) des fabulateurs [1]. Peter tient bon. Avec lui, pas de contamination. Son histoire, typique des témoins des RR de la précédente génération, ne recèle pas le moindre détail pouvant laisser penser à un enlèvement. Pendant le bref *missing time* qu'il a vécu jeté à terre, il a été « déconnecté ». Comme s'il ne comptait pas. Comme si, pour lui, il n'y avait rien à voir. Mais beaucoup à comprendre.

Si brève et limitée qu'elle ait été, l'expérience de Peter Robbins ne l'a pas laissé indemne : dans son cas comme

1. La plupart du temps, il s'agit de symboles, de caractères ou d'emblèmes que les abductees disent avoir remarqués dans l'ovni, qu'ils décrivent très précisément sous hypnose et dessinent.

dans d'autres, elle a révélé son *pouvoir transformateur*. L'évolution de Peter est symptomatique de ce genre d'histoires. Du jour au lendemain, le peintre oublie son ego, son narcissisme d'artiste, et décide de chercher ce qui se dissimule au-delà du phénomène ovni. Il fait passer sa carrière et son ambition après sa soif de comprendre, montrant par ce choix une modification de la personnalité que l'on remarque souvent chez les expérienceurs, de NDE comme de RR. Les ovnis n'ont pas délaissé Peter. En 1985, Larry Warren, un des officiers de l'US Air Force présents lors de l'affaire de Rendlesham [1], lui proposa d'écrire avec lui un livre sur ce cas. Au cours de leur enquête sur le terrain, les deux coauteurs ont assisté à quelques manifestations d'ovnis dans cette région où, d'après certains témoins, de mystérieux phénomènes continuent à se produire.

Lorsqu'elle s'est fait hypnotiser, Helen a découvert un classique scénario d'abductee avec enlèvements à répétition : salle « d'hôpital » aux murs incurvés et couverts de signes incompréhensibles, machines futuristes, écrans, « petits médecins » répugnants et terrifiants, autres aliens plus grands, plus « humains » et plus sympathiques, examens physiologiques, etc.

Il est difficile de prévoir quelle répercussion une rencontre rapprochée aura sur un témoin. Helen a été moins affectée que son frère par ses aventures ; elle s'est lancée avec succès dans la musique, est devenue auteur-compositeur et a créé un groupe célèbre aux États-Unis, The Helen Wheels Band. Même si elle s'est fait tatouer un ovni près du pubis, pour elle cela, « c'est du passé ».

1. En 1980, un ovni se posa au milieu de cette base militaire américaine, la plus importante d'Angleterre.

6

De la terreur à la communion, un romancier-abductee : Whitley Strieber. — L'horrible scénario sado-sexo-génétique de l'historien David Jacobs. — Une nouvelle conception de la conscience et de la réalité décodée par le psychiatre John Mack. — L'évolution de l'humanité accélérée par les « rencontres extraordinaires », selon le psychologue Kenneth Ring.

Whitley Strieber

On pourrait surnommer Strieber « l'homme qui donna un visage aux petits Gris ». La couverture de son best-seller, *Communion*[1], s'orne en pleine page de l'inquiétante tête chauve aux yeux noirs démesurés qui hante les visités[2]. Vendu à des centaines de milliers d'exemplaires, son récit autobiographique a fait de cette face de cauchemar la figure emblématique des envahisseurs de l'espace.

Depuis qu'il est enfant, Strieber s'intéresse à la conquête spatiale, à la vie extraterrestre, à la science-fiction et... à ce qui fait peur. Auteur de romans fantastiques, ce New-Yorkais d'origine texane a publié plusieurs ouvrages à grand succès *(The Wolfen, The Hunger, Black Magic, The Night Church, Wolf of the Shadows, Cat Magic)* nourris d'histoire de sorcellerie, de sectes, de vampires, de poltergeists, de lavage de cerveau, d'enlèvements par les fées et autres diableries.

1. William Morrow, 1987.
2. L'illustration a été réalisée par Ted Jacobs.

Mais un jour, le monde imaginaire du romancier fit irruption dans sa vie.

Tout commence à la campagne où l'écrivain a invité un couple d'amis pour le week-end. Les Strieber (Whitley, sa femme Ann, et son fils Andrew) et leurs amis quittent New York ensemble et, lorsqu'ils arrivent nuitamment au chalet, ils sont accueillis par une série de manifestations insolites : l'alarme se déclenche, les projecteurs s'allument et s'éteignent, les objets se déplacent tout seuls, les meubles et les luminaires sont pris de folie. Andrew est le seul à trouver cela amusant. Après une brève période d'accalmie, les phénomènes paranormaux reprennent de plus belle au milieu de la nuit. Les appareils de sécurité qui détectent les mouvements se mettent en marche et, cependant, personne ne bouge. Une porte s'entrouvre. Whitley distingue un visage d'humanoïde avec d'immenses yeux obliques. Les autres ne l'ont pas vu mais ils ne vont pas tarder à basculer à leur tour dans l'épouvante. Une éblouissante lumière bleutée envahit la maison et deux hideuses petites créatures à la peau noirâtre apparaissent. Les adultes assistent, terrorisés, à cette intrusion. Des hurlements retentissent au premier étage. C'est Andrew. Seul dans sa chambre, le petit garçon est au bord de la crise de nerfs : « on » a voulu le prendre. Trop, c'est trop. Les amis ne veulent pas demeurer une minute de plus dans une maison pareille, et tout le monde rentre à New York.

Strieber commence sa descente aux enfers.

Une nuit, sa porte s'ouvre[1] pour laisser passer un petit humanoïde aux grands yeux. Strieber se voit nu, en train de voler au-dessus de la cime des arbres, et se réveille dans son lit, avec une douleur épouvantable dans le rectum. Il ne se souvient de rien. La mémoire lui revient peu à peu. Par flashes. Des souvenirs absurdes. Il est assis dans les bois, à côté de deux petites créatures. A nouveau, il vole au-dessus de la forêt, et se

1. Voir au chapitre 7 les explications de Sarah Smith au sujet du « jeu » avec les portes pendant les visites.

retrouve dans une pièce circulaire, assis sur un banc, entouré d'entités d'apparences diverses ; certaines sont des nains repoussants encapuchonnés de bleu. Les pires. Ils veulent lui introduire une aiguille dans le crâne. Strieber les implore et, avec la modestie dont il est coutumier, les prévient qu'ils risquent d'endommager un « cerveau exceptionnel ». Aucun succès. Alors il tente une diversion et demande à sentir leur odeur. Docilement, les petits êtres se laissent humer (certains sentent le carton, d'autres fleurent bon la cannelle[1]), mais cette légère concession ne lui évite pas la perforation de la boîte crânienne. Le pire était à venir. Après une incision dans le pied, Strieber doit subir un très douloureux examen du côlon et du rectum avec prélèvement de tissus et de matières...

Les visites se succèdent avec leur contingent d'épisodes terrifiants qu'on croirait sortis des romans qu'il publiait à l'heureux temps où il pianotait fiévreusement sur sa machine. Depuis, il est incapable d'écrire. Il se sent déprimé. Traqué. D'horribles entités (des nains et de grands humanoïdes) viennent l'enlever au milieu de la nuit et persistent à le soumettre à d'impitoyables examens. Ces souvenirs (conscients, Strieber se fera hypnotiser beaucoup plus tard) l'affolent : il craint de sombrer dans la démence ou d'avoir une tumeur au cerveau. Il sent des « êtres étranges » dans sa maison la nuit, vérifie les placards et regarde sous les lits avant de se coucher. L'angoisse ne le quitte plus. Il s'endort avec une arme à portée de main, fait installer des systèmes d'alarme sophistiqués.

A la suite de ces visites, il constate d'inexplicables problèmes de santé : infection de l'index, douleur rectale, saignements. La maison est emplie d'incompréhensibles odeurs de carton, de cannelle ou de fromage. Il vend son chalet et son appartement, part s'installer à Austin (Texas) pour revenir à New York : il n'est bien nulle part. Alors il tente, par l'écriture, une sorte d'exor-

1. Cette odeur est fréquemment rapportée. Voir Ed Walters, dans l'affaire de Gulf Breeze.

cisme et essaye de transposer dans une nouvelle ses aventures en leur donnant un aspect positif, mais il s'épuise. Il ne peut plus créer. Son caractère se modifie ; d'anxieux, il devient agressif. Son comportement, de plus en plus étrange, est difficile à supporter. Ann menace de divorcer tant il est devenu irritable et caractériel.

Ayant entendu parler de Budd Hopkins, il se met en rapport avec lui. Budd déclara : « C'est le seul abductee pour lequel j'ai exigé qu'il voie un psychiatre avant d'entreprendre une régression hypnotique. »

Pendant les séances, Strieber se voit environné de gnomes qui, en lui touchant la tempe avec une baguette argentée, font défiler dans sa tête des images de destruction, de fin du monde, d'incendies. Il doit même assister à la mort de son père (mais la projection mentale ne correspond pas au décès réel, survenu quelques années auparavant). Une hideuse femelle ET vieille, chauve, avec une énorme tête et des yeux d'insectes l'agresse sexuellement. Strieber pense que les visiteurs cherchent à le briser : son fils aussi se fait enlever.

Les aventures de Strieber sont un peu différentes de celles des autres abductees. Plus magiques et plus sadiques à la fois. Plus riches, avec une variété de visiteurs et d'expériences inédites. Plus artistiques, avec leurs manifestations de figures géométriques dont certaines lui apparaissent sur le corps. Mais elles comportent les épisodes incontournables : paralysie, examens cliniques, saignements, implants dans la cavité nasale.

Faute de pouvoir écrire un roman, il s'attaque à la rédaction de ses angoissantes expériences qu'il tente de considérer avec un certain recul, ne sachant comment les interpréter. Il a l'intuition que ses visiteurs ne sont pas seulement des tortionnaires : en dépit de leur cruauté, ils semblent représenter l'expression d'une sorte d'intelligence, avec laquelle il doit négocier. Il s'efforce de maîtriser sa peur et, à l'entendre, développe des rapports particuliers avec les gnomes, parvenant à les faire disparaître d'un sourire.

Les « expériences vécues » de Strieber et celles qu'il inventait dans ses écrits antérieurs (de fiction) présentent de troublantes similitudes et on pourrait se demander si son histoire ne se résume pas à un habile montage, un « coup » délibéré pour relancer un auteur en mal d'inspiration par l'utilisation de ce thème des enlèvements qui commence à fasciner l'Amérique. S'il est possible que Strieber ait amélioré son récit (après tout, ou plutôt avant tout, il est romancier), l'hypothèse du canular ou de l'imposture peut néanmoins être écartée[1].

Soucieux de sa crédibilité, Strieber passa sans problème l'épreuve du détecteur de mensonges. Il y a plus intéressant. Par tous les moyens, Whitley Strieber s'est efforcé de comprendre ses aventures avec les aliens. D'en avoir une preuve objective. Il n'a cessé de se poser des questions. Ces expériences, qui le terrifient et le détruisent, sont-elles réelles ? Son corps meurtri, son fils terrorisé, les poltergeists, les voix qui lui parlent et que sa femme entend parfois lui semblent autant de phénomènes concrets. Mais s'il se leurrait, si ces expériences lui venaient de vies antérieures ? S'il ne s'agissait que d'images surgies de l'inconscient qu'il doit apprendre à interpréter ? Paniqué à l'idée qu'il était peut-être en train de devenir fou, il se soumit à toutes sortes d'expertises psychiatriques, de tests psychologiques, d'examens neurologiques sophistiqués. Dans l'espoir de découvrir dans sa tête la présence d'implants qui auraient pu agir sur son comportement, altéré depuis ces visites, il passa divers EEG, scanners et IRM. Les examens établirent que ses expériences ne pouvaient être expliquées par aucun trouble psychologique ou physiologique connu ; l'IRM révéla dans son cerveau une énigmatique « masse blanche », identique à celle qui fut remarquée chez quelques abductees[2] qui

1. Ed Conroy consacra un gros ouvrage (passionnant) à ce soupçon dont Strieber sort blanchi, *Report on « Communion » : An Independent Investigation and Commentary*, William Morrow, 1989.

2. Dont Alice Haggerty.

soutenaient que les aliens leur avaient inséré un implant dans la tête.

Le cas Strieber est un exemple de la malice du phénomène ovni qui aime se manifester de la façon la moins crédible possible. Comme « opération camouflage », les aliens ne pouvaient guère mieux trouver que d'enlever un auteur à l'imagination si féconde.

D'abord refusé par cinq des treize éditeurs à qui le manuscrit avait été soumis, *Communion* connut un succès considérable et figura pendant sept mois sur la liste des best-sellers. Présentée comme vécue, cette histoire d'un auteur et de sa famille soumis au harcèlement des visiteurs et riche de détails peu réjouissants (aiguilles enfoncées dans le cerveau, sondes nasales, instruments introduits dans les yeux ou le rectum) impressionna tant les éditions William Morrow qu'elles firent signer à Strieber un contrat d'un million de dollars.

L'ouvrage devait s'appeler *Body Terror* mais, à en croire Strieber, les aliens ne l'entendaient pas ainsi et le lui firent savoir par l'intermédiaire de sa femme. Une nuit, Ann se mit soudain à parler d'une voix masculine très grave pendant son sommeil :

— Le livre ne doit pas effrayer les gens. Tu dois l'appeler *Communion* parce que c'est bien de cela qu'il s'agit.

A la suite de cet « ordre », Strieber modifia son titre (un changement significatif de la relation qu'il tenait à instaurer avec ses apparents envahisseurs[1]). Un mois plus tard, il appela Hopkins qui s'apprêtait à publier *Intruders* pour le mettre en garde. Budd devait différer la sortie de son ouvrage et en changer le titre (*Intruders* signifie « les intrus ») pour choisir quelque chose de plus agréable pour « eux » sous peine de s'exposer à de sérieux ennuis : « ils » n'aiment pas ce titre, affirma-t-il.

« Obéissance » aux visiteurs, ou inquiétude d'un auteur sachant que son rival va publier un ouvrage sur

1. L'ouvrage qui fait suite à *Communion* a un titre plus éloquent encore : *Transformation*.

nomène de société dont la thématique est loin de le laisser indifférent : il avait consacré sa thèse à la polémique autour des ovnis aux États-Unis. Ignorant les critiques de ses pairs, il apprend l'hypnose et passe à la pratique, peu avare de sa peine quand il explore un cas : certains de ses ravis ont droit à une trentaine de séances de régression ! En cinq ans le prof d'histoire affiche un joli score : 325 séances d'hypnose à soixante abductees.

Plus il rassemble de données, plus le phénomène lui apparaît structuré selon un ordre rigoureux. Il se met à l'œuvre avec une obsession du déroulement chronologique qu'on croirait issue du *Malleus Maleficarum*, quand les juges exigeaient des « sorciers » une confession entièrement conforme à la liste de méfaits préétablie par la Sainte Inquisition : s'il manquait un épisode, si un détail du sabbat n'était pas inséré dans la confession au moment précis où les inquisiteurs décrétaient qu'il aurait dû se trouver, les « aveux » ne pouvaient être considérés comme valables et il fallait reprendre l'interrogatoire depuis le début en serrant d'un cran les brodequins, les roues et autres instruments de torture. Avec Jacobs — la même démarche se retrouve chez Edith Fiore —, si le récit n'est pas restitué avec les détails désirés et dans l'ordre souhaité, on recommence l'hypnose. Encore et encore. La mécanique est huilée, l'ordre finit par régner et le résultat ne se fait pas attendre. L'historien peut présenter son constat sous forme de certitude : « ... les humains ont été utilisés afin de produire une autre forme de vie, une vie secrète [1]. »

Sa façon d'interroger, « si précise et si méticuleuse », lui a permis de découvrir des *informations* dont « personne n'a jamais entendu parler », nous assure-t-il. Convaincu que *son* schéma — et celui-là seul — est juste, il possède le discernement qui lui permet de trancher d'autorité : tel détail est « vrai », tel autre n'est qu'un leurre. Ce que les abductees rapportent ne corres-

1. David M. Jacobs, *Secret Life*, *op. cit.*

caméra n'a pas fonctionné, donc les aliens sont intervenus, donc j'ai été enlevé. Une suggestion encore plus efficace si le ravi se fait régresser par l'inventeur du système de détection : on sait que, sous hypnose, le patient a tendance à vouloir satisfaire les désirs — même inconscients — de l'hypnotiseur : les circonstances sont ici propices à la confabulation et l'intérêt du dispositif de Jacobs me semble plus que limité.

David Jacobs prédit une *croissance exponentielle* des enlèvements qui, selon lui, auraient débuté à une petite échelle il y a une centaine d'années et ne cesseraient de se perfectionner : la quantité de temps et d'efforts que les aliens consacrent à leur programme de reproduction augmente au rythme de la multiplication du nombre des ravis (ses abductees lui décrivent fréquemment des salles avec deux cents tables sur lesquelles les humains sont à différents stades de l'examen médical). L'avenir s'annonce sombre. Aussi sa conclusion est-elle dramatique :

« Nous avons été envahis. Ce n'est pas une occupation, c'est une invasion. Actuellement nous ne pouvons pas faire grand-chose ou plutôt nous ne pouvons rien faire pour l'arrêter[1]. »

John E. Mack

Face aux mêmes événements allégués, l'approche du Dr John Mack diffère radicalement de celle de David Jacobs : « Il est inutile et stérile de chercher à connaître les détails physiques de l'enlèvement, l'essentiel est la communication avec les aliens[2]. » Mack ne s'en tient pas à la phénoménologie de l'abduction : sa démarche, plus ambitieuse, vise à établir la signification métaphysique d'une expérience qui élargit les conceptions traditionnelles de la conscience et de l'identité humaine, en

1. *Secret Life, op. cit.*
2. John Mack, *Abduction..., op. cit.*

situant l'homme à sa place, dans un Cosmos qui ne se limiterait pas à la Terre. Avec lui, l'inévitable scénario médico-sexo-génétique perd son apparente prédominance et s'estompe derrière des aventures plus étonnantes : celles de la conscience humaine. Les abductees cherchent avant tout à communiquer les informations reçues pendant leur Rencontre avec les aliens, souligne le psychiatre.

A la fois pratiquant et enseignant (il est professeur à l'école de médecine de Harvard dont il a contribué à la renommée), John Mack est une personnalité éminente de la psychiatrie américaine. Bien qu'il ait toujours fait preuve d'une grande ouverture d'esprit aux techniques d'exploration spiritualiste de la psyché en vogue en Californie, rien ne laissait présager sa subite et profonde passion pour ce dossier suspect. On le pensait plus concerné par les problèmes d'armement nucléaire, de paix mondiale et d'écologie, que par d'éventuels ET. En réalité, ce sujet offrait un prolongement logique à ses réflexions sur les limites de la perception humaine.

Fin 1989, Budd Hopkins l'initie à la problématique des enlèvements. Le Dr Mack reste de marbre : les cabinets psychiatriques regorgent d'histoires délirantes, alors celles-ci... Aidé de Jacobs, Budd revient à la charge et plaide pour l'importance de ce phénomène. La démarche se veut stratégique : si un homme du poids de Mack, que les spéculations non conventionnelles n'ont jamais effarouché, parvenait à s'enflammer pour leur sujet, il parviendrait à le hisser à la dignité des grands débats académiques. Hopkins le convainc d'assister à ses séances de régression sous hypnose. D'abord sceptique, Mack est intrigué et bientôt fasciné par ces personnes « intéressantes et merveilleuses » dont il ne peut expliquer les expériences du point de vue de sa spécialité. Stupéfait par ce qu'il voit (l'expression de la terreur absolue) et entend, il admet que rien durant ses quarante années de pratique de la psychiatrie ne l'avait préparé à cela : « Je ne connais aucune expérience traumatisante de ce type (accompagnée de

Mais avant de disposer de cette importante information, le Dr Mack a une certitude : nous pouvons être envahis et capturés par d'autres formes d'êtres et de consciences dont nous ne discernons pas le but. A partir de ce premier bilan, le Dr Mack va déclencher une vaste offensive pour élucider l'énigmatique phénomène. L'investigation d'un enlèvement requiert un élargissement de la conscience de façon à être capable de concevoir au-delà des possibilités de notre technologie actuelle et de perceptions de la réalité, note-t-il. Cette entreprise le passionne. Il récapitule ses atouts. D'abord ces témoignages ne sont pas des symptômes de rêves ou d'hallucinations, ni de démence. En tant que praticien, il en a la preuve : « Lorsqu'un sujet en proie à des fantasmes ou à des hallucinations est encouragé à raconter ses histoires, son état empire. Ces gens-là, au contraire, vont mieux et éprouvent un grand soulagement dès qu'ils rencontrent quelqu'un avec qui ils peuvent partager ce mystère [1]. » Ensuite, il estime disposer de certains éléments qui, en dehors de toute spéculation intellectuelle, plaident pour la réalité des faits allégués :

— les observations indépendantes d'ovnis près du lieu de l'enlèvement et au même moment,

— les effets physiques pouvant être constatés sur les témoins,

— les témoignages d'enfants trop jeunes pour développer des structures psychologiques leur permettant d'inventer de tels récits.

Il est prêt. Généreusement subventionné par deux mécènes (Laurance Rockefeller et Robert Bigelow) et par la Human Potential Foundation, le Dr Mack organise un groupe de soutien aux ravis, crée PEER, un programme de recherche sur les enlèvements, participe à l'élaboration du questionnaire pour le sondage Roper, organise le séminaire d'études au MIT, donne des conférences, collabore à la scénarisation d'*Intruders* pour

1. *Abduction..., op. cit.*

la télévision et s'attaque à la rédaction d'un gros ouvrage dont le titre — *Enlèvement : rencontres humaines avec les aliens* — ne laissera pas place à l'ambiguïté. (Dans ce livre, paru en 1994, Mack exposa treize cas sélectionnés parmi les soixante-seize ravis, quarante-sept femmes et vingt-neuf hommes dont l'âge varie entre deux et cinquante-sept ans, qu'il a interviewés et hypnotisés en quatre ans.)

Il milite sur tous les fronts et répète qu'il juge valable, d'un strict point de vue professionnel, de présenter ces cas et d'établir qu'il ne s'agit pas d'un phénomène susceptible d'être expliqué en termes d'hallucination ou de scénario de remplacement pour des abus physiques ou sexuels subis pendant l'enfance. Il s'attache à changer « l'image de marque » des enlèvements coincés entre les contes d'horreur et les récits de science-fiction. Les histoires des ravis n'ont rien de frivole ou d'anecdotique, explique le psychiatre, elles renvoient à des questions essentielles et nous obligent à repenser notre conception de l'identité humaine : « Ce phénomène, à la fois traumatique et transformateur, peut élargir notre sens de nous-mêmes, notre compréhension de la réalité et éveiller notre possibilité, jusque-là muselée, d'explorer un univers riche en mystère, en sens et en intelligence [1]. »

Il a l'intuition que ce phénomène correspond à l'irruption d'une sorte d'intelligence dans la vie des expérienceurs. Une hypothèse guère admise par ses pairs mais il n'a que faire des sentiers battus (au cours d'une interview accordée au magazine *Esquire*, Mack n'a pas hésité à dire que, dans une vie antérieure, il avait vécu en Russie au XVIe siècle, et qu'il avait vu une bande de Mongols décapiter son fils âgé de quatre ans). Les ravis l'ont convaincu de leur totale sincérité et de leur équilibre mental, ils ne souffrent d'aucun délire imaginatif (« certains n'ont aucune imagination ») ; sans qu'ils aient pu communiquer entre eux, ils rapportent des expériences identiques, aussi prend-il le risque d'affir-

1. *Abduction..., op. cit.*

mer que quelque chose de *réel* leur est arrivé, en se rendant compte à quel point son discours peut être nuisible à sa propre réputation : « Pour un clinicien comme moi, formé à la tradition occidentale, le travail sur les cas d'enlèvements présente un défi particulier étant donné que la plupart des informations qu'on y trouve ne cadrent pas avec notre conception de la réalité. » Prendre en considération les RR4 (ou les NDE) au cours desquelles les expérienceurs sortent du temps et de l'espace, parlent d'interaction avec un monde invisible, est incompatible avec l'interprétation prévalente (seulement physique ou matérielle) du monde qui nous entoure. Une interprétation provisoire. L'exploration des enlèvements l'a amené à se conforter dans l'idée (déjà soutenue en 1962 par Thomas Kuhn dans *La Structure des révolutions scientifiques*) que les idées, la science et les paradigmes[1] changent, et qu'il ne faut plus s'embarrasser de la dichotomie classique : intérieur/extérieur, réel/non-réel, psychologique/externe, arrivé/non-arrivé, objectif/subjectif. Les dogmes scientifiques actuels et l'éducation amputent l'homme, lui permettant seulement d'accéder à la réalité physique ordinaire perceptible par les sens qui ne constituent qu'une partie de la réalité. Nous nous sommes coupés des réalités multiples que les « expérienceurs » découvrent lors de leur enlèvement, affirme John Mack : l'homme n'est pas seul dans l'univers et, par le truchement de l'abduction, les ravis ont retrouvé — involontairement — la connexion. Une telle perspective l'enthousiasme : les aliens font évoluer l'humanité.

Qu'un professeur de Harvard ne se contente pas de s'interroger sur l'éventuelle existence d'entités, mais postule que des êtres venus de l'au-delà puissent pénétrer dans notre monde et développer une technologie leur permettant de transcender nos lois physiques et

1. Un paradigme est un modèle intellectuel qui permet de comprendre et d'expliquer certains aspects de la réalité. Le remplacement de la physique newtonienne par la théorie de la relativité d'Einstein a constitué un changement de paradigme.

pénétrer dans les maisons, les voitures, ou même dans les corps, fit l'effet d'une bombe. Son ouvrage, très attendu, suscita autant d'emballements que de réticences ou de rejets, mais il bénéficia d'une importante couverture médiatique. La presse fit ses gros titres sur le sensationnel, les témoignages d'expériences sexuelles avec les aliens, sans s'attarder sur la leçon que le psychiatre dégageait d'une telle expérience : nous participons d'un univers empli d'intelligences dont nous sommes séparés parce que nous avons perdu l'usage des sens qui nous permettaient de les appréhender. Mack n'en parut pas surpris. L'époque n'avait pas été assez préparée à comprendre la signification de cette intervention alien. Dans son propre livre, il déplorait qu'aucun ouvrage consacré aux abductions n'ait su rendre compte de l'implication de ce phénomène dans « l'élargissement de la conscience humaine et son ouverture à des réalités qui se manifestent au-delà du monde physique et de la nécessité de changer notre place dans l'ordre cosmique pour que les systèmes vivants sur Terre survivent au besoin de destruction de la race humaine. »

Palpés, sondés, perforés, violés dans leur chair, ses abductees lui parlent de la pénétration dans leur conscience d'une autre forme d'intelligence qui les ouvre à d'autres réalités. L'enlèvement a changé leur perception d'eux-mêmes, du monde, de leur place dans l'univers et sur la Terre, de leur sens des responsabilités vis-à-vis de leur planète. Dans les aliens, ils ont rencontré des éveilleurs qui ont modifié leur conscience de deux façons : *via* la communication télépathique d'esprit à esprit, et *via* des images très fortes projetées sur des écrans (holocauste nucléaire, pollution, tremblements de terre apocalyptiques, déluges, inondations...). Les visions cataclysmiques sont souvent prises par les ravis pour des visions prophétiques alors qu'elles n'ont sans doute pour but que d'éveiller leur conscience. Utilisant des images, dont l'impact est plus profond et immédiat que le discours ou la lecture, les entités prouvent qu'elles connaissent bien le fonctionnement du psychisme humain : « Pratiquement tous les enlevés avec qui j'ai travaillé de façon approfondie ont fait preuve d'une volonté de changer leur relation à la Terre, d'y vivre en plus grande harmonie avec les autres créatures. Chacun semble décidé à transformer ses relations avec les autres personnes, d'exprimer plus ouvertement leur amour et de dépasser leur agressivité », écrit-il dans *Abduction*. Cette expérience est réelle et indique la présence actuelle d'une forme d'intelligence qui se préoccupe de la vie sur Terre et intervient directement sur l'évolution de la conscience humaine. Mais comme aucune des caractéristiques de l'enlèvement n'a de sens pour la conception scientifique occidentale du monde, il est absurde de vouloir trouver une explication conventionnelle à un mystère, reconnaît le psychiatre.

Kenneth Ring

Pour John Mack, l'enlevé entreprend une sorte de « voyage du Héros », cette épreuve initiatique rapportée par toutes les grandes traditions : après être descendu aux Enfers où il doit affronter la peur et la vaincre, le héros peut transcender les limites de son ego et revenir vers les siens investi de pouvoirs et de connaissances. De la même manière, les ravis terrifiés et torturés voient leur conscience s'ouvrir à des dimensions inconnues du cosmos et de la psyché humaine, ils sont dotés d'une forme de savoir (qu'ils ne comprennent pas toujours) indispensable à la progression de l'humanité.

De façon toute différente, le Pr Kenneth Ring était parvenu à des conclusions très voisines.

Professeur de psychologie à l'université du Connecticut, Kenneth Ring s'est fait connaître par son étude des expériences de mort imminente, les NDE[1]. Il y insistait sur leurs *répercussions*, un aspect un peu négligé des

1. Voir *Sur la frontière de la vie* et *En route vers Oméga*, éd. Robert Laffont, 1982 et 1991.

autres chercheurs tout à la fascination des récits. Quelle que soit la réalité objective des NDE, leurs effets sont réels et mesurables : l'existence de ceux qui les rapportent s'en trouve profondément modifiée. Le psychologue s'attacha à établir l'inventaire et la convergence de ces changements, d'en dégager la portée : les expérienceurs, explique-t-il, sont les premiers humains à entreprendre le nouveau processus d'évolution collective dans laquelle s'engage notre espèce et qui la conduit vers ce que Teilhard de Chardin appelait le point Oméga[1]. Les NDE sont des expériences catalytiques à haut pouvoir transformateur qui propulsent l'espèce humaine à un niveau plus élevé de conscience spirituelle et de fonctionnement psychophysiologique et Ring propose de les considérer comme un moyen de hâter cette évolution. Au début des années quatre-vingt, un sondage Gallup évaluait à 8 millions le nombre de personnes ayant vécu ce type d'expérience aux États-Unis. Le phénomène n'en était qu'à ses débuts. Selon l'hypothèse de Ring, l'actuelle multiplication des NDE semble indiquer qu'une partie de l'humanité se trouve déjà « en route vers Oméga », aussi le psychologue donna-t-il ce titre à son deuxième livre sur les expériences de mort imminente.

C'est de façon tout accidentelle que Kenneth Ring découvre les RR4. « L'accident » arrive par la poste et a un visage. Celui, hideux, de l'ET représenté sur la couverture de *Communion* dont son éditeur lui adresse un exemplaire, le priant de le lire de toute urgence : le sujet pourrait s'approcher de ses recherches. Ring est choqué : il n'a pas de temps à perdre pour de pareilles sornettes et il n'entrevoit aucun rapport entre les « sublimes et joyeux événements » des NDE et ces cauchemardesques interventions de tortionnaires extrater-

---

1. Selon Teilhard de Chardin, les consciences individuelles s'uniront dans un futur proche et constitueront une entité psychique globale qui parviendra, notamment, à objectiver les désirs de l'humanité en les transcendant. L'auteur du *Phénomène humain* appelait « point Oméga » cette ultime étape de l'évolution humaine.

restres. Il commence par cacher le livre (« Pas question que quelqu'un puisse entrer dans mon bureau et apercevoir un tel ouvrage sur ma table de travail ! ») mais finit par céder aux pressions de son éditeur. Très à contrecœur, il ouvre *Communion*. Sa répugnance instinctive cède la place à l'intérêt, puis à la fascination. Il est pris, lui aussi. Ce qui se présentait d'abord comme un voyage au bout de la terreur avec de monstrueuses créatures non humaines venues enlever et torturer l'auteur, le menant au bord du suicide, se transformait peu à peu en quête de sens, en élargissement de tout le paysage mental de la victime. A force de chercher à comprendre ce qui lui arrivait, Strieber était parvenu à dégager quelques aspects positifs de ses épreuves, à remettre en question ses optiques et ses préoccupations. Ring est saisi : Strieber subit une transformation analogue à celle que provoque la NDE ! Se pourrait-il que, d'une manière ou d'une autre, des phénomènes aussi différents que les NDE et les RR soient tous deux l'expression d'une source commune, qui aurait pour dessein d'éveiller l'espèce humaine à « une vérité dont elle a actuellement désespérément besoin pour assurer non seulement sa propre survie, mais la persistance de toute forme de vie[1] ». L'expérience de l'enlèvement pourrait-elle, comme la NDE, provoquer une sorte de *mutation spirituelle* ? Car c'est bien là pour lui le plus intéressant, il a toujours affirmé que la clé de la signification des NDE résidait dans les répercussions qu'elles déclenchent.

Tout de suite, il lui apparaît que les chercheurs se sont fourvoyés en s'obstinant à chercher une cause psychopathologique aux abductions, aussi décide-t-il d'effectuer une étude comparative des deux types d'expérienceurs (de NDE et de RR4) dans une tout autre approche : déterminer si des dispositions psychologiques particulières ou des événements spécifiques

---

1. In *Projet Oméga : Expériences du troisième type-NDE*, Age du Verseau, 1994. (En dépit du titre donné à cette traduction française, *Projet Oméga* ne traite pas des expériences du 3ᵉ type, mais du 4ᵉ type...).

pourraient prédisposer certains sujets à effectuer des rencontres inusitées.

Ring commence à explorer l'importante littérature consacrée aux abductions. Il s'entretient avec les chercheurs, les témoins, remarque, à son tour, un certain nombre d'éléments dont la permanence suggère qu'il s'est produit quelque chose de plus qu'une simple distorsion de la perception. Les enlèvements, qui débutent toujours dans un climat d'étrangeté où le témoin a l'impression d'être « sous surveillance », commencent dans la petite enfance (quand le sujet a cinq ans) et se reproduisent dans la vie du sujet ; ils interviennent dans un contexte personnel déjà riche d'événements paranormaux, mettent en scène des « créatures » au comportement identique, et surtout provoquent des répercussions indiquant que ces expériences sont *réelles quant à leurs effets*. Plus Kenneth Ring étudie les dossiers, plus son intuition se confirme : il existe des liens, passés inaperçus, entre les NDE et les RR4, de même qu'entre les personnes ayant vécu ces expériences.

Dans ses deux précédents ouvrages, Ring avait déjà prouvé l'intérêt d'une approche scientifique pour ce phénomène paranormal, dans le sens le plus large du terme, que constitue la NDE. Pour son travail comparatif, il opère de la même manière, utilisant des analyses statistiques, à partir de réponses à un questionnaire très élaboré (plus de trois cents questions) envoyé à des personnes impliquées à différents niveaux dans les phénomènes ovni et NDE et dont certaines, qui n'ont pas vécu d'expérience, servent de groupe de contrôle.

L'idée d'établir les corrélations entre les deux types d'expérienceurs s'avère fructueuse : Ring apporte un nouvel éclairage sur les abductions. S'il rejoint certaines données de ses collègues (les ravis ne sont pas enclins aux fantasmes), il établit que, contrairement aux idées reçues, ceux qui rapportent ces expériences « anormales » appartiennent à une catégorie spéciale de la population : des êtres sensibilisés aux réalités non ordinaires depuis l'enfance où ils ont vécu divers types d'événements inhabituels et qui, la plupart du temps, ont vu des entités non physiques ou des ovnis. En résumant son vécu insolite au Pr Ring, Gina Willoughby, une bibliothécaire de trente-sept ans, le prévient : « Ma vie est un véritable pot-pourri d'expériences paranormales. » Et elle cite pêle-mêle des OBE, des plongées « dans un autre plan de réalité », des rencontres avec des créatures non humaines, des contacts suivis avec des entités, des visions de « fées »...

Depuis longtemps déjà, les enquêteurs avaient remarqué les facultés psy des ravis : « L'ampleur des phénomènes parapsychiques signalés par les témoins ne peut être ignorée... il existe bien une corrélation entre les enlèvements rapportés par les témoins et leurs rencontres étranges faites auparavant », écrit Jenny Randles[1]. Ring parvient à dégager un profil particulier qu'il dénomme « personnalité prédisposée aux Rencontres » : un type d'individu qui, dans l'enfance, a pris l'habitude de s'impliquer profondément dans une autre réalité, souvent pour fuir des circonstances tragiques. Les traumatismes subis pendant l'enfance jouent un rôle capital dans le développement de la sensibilité aux ovnis et aux NDE[2]. Un enfant soumis à la violence physique, à des abus sexuels ou à d'autres traumas cherche à se distancer mentalement de l'univers menaçant qui l'entoure par un réflexe de *dissociation*. Dans la vie courante, chacun peut réagir de cette manière qui n'a rien de pathologique tant qu'elle n'engendre pas de trouble :

---

1. In *Abduction*, Robert Hale, Londres, 1988.

2. L'hypothèse d'enfants malheureux et abusés est contestée par de nombreux chercheurs. Après l'expérience faite par E. Slater, le Dr Clamar et Budd Hopkins adressèrent dix abductees à Donald Klein, directeur de recherche de l'Institut psychiatrique de l'État de New York. Tous les dix sujets ont été reconnus sains mentalement mais présentant tous un haut degré d'anxiété. Un seul avait des problèmes d'alcoolisme mais aucun n'avait été dans son enfance victime d'abus sexuels, ou de parents alcooliques. David Jacobs est catégorique : « Pour l'instant, aucun chercheur, aucun thérapeute n'a trouvé un seul cas d'enlèvement qui soit sans ambiguïté engendré par des abus sexuels ou physiques. »

lorsqu'une situation nous ennuie, nous pensons à autre chose. Et Ring avance l'hypothèse suivante. La dissociation peut favoriser le développement d'une aptitude appelée *capacité d'absorption*[1]. En prenant du recul, l'enfant se branche sur des réalités non ordinaires dans lesquelles il s'absorbe parce qu'il s'y sent en sécurité : « En se déconnectant du monde ordinaire, on ne devient pas amorphe ou insensible pour autant — bien que cela puisse arriver dans certains cas —, on va ailleurs : on s'ouvre à d'autres réalités, celles où se produiront les NDE et les rencontres avec les ovnis », m'explique-t-il. « Celui qui, enfant, a développé des tendances à la dissociation et a eu accès à d'autres réalités, est accoutumé aux états inhabituels de conscience où il a souvent trouvé refuge. Par la suite, lors du choc d'une NDE ou d'un enlèvement, sa familiarité avec des réalités non ordinaires lui permettra de basculer dans cet état particulier de conscience qui permet d'observer ces événements inhabituels. Il pourra "voir" et se rappeler ce qui échappera à la conscience d'autres personnes qui n'ont pas eu son passé traumatisant ou ne possèdent pas ces aptitudes élargies de perception transcendant les limites normalement reconnues. Ces expériences sont sans doute plus répandues qu'on ne le pense. »

L'autre partie du travail de Ring fournit les bases statistiques permettant d'évaluer les changements psychophysiologiques, psychologiques, moraux et spirituels consécutifs à ces expériences. Grâce à son questionnaire, il a obtenu un balayage exhaustif des transformations des témoins. Le bilan est impressionnant par l'ampleur et la diversité des bouleversements constatés. Après ces Rencontres (NDE et RR4), c'est l'être dans sa totalité qui se trouve affecté. Non seulement les expérienceurs découvrent un autre sens des valeurs, mais

1. L'absorption est la capacité de se concentrer sur une réalité intérieure en faisant abstraction des événements de la réalité extérieure. La fréquence des expériences visionnaires et mystiques est liée à la puissance de l'absorption.

ils font état de changements psychophysiologiques, neurologiques, et émotionnels profonds : pression artérielle plus basse, taux de métabolisme abaissé, température du corps plus basse, sensibilisation générale à la lumière, aux sons, à l'humidité, à diverses substances telles que l'alcool et les médicaments (tout cela a été mesuré par Ring). Ils mentionnent la modification de leur système nerveux, l'accroissement de leur émotivité, les « modifications structurales » de leur cerveau, leur remise en question de leurs concepts, leur capacité à intégrer davantage d'informations, l'action qu'ils exercent (involontairement) sur les appareils électriques et électroniques. Ce dernier détail attire l'attention de Ring. L'astrophysicien anglais Michael Shallis parle d'un syndrome de « sensitivité électrique » à propos des sujets dont les montres digitales s'arrêtent et qui détraquent, de façon générale, tous les équipements électriques ou électroniques. Il a remarqué[1] les traits communs présentés par ces sensitifs électriques : facultés psychiques, don de guérison, problèmes d'allergie, sensibilité excessive à la lumière et au bruit, hyperémotivité... Ainsi Sheila, une des « piles humaines » étudiées par Shallis, se charge d'électricité statique, n'ose caresser un chien de peur de le blesser, voit des éclairs bleus jaillir de son fer qu'elle détraque quand elle repasse, arrête les magnétoscopes et les télévisions, fait exploser les ampoules électriques... Les statistiques de Ring montrent que les NDE et plus encore les enlèvements transforment les expérienceurs en « sensitifs électriques » qui, après leur Rencontre, entretiennent les plus mauvais rapports avec leurs ordinateurs, lampes, répondeurs, aspirateurs. N'y aurait-il pas quelque chose dans ces deux expériences qui affecterait le champ électromagnétique de l'expérienceur ? Depuis les débuts de l'ufologie, les chercheurs avaient tout de suite imputé divers effets du phénomène ovni à l'action de champs électromagnétiques. Mais ce n'est pas cet

1. Michael Shallis, *The Electric Connection*, New Amsterdam, 1988.

aspect qui intéresse le plus Ring. Il connaît les diverses hypothèses qui tentent d'expliquer le déclenchement du phénomène et en conclut : « Il est peu probable que ces Rencontres soient jamais expliquées en termes de seuls concepts psychologiques ou scientifiques. » Pour lui seul comptent les modifications qu'il constate, le changement total de la personnalité des sujets, leur nouvelle vision du cosmos et leur désir de faire partager à autrui leurs prises de conscience. Encore une fois, ses statistiques font état de spectaculaires changements dans les modes de vie et l'échelle de valeurs des expérienceurs : tendances altruistes accrues, préoccupations sociales plus grandes, spiritualité croissante, sensibilité à l'écologie, responsabilité planétaire. Une nouvelle humanité se dessine.

« C'est un faux problème de se demander si ces expériences sont soit réelles, soit explicables par des fausses perceptions, des hallucinations ou une imagination débordante. Il y a une troisième alternative. *Ces expériences sont réelles, mais pas dans la réalité physique. Elles ont lieu dans l'imaginal*, une sorte d'hyper-réalité qui possède une structure propre et que l'on pourrait capter si l'on possède la faculté de perception adéquate. Quand on est déjà sensibilisé à ce domaine imaginal, l'imagination, agissant comme un organe de perception, les détecte. C'est ce qui se passe avec les NDE et les enlèvements qui ne se produisent pas dans le domaine physique mais que les gens vivent comme une expérience réelle. »

Précisons un peu cette notion d'imaginal, due au spécialiste de la mystique islamique, Henri Corbin. Le monde imaginal est un monde intermédiaire[1], situé entre le réel et l'imaginaire, entre ce que nous appelons l'esprit et la matière : un univers parallèle dans lequel on ne peut entrer que dans des états modifiés de conscience. C'est le domaine auquel ont accès les mystiques,

1. Le philosophe Michael Talbot parle d'*omnijectivité* pour définir les phénomènes qui ne sont ni seulement objectifs, ni seulement subjectifs.

et dont la « réalité est plus irréfutable que celle de l'univers empirique où la réalité est perçue par les sens[1] » mais qui est caché par l'apparente objectivité de la perception sensorielle ordinaire, un peu comme les étoiles toujours présentes en plein midi dans le ciel mais que le soleil nous empêche de voir.

Mais ce monde imaginal, qu'il est possible de percevoir dans un état modifié de conscience, ne se contente pas d'être perçu : les ravis disent que des « créatures » agissent sur eux. Et Ring accepte de pousser plus loin ses spéculations : « Nous ne vivons pas dans un monde unidimensionnel : il existe différentes sortes de réalités qui se chevauchent au même moment. Certains sujets sont capables de passer de l'une à l'autre, d'une dimension à l'autre, de s'arracher à notre espace-temps. Mais si leur mouvement est commandé par des entités qui vivent dans d'autres réalités, ils ressentent cela comme un enlèvement. De notre point de vue humain, cela ressemble à un kidnapping. Il s'agit d'une expérience archétypale que l'on trouve dans différentes cultures : celles-ci, pendant longtemps, ont parlé d'êtres surnaturels qui enlevaient les gens. Il y a des entités appartenant à d'autres dimensions qui voyagent, viennent chez nous et nous emmènent chez elles. Elles pénètrent notre réalité exactement comme une apparition mais elles peuvent nous faire disparaître pour un certain temps. Ce n'est ni physique ni imaginaire, c'est imaginal. Notre monde et le leur se fondent l'un dans l'autre, et ces êtres laissent des traces quasi physiques, parfois totalement physiques, qui nous déconcertent car le monde des Rencontres avec les ovnis relève d'un autre type de réalité. »

Les Rencontres paranormales, affirme-t-il, ouvrent la voie à une transformation radicale à base biologique de la personnalité. Le psychologue avait souligné les aspects prophétiques des NDE, les annonces de cataclysmes géophysiques, de conflits nucléaires. Il

1. Henri Corbin, in *Mundus Imaginalis, ou l'Imaginal et l'Imaginaire*.

retrouve la même thématique dans les enlèvements. Et le même effet : une sorte d'électrochoc, une prise de conscience des ravages que l'homme exerce sur sa planète et un besoin de changer. Ces Rencontres s'inscrivent selon lui dans une *perspective évolutionniste*. L'évolution a commencé par être d'ordre biologique ; depuis le Néolithique, elle est devenue culturelle. Maintenant s'ébauche l'évolution la plus importante : celle de la conscience. La peur des menaces qui pèsent sur l'humanité hausse l'homme à un nouveau niveau de compréhension plus totale de sa position dans l'univers qui le pousse à évoluer différemment. L'enlèvement se vit comme une expérience traumatisante, il y a là une analogie avec l'initiation chamanique où l'initié est soumis à des séries de tortures, d'opérations (démembrement, éviscération...) et de « voyages » dont le but est de l'aguerrir physiquement et psychologiquement. Les ravis seraient choisis pour ce genre d'entraînement :

« Il ne s'agit pas d'une punition : ces épreuves ne sont pas destinées à leur faire peur, elles les obligent à évoluer, elles les forcent à se diriger vers un autre niveau d'ouverture, vers la nature miraculeuse des choses. Il est bien connu que le plaisir endort tandis que la douleur réveille : ces pénibles expériences que personne n'irait provoquer sont en fin de compte bénéfiques, elles nous changent et nous font grandir. Notre époque est en train de se chamaniser. »

Kenneth Ring ne prend pas au pied de la lettre les différentes épreuves des ravis, ni surtout les expériences génétiques : leur caractère monstrueux correspond à un souci d'efficacité. « Il faut considérer l'enlèvement comme l'irruption d'un sujet en plein état de conscience dans une sorte de rêve collectif que partagent des milliers de personnes, et où se mêlent épreuves et messages. Cette expérience ne doit pas être prise pour ce qu'elle présente, elle est destinée à nous faire réfléchir peut-être à notre relation avec la vie, en nous faisant penser qu'il serait temps de donner naissance à un autre genre d'êtres humains sur la planète. L'effet d'horreur donne plus d'impact au phénomène mais ce n'est qu'une autre stratégie pour réveiller les gens. Qu'il s'agisse d'une expérience heureuse comme les NDE ou difficile comme l'enlèvement, le résultat est le même : ces Rencontres poussent les gens à se réveiller. Il y a une force dans le monde qui cherche à créer de nouveaux chamanes car la terre en a besoin. Comme aux anciens chamanes qui effectuaient des vols magiques, elle leur montre la Terre vue différemment. La perception des ravis en est changée pour toujours. Comme celle des astronautes qui de la Lune regardaient la Terre, n'y voyaient pas de frontière et disaient ne pas comprendre pourquoi les hommes se battaient pour des frontières imaginaires. »

Cette force, Ring la conçoit comme un gardien à l'échelle planétaire « concerné par la santé de la Terre et qui veille à ce que l'homme ne l'endommage pas ». De façon assez semblable à l'hypothèse Gaïa [1], il considère la Terre comme une entité intelligente, dotée d'un esprit, d'une conscience qui s'exprime à travers les différentes formes de vie de la planète qui se sentent en danger. Ces formes de vie envoient un « appel au secours » aux humains car ce sont eux qui créent la majeure partie des dommages et qui devront réparer leurs désordres. Ces messages sont orchestrés par notre propre intelligence collective qui fait partie, d'une certaine manière, de Gaïa. Les humains, réalisant que le destin de la Terre est entre leurs mains, envoient collectivement un message à l'extérieur qui le réfléchit sous forme de signaux seulement décodés par ceux qui possèdent les facultés de perception assez fines et ont alors les expériences de type NDE et RR4. Par la suite, ils comprennent qu'ils ont une forme de responsabilité pour sauver leur demeure : la Terre. Dans *Projet Oméga*, Ring affirme sa conviction : « Ceux qui ont vécu de telles expériences sont, j'en suis convaincu, les véritables

1. Hypothèse soutenue par James E. Lovelock, conseiller de la NASA, professeur honoraire du département de cybernétique de l'université de Reading (Grande-Bretagne).

visionnaires de notre temps, porteurs du mythe naissant du XXIe siècle qui nous invite à une vision d'ordre cosmique de notre vraie place dans la création, un mythe doté du pouvoir de mettre l'étincelle aux flammes d'une régénération à l'échelon planétaire, nous sauvant ainsi du blizzard glacial de l'hiver nucléaire. »

Quand je lui ai fait remarquer que beaucoup de ravis ne se comportaient pas en « gardiens de la Terre », vivaient mal leur incompréhensible expérience et, loin de se sentir missionnés, se considéraient comme des victimes, Kenneth Ring a souri : « On peut planter des milliers de graines dans un champ, seules certaines arriveront à maturité. Beaucoup ont subi ces expériences, mais peu sont capables d'en réaliser les fruits. Comme les graines plantées, certaines germent, d'autres pas. Les expérienceurs NDE et RR4 ne constituent pas une brigade d'élite désignée pour sauver la planète. Ils ont simplement été formés d'une façon particulière pour être plus conscients. »

7

Histoire de Sarah la surdouée. — Enlèvements à répétition aux relents démoniaques. — Petits aliens gris aux grands yeux. — Tortures nocturnes et matinales. — Grossesse inexplicable. — Hologrammes. — Implant. — Des dons exceptionnels. — Une expérience qui transforme.

A l'opposé de Linda Cortile, abductee hypermédiatisée aux États-Unis (j'ai moi-même exposé son cas dans *Paris-Match* en 1992), mais dont la psychologie et le style de vie ne semblent pas avoir été modifiés par les enlèvements répétés, Sarah Smith (pseudonyme) garde le silence sur ses expériences (qu'elle soit ici remerciée de la confiance qu'elle m'a accordée) mais sa vie en a été totalement bouleversée. Cette brillante étudiante canadienne qui se destinait à la physique s'est trouvée gratifiée de « dons » spectaculaires, notamment dans le domaine de la guérison et de la perception extra-sensorielle, qu'elle utilise avec un total altruisme. Les scientifiques et les médecins qui ont constaté les surprenantes possibilités de son psychisme en ignorent l'origine. Dans la mesure où Sarah tient à protéger sa vie privée et ne cherche ni gloire ni célébrité, je m'attacherai à ne pas donner de détails qui permettraient de l'identifier. Il importe de préciser que lorsque les aliens commencèrent à se manifester, en 1979, Sarah n'avait jamais entendu parler des enlèvements. Ses souvenirs (fragmentaires) ici rapportés sont des souvenirs *conscients* : Sarah n'a jamais eu recours à l'hypnose pour explorer ses nombreux *missing time*, elle ne le désire pas.

Physicienne de formation, Sarah a trente-six ans. Elle est mariée et a deux filles, Ivy et Rebecca. Issue d'un milieu modeste, elle est l'aînée d'une famille de cinq enfants.

Toute petite, Sarah était déjà douée d'une sensitivité électrique aujourd'hui devenue hypersensitivité depuis son « histoire ». A diverses reprises, tant à l'extérieur que chez elle, elle a été « poursuivie » par un phénomène lumineux ressemblant à la foudre en boule : « Lorsque j'étais enfant, des boules de lumière sont "sorties" de la télévision pour me frapper (à l'époque la télévision était à lampes) ; dans les deux cas, ma mère était présente et m'a jetée à terre. J'ai été épargnée. » Plusieurs fois, sur la plage, ses parents ont vu une boule de feu filer dans la direction de la gamine. Lorsqu'elle avait dix-sept ans, toujours sur la plage, Sarah a été atteinte et est tombée face contre terre. Un témoin l'a ramenée chez elle dans un état semi-comateux. Il a fallu l'hospitaliser.

La proximité des lignes à haute tension la perturbe et lui provoque des douleurs dans la tête. Elle a l'impression d'entendre l'électricité courir le long des fils. (Je puis témoigner de son aptitude à détraquer les appareils électroniques. Ayant été prévenue, j'ai systématiquement vérifié les miens — magnétophone et caméra —, avant chacun de nos rendez-vous ; à deux reprises, ils ont refusé de fonctionner en présence de Sarah, pour se remettre à marcher dès que je l'avais quittée. Un autre jour, c'est mon ordinateur qui devient fou et finit par s'éteindre, perdant ce que je n'avais pas sauvegardé. Sarah, qui se trouvait à un autre étage, vient me rejoindre dans la pièce où je tente désespérément de faire redémarrer mon portable : « Je suis désolée, je viens de me mettre en colère, j'espère que ton ordinateur n'a rien ! » J'ignorais qu'elle pouvait détraquer les ordinateurs à distance.)

En classe, elle est toujours première, mais ses succès n'intéressent pas sa famille. Pour ses parents, le désir d'entreprendre des études supérieures n'est qu'une preuve d'arrogance et d'orgueil. Rien de plus. Quand, à quinze ans, elle annonce son désir de poursuivre des études scientifiques, son père menace de la tuer. Elle s'enfuit de l'établissement religieux où elle suit un cours commercial et, ayant obtenu une bourse, s'inscrit au Cegep en Sciences. « Mes parents ne m'ont jamais donné un sou, n'ont jamais été informés de ce que je faisais, ni des grandes décisions de ma vie. J'étais sûre que je réussirais et que je pourrais les aider. C'est ce qui s'est passé : j'ai payé à ma sœur ses études, son auto, son mariage, mais j'ai toujours tenu ma famille à l'écart de ce que je faisais. Je savais que mes parents ne pouvaient pas comprendre. Pourquoi leur faire peur ? Ils n'avaient pas de réponses à me donner. » Elle n'a qu'une obsession : travailler « dans les ondes », comprendre.

Son aventure débute quand elle a quatorze ans. Un soir, allongée dans sa chambre, elle entend un sifflement. La tête lui brûle. Elle s'assied sur son lit, et voit se former au plafond comme un petit nuage à l'intérieur duquel elle distingue deux points lumineux de même grosseur. L'un se met à danser et, tandis que son mouvement s'accélère, le nuage se dissipe graduellement. « Le point mobile se rétrécit, celui qui est stable devient de plus en plus lumineux et du plafond partent des lignes, des traits rouges qui viennent me brûler un doigt. Et puis tout s'arrête. Mais je n'étais pas en train de rêver : j'étais tout à fait réveillée. La meilleure preuve, j'ai tout noté, fiévreusement, recopiant ces étapes auxquelles je ne comprenais rien. Pendant des années, j'ai conservé ces feuilles avec moi.

« Deux ans plus tard, au Cegep, le prof nous parle de l'atome de Bohr. Il dessine le schéma au tableau. Le choc ! C'était ce que j'avais vu. J'étais fascinée : je *savais* de quoi il était question ! Transportée d'enthousiasme, je me lève et m'exclame :

« — Ce n'est pas comme ça ! Il se produit quelque chose avant !

« Le prof m'ordonne de me taire : je me rends compte qu'il ne sait pas de quoi il parle. »

Sarah commence à dévorer tout ce qu'elle peut trouver sur Bohr et la physique quantique (elle a seize ans)... Dans sa tête, tout est clair. C'est exaltant.

« Je reçois, notamment, la compréhension de ce qu'est un trou noir. Ça peut paraître aberrant, mais quand je lis les publications au sujet des trous noirs, je sais qui a tort ou raison. A l'époque, je me disais qu'un jour je rencontrerais quelqu'un à qui les informations qu'on me donnait seraient utiles. Enfin je comprenais ce qui s'était passé dans ma chambre : seule, sur mon lit, j'avais assisté à la formation d'un atome ! C'était l'expérience la plus merveilleuse de ma vie. J'avais assisté, aussi stupidement qu'un chimpanzé, à une formidable démonstration de connaissance. J'avais vu quelque chose du futur que le cerveau pourra capter, les structures de ce qui existe et "tient" le vivant : la lumière. Sur cette base, j'ai vainement cherché des explications dans les travaux de la physique actuelle et je me suis épuisée. A part les accélérateurs de particules, rien n'est complet : il manque l'énergie qui forme la particule. Les physiciens décrivent des corpuscules de lumière ; ils parlent en termes d'unité constitutive, et non en termes de fusion, de condensation d'énergie.

« Cette expérience unique, je l'ai gardée comme un cadeau du ciel et, à partir de ce jour-là, je n'ai plus jamais été triste. A l'intérieur de moi, je savais que de mes yeux humains j'avais percé le secret de la lumière. C'était fascinant mais impossible à communiquer, je gardais cela comme un secret très précieux. Peu après, la descente aux enfers commençait. »

Le phénomène lumineux a bouleversé Sarah : elle décide de se consacrer à la physique et commence sa licence. Le début de ses études la laisse insatisfaite : elle trouve que cela ne mène nulle part, et surtout rien de ce qu'elle apprend n'explique les phénomènes de lumière.

Très amoureuse, Sarah se marie à l'église [1] et fait ses

1. Sarah, d'origine juive, a été élevée dans la tradition catholique.

études de physique à Ottawa où réside son époux, Mark, mais elle préfère habiter dans la solitude d'une maison de campagne en assez mauvais état que le couple a décidé de restaurer plus tard. Les « visites » commenceront en ce lieu.

Sarah a dix-neuf ans. Pour cette jeune mariée-étudiante qui ne rêve que d'équations et de science, tout ce qui peut être étiqueté « énergie », « médecines parallèles », « fantôme » ou « extraterrestre » n'existe pas et relève du fantasme. Elle n'éprouve aucune curiosité pour de telles billevesées. C'est dans ce contexte rationaliste que les manifestations vont se produire.

Les « visites » ne s'effectuent que lorsque Sarah est seule dans la maison, son mari restant souvent à Ottawa. La première fois, c'est en plein milieu de la nuit. Se sentant engourdie, elle essaye de se lever mais l'engourdissement va croissant. Elle se laisse retomber sur son lit. Un invraisemblable tintamarre emplit la maison : cela vient de l'atelier de bricolage de son mari où les outils s'entrechoquent dans une épouvantable cacophonie de ferraille. Ce n'est pas un rêve, le bruit est là, bien réel, à réveiller les morts. Sarah est totalement paralysée, mais consciente : ses sens sont en alerte. Enfin le charivari s'arrête. Lui succède une série de grattements très rapides, comme des griffes sur le sol. Sa chambre est dans le noir. La faible lueur d'un réverbère lui permet cependant de distinguer deux formes vagues autour de son lit. Deux silhouettes noires, qui lui semblent humaines. Elle est incapable de bouger ou de hurler. De toute façon, elle est seule dans la maison isolée. Une pensée traverse l'esprit de la future physicienne soucieuse de sciences pures et dures : « C'est le diable... » et elle ne se souvient plus de rien.

Le chant des oiseaux la réveille. Le soleil se lève. Sarah se sent brisée. Elle souffre d'une violente migraine, ce qui la surprend car elle n'a jamais mal à la tête. Elle essaye de se remémorer ce qui lui est arrivé et s'avoue incapable de savoir si elle s'est évanouie de frayeur, ou endormie à cause de cet engourdissement qui agissait sur elle à la manière d'un somnifère. Ce cauchemar éveillé lui semble tellement irréel qu'elle s'efforce de n'y plus penser et n'en parle pas à son mari.

Deux jours plus tard, même scénario : engourdissement, paralysie, ombres noires, sensation de pressions sur son corps, absence de plusieurs heures. Mais cette fois, Sarah conserve des bribes de souvenirs. Les yeux immenses, très noirs, de ces deux silhouettes sombres la hantent. « Ce sont de petits êtres gris qui me parlaient télépathiquement, m'expliquant qu'ils ont des problèmes génétiques, que nous ne supportons pas leur fréquence énergétique mais que la mienne, différente de celle des autres femmes, les intéresse. »

Il faut préciser ici que la jeune Canadienne n'éprouvait aucun goût pour la science-fiction, et que les événements rapportés remontent à 1979. A cette époque, les histoires d'enlèvements et de Gris ne circulaient pas.

Cette fois encore, Sarah ne dit rien à son mari.

« J'étais condamnée au silence. Mark m'aurait prise pour une folle si je lui avais raconté ce qui m'arrivait, et je doutais moi-même de la réalité de ce que je vivais. Je suis retournée à Ottawa, m'efforçant de mener une vie normale, mais je sentais mon cerveau se ralentir : je ne pouvais ni me concentrer ni lire. J'espérais que ça allait passer, mais je souffrais de continuels maux de tête et, le matin, de séries d'éternuements à n'en plus finir. Jamais je n'avais éprouvé ces symptômes. »

Au moment de Noël, Sarah décide de passer ses vacances à la campagne pour aménager leur maison. En réalité, elle veut se prouver que tout est rentré dans l'ordre. Mark reste à Ottawa où il travaille. A peine arrivée chez elle, elle a peur que « ça » ne recommence, et décide de laisser les lumières allumées.

« La seconde nuit, j'entends les grattements annonciateurs. J'ouvre les yeux : PAS DE LUMIÈRE DANS LA MAISON ! Ma tête est ralentie, je dois faire un effort pour me rappeler que j'avais laissé les lumières allumées en me couchant. Pourquoi sont-elles éteintes ? Puis je perds conscience. Et j'ai, au cours de cette nuit, plusieurs absences pendant lesquelles j'ai la certitude que quelque chose se passe et qu'il ne s'agit pas d'un rêve. C'est épouvantable : je sens des pressions sur tout mon corps, comme si quelqu'un était sur moi, et je ne peux bouger. »

Chaque nuit, ça recommence. Sarah a beau laisser la maison éclairée, sa chambre est dans le noir quand la paralysie la gagne et que les phénomènes se succèdent. Alors elle entreprend de lutter contre le sommeil qui la rend plus vulnérable. Dans son lit, elle s'efforce de rester consciente et s'empêche de dormir. Alors qu'elle est tout à fait éveillée, une voix intérieure lui suggère :

— Tu rêves !

Elle proteste : « Mais non, je ne dors pas ! » et ouvre les yeux. Encore le noir. Elle veut rallumer sa lampe mystérieusement éteinte et... sombre dans l'inconscience avant d'avoir pu étendre le bras. Sarah n'est pas du genre à s'en laisser imposer, elle repousse le moment de se coucher et vit à contretemps. Elle prend sa voiture et roule au hasard, traîne dans les bars, marche, fait n'importe quoi pour ne pas être seule. Quand elle rentre chez elle à l'aube, elle est sauve : il ne s'est rien passé.

Un matin, gantée de caoutchouc, elle fait le ménage. Il est 10 heures quand elle ressent cet engourdissement qu'elle connaît bien. Elle veut téléphoner mais se sent tomber au ralenti [1]. Tout est au ralenti, même son cerveau. Sarah ne peut plus penser. Après une chute d'une durée infinie, elle se retrouve à terre. A nouveau les outils s'entrechoquent et le tintamarre reprend.

« Cette fois, je suis proche de l'atelier. Le vacarme est assourdissant. Et cependant, il me faut lutter pour résister au sommeil, pour garder les yeux ouverts. Puis les bruits se feutrent, j'ai l'impression de les percevoir à travers de la gélatine. Le grattement sur le sol est proche de ma tête. Je tourne les yeux (c'est le seul mouve-

1. Voir Peter Robbins, qui décrit le même phénomène.

ment dont je sois capable) et je capte un regard noir venu d'immenses yeux allongés vers les tempes. Un regard sans aucune émotion, sans aucune humanité. Tellement insoutenable que je m'évanouis. Quand je reviens à moi, vers midi et quart, je suis incapable de me mettre debout tant je suis faible. Je me hisse sur une chaise pour téléphoner à ma mère mais je ne peux me rappeler son numéro. Je ne me souviens même pas de mon nom, je ne me souviens de rien. J'ai l'impression que mon cerveau s'est liquéfié. Il faut que je retrouve comment je m'appelle, sinon on dira que je suis folle. Cette pensée m'obsède. Je n'osais demander de l'aide à un médecin. Que pouvais-je lui dire ? Que je tombais et que j'avais le cerveau en compote ? Ridicule ! Et je n'étais pas sûre de la réalité de ce qui m'était arrivé. S'il s'agissait d'hallucinations, ce que j'espérais de tout cœur, je risquais de me faire interner. »

Passent les jours. Depuis que Sarah refuse de dormir pendant la nuit, les phénomènes se produisent le matin. Elle n'en peut plus de fatigue et s'endort partout, sur des sièges, dans les cafés. Mark s'inquiète de son état et lui suggère de consulter un médecin. Elle refuse et finit par avouer qu'elle a peur, seule dans cette maison. Cependant, elle ne veut pas revenir à Ottawa tant qu'elle n'est pas en état de reprendre ses cours à l'université. Elle préfère se cacher à la campagne où elle vit dans une solitude totale. Apparemment totale car Sarah se sent sous une « surveillance constante ». « J'avais la conscience aiguë qu'on me surveillait. » Un ami lui prête son chien, Sarah se croit protégée. « Au moment où *ils* allaient venir (toujours aux mêmes heures), le chien hurlait, il les sentait arriver et s'enfuyait. Quand *ils* étaient là et que je me retrouvais paralysée, le chien ne venait pas. Il n'était jamais là pour m'aider et je ne pouvais pas l'appeler. »

Puis les visites changent de caractère. Commencent les expériences télépathiques. Sarah entend les petits êtres parler dans sa tête, elle a l'impression qu'ils lisent dans ses pensées. Quand elle revient à elle, son corps est douloureux. « Toute la journée, je rabâchais la même consigne : ne plus m'endormir et me rappeler tout ce qui m'arrive avec *eux*. Le délabrement de mon intelligence m'épouvantait. J'étais obligée de noter près du téléphone le numéro de ma mère et de l'écrire en chiffres énormes. Mais ça ne servait à rien, je ne parvenais pas à le lire jusqu'au bout, c'était trop compliqué.

« A ma mère non plus, je n'ose rien dire : je lui demande de venir plus souvent, mais elle n'a pas le temps, alors je pleure et ce n'est pas mon genre. Pas du tout. Ma mère me croit très fatiguée et me suggère de prendre des vitamines. »

Sarah n'a personne à qui parler. Son mari ne soupçonne rien de l'enfer qu'elle vit. Les jours passent, vides. Elle se coupe du monde. Toute la journée, elle torture sa mémoire pour se rappeler les détails, pour trouver une explication logique à ces fragments de phrases insensées qui lui trottent dans la tête, à ces marques sur son corps, mais lorsque les êtres gris sont là, elle ne se pose plus de questions. Elle n'est pas surprise de les entendre directement dans son cerveau, c'est devenu un phénomène familier. Et Sarah réalise qu'elle commence presque à accepter l'intrusion des Visiteurs. Elle décide de se révolter et entrevoit une stratégie.

« Dès qu'ils apparaissent, je me force à penser, intensément : "Vous ne m'aurez plus." Un jour où ils me parlent de mes facultés psychiques, ils m'annoncent qu'ils doivent pratiquer des expériences avec moi. Je suis paniquée. Qui pourrait m'aider ? Une idée : la prière. Je ne sais comment cette idée m'est venue car je ne priais jamais (il n'y avait même pas de crucifix dans ma maison) mais j'ai la certitude qu'une prière pourrait me sauver. Je veux réciter mon *Notre Père* et ce qui se produit est épouvantable : JE M'ENTENDS RÉCITER LE PATER À L'ENVERS, à toute vitesse. Je veux recommencer, même phénomène, ce qui est impossible. Réciter à l'envers un texte de cette longueur constitue un tour de force, il faudrait s'y être exercé et l'avoir appris par cœur. Je m'en rendais compte, aussi je ne cessais de me traiter de folle, de psychopathe. J'étais une chose à leur merci. Je les voyais utiliser sur moi des instruments métalliques dont certains m'envoyaient des rayons lumineux sur les deux épaules ; ils ont commencé à me faire des prélèvements de chair, de tissus. J'essayais de me persuader que je rêvais et que la douleur finirait par me réveiller, il n'en était rien. Ils continuaient à me torturer.

« A force de volonté, je parvenais à rester de plus en plus longtemps éveillée bien que paralysée. Je ne perdais plus conscience en dépit de leur ordre de m'endormir et de rêver. Les visites se faisaient de plus en plus brèves. Elles commençaient à 10 heures du matin (pourquoi cette heure ? Je ne l'ai jamais compris), et je vérifiais le moment où elles se terminaient. Certaines ne duraient qu'une demi-heure. Une victoire ! La nuit, il m'arrivait de m'allonger : je tombais alors d'épuisement et m'endormais. C'est pourquoi je redoutais la nuit où j'étais moins combative. »

Mark ne vient plus que pour les week-ends. Sarah s'obstine à demeurer dans cette maison, comme si une force obscure l'y contraignait. Les phénomènes se produisent presque quotidiennement : à 2 heures de la nuit et à 10 heures du matin. S'habiller, se laver, et se nourrir est au-dessus de ses forces. Elle maigrit de façon dramatique, passant, en quelques mois, de 55 à 41 kilos. Elle est incapable de tenir une conversation normale : au bout de deux phrases, elle décroche. Alors elle développe des mécanismes de fuite tant elle redoute de passer pour folle. Sous prétexte de fatigue, elle refuse de recevoir ses amis. Plus personne ne vient la voir.

« Au début, je pensais que j'avais perdu la raison. Par la suite, j'ai redouté qu'il ne s'agisse d'un phénomène diabolique et j'ai commencé à prier. Non que je fusse pieuse (en dépit de mon éducation, j'ai toujours été rebelle, y compris à la religion), mais je me forçais : j'espérais que la prière constituerait une béquille psychologique et m'apporterait plus que du réconfort, une aide véritable. Petit à petit, je me suis rendu compte qu'un profond changement s'opérait en moi ; mes conceptions évoluaient, je prenais conscience de l'existence de forces, de dualités. Avant, pour moi, le mal n'existait pas : il n'y avait que des imbéciles.

« Cela a duré deux mois. J'ai tenté de retourner à l'université mais j'étais incapable de reprendre mes études. Je relisais mes cours en pleurant : au quatrième mot, je n'avais aucune idée du début de la phrase. Mon mari ne m'épargnait pas : "Tu n'es plus la femme que j'ai épousée. Tu prends de la drogue ou quoi ?" Il voulut me renvoyer chez ma mère mais je me voyais mal à la remorque de mes parents, moi qui avais tant lutté pour payer mes études. Je lui ai assuré que je prendrais soin de moi, et suis retournée à la campagne. »

Les phénomènes l'y attendaient. Les visites reprirent. Sarah essaya de réagir. « Dès que je sentais ou que j'entendais les signes précurseurs des visites, je téléphonais à quelqu'un pour lui demander de venir, en m'efforçant de paraître calme (la crainte d'être prise pour folle me hantait). Je devais agir avant que l'engourdissement ne me gagne. Régulièrement, la personne que j'avais appelée au secours s'endormait bien que je tente l'impossible pour l'empêcher de succomber au sommeil. »

Séparée de son mari, Sarah vit seule pendant six mois et elle s'aperçoit qu'elle est... enceinte.

« J'ai beau faire et refaire mes calculs sur le calendrier : il est impossible que ce soit de mon mari et je n'ai pas eu la moindre aventure. Tandis que je porte cet enfant, les visites sont de plus en plus fréquentes, et je dois me bagarrer jour et nuit. J'ai l'impression que l'enfant est d'eux. Nous étions en 1980 : je n'avais jamais entendu parler d'enlèvements ni de ces histoires de fœtus implantés et repris. »

Enceinte sans rapports sexuels ! (Ce thème est répandu chez les ravies.) Cela lui paraît plus monstrueux que tout ce qu'elle a enduré. Elle vit son état comme un autre cauchemar, espérant qu'il s'agit d'un phénomène nerveux. Elle entend le fœtus lui parler télépathiquement, l'injurier : « Tu vas vomir, grosse vache ! » Elle laisse passer les semaines et consulte un gynécologue. La grossesse est confirmée. La mort dans l'âme, Sarah appelle son mari à l'aide.

« — Je n'y suis pour rien. Si tu crois que je vais prendre la responsabilité d'un bébé qui n'est pas de moi, tu te trompes. Débrouille-toi.

« L'enfer a continué.

« Je portais en moi un être que je me surprenais à haïr et qui me parlait télépathiquement jour et nuit. Je vivais très mal cette grossesse inexplicable et vomissais cinq fois par jour. J'étais maigre à faire peur. Mon futur bébé me disait quoi manger et m'ordonnait fréquemment de prendre du steak haché cru (ce que je déteste). Je lui obéissais. Il me disait quelle calcification il était en train de former. Je vérifiais dans les livres de biologie ou de médecine. C'était affolant d'y retrouver les précisions qu'il me donnait : je ne pouvais pas me suggestionner avec des détails que j'ignorais ! J'avais une certitude : je ne portais pas un enfant normal. Aussi je priais toute la journée, et je glissais les Évangiles sous mon oreiller avant de m'allonger. Incapable de réciter des prières articulées, je chantais des sons débiles que j'offrais à Dieu. Pendant ce temps, les manifestations se corsaient. Les êtres devenaient visibles. De la morve se matérialisait sur les murs et les meubles de ma maison. En prenant ma douche, je découvrais les traces de brûlures de leurs "expériences". Ils utilisaient un appareil émettant des rayons rouges qui frappaient mes épaules en même temps. Cet engin leur permettait de me prélever des morceaux de peau. Je m'étonnais que ces brûlures boursouflées me fassent pas souffrir. Puisqu'ils me torturaient, pourquoi m'épargnaient-ils la douleur une fois qu'ils étaient partis ? J'avais sur les épaules et à d'autres endroits du corps de grosses cloques, épaisses, gorgées de liquide, qui laissaient des cicatrices très nettes. Comme si j'avais reçu de l'huile bouillante. Ces marques ont disparu au bout de quelques mois. »

Sarah vivait dans l'espoir qu'elle était en pleine psychose et qu'elle retrouverait sa santé mentale, mais après la confirmation de sa grossesse, la découverte de ses brûlures et des concrétions gluantes qui envahissent sa maison lui donne envie de mourir. Elle ne s'occupe plus d'elle. Ses seuls contacts se résument à sa mère, qui lui apporte de la nourriture et repart en larmes, et à Jackie, une amie de longue date à qui elle n'ose rien dire. L'hiver canadien s'installe. Rude. Noir. Sarah laisse l'électricité allumée nuit et jour dans les pièces (ce qui n'empêche pas les lampes de s'éteindre quand les Visiteurs sont là). Elle se blottit contre la télévision qu'elle n'éteint jamais, persuadée que plus elle est près de son poste, moins ses Visiteurs oseront s'approcher. Parce qu'elle s'efforce de rester lucide pendant les visites, les souvenirs de ses expériences continuent de se préciser et Sarah pense que, pour la terroriser, les entités lui envoient des hologrammes.

« Une nuit, deux ombres très denses se tiennent près de mon lit. J'ai beau écarquiller les yeux, je ne peux distinguer leurs traits. Une femme pénètre dans ma chambre à travers la fenêtre. Grâce à l'éclairage extérieur, je parviens à discerner son visage — très dur — et je remarque qu'une balafre le zèbre du coin externe de l'œil jusqu'à la commissure des lèvres. Elle s'approche et je distingue en flou son corps vêtu d'une tunique foncée. Elle tient par les pieds un bébé tout nu qui hurle. Je la supplie de le lâcher. Une sorte de gros cylindre vertical se matérialise sur le sol. La femme fait tomber le bébé à l'intérieur. J'ai l'impression que ce cylindre est empli d'une substance dangereuse et que l'enfant est en train d'y mourir. Quand elle ressort le bébé, il est tout noir, comme calciné. Il est mort brûlé. Des lambeaux de chair se détachent. La femme éclate de rire et me dit télépathiquement : "Ceci est ton enfant." Je suis dans mon lit, paralysée, en état de choc. J'aimerais crier mais ma voix ne peut sortir. Je perds conscience et ne sais plus ce qui est arrivé.

« Le lendemain matin, cette vision me revient, comme un flash, et disparaît. Je suis restée accroupie au pied de mon lit, me jurant que je ne me relèverais que lorsque je me rappellerais ce qui s'est passé. Ça m'a pris la journée entière. Mais quand les images sont revenues, tout est revenu. Pas seulement la femme balafrée et l'horreur de cette nuit, mais les expériences que j'avais vécues. Je me suis rendu compte qu'il existait un lien entre les visites, la paralysie, les brûlures sur le corps et les informations télépathiques que je recevais pendant ma paralysie : "Il faut que tu collabores, nous devons trouver une femme compatible avec notre énergie, les femmes ne supportent pas notre énergie. Toi, tu le peux." A l'époque, je ne comprenais pas ce que ça voulait dire car on ne parlait pas d'énergie comme maintenant, mais je ne pouvais plus nier l'objectivité de ces phénomènes. Plus question de me réfugier dans l'hypothèse de la folie ou de l'hallucination. Je n'avais aucun recours : même l'espoir d'une approche psychiatrique s'évanouissait. »

Décidée à ne plus coucher dans sa chambre, Sarah s'installe dans une chambre d'ami, proche du salon. Les visiteurs arrivant ponctuellement à 10 heures, elle est debout une heure plus tôt afin d'être moins vulnérable. Un matin, elle n'arrive pas à se lever. Elle se sent privée de force, de volonté.

« Je suis seulement capable de tourner les yeux vers mon réveil et je surveille, paniquée, la progression des aiguilles : bientôt 10 heures et, dans mon lit, je me sais sans défense. Encore une fois, je me cravache mentalement : "Si je ne veux pas qu'ils viennent, ils ne viendront pas car c'est moi qui décide !" J'essaye de prier. A l'intérieur de ma tête, une voix me répète : "Tu dors, tu ne vois pas l'heure, tu ne t'en occupes pas, c'est un rêve." Quel combat j'ai dû livrer ! Regarder les arêtes des murs, repérer l'emplacement des trous des anciens clous, me répéter, avec le maximum de conviction : "Si je rêvais, je ne pourrais avoir cette conscience du réel." La voix me répète : "Mais non, tu dors." Quand 10 heures arrivent, je vois Mark longer mon lit sur la droite, les deux mains dans les poches. Il marche sans m'accorder un regard. J'étais pleine d'espoir : il allait remarquer que j'étais paralysée et muette sur mon lit et m'aider. Mais mon ex-mari passe et va se planter face à la fenêtre. Je l'entends parler mais je n'arrive pas à discerner s'il me parle véritablement ou télépathiquement. Il me dit (c'est difficile de traduire avec des mots les informations qu'il m'envoyait) :

— Tu vois, tu es encore couchée ! Tu es malade dans ta tête, très malade ! Pauvre fille, arrête de divaguer !

« La situation était folle. Cela faisait plus de deux mois qu'on ne s'était vus et il ne me regardait pas, clouée sur ce lit d'où je ne parvenais pas à lui demander de l'aide. Mentalement, je crie : "Aide-moi, ils vont venir !" Je veux qu'il m'emmène en auto loin d'ici. Sans me regarder, il poursuit :

— Voyons, voyons, tu exagères ! Ils ne sont pas si méchants que ça !

« Et il repart par la porte. Je n'entends ni la porte d'entrée se refermer, ni sa portière claquer, ni son auto démarrer. Mon cerveau analysait ces éléments, j'essayais de réfléchir de façon cohérente. Je me disais que ça ne pouvait pas être Mark. *Ils* avaient pris son apparence. En même temps, je me lamentais : "Pauvre Sarah, tu es vraiment folle !"

« L'horreur de cette scène me galvanisait : je décidai que dorénavant, ce serait moi qui mènerais le jeu. J'avais dépassé les bornes de la colère quand *ils* sont arrivés. Deux, comme d'habitude : les deux mêmes. L'un est très petit, 1,20 mètre environ, l'autre légèrement plus grand. Ils n'étaient pas identiques. Même aujourd'hui j'ai l'impression qu'un interdit m'empêche de les décrire, mais jamais je ne pourrai oublier leurs yeux. On aurait dit des yeux en plastique noir. Leur vêtement paraissait être un déguisement. Leur visage était figé, leur regard, trop statique, leur port de tête, trop raide. Pour parler, ils baissaient légèrement le front, c'est le seul mouvement que je leur aie vu faire. Je songeais que, sous cette apparence de réalité, rien de cela ne pouvait être vrai. Comment sortir de cette contradiction ?

« J'ai réussi à les injurier.

« C'est ce qu'il fallait faire. La colère intellectuelle marche. Cela les impressionne, ils n'en ont pas l'habitude. A leur réaction, j'ai réalisé qu'ils m'entendaient et que j'avais frappé juste : on aurait dit qu'ils savaient qu'ils n'avaient pas le droit d'agir ainsi. Mentalement, je les traitais de chiens, je leur disais qu'ils sentaient mauvais (après leur départ, une odeur d'œuf pourri empestait la maison). Pour la première fois, je les ai vus reculer. Les autres fois, quand ils examinaient froidement mon corps et mon mental, ils avaient une gestuelle ralentie, calculée. Là, leur rituel était brisé. Ils ne savaient plus quoi faire. Je leur ai répété : "Vous pouvez me tuer, jamais je ne collaborerai avec vous !" Libérée de la peur qui m'enfonçait dans le matelas, je m'entendais les agonir d'injures mais j'étais toujours paralysée. Ma révolte les a tant perturbés qu'ils sont partis sans m'infliger les brûlures habituelles. Après cette visite écourtée, ma première réaction fut d'aller dans la salle de bains constater les marques sur mon corps. Je n'en avais pas de nouvelles. C'était une victoire : j'avais un certain contrôle sur les événements, et je me suis surprise à chanter sous ma douche.

« Demeurait le problème de mon futur bébé. Je me sentais extrêmement angoissée, coupable de ce sentiment de rejet que m'inspirait l'enfant.

« Une nuit (j'étais couchée), j'entends la porte d'entrée voler en éclats. Je vérifie à ma montre : 3 heures du matin, ce n'est pas l'heure des visites. Je me lève, et vois un cambrioleur. Je cours vers le téléphone. L'homme me rattrape et me saisit par les poignets : "N'appelle personne." Il redresse la tête, et je le reconnais. C'est mon garagiste. D'habitude, il était prévenant, il croyait que j'étais cardiaque. Jamais il ne se serait permis d'entrer chez moi à l'improviste, et encore moins de briser ma porte. Cette nuit-là, il est bizarre. Il a les yeux jaunes. Vraiment jaunes. Je le regarde :

— Ça ne va pas ? Vous avez pris de la drogue ?

Il sent l'alcool. Ses propos sont invraisemblables :

— Il faut tous vous exterminer. Vous n'êtes qu'une bande de bâtards, toi et ton extraterrestre.

« Me saisissant aux épaules, il me projette violemment contre le mur. J'ai peur (ses yeux sont inquiétants, anormaux) mais je ne veux pas qu'il s'en doute, et lui propose de parler. Il ne veut rien entendre. Possédé d'une rage mauvaise, il me crache :

— Tu penses qu'ils vont venir t'aider, tes êtres de lumière !

« Comment peut-il me dire cela ? Je n'avais parlé de mes visites à personne ! Ce garagiste, qui vivait à plus d'un kilomètre, fait irruption en pleine nuit, en plein hiver, chez moi, et me parle d'extraterrestres. Il commence à me frapper de plus en plus fort, il me roue de coups et, tout en me battant, répète :

— Laisse-moi te tuer, je t'en prie, c'est Dieu qui me le demande. Tu es leur porte-enfant. Laisse-moi détruire l'enfant.

« Il a tenté de m'assassiner. Au majeur, il porte une lourde bague, avec une grosse pierre bleu foncé dont il me balafre le visage. » (Sarah m'a montré cette cicatrice, toujours présente.) « Il me frappe avec une rare violence, se jette sur moi pour m'étrangler. Je m'accroche aux rideaux que j'arrache dans l'espoir que, de l'extérieur, quelqu'un me viendra en aide. Il me donne un coup de poing sur la tempe, et je tombe à terre (c'est vrai qu'on voit "trente-six chandelles !") : cela n'interrompt pas la grêle de coups de poing, de coups de pied dans le ventre. Il attrape une caisse de livres et me la jette. Je n'arrive plus à réagir. Il me traîne par les cheveux jusqu'à la cuisine, soulève l'anneau de la trappe qui donne accès à la cave où il me fait dégringoler. Je pensais qu'il allait m'y laisser, mais il descend. Contre le mur, il y avait une pelle. Il commence à creuser. Pour m'enterrer.

« J'étais étendue sur le sol, dégoulinant de sang. Une voix intérieure me répétait : "Touche-lui l'épaule !" J'ai hésité : je craignais de réveiller sa furie. La voix insiste. Je me lève et lui touche l'épaule. A ce contact, il est projeté en l'air par une force incroyable, atterrit par terre et ne bouge plus. Je l'avais à peine effleuré et il gisait sur le sol, comme un pantin désarticulé. La voix poursuit : "Sarah, sauve-toi, sauve-toi." Je m'enfuis, saignant de partout. La voix continuait : "Cours, cours." A ce moment, je n'éprouvais aucune douleur.

« Je suis sortie pieds nus, vêtue de ma chemise de nuit (il devait faire moins 20 °C) pour me cacher dans la forêt. Je ne savais pas où j'allais mais je ne pouvais emprunter la route, il m'aurait rattrapée avec sa voiture dès qu'il se serait remis. Je me suis faufilée sous un sapin couvert de neige, dont les branches étaient basses et épaisses. Accroupie, la tête cachée dans les mains de peur que la vapeur de mon haleine ne me trahisse, n'osant respirer, je ne sentais ni le froid ni mes blessures, j'étais comme anesthésiée. Peu après, je l'entendis crier : "S'il te plaît, laisse-moi te tuer, s'il te plaît, je t'en prie, c'est Dieu qui le demande."

« Je me rendais compte qu'il pleurait, ce qui n'atténuait pas sa rage. Tout en vociférant, il donnait des coups de poing, des coups de pied sur son auto. Il attendait que je me livre. Je ne bougeais pas. Alors il a pris sa voiture et a commencé à rouler en zigzags, balayant le paysage avec ses phares pour me trouver. Quand il eut repéré mes empreintes ensanglantées, il est descendu pour les suivre. A travers les branches, je l'ai vu se diriger vers moi. Il avait orienté ses lumières de façon à éclairer ma piste. Les phares étaient braqués dans ma direction. Il s'est arrêté tout près du sapin. Pelotonnée, j'essayais de me faire minuscule. J'entendais la neige crisser sous ses pas. Je n'osais surveiller son approche de crainte qu'il ne sente mon regard. Je m'efforçais de penser seulement au tronc de l'arbre pour qu'il ne puisse capter ma peur. Il était tout près, il n'avait qu'à se pencher, à écarter les branches. Il ne m'a jamais trouvée !

« Éructant ses imprécations, il est retourné à son auto et a démarré. J'espérais qu'il partait mais il s'est arrêté en travers du chemin, moteur allumé, phares allumés, et s'est assis sur le capot pour fumer une cigarette. Il attendait que je sorte pour me cueillir. J'ai rampé dans la neige le long du fossé vers un chalet abandonné. Ce soir-là, la maison n'était pas vide : quatre hommes autour d'une table préparaient de la coke. Ma chemise de nuit, ensanglantée, n'était que lambeaux. J'implore ces hommes, leur disant que quelqu'un cherche à me tuer.

— Nous, on ne veut pas de problème, on a de la dope plein les murs, pas question que la police vienne ici.

« Un autre type n'est pas plus compréhensif :

— Retourne d'où tu viens, on ne peut rien faire pour toi.

« Un gros bonhomme barbu et tatoué vient vers moi. J'ai cru qu'il allait me jeter dehors mais il me prend contre lui, comme pour me protéger :

— Les gars, cette fille est en sang, elle a été attaquée, elle a besoin d'aide !

« Il ajoute, plein de compassion :

— Pauvre petite, il t'a bien arrangée, ton gars !

— Cachez-moi, je suis poursuivie.

« Protecteur, le gros a fait jouer sa musculature :

— T'en fais pas, y trouvera à qui causer !

« Les autres me répétaient :

— Fous le camp, mais fous le camp d'ici, on ne veut pas de problèmes avec les flics !

« Le gros les regarde, méprisant : "Bande de salauds !", empoigne le téléphone et se tourne vers moi :

— Donne-moi le numéro de ta famille, on la prévient, mais on n'appelle pas la police.

« Le numéro de ma mère ? Impossible de me le rappeler ! Je donne le nom de mon beau-frère qui habite à une heure de là. Il doit passer par les renseignements pour l'obtenir. Puis il m'allonge sur le sofa et monte la garde auprès de moi. Pendant une heure, personne ne m'a parlé. Je n'en finissais pas de saigner, j'avais l'impression que j'allais me vider.

« Je suis arrivée à l'hôpital, vers 4 heures du matin.

Aux urgences, la première phrase que j'entends n'a rien de rassurant. C'est le chuchotement d'un médecin : "Je ne sais pas par où commencer." Ma sœur ayant dit que j'étais enceinte, on me fait passer en salle d'échographie. A l'expression du technicien, j'imagine l'horreur qu'il découvre. Comme je ne sais pas lire un scanner, l'infirmière m'explique : "La boîte crânienne est défoncée, l'enfant est comme démembré. C'était un garçon." »

Pour Sarah, ce curetage était une délivrance, elle n'éprouva aucune peine.

Ce récit est le témoignage de Sarah dont je ne mets pas en doute la sincérité. Néanmoins, je ne peux m'empêcher de supposer que la jeune femme, très perturbée à cette époque, a pu, en dehors de ses visites, être violée par un être tout à fait humain. Elle aurait pu refouler ce souvenir et ne pas se rappeler cette agression.

Passons sur les détails des longues opérations qui vont suivre car l'état de Sarah est très sérieux : la vessie éclatée, la rate et un rein sérieusement endommagés, le sternum et une côte fêlés, les cervicales déplacées, veines éclatées, dents cassées, deux ongles arrachés. Pendant ses dix semaines d'hospitalisation, Sarah s'enferme dans un mutisme total.

A l'hôpital, les Visiteurs continuent à se manifester mais n'obtiennent rien d'elle. « J'avais appris à extérioriser ma colère. Je leur parlais comme à des chiens enragés. Ils ne pouvaient plus rien me faire. On m'avait déjà pris mon bébé, mon mari, mes études, ma vessie : qu'avais-je encore à perdre ? Je visualisais une lumière, et *ils* disparaissaient. »

Il faut mettre à Sarah une vessie externe artificielle. Bien qu'avertie qu'elle demeurera incontinente, elle refuse cette opération. Contre toute attente, et à la stupéfaction totale de son chirurgien — spécialiste en urologie —, elle parvient à rééduquer son sphincter. En dépit de son état pitoyable (elle était totalement défigurée lors de son admission à l'hôpital), l'exceptionnelle personnalité de Sarah n'avait pas tardé à bouleverser le praticien. Ils vivront sept ans ensemble. Jamais Sarah ne lui soufflera mot de ses expériences. « Je n'avais pas à le perturber », commente-t-elle sobrement.

Pendant deux ans, Sarah entreprend l'impossible reconquête de son corps. Elle n'accepte pas d'être à la charge de ses parents, trouve un modeste emploi compatible avec son handicap physique et ce qu'elle estime être la « destruction de son cerveau » et loue un petit appartement.

Les manifestations recommencent. De nuit. Elle retrouve les mêmes symptômes (paralysie, bruit de grattement ou de crépitement sur le sol) et les mêmes deux entités. Plusieurs fois, elle a l'impression d'être transportée ailleurs mais de ses souvenirs confus ne lui restent qu'une image de mur de roche, et une odeur de moisi. Comme si elle s'était trouvée dans une cave ou une grotte humide.

Pendant une de ces visites, sa mère pénètre dans sa chambre. Sarah est paralysée mais capable de raisonner : sa mère ne peut pas entrer chez elle, elle ne possède ni les clefs de l'immeuble ni celle de l'appartement.

« Tout à coup, c'est devenu évident. Il ne s'agissait que d'une projection de ma mère, d'un leurre. Mark, mon premier mari, était déjà venu plusieurs fois de la même manière : c'était paniquant de les voir entrer dans un appartement fermé à clef. J'ai essayé de comprendre. Lorsque je voyais la porte de ma chambre — fermée — s'ouvrir très lentement, la peur me gagnait et... la paralysie s'installait : le lent et progressif entrebâillement suffisait à m'inspirer un sentiment de peur tellement puissant que je tombais paralysée. Un effet digne d'un neuroleptique qui cessa d'agir lorsque je compris ce mécanisme. Les êtres me faisaient voir la porte s'ouvrir mais, en réalité, celle-ci ne s'ouvrait pas. J'en ai eu confirmation lorsque, avant d'être immobilisée, j'ai réussi à surmonter ma peur et à me diriger vers la porte pour l'ouvrir. Elle était fermée ! Derrière, il n'y avait personne. C'est arrivé souvent. Mais, au début, je n'étais pas assez forte pour affronter ces prémices, et la suite de l'expérience se produisait.

« J'ai fini par comprendre comment les Visiteurs nous manipulent ; ils font apparaître les gens que nous connaissons en utilisant les hologrammes de notre mémoire. Nous ne voyons que des hologrammes, pas des êtres humains. Ils m'ont souvent dupée de cette manière. Quand les Visiteurs étaient là et que je voyais ma mère — ou plutôt ce que je considère maintenant comme l'hologramme de ma mère — arriver, je l'appelais au secours. Sans me regarder, elle me disait : "Tout se passera bien, il faut que tu sois docile !" J'avais beau lui demander de me regarder, jamais elle ne tournait les yeux vers moi. Une fois sortie de ma paralysie, je lui téléphonais pour lui demander si elle était venue : elle me répondait qu'elle n'avait pas bougé de chez elle (elle vivait à une cinquantaine de kilomètres de chez moi). Par la suite, j'ai réalisé que Mark ne me regardait jamais quand il entrait mystérieusement dans ma chambre. Je n'ai pu capter que le regard des petits Gris et celui du "garagiste". Ces apparitions, qui singeaient des êtres que je connaissais, avaient un problème que j'ai mis du temps à découvrir : leurs yeux étaient "ratés" et trahissaient leur nature de contrefaçon. Ils ne savent pas reproduire les regards. Jamais ma mère ne m'a regardée sauf une fois et je ne me souviens pas de ce qui est arrivé ensuite. Ce regard était-il tellement insoutenable que je l'ai effacé de ma mémoire ? Je me rappelle que ses yeux étaient d'un noir uniforme, dépourvu de blanc. Quand ils se sont posés sur moi, j'ai perdu conscience. Je n'étais pas capable de faire face à cette terreur absolue.

« Le phénomène de l'ouverture des portes est puissant et opératif au niveau de l'inconscient. (A l'époque, je le considérais comme diabolique ; il s'est étendu aux fenêtres que je voyais s'entrebâiller de la même façon.) Pourquoi les entités utilisaient-elles ainsi les portes dont elles n'avaient pas besoin puisqu'elles passaient à travers le mur ? J'ai fini par comprendre que voir une porte s'ouvrir toute seule déclenchait en moi un phénomène de peur panique dont ils se servaient. Les entités se servaient de ce qui pouvait me terrifier : l'obscurité, les hologrammes de personnes que je connaissais et qui ne pouvaient être là. Elles se jouaient de moi en faisant apparaître de dos des gens qui me demandaient télépathiquement de me calmer, de collaborer. A partir du jour où je leur ai dit que j'avais compris leurs sales trucs, elles ne m'ont plus jamais fait le coup de la porte qui s'ouvre toute seule.

« Devenue consciente de l'utilisation de ces phénomènes de peur, je suis parvenue à les maîtriser. Ces mécanismes, je les ai identifiés après coup : à l'époque, j'étais incapable d'établir des corrélations, de tirer des conclusions. Seul me guidait l'instinct de survie, un instinct presque animal puisque je ne pouvais plus réfléchir ni analyser.

« Phénomène de dépression ? On peut fantasmer à partir de l'échec d'un mariage, de la perte d'un enfant. Mais quand les phénomènes ont débuté, j'étais une étudiante brillante, amoureuse de son mari, et avais une vie satisfaisante, sur tous les plans. Rien ne pouvait justifier une dépression. Et cependant, à chaque visite, mon cerveau se brisait davantage. Étant parvenue à identifier la cause de ces phénomènes de peur, je me suis attachée à les affronter. Nous finissions par avoir des rapports de force. Ils me disaient : "Tu vois cette corde, là..." (ils me disaient tout, me dictaient mes gestes). Je prenais la corde, faisais un nœud coulant, me le passais autour du cou et montais sur une chaise. De là, je les invectivais : "Vous croyez que je vais le faire ? Bande d'idiots ! Je suis libre. C'est moi qui décide de ce que je fais." Quand ils étaient trop déroutés par mon attitude, ils me menaçaient :

— Si tu ne nous obéis pas, c'est notre chef qui viendra, alors tu verras... »

Les « visites » se produisant au rythme de deux fois par semaine, Sarah refuse le sommeil pour les éviter. Elle doit renoncer à son travail et va habiter chez sa meilleure amie, Jackie, qui ne lui pose pas de questions.

« Jackie part tôt le matin. Je me traîne comme un

zombie, incapable de regarder la télé (la lumière me blesse et, depuis ce temps-là, mes yeux ne peuvent supporter une lumière éclatante), incapable même de rêver. Je ne connais plus le sommeil profond (maintenant encore, le moindre bruit si faible soit-il me réveille). Je commence à avoir des phobies. Le bleu-violet fluorescent suffit à me paniquer. Je ne me souviens pas d'avoir été soumise à ce genre de lumière pendant les expériences. Même bizarrerie avec la pâte dentifrice. Celle que j'utilisais se présente comme une gelée transparente bleue. Une fois, j'ai été prise de panique en en mettant sur ma brosse. L'horreur ! Depuis, j'ai dû en changer. Cette couleur me donne des frissons.

« Une nuit, alors que Jackie était couchée dans sa chambre, j'entends le grattement et la paralysie me gagne. Je n'ai pas le temps d'appeler à l'aide : les deux petits Gris sont au pied de mon lit. Intérieurement je les somme : "Au nom de Jésus, partez !" Je répète cette phrase sans arrêt. La colère monte en moi mais je ne peux bouger. Et j'essaye de penser, plus fort : "Vous êtes damnés, jamais plus vous ne verrez la lumière."

« Ils s'éloignent de moi, se déplaçant plus rapidement que d'habitude. Je les sens nerveux. Mon lit est dans un coin de la chambre, plaqué contre les murs. Comme je ne peux tourner la tête, je ne vois plus les Gris mais je sens sur mon corps une pression épouvantable, comme si on voulait m'enfoncer dans le matelas. Apparaît, près de moi, un autre être plus grand, avec une tête beaucoup plus allongée, et des yeux noirs, très profonds. Son regard, presque humain, était d'une acuité et d'une intelligence redoutables : on aurait dit qu'il était programmé pour détecter les failles, les vulnérabilités. Tel un Méphisto d'opéra, il porte une cape noire avec un haut col montant par-derrière. Télépathiquement, il m'ordonne :

— Ça suffit ! Tu vas te laisser toucher. Je vais te toucher !

— Jamais !

« Il me regarde avec une froideur épouvantable, pire

que de la haine, et s'approche. Je continue de résister, lui d'insister. Pendant que le chef me dévisage avec haine (les autres ne sont pas capables d'une telle expression, ils ont des yeux de robot) je lui fais remarquer qu'il est faible puisqu'il éprouve de la haine. Alors je me sens soulevée à travers la pièce et plaquée contre le mur, à une hauteur telle que ma tête forme un angle droit contre le plafond. Il demande encore et encore, avec une sorte de haine froide, métallique, à me toucher (pourquoi lui fallait-il ma permission alors qu'il était capable de faire de moi ce qu'il voulait, même de me faire décoller de mon lit jusqu'au plafond ?).

— Tu vas accepter car tu n'as pas le choix.

— Non, non, non !

« J'ai peur à en mourir mais je maintiens mes "Jamais, jamais".

« Jackie entre dans ma chambre, les bras ballants. J'ai l'impression qu'elle est somnambule tant elle a l'air hébétée. Elle se dirige vers le pied de mon lit. Le chef des aliens va vers elle. C'est hallucinant, j'ai l'impression qu'il "rentre" littéralement en elle : il s'approche d'elle jusqu'à la heurter et s'absorbe en elle. Quand Jackie me regarde, ce ne sont plus ses yeux, mais ceux du Gris. Ils sont fondus l'un dans l'autre, comme deux négatifs superposés. Jackie lève le bras pour me toucher (elle dormait, je le voyais bien) tandis que la voix, télépathiquement, continue : "Tu vas me dire oui, tu vas obéir..."

« Au moment où Jackie va me toucher la jambe, je hurle. Hurle si fort que nos voisins du dessous, un ménage de petits vieux, font irruption (Jacky leur avait donné une clé), persuadés que l'une de nous se faisait assassiner. Ils allument l'électricité. Tout se passe alors très vite. Jackie se réveille, je tombe comme une masse sur le lit en me blessant contre le montant. Les voisins nous harcèlent de questions. Jackie se demande ce qu'elle fait dans ma chambre et comment j'ai pu tomber de si haut. Je ne veux parler à personne, les fais tous sortir et reste prostrée sur mon lit, lumières allumées. Le lendemain, je ne parviens pas à me lever tant je suis malade. Peu à peu, le calme est revenu, c'était un peu comme si cette nuit effrayante avait découragé mes visiteurs.

« Cela se passait en 1981. Ils ne sont plus revenus. Sauf en juillet 1993 et une autre fois, ratée pour eux, en avril 1994. »

En mars 1981, Sarah connaîtra une autre expérience, toute différente.

« Jackie était partie en vacances. Un après-midi pendant son absence, je ressens l'engourdissement. J'étais allongée sur mon lit. Je sais qu'il me faut bouger très vite avant que la paralysie ne me gagne : je parviens à me lever et je tombe à terre, environnée d'une sarabande de petites lumières. Ces minuscules points lumineux bougent rapidement, dansent autour de moi. Et j'entends mon nom “Sarah”, trois fois. La voix est chaleureuse. Comment décrire quelque chose d'aussi incompréhensible : j'avais l'impression que ces particules étaient dotées d'un regard, d'une conscience, et qu'elles me “disaient” que le cauchemar était fini.

« Je reste à terre, mais l'engourdissement n'est pas le même. Mon cerveau est redevenu alerte. Agile. Enfin ! Et je reçois une série d'informations se rapportant au cosmos. On me montre la formation des galaxies, on m'explique les entrées et les sorties permettant de passer de l'une à l'autre, on me fait comprendre comment une galaxie située à 10 000 000 d'années-lumière est toute proche parce qu'il existe un phénomène de porte que les astrophysiciens découvriront bientôt. Je reçois un cours sur ces “portes”, les dimensions, les univers parallèles, les hiérarchies. Je vois les êtres dans les hiérarchies (je pense qu'il s'agit de gouvernements célestes, mais on ne me “disait” rien, on me montrait) et je comprends que ceux qui commandent sur notre planète sont cyniques, incapables d'amour, tandis que dans les autres univers les “leaders” ont la capacité d'aimer. Après cette série de révélations, je me suis endormie, tellement heureuse. J'avais l'impression que Dieu m'avait touchée.

« Dès ce jour-là, les transformations ont commencé. Lorsque je me suis couchée, les muscles de mon corps ont commencé à se contracter et à se relâcher un par un, comme si je recevais des stimulations électriques. Cela s'est produit pendant plusieurs mois, comme une rééducation systématique des muscles de mon corps. Je suis devenue tellement musclée qu'on me demandait si je faisais du body-building. Depuis, je le suis restée. » (Sarah, effectivement très musclée, m'assure avoir le sport en horreur.) « La force physique que je développais était stupéfiante : je me surprenais à lever des poids sans faire d'effort, alors qu'auparavant je ne pouvais déplacer une grosse casserole d'eau.

« J'ai droit à la même convalescence pour mon cerveau. J'étais fascinée par la rapidité avec laquelle je parvenais à comprendre et intégrer les informations les plus ardues. Il me suffisait de prendre un livre, de le feuilleter, et je le connaissais. Je me suis mise à dévorer des bibliothèques. Cette transformation ne s'est pas limitée aux seuls domaines physique et mental : psychologiquement j'ai changé, découvrant des sentiments de compassion et de tendresse que je n'avais jamais connus. Avec l'amour de l'humanité, le don de guérison s'est développé, comme une conséquence logique. »

Sarah reprend des forces, se guérit de son incontinence et travaille pour le gouvernement canadien. Ses facilités à absorber textes et informations se doublent d'une grande aisance dans les rapports humains. Pendant sept ans, elle vit avec son chirurgien, s'efforçant d'oublier sa période noire mais elle ne cesse de s'étonner. En utilisant un appareil Polaroid, elle obtient d'étranges clichés où l'on distingue des phénomènes lumineux invisibles au moment de la prise de la photo[1] : l'énergie, explique-t-elle.

1. Le Pr Grad, de l'université McGill, qui a examiné les « photos psychiques » de Sarah et a assisté aux prises de vue, propose l'explication suivante : « Je pense que ces formes bioénergétiques apparaissant sur les photos sont dues à une réaction de la lumière sur la chimie du film dans l'appareil. Sarah active cette lumière. »

Une infirmière lui propose d'utiliser cette énergie pour soulager la souffrance de certains patients et la fait venir dans la clinique privée où elle travaille. Elle commence à traiter les patients comme si elle avait toujours fait cela. Elle dit qu'elle « voit » ce qu'ils ont, et leur parle de leurs autres problèmes.

De fil en aiguille, quelques médecins commencent à tester les dons de Sarah qui affirme pouvoir « scanner » les êtres (c'est-à-dire voir à l'intérieur de leur corps et de leurs pensées). Ils lui amènent d'abord des patients dont le diagnostic a déjà été établi. Le « scan mental » de Sarah confirme le diagnostic médical, et parfois va plus loin : elle annonce un problème qui n'a pas encore été décelé et sera découvert ultérieurement par d'autres analyses. Pour éliminer toute possibilité de télépathie, on lui soumet des patients *avant* l'établissement du diagnostic. La jeune femme, qui n'a aucune connaissance médicale, stupéfie les médecins : il lui faut une minute pour dicter son verdict (qui est enregistré). En milieu médical, elle commence à soigner, toujours en présence de médecins. (J'ai assisté à plusieurs séances de guérison de Sarah qui, soit dit en passant, ne demande jamais un *cent*. Des crépitements audibles sortent de ses mains. J'ai observé des guérisseurs dans le monde entier, jamais je n'ai remarqué un phénomène aussi net.)

L'effet tam-tam se produit : le monde afflue. Sarah prend plaisir à aider les gens. Mais de telles pratiques, même si elles sont efficaces, sont difficiles à supporter pour son compagnon — un chirurgien connu — qui entre dans des colères épouvantables. Sarah n'a pas fini de surprendre, elle s'est découvert un autre don : elle peut également « scanner » les textes. On lui soumet des manuscrits. Sans les lire, Sarah « voit » ce qu'il y a dedans et dicte les modifications à apporter. Elle travaille ainsi pour le cinéma, en améliorant des scénarios.

Entre ses patients et ses nouveaux contrats, Sarah n'a plus une minute ; elle démissionne de son poste pour se consacrer à l'écriture qui la fait vivre et aux malades.

Une telle vie est incompatible avec celle de son compagnon, elle le quitte et commence à travailler jour et nuit à un rythme harassant. Elle soigne dans cinq cliniques, monte un groupe d'infirmières, écrit, et donne des conférences. « En parlant, je découvre que je ne dis pas ce que j'ai préparé : j'improvise, et j'apprends en écoutant ce qui sort de ma bouche. »

Un tel rythme de vie l'épuise. Traiter trop de personnes souffrantes l'use. Il faut l'hospitaliser : ses reins ne fonctionnent plus. Après une opération, Sarah est assurée qu'elle n'aura plus de problèmes. Mais un an plus tard, autre hospitalisation : les reins sont bloqués.

La nouvelle échographie est soigneusement étudiée : *le rein gauche a disparu*. On vérifie. Les médecins comparent avec les examens précédents effectués dix-huit mois auparavant où les deux reins étaient bien visibles. Mais cette fois, le rapport précise : « absence de rein gauche[1] ». Le cliché révèle sur le rein restant un petit filament, comme une plume. Les médecins ne comprennent pas. Selon eux, le rein droit aurait dû augmenter de volume pour compenser l'absence de travail du rein gauche, mais il n'avait pas grossi...

« De toute façon, un organe peut s'atrophier, changer de volume, mais pas disparaître ! Ça n'existe pas ! Je me suis efforcée de ne plus penser à tout cela, je désirais être une femme normale. Sans histoire. J'étais remariée et avais deux enfants et ne voulais pas relier cette "disparition d'organe" avec un passé que je croyais enterré. J'ai joué la politique de l'autruche. Les événements allaient me rappeler à l'ordre.

« En juillet 1993, des amis m'aident à aménager le sous-sol de notre maison où je veux installer mon bureau et mes archives. Je me trouve deux étages au-dessus, dans ma chambre, quand je recommence à sentir ces picotements que j'avais été heureuse d'oublier. En même temps, j'ai comme un flash : je "vois" mon beau-frère se faire écraser par un très lourd casier à

1. Je me suis fait communiquer le dossier médical de Sarah.

plusieurs niveaux. Je dévale les escaliers pour le prévenir et j'arrive au moment où le meuble allait se fracasser sur lui. J'ai le temps de lui hurler de partir et c'est sur moi que le casier (pourtant solidement arrimé) tombe, comme si tout avait été programmé à mon intention. On m'emmène à l'hôpital pour une radiographie de la tête. Je n'ai pas de fracture, mais c'est bizarre : la radiographie révèle une obstruction du sinus du côté gauche ; or le meuble m'avait heurtée de plein fouet sur le côté droit du visage. Je n'avais jamais remarqué que mon sinus était bouché, je n'étais pas enrhumée, je refuse de consulter un oto-rhino. »

Trois semaines plus tard, dans sa salle de bains, Sarah est prise d'un fort saignement de nez. Elle sort de sa douche et commence à étancher le sang. Le ruissellement est si abondant qu'elle appelle son mari, Steve. Celui-ci lui fait remarquer que quelque chose dépasse de son nez.

« On aurait dit une sorte de gros vermicelle blanc, ou un ver ! Je veux l'attraper avec un mouchoir en papier, c'était dur au toucher, je tire, ça ne vient pas. Je tire encore, la chose s'allonge, comme un élastique, je me rends compte que cela va jusqu'à l'œil ! Je finis par sortir comme une grosse aiguille renflée à une extrémité, longue comme mon petit doigt. Ça me dégoûte. Je jette cette horreur à la poubelle et puis, je ne sais pourquoi, je pense que cela a peut-être un rapport avec mon expérience, et que mes visiteurs m'avaient peut-être mis cette chose dans le nez. Je n'étais pas au courant de ces histoires d'implants. Spontanément, j'ai pensé que c'était peut-être important parce que si les êtres m'avaient mis quelque chose dans le corps, j'en détenais la preuve. Cet implant était la confirmation de ce que j'avais vécu, de ce passé auquel je ne pensais plus car pour moi la page était tournée : je leur avais appris à me laisser en paix. Du moins le croyais-je jusqu'à cette année 1994, au mois d'avril où "cela" a recommencé, mais pas totalement. »

Sarah demande au Pr Bernard Grad (de l'université

McGill) d'examiner cette « chose ». Au cours de l'examen, le Pr Grad brise l'extrémité renflée de ce mystérieux objet blanchâtre, ce qui aurait pu être la tête du ver. Il tourne vers elle ses yeux bleu myosotis : « I am sorry ! »

Je me suis entretenue avec Bernard Grad qui m'a affirmé n'avoir jamais rien observé de tel et ne pas comprendre ce que cet objet pouvait être.

La découverte de l'implant a été difficile à accepter. Tant pour Sarah que pour Steve, son mari, qui connaissait ses histoires passées et l'avait vue extirper l'« implant » de son nez. Il m'a rapporté son exclamation horrifiée d'alors : « Je veux bien accepter toutes tes histoires, mais pas ça ! »

Au bout de quelques jours, l'implant (brisé) se dessèche. Sarah le met au frigidaire. Quand elle le ressort, trois semaines plus tard, pour le soumettre à un biologiste, elle a l'impression que l'implant a repoussé [1].

La dernière visite de Sarah remonte à avril 1994. Il est une heure du matin, Sarah et son mari viennent de rentrer et s'apprêtent à se coucher. Tout est normal mais Sarah, soudain, devient nerveuse : elle a l'impression que les visiteurs rôdent, qu'ils vont venir. Steve, pourtant habitué à se coucher tard, est pris d'une irrépressible envie de dormir. Elle le supplie de résister : « Les salauds vont encore venir. » Steve n'écoute que son sommeil. Et Sarah entend « leur signal » (les grattements), plus nettement que jamais. Elle est folle d'angoisse, pas pour elle, elle craint qu'ils ne s'en prennent à ses deux filles, Ivy (cinq ans) et Rebecca (trois ans). Dans la rue, une explosion. Énorme. C'est le générateur électrique, accroché à un poteau à l'extérieur. Il est en feu. Tandis que fusent gerbes d'étincelles et éclairs, la maison de Sarah est plongée dans l'obscurité. Celle des voisins également. (Seuls ces deux bâtiments, reliés au

1. Impression subjective. L'implant avait été placé dans un tube de plastique fermé. Il a paru plus grand à Sarah mais cette dernière convient qu'elle ne l'avait pas mesuré avant.

même transformateur, ont été affectés.) « Steve, il faut qu'on s'en aille, tout de suite », supplie Sarah. Rien à faire pour le sortir de sa torpeur. Ivy s'est mise à hurler. Comme jamais. « C'étaient des cris de désespoir et de peur à la fois, je savais qu'il allait se passer quelque chose. » Sarah sent « leur » présence. Elle prend ses filles dans ses bras et doit houspiller son mari : « Steve, il ne faut pas que tu dormes. » Comme si elle n'avait pas assez de problèmes, le téléphone sonne.

— C'est chez vous l'explosion ?

Bonheur ! C'est la secrétaire de Sarah qui habite à deux cents mètres de là.

Sarah lui demande de venir immédiatement ainsi que son mari car elle veut « contrecarrer les plans » de ses ennemis. Elle a une certitude : « Il vaut mieux être le plus nombreux possible car "ils" ne peuvent pas contrôler trop de gens à la fois. » A force de secouer Steve, elle parvient à le réveiller[1] et toute la famille s'installe pour la nuit chez la secrétaire. De là, Sarah appelle la compagnie d'électricité pour réclamer des réparations immédiates : la température extérieure est de –20 °C et sa maison est chauffée à l'électricité. Elle en profite pour demander ce qui a pu causer un tel accident. L'employé s'étonne : il n'a jamais entendu parler d'une histoire pareille. Il est catégorique : l'installation ne peut exploser, à moins qu'on n'ait tiré dedans.

Le lendemain matin, la famille regagne sa maison. Une odeur pestilentielle y règne, si forte qu'il faut ouvrir les fenêtres. « Ça puait les œufs pourris, et nous avons regardé partout : rien ne pouvait justifier cette odeur », me dira la baby-sitter qui a eu l'occasion d'assister à d'autres manifestations insolites chez Sarah.

Dans les expériences de Sarah se mêlent des thèmes que l'on retrouve dans les récits de possession (prières

1. Dans les cas d'enlèvements avec témoins, les personnes qui ne constituent pas la cible de l'abduction sont soudain plongées dans un état de conscience altérée qui ne leur permet pas de réaliser ce qui se passe. Mais en l'occurrence, rien ne peut nous certifier que Sarah

décharge dans son environnement. Il est logique de penser qu'elle inverse le sens habituel de l'énergie. Si un cumulo-nimbus de tempête est négatif pour un cheval, un paysan, un montagnard, qui sont autant de paratonnerres positifs, Sarah représente un volume négatif près des appareillages électriques (télévision, lampe, ordinateur, voiture, avion...) construits de façon à être neutres pour les humains (normaux).

Comment pourrait-elle être un cumulus négatif à elle seule ?

Un orage est la conséquence d'un vent froid dans une région chaude. Schématiquement, un violent courant d'air froid sur une masse d'air chaud entraîne un phénomène d'électrification (ionisation) des nuages. Ces noirs choux-fleurs de l'atmosphère, conséquences d'une friction d'espaces froids et chauds, se chargent négativement et déséquilibrent l'énergie habituellement neutre. La foudre décharge l'orage dans la Terre et rétablit l'équilibre.

Si Sarah est une mini-foudre pour son environnement neutre, il est possible qu'elle soit le lieu d'un échange thermique, capable de la charger en électricité négative. Ce phénomène thermodynamique serait une interprétation scientifique logique pour Sarah. Sous hypnose, les ravis insistent sur le froid qu'ils ressentent à l'intérieur de l'ovni (le froid qu'ils éprouvent pendant l'expérience de la Rencontre). Mais Sarah n'a jamais voulu subir d'hypnose. Cette tentative d'explication reste donc caduque puisque ses expériences avec les « Gris » (ou du moins le fragment d'expérience dont elle se souvient) ont eu lieu dans sa maison.

A moins que le froid ne soit en permanence en elle pour maintenir sa température constante et n'inverse

---

extraterrestres, mais tout simplement du bruit engendré par l'élaboration de champs magnétiques. Ce bruit — indécelable pour les êtres humains ne possédant pas cette hypersensitivité électrique — indique qu'une énergie circule (comme une foudre qui se préparerait). L'électricité statique condensée au niveau du sol, et qui court sur le tapis, serait happée en recevant les champs magnétiques situés plus haut, et élaborerait un champ électromagnétique de grande vélocité.

ainsi le processus observé chez le commun des mortels. Dans les conditions de vie courantes, la nourriture nous réchauffe, l'extérieur nous refroidit.

A se demander si Sarah ne posséderait pas un métabolisme particulier. Une question pas moins intrigante que la « disparition » de son rein gauche ; les médecins, qui avaient d'abord pensé que l'organe n'était pas « lisible », ont dû se résigner à constater son absence.

Sarah n'attribue pas ses dons à ses Visiteurs, elle les relie à son illumination, au moment où elle a assisté à la « formation d'un atome ». Mais les Visiteurs (quel que soit le phénomène qui se dissimule sous ce terme) suscitent bien des fantasmes et les naïves tentatives de David Jacobs de les enregistrer suscitent des émules. Sarah a été sollicitée par un prétendu « spécialiste » des abductions qui, ayant eu vent de ses démêlés avec des aliens, lui demanda d'installer chez elle un dispositif qui lui permettrait d'être averti de la présence des Visiteurs car il désirait s'entretenir avec eux. D'un air important, cet individu l'avertit : « Ce sont nos supérieurs. Vous devez collaborer. »

L'IMPLANT PRÉSUMÉ DE SARAH SMITH

Commentaires du Pr Bernard Grad, biologiste,
chercheur en oncologie,
Professeur d'endocrinologie et de morphologie expérimentale
à l'université McGill

« Le témoin m'a dit avoir extrait avec difficulté cette "chose" de son nez, de son sinus gauche. Je n'ai jamais rien vu d'équivalent. Je n'étais pas sûr qu'il s'agisse de quelque chose de vivant. Cela se présentait un peu comme une sorte de ver, j'ai d'abord pensé que ce pouvait peut-être en être un... ou une sorte d'antenne biologique... Puis, que c'était de la silicone...

« Cette "tige" dont le diamètre correspondait à celui d'une aiguille à tricoter habituelle, était assez longue (5,5 cm), élastique (on pouvait tirer dessus, cela s'allongeait), tubulaire et se terminait par une sorte de "tête chercheuse" nettement plus large. Sur cette "tête" dont l'extrémité était en pointe acérée, se distinguait un point bleu sombre. L'objet contenait une sorte de liquide qu'il a rapidement perdu.

« Au microscope, je n'ai pu déceler aucune structure biologique, pas d'intestin... La "chose" était uniforme et ne produisait pas de substance. Elle ne bougeait pas. Pour installer cet objet sur la lamelle, il m'a fallu le courber car il était trop long. Malheureusement, j'ai brisé, ou plus exactement écrasé, la "tête" en l'observant. Nous l'avons testé avec un ohm/fréquence et n'avons rien trouvé. La lame du microscope l'a fait se déshydrater très vite.

« Peut-être aurait-il fallu le colorer pour l'étudier. Le témoin l'a placé dans un petit flacon fermé dans son réfrigérateur et estime qu'il s'est alors allongé tout seul. Mais nous ne l'avions pas mesuré avec suffisamment de précision auparavant pour pouvoir en être sûrs. Quelques jours plus tard, il était couvert de moisissures. Nous n'avons aucune explication scientifique à proposer mais je ne vois pas comment le corps pourrait produire un tel objet !

« On peut concevoir que des êtres d'une civilisation plus avancée soient capables de mettre dans notre corps un dispositif qui leur permettrait de nous suivre à la trace, mais ce ne sont là que suppositions ! Si un tel détecteur était réalisable, il posséderait une structure plus biologique que mécanique.

« Après examen, un biologiste a déclaré que cet objet était constitué de macro-cellules végétales, il a parlé d'une membrane cytoplasmique très épaisse, impossible à reproduire artificiellement. Pour ma part, je n'ai vu aucune cellule. »

8

Tortures, humiliations et peurs paniques, mais aussi guérisons, dons psychiques et expansion de la conscience. — Ces Visiteurs, sont-ils bons, sont-ils mauvais ? — De l'intérêt de leur résister et des inconvénients de s'y intéresser.

« Ils m'ont sauvé la vie », affirme Chet Snow, un thérapeute américain.

1985. En vacances dans la Yucca Valley (Californie), Chet Snow est invité chez une amie qui vit à proximité de Giant Rock, lieu fameux chez les cultistes d'ET : Van Tassel, un des plus célèbres contactés des années soixante, s'y entretenait avec les « Frères de l'Espace » et y construisit un bâtiment en forme de soucoupe volante, l'*Integratron*. Chet Snow saisit l'occasion de voir une telle curiosité. Deux heures de route le séparent de son amie, il part vers 14 heures. Sans comprendre comment il a bifurqué, il se retrouve sur une piste et se perd dans le désert. Par hasard, il découvre la petite colline de quartz laiteux, haute d'une vingtaine de mètres, sur laquelle Van Tassel était visité par les ET. Il l'escalade et s'allonge au sommet pour méditer.

« J'avais le temps : mon amie m'attendait vers 17 heures. Juste avant de fermer les yeux, je vois dans le ciel un gros point lumineux de la taille d'une noix. Je me souviens d'avoir pensé : “C'est drôle, une noix qui vole !” Mais rien de plus. Un bruit de moteur d'avion me ramène à un état de conscience normal et j'ouvre les yeux. Je me sens en pleine forme et me félicite de cette bonne méditation. Une petite voix sardonique retentit dans ma tête : “Tu peux appeler cela une méditation si tu veux ! Nous, nous avons terminé !” L'avion qui m'avait fait revenir au réel vole en rase-mottes près de moi. C'est un petit Cessna qui, vraisemblablement, vient de décoller. En prenant de la hauteur, il passe si près que je peux remarquer l'expression du pilote : il a l'air stupéfait de me voir. Je n'ai pas le temps de m'interroger sur son étonnement car j'entends un bruit, autrement intéressant : une auto qui démarre. S'il y a un véhicule dans les parages, c'est que la route est proche : bonne nouvelle ! Effectivement, du haut de la colline, je repère une grosse voiture américaine qui s'éloigne. »

Ces trois événements (la voix, l'avion et la voiture) se produisirent presque simultanément. Chet Snow regagne sa voiture, suit la direction prise par la Chrysler et retrouve la route qui mène à Giant Rock. Après avoir pris des photos de l'*Integratron*, il vérifie l'heure : 17 h 20. Comment sa méditation a-t-elle pu être si longue ? Cela le surprend mais il n'y attache pas d'importance : en vacances, arriver en retard se justifie.

Lorsqu'il raconte l'incident à son amie qui connaît la région, celle-ci s'exclame :

— Je ne sais pas si tu réalises ta chance : grâce à cette histoire, tu as eu la vie sauve ! Cette piste est utilisée par les passeurs de drogue [1] et il y a beaucoup de morts dans le coin : ces gens-là n'hésitent pas à supprimer les témoins.

A l'époque, Chet Snow ignorait les phénomènes de *missing time*. Trois ans plus tard, au Monroe Institute où il suit un séminaire, il pense avoir découvert la face cachée de sa petite aventure.

« J'ai vécu là l'expérience la plus profonde de ma vie [2]. Pendant que j'explorais des états modifiés de conscience, une voix me proposa de voir ce qui s'était passé à Giant Rock. J'ai accepté et j'ai revécu la scène. Mais j'y ai assisté

1. Giant Rock est proche de la frontière mexicaine, tout près de Tijuana, une des villes d'où part le trafic de drogue vers les États-Unis.

2. Ces séminaires, très cotés dans les milieux branchés de la recherche sur les états modifiés de conscience, permettent de favoriser l'expansion de la conscience et d'explorer ces états en utilisant, notamment, l'Hemi-Sync. Ce procédé mis au point par Robert Monroe rend possible la synchronisation électrique des deux hémisphères du cerveau par l'utilisation de différents types de sons. Par ce moyen, les participants peuvent faire des expériences de hors-corps.

en hors corps, c'est-à-dire de l'extérieur de moi. Je me suis vu enlevé à bord de l'ovni et examiné par de grands êtres blonds [1]. Il me sembla alors que ce qui m'était arrivé était anodin et je refusai d'en voir davantage, disant que j'avais compris. »

Nous retrouvons ici une autre variante de l'interdit rapporté par les ravis. Aujourd'hui, Chet Snow ne comprend pas pourquoi il a refusé de revoir la scène dans sa totalité. Il n'a pas voulu se faire hypnotiser pour essayer d'en savoir davantage (« Ce n'est pas mon truc », me dit-il), mais il est persuadé d'avoir un implant dans le crâne et se sent « marqué au cerveau ». Peu après son aventure à Giant Rock, sa petite amie lui fait remarquer qu'il a, sur le devant de la jambe, une *scoop mark*, une de ces marques rondes, creusées dans la chair, qui constituent pour Budd Hopkins une des signatures de l'enlèvement. Il ne l'avait jamais remarquée auparavant et me l'a montrée. Nette et profonde, sa cicatrice fait 8 millimètres de diamètre.

Pour Chet, les aliens lui ont sauvé la vie. Quand il est sorti de sa période d'absence, l'avion et l'automobile repartaient : la marchandise venait d'être échangée. L'arrivée des trafiquants et la livraison ont eu lieu pendant son *missing time*. Il résume ainsi son aventure : « J'étais sous influence. Sans cela, après une méditation de vingt minutes, je serais descendu de la colline. J'aurais été un témoin, donc un homme mort. » Le témoignage de Chet Snow ne surprendrait guère John Salter.

Professeur de sociologie et professeur titulaire de la chaire de civilisation amérindienne à l'université du Dakota du Nord à Grand Forks, le Pr John R. Salter y dispense des cours d'ufologie axés sur les RR4. Son intérêt pour le sujet n'est pas théorique : le 20 mars 1988, il a été enlevé avec son fils John III par des humanoïdes amicaux.

Le Pr Salter ne considère pas ses démêlés avec les ET

1. Aliens de type nordique : ceux-là mêmes que décrivaient les contactés comme Van Tassel.

comme un sujet tabou ou réservé à ses étudiants, il en parle ouvertement. Au cours d'une conférence intitulée « Nature, signification et effets des contacts extraterrestres » et donnée à la Walsh University de Canton (Ohio), il les a narrés de façon à dédramatiser un sujet qui commence à inquiéter une partie de la population. Après avoir recouvré la mémoire de ce qu'il lui était advenu en 1988, les souvenirs de trois autres Rencontres (en 1941 — il avait sept ans —, en 1952 et en 1957) lui revinrent aussi. « Je ne considère pas les ET comme des démons, des anges, des entités psychiques ou des voyageurs du temps. Je les vois comme des visiteurs amicaux qui nous portent une grande attention », explique-t-il.

Le 20 mars au matin, le Pr Salter part, accompagné de son fils John III, donner une série de conférences dans le Mississippi et en Louisiane. Au lieu de suivre un itinéraire logique, *sans savoir pourquoi*, il bifurque et s'engage sur une voie secondaire et c'est dans une région isolée du Wisconsin que le père et le fils ont un *missing time*. Quand ils retrouvent leur état normal, ils sont perdus et roulent au hasard. A la première agglomération, Richland Center, ils s'arrêtent dans un hôtel pour essayer de comprendre ce qui leur est arrivé. En vain : leur amnésie est totale. Le lendemain matin, ils reprennent la route. Dans le ciel, à deux cents mètres d'eux, un gros objet argenté et extrêmement brillant plane, immobile, puis s'éloigne à une vitesse vertigineuse.

De retour dans le Dakota, le Pr Salter constate sur lui de surprenantes modifications physiques. Les rides de son visage s'estompent. Ses ongles poussent à une vitesse incroyable. Son système pileux se développe considérablement, surtout sur les jambes, la poitrine et le menton. De clairsemés, ses sourcils deviennent broussailleux. Les cicatrices de ses blessures glanées à des manifestations en faveur des droits de l'homme disparaissent. Son énergie augmente. Le gros fumeur (quatre paquets de cigarettes par jour) s'arrête brutalement de fumer, sans en éprouver de troubles physiques ou psychologiques. Depuis son *missing time*, une tache rouge se forme sur sa poitrine chaque année au mois de mars, et disparaît quelques heures plus tard [1]. John III, qui s'était arrêté de grandir à dix-huit ans, a gagné près de quatre centimètres depuis la Rencontre (il avait alors vingt-trois ans).

Les souvenirs du Pr Salter commencent à lui revenir au cours du mois de juin de façon précise. Ceux de son fils, émergés plus tardivement, y correspondent point par point, mais comme on ne saurait éliminer l'hypothèse d'une contamination entre John III et son père, ne prenons en compte que la version de ce dernier. Il conduisait dans une région isolée et arrêta sa voiture près d'un bosquet d'arbres. Six ou sept petites créatures au visage enfantin entourèrent l'automobile. Un humanoïde, plus grand que les autres, guida (en marchant) les Salter vers un petit vaisseau spatial posé non loin de là et les fit pénétrer dans une salle aux murs incurvés où ils furent soumis à un examen médical. Un appareil qui projetait de la lumière balaya le visage de John III (par la suite, une excroissance au menton du jeune homme disparut totalement). Le Pr Salter eut droit à trois piqûres (au-dessus du nombril, dans la glande thyroïde et dans la poitrine, là où la tache rouge devait se manifester par la suite), et à l'insertion d'un implant à travers la narine droite. Affables et diserts, les ET expliquèrent — télépathiquement — qu'ils venaient de Zeta Reticuli (un système situé à 32 années-lumière de la Terre)... « Le plus grand être nous raccompagna à notre voiture. J'ai éprouvé une tristesse poignante en le quittant et senti que nous nous reverrions. »

Selon le Pr Salter, la manifestation de l'ovni — seulement remarquée par lui et son fils — au lendemain de l'enlèvement visait à les rassurer. Il y voit la preuve de l'*amitié* que nous portent les *visiteurs du ciel* dont la *bienveillance* est patente (« ils veulent nous aider à résoudre nos problèmes sociaux et politiques ») et enseigne à ses étudiants que les ovnis se manifestent depuis des milliers d'années. L'avènement de l'ère nucléaire et de la conquête spatiale a amené ces êtres

1. Un triangle rouge apparaît, de la même manière, sur l'abdomen du Dr X à chaque anniversaire de sa Rencontre (cas français du 2 novembre 1968. A la suite d'une observation d'ovni, ce médecin constata sur son corps d'inexplicables guérisons).

dotés d'une forme d'intelligence et d'une technologie supérieures aux nôtres à multiplier leurs contacts avec les humains. Ils ne cherchent pas à nous nuire : « Ils nous auraient détruits depuis longtemps si tel était leur but. » Grâce à eux nous deviendrons meilleurs. Salter leur attribue son ouverture aux problèmes des Amérindiens : « Ils m'ont donné le sens de l'altruisme. »

Cette prise de position ne laissa pas indifférent Thomas E. Bullard qui lui écrivit :

« Mes études précédentes mettaient au jour un comportement d'inimitié, de froideur et d'exploitation et m'avaient persuadé que ces êtres n'étaient pas si bons. Depuis, j'ai reçu plusieurs lettres de personnes qui considèrent leur expérience dans la même optique positive que vous. Certaines la jugent mauvaise (c'est compréhensible et même logique lorsqu'on réfléchit objectivement à ce qu'implique un kidnapping), cependant, plus j'étudie, plus je réalise que l'expérience possède un côté *positif* moins évident à dégager. Quelques abductees éprouvent une *profonde et constante affection pour leurs ravisseurs*, et sentent une réciprocité à ces sentiments [1]. »

Le Pr Salter n'est pas le seul à avoir tiré bénéfice de ses rencontres avec les aliens. Un effet positif se constate généralement *après* l'expérience, comme une bonne surprise, mais certains ravis décrivent des opérations subies « à bord » *dans le but annoncé de les guérir*. Et de retour sur Terre, ils sont guéris. On peut gloser sur les liens de cause à effet entre la croyance en de bénéfiques entités guérisseuses et la guérison constatée. Mais s'il suffisait de rêver d'ovni pour être guéri, vivement la machine à programmer les rêves d'ET ! Selon David Jacobs, les aliens n'ont pas le choix : ils sont obligés de guérir les ravis ayant des problèmes de santé s'ils veulent s'en servir pour leurs expériences : de leur part, il s'agit d'un simple « entretien de matériel ».

---

1. Extrait de lettre citée par Richard L. Thompson in *Alien Identities : Ancient Insights into Modern UFO Phenomena*, Govardhan Hill Publishing, 1993.

Chez Edith Fiore, l'alien est bienfaisant : il guérit les ravis pour le seul plaisir de les aider. Dans son livre, *Encounters*, le psychologue précise que, sur deux cents de ses patients ayant été enlevés, 50 % ont été guéris de maladies très graves — comme le cancer — ou de migraines contraignantes (elle développe le cas d'un patient souffrant d'une malformation au cerveau : les médecins avaient averti la mère que l'enfant serait retardé. L'homme a dépassé la quarantaine et vit normalement ; il a découvert le secret de sa guérison sous hypnose chez Edith Fiore). Les interventions rapportées relèvent d'une technologie sophistiquée, avec des appareils agissant sur « le champ énergétique », ou alors elles sont de type « magique, avec des insertions de morceaux de verre ou de cristal dans le corps, selon la tradition chamanique.

Outre leurs souvenirs d'examens médicaux auxquels correspondent des séquelles inhabituelles à la fois physiologiques, psychologiques et psychiques (visions, anomalies électromagnétiques, événements paranormaux, poltergeists, dons de guérison...), les ravis mentionnent leur impression d'être « sous contrôle » et affirment recevoir mentalement des messages d'entités venues de l'espace. Certains se souviennent d'une série de Rencontres où ils subissent un enseignement quant à leur mission sur Terre et semblent métamorphosés, comme s'ils avaient une nouvelle personnalité. Après s'être comportés comme des rats de laboratoire traumatisés, ils font état d'une préoccupation profonde pour toute l'humanité (pas seulement leurs familles et leurs amis) et se transforment, selon la formule du psychologue Leo Sprinkle en « Citoyens du Cosmos[1] », riches d'une nouvelle conception du monde qui les sensibilise aux problèmes écologiques et planétaires (cette conception est proche de celle de John Mack, qui considère les aliens comme des éducateurs).

Betty Andreasson, la ravie dont les expériences sont

1. Voir Leo Sprinkle, *UFO Contactees, op. cit.*

les plus riches et les plus mystiques, pense que les ravisseurs « éveillaient » quelque chose en elle lorsqu'ils lui posaient la main sur le front pendant l'examen médical. Elle eut des révélations sous forme de visions : « C'était comme si l'infini s'ouvrait devant moi. Je voyais des inventions à l'avance — des milliers d'années à l'avance — et cependant cela ne semblait qu'une minuscule écaille percée dans l'infini », et mentionne deux « professeurs » (Quazgaa et Joohop) qui semblent l'avoir stabilisée au point de vue émotionnel.

Ces chirurgiens cosmiques, à quoi jouent-ils ? Ils traumatisent, blessent, terrifient, humilient, mais guérissent aussi les corps et éveillent la conscience. Il ne saurait être question de mettre les effets constatés sur le compte de la « folie douce » des visités. Les résultats de tests psychologiques passés par plus de deux cents ravis ont été comparés à ceux de personnes n'ayant pas eu ces expériences : il n'y a aucune raison d'accréditer l'hypothèse selon laquelle les observations ovnis seraient rapportées par des sujets souffrant de troubles mentaux. Et cependant les abductees persistent à rapporter des « messages prophétiques » qui ne se réalisent jamais, et une collection de « fausses informations » bonnes pour le Guinness des records mais souvent prises très au sérieux comme celles, pseudo-médicales, de l'affaire dite de Tujunga.

Éprises de vie au grand air, Sara Shaw et Jan Whitley habitent un chalet isolé près de Tujunga (à quelques kilomètres de Los Angeles). Elles sont toutes deux couchées, cette nuit du 22 mai 1953, et dorment paisiblement quand un rayon bleu lumineux crève la fenêtre et les réveille. Comme pour souligner l'étrangeté de la situation, un silence total s'abat sur la maison. Au-dehors, les animaux se sont tus. Inquiétant. La lumière est si surprenante et incompréhensible que Jan sort de son lit. 2 h 20 du matin. Qu'est-ce que cela signifie ? Elle veut s'habiller et sortir vérifier ce qui se passe au-dehors mais elle n'a pas le temps d'attraper un vêtement : elle se sent paralysée. Son esprit s'engourdit. Elle ne peut plus penser et éprouve des difficultés à respirer. La voix de son amie la tire de cet état.

— Jan ! Mais pourquoi restes-tu comme ça debout sans bouger ?

Sara crie plus qu'elle ne parle mais elle s'interrompt en découvrant, stupéfaite, sa propre position : elle est assise au pied de son lit, un pied touchant le sol. Elle devrait être couchée, elle ne s'était pas levée. Un regard vers son réveil, et c'est le coup de massue : il n'est plus 2 h 20 mais 4 h 20.

A son tour, Sara a du mal à respirer. Le butane. Il doit y avoir un problème avec le butane ! Les deux filles courent à la cuisine et vérifient l'appareil de chauffage. Tout est en ordre. Incompréhensible. Dehors ? Pas d'odeur suspecte. Non loin du chalet, Jan distingue une silhouette blanchâtre, vaporeuse, de longs cheveux flottant sur les épaules, mais cette apparition évanescente ne l'intrigue pas : elle rentre à l'intérieur s'occuper de ses chiens et de ses chats.

Les événements de la nuit ont perturbé les amies, elles vont se réfugier quelques jours ailleurs. De retour dans leur chalet, elles se livrent à une enquête. Dans le voisinage, personne n'a remarqué l'étrange lumière, ni le silence, ni l'air oppressant. Les mois suivants, Jan a peur de l'obscurité et Sara se sent épuisée. Ses goûts changent : elle se découvre une soudaine passion pour la médecine. Abandonnant son travail, elle suit des cours pour devenir assistante dentaire et prend des emplois intérimaires dans des cliniques, des hôpitaux ou chez des médecins. En 1955, elle a la « révélation » du traitement qui doit guérir le cancer et la mission de confier ce secret à un médecin précis.

Jan partit vivre dans une autre ville de Californie et les deux amies perdirent le contact. Une nuit, Jan est étendue sur son lit, éveillée. Un sifflement perçant retentit dans sa chambre et elle se sent gagnée, des pieds à la tête, par un engourdissement si profond qu'elle se retrouve paralysée. Elle a l'impression que des êtres invisibles veulent s'emparer d'elle. Au prix d'un véritable effort, *elle parvient à bouger un doigt : les êtres, le son, la paralysie disparaissent comme par enchantement*.

De son côté, Sara s'est mariée. Lors d'une émission télévisée sur les enlèvements, elle apprend que de nombreuses personnes ont perdu tout souvenir de ce qui leur était advenu après avoir vu une lumière brillante. Ne lui serait-il pas arrivé le même genre d'aventure avec Jan trente ans plus tôt, en 1953 ? Elle se met en rapport avec Ann Druffel qui décide d'étudier son aventure. La thérapeute se met à la recherche de Jan et fait régresser sous hypnose les deux femmes pour explorer leur *missing time*.

Sara voit huit petits êtres l'entraîner avec son amie vers un ovni qui stationne au-dessus d'un groupe d'arbres. Le paysage est si brillamment éclairé qu'on se croirait en plein jour (il n'est pourtant que 2 h 20 du matin). Elle a l'impression de glisser au-dessus d'un tapis de lumière qui relie leur maison à l'ovni. L'ouverture de l'engin est tellement étroite que les entités doivent aider Jan, assez corpulente, à la franchir.

Sara flotte allongée dans les airs au-dessus d'une table en forme d'enclume. Un gros appareil descend du plafond et dispense des rayons de lumière sur différents points de son corps. Les êtres semblent étonnés par la longue cicatrice qu'elle a sur le torse (Sara a été opérée à la suite d'un accident de motocyclette) et lui demandent si elle n'a pas un bras artificiel. Pendant ce temps, Jan, calme, flotte — mais en position assise — dans l'ovni. Les deux chiens sont à bord, tranquilles.

Après la visite médicale, Sara est emmenée dans une salle de conférences où les aliens l'informent que les humains ont tort de se soucier autant du cancer contre lequel il existe un traitement efficace. Il suffit d'injecter dans la masse cancéreuse un produit à base de vinaigre pour que la tumeur commence à se résorber. Après plusieurs injections, le cancer disparaît.

Avant d'entreprendre la régression sous hypnose de Jan, les enquêteurs ont commencé par s'assurer qu'elle ne connaissait pas les détails retrouvés par Sara. Les séances de Jan ne donnent *aucun* résultat. Sous hypnose, « elle était incapable de revivre ce dont elle se souvenait consciemment », écrit Ann Druffel[1]. (Une conclusion qui semble prouver que les récits ne sont pas des confabulations induites par l'enquête.)

---

1. In « Alien Encounter at Tujunga », *Fate Magazine*, vol. 33, n° 4. Voir aussi Ann Druffel et Scott Rogo, *The Tujunga Canyon Contacts*, Penguin Books, 1988.

Après sa RR4, Sara Shaw se découvrit une passion pour les questions médicales, et prit un emploi à l'hôpital. Pendant son enlèvement, on lui avait « révélé » un traitement miracle contre le cancer. Pour faire bénéficier les malades de la science des aliens, elle se mit à la recherche d'un médecin susceptible de l'aider à propager la bonne nouvelle : elle « savait » qu'elle devait en rencontrer un, bien particulier. Après bon nombre de rebuffades, elle s'adressa au Dr Allini. Ce médecin était d'autant plus intéressé par le discours de Sara qu'il avait déjà rencontré un homme détenant cette *même* précieuse information, transmise par les ET. En réalité, la révélation n'en était pas une : il s'agissait d'un vieux remède de bonne femme totalement inefficace. Même en admettant que Sara Shaw a présenté comme une révélation ce qui pouvait n'être qu'une réminiscence inconsciente (phénomène de cryptomnésie), il n'en demeure pas moins étrange qu'après son enlèvement elle commence à s'intéresser à la médecine et à parler de ce traitement. Toujours aussi étrange qu'une autre personne diffuse la même recette révélée à bord d'un ovni. Encore plus loufoque que des entités censées disposer d'un savoir et d'une technique supérieurs aux nôtres s'amusent à implanter dans le cerveau des ravis une vieille recette inefficace.

Pourquoi ces fausses informations dont les exemples sont légion ? Pour ridiculiser les témoins ? Les rendre si peu crédibles que les scientifiques ne voudront pas regarder de près le dossier ?

Pat McGuire a bien trouvé de l'eau en forant selon les directives données par les aliens. La probabilité d'un effet du hasard est faible : nous nous trouvons devant une manipulation du psychisme. Plus qu'à une information exacte reçue, on peut songer à une modification du psychisme du ranchero qui, après sa rencontre, aurait développé un don de radiesthésie (jusqu'alors inconnu) et aurait senti où se trouvait l'eau dont il avait tant besoin. Quel est l'intérêt de donner une apparente preuve de puissance à un simple ranchero au lieu de convaincre les « autorités » ? Un comportement digne des anthropologues qui prennent garde à ne pas intervenir avec les sociétés tribales de façon à leur épargner le choc d'une rencontre avec une autre culture. « Les aliens ne semblent ni malfaisants ni bienfaisants. Ils ne semblent être là ni pour nous aider ni pour nous faire souffrir. Ils sont là pour eux-mêmes. Ils font ce qu'ils veulent faire sans tenir compte de nos désirs », estime Jacobs[1].

A défaut de certitudes quant à l'existence, la provenance et le but des créatures alléguées, toute approche de l'énorme dossier « enlèvements » renforce l'évidence : le sujet ne sort jamais indemne de cette expérience, destructrice ou transformatrice, au fort impact émotionnel.

L'abduction est une *violation criminelle des droits de la personne humaine*, clament certains enquêteurs : ils parlent de capture par force, de viol, de torture, et insistent sur les séquelles émotionnelles et physiques qui perdurent après ces enlèvements perpétrés par des « anthropologues interstellaires sans pitié ». Le Pr Salter, impliqué dans la lutte pour la défense des Droits de l'homme, trouve justifiés les rapts que la plupart des ravis considèrent comme « la plus grave atteinte jamais portée à leurs droits ».

Deux positions s'affrontent, qui parlent de « bienveillantes » ou « malveillantes » entités. Je préfère opérer la distinction non au niveau des *auteurs* présumés des captures, mais par rapport aux résultats de l'expérience qui, ultérieurement, sera intégrée de façon positive (tendance Sprinkle, Salter, Ring...) ou négative (tendance Hopkins, Jacobs, Turner...). Il semble que les différences soient plus induites par les enquêteurs qu'inhérentes aux témoignages. L'impact de l'abduction varie en fonction du crible auquel elle est soumise. Les

1. Voir *Secret Life, op. cit.*

patients se soumettent au système de références ou de croyances de leurs thérapeutes au point d'avoir des rêves correspondants. L'histoire de la psychanalyse le montre : les patients de Freud faisaient des rêves freudiens, alors que ceux des patients de Jung étaient jungiens. Il est certain qu'une influence s'exerce de façon télépathique entre le ravi et son enquêteur dont la personnalité peut modifier l'interprétation et les répercussions de l'expérience retrouvée (nous nous référons à la discussion, ou à l'exploration de l'enlèvement en laissant de côté l'action d'un travail thérapeutique dont le but est de modifier l'impact d'une expérience traumatisante). J'ai mentionné l'avalanche de courrier que déclenchèrent les deux livres de Budd Hopkins. Le même phénomène se produisit après la parution de *Communion* de W. Strieber. Plus de 2 500 lettres qui, comme le signala l'épouse de l'auteur à Ed Conroy [1], ne parlent pas de la procédure d'extraction de fœtus mise au jour par Budd Hopkins, « sauf par ceux qui ont été influencés par son livre *Intruders* ou ont été hypnotisés par lui ». De son côté, le Dr Mack admet que les souvenirs de ses ravis peuvent être influencés ou contaminés par leurs lectures, par lui-même ou par des membres de son groupe de soutien : « L'information obtenue pendant les séances n'est pas simplement un "détail", remémoré, sorti de la conscience de l'expérienceur, comme un calcul d'un rein. Elle peut représenter une perception développée, enrichie par le lien qui s'est établi entre l'expérienceur et l'enquêteur... D'un point de vue occidental, on pourrait appeler cela une "distorsion" ; d'un point de vue transpersonnel, l'expérienceur et moi-même pouvons participer à l'évolution de la conscience [2]. » Même la peur, cette effroyable peur éprouvée par les ravis (il faut voir ou écouter les enregistrements de régressions pour en avoir une idée), peut se transformer en confiance. Whitley Strieber dit avoir vécu cette transformation de façon *délibérée* : il

1. Voir *Report on Communion, op. cit.*
2. In *Abduction, Human Encounters with Aliens, op. cit.*

avait décidé d'établir une relation non conflictuelle avec ses Visiteurs et de considérer leur intrusion dans sa vie comme un facteur positif.

Si, en fin de compte, l'expérienceur sort grandi de sa Rencontre, il est d'abord passé par les pires affres, réduit à la merci de ravisseurs contre lesquels rien ne peut être tenté. Et puisque, selon un nouveau concept de l'ufologie abductionniste, les entités des ovnis semblent impliquées dans l'évolution de la race humaine, les effets des RR4 doivent être *subis* par les ravis (et traités par des psychothérapeutes qualifiés). Les abductions seraient un mal imparable et nécessaire.

Tel n'est pas l'avis d'Ann Druffel qui travaille avec des ravis depuis près de vingt-cinq ans, et assure qu'une quarantaine de ses patients sont parvenus à dérouter leurs ravisseurs[1].

Selon cette chercheuse, la « résistance » est possible grâce à :

— La lutte mentale. Une technique à utiliser dès que la paralysie s'installe. Le sujet mobilise sa volonté pour faire mouvoir une partie de son corps ; « s'il parvient à bouger un doigt ou un orteil, la paralysie cesse et l'entité disparaît » tout en prenant conscience que la Rencontre est un viol inadmissible de sa personne. Jan Whitley, se sentant emportée, a hurlé mentalement : « Partez et laissez-moi seule ! » Les créatures sont parties, Jan a pu dormir ; les attaques se sont raréfiées et ont cessé.

— La colère (utilisée par Sarah Smith).

— L'invocation d'une puissance divine (le Christ), de la Vierge ou d'entités spirituelles (tel l'archange saint Michel traditionnellement considéré comme le guerrier qui défait les esprits du mal), ou les anges gardiens. Les divinités et hautes figures des autres religions auraient une efficacité proportionnelle à la foi qu'elles inspirent, assure Ann Druffel. Certains abductees m'ont certifié avoir trouvé une aide en faisant appel au Christ, et se

1. Cf. Ann Druffel, « Can Unwanted "UFO Contact" Be Resisted ? » in *B.A.E.*, vol. 3, n° 3, juin 1992.

sont convertis au catholicisme (comme Sarah Smith, qui était juive) ; d'autres ont repris les pratiques chrétiennes qu'ils avaient délaissées.

— La lutte physique. Rares en sont les exemples. Dans l'ovni, Travis Walton a commencé par essayer de se battre avec un premier groupe de petites entités qui s'en allèrent. Vint un autre alien, d'apparence plus humaine, qui le rassura et la procédure put reprendre (les entités ont plus d'un tour dans leur sac pour parvenir à leurs fins). Claire Chambers, victime de rencontres à répétition, rapporta à Kenneth Ring : « Au cours de mes nombreuses rencontres — à chaque fois c'étaient des rapts —, les extraterrestres n'ont fait preuve d'aucune compassion. A plusieurs reprises, j'ai constaté chez eux une réaction de peur lorsque je les frappais. La peur ne leur est pas étrangère. Leurs réactions et leur comportement général n'indiquent pas une intelligence aussi élevée que le laisserait supposer leur technologie avancée. A bien des égards, ils sont mentalement et émotionnellement inférieurs aux humains. J'ai fait l'objet d'enlèvements de 1969 à janvier 1989, et les blessures et traumatismes consécutifs ont été constatés par différents médecins. Ces expériences ont été atroces, terrifiantes [1]... »

— Les techniques spéciales de méditation : la visualisation d'une lumière blanche qui ruisselle à partir du crâne à travers tout le corps protégerait des forces malsaines...

Si l'on veut réfléchir au principe même des cinq méthodes préconisées, il saute aux yeux qu'elles concernent la « victime » bien plus que son « agresseur ». Elles tendent toutes, y compris la « lutte physique », à faire sortir le sujet de son état altéré pour le remettre dans un état de conscience habituel où l'accès à des réalités non ordinaires n'est plus possible. Autrement dit, elles peuvent faire cesser l'*expérience* bien plus

1. In *Projet Oméga, op. cit.*

qu'agir sur d'éventuels *ravisseurs* (mais l'important est que le témoin soit capable de les utiliser et... qu'elles opèrent !). Même chez les adeptes de réelles abductions par des ET, l'efficacité de ces techniques d'opposition aux visiteurs est controversée tout comme... leur bien-fondé. Selon les pessimistes, les enlevés imaginent avoir rompu le contact. Les optimistes, persuadés que les entités aident l'humanité à évoluer spirituellement, professent qu'*il ne faut pas* leur résister. Aussi, tandis qu'Ann Druffel promeut la résistance, d'autres suggèrent qu'il serait plus intelligent de s'efforcer de comprendre les déroutantes entités.

Ingo Swann, qui partage son temps entre ses activités de peintre (« psychique ») et ses recherches sur les phénomènes paranormaux, s'est demandé ce que les aliens et les humains avaient en commun. Pour ce sujet psy — dont les exceptionnelles facultés ont été testées au Stanford Research Institute où il a démontré ses capacités à modifier la température ambiante et à altérer les champs magnétiques — la réponse est évidente : *la possibilité de communiquer télépathiquement* (l'approche du phénomène ovni prend une valeur de test : dis-moi comment tu t'y intéresses et je te dirai qui tu es). Depuis les Hill, presque tous les abductees remarquent que les ordres et les propos des aliens les pénètrent directement dans la tête, sans passer par l'audition. A en croire d'autres détails rapportés (les procédures de *mindscan* par exemple), les ravisseurs, dotés d'une parfaite maîtrise des possibilités psychiques, sont capables de lire dans l'esprit des enlevés, de « scanner » son contenu et de le modifier. Ce chercheur n'a pas de doute, les aliens font montre d'extraordinaires facultés paranormales ; si nous parvenions à développer davantage les nôtres, nous parviendrions à saisir le sens et le but de leurs activités et à sortir de l'infériorité à laquelle nous condamne notre ignorance. (Dans l'affaire de Bebedouro, José Antonio Da Silva ne comprenait pas ses ravisseurs, et l'ingestion d'un liquide vert opéra comme un don des langues. Ce détail, présenté comme

« magique », est absurde. A quoi correspond cette mise en scène d'un dialogue de sourds ? Des « êtres » capables de faire quitter la Terre à un humain pendant cinq journées n'en paraissant qu'une, ne pouvaient-ils savoir que le Brésilien n'entendrait pas leur « langage » ? Pourquoi cette volonté de nous faire croire que certains « moyens » nous permettraient de mieux les comprendre ?)

D'invérifiables rumeurs circulent sur les expériences tentées par les militaires — y compris ceux de l'ex-URSS — en utilisant les sujets psi, mais la maîtrise des facultés paranormales inspire plus de travaux que ne le laisse entendre la littérature (souvent douteuse) consacrée.

Le 29 septembre 1994, au cours d'une conférence à Haslemere (Surrey, Angleterre), Uri Geller révéla les propositions que lui firent les services secrets américains et qu'il déclina, telle celle d'arrêter à distance... le cœur d'Andropov (qui dirigeait le KGB). Il raconta comment il accepta d'aider les Américains — sans préciser le nom du service impliqué — dans le cadre des négociations de Genève pour le traité de paix. « Ils désiraient que j'agisse sur le cerveau des Russes pour leur faire signer le traité, aussi les ai-je accompagnés. Je me tenais dans un coin de la salle et répétais mentalement "Signez, signez, signez"... » Un Russe se serait alors approché de lui : « Vous êtes Uri Geller, n'est-ce pas ? Que faites-vous ici ? Si nous avions su que les Américains vous emmenaient, nous serions venus avec nos sujets psi ! »

Geller se vante-t-il ? De telles allégations sont difficiles à vérifier, il n'empêche que d'autres performances de grands « champions du paranormal » semblent repousser les limites de notre psychisme.

Plus prolixe lorsqu'il évoque ses expériences de *remote viewing* (vision à distance) à Stanford que celles qu'il effectua dans les années soixante-dix à la demande des Services secrets américains, Ingo Swann postule que les attaques et les résistances opposées par la science officielle à la recherche psi sont imputables aux

Visiteurs : « Ils nous ont peut-être programmés pour nier et détruire nos propres capacités psychiques », m'expliqua-t-il en juillet 1994. Aussi préconise-t-il un rigoureux entraînement de ces capacités qui pourraient nous aider à comprendre le but des Visiteurs.

Sans aller jusqu'à imaginer la mainmise totale des aliens sur le comportement humain et l'orientation de ses recherches [1], un tel programme paraît difficile à réaliser dans des conditions sérieuses. Le rejet des institutions en ce domaine frise la paranoïa. À l'université de Princeton, le Pr Robert Jahn eut l'audace de tester et de prouver la capacité de sujets à influencer des séries d'impulsions électroniques générées de façon aléatoire par des ordinateurs performants. Les modifications obtenues présentent l'inconvénient d'être incontestables, reproductibles, et tellement nettes qu'il est possible, affirme-t-il, de « reconnaître les sujets à leurs résultats ». En termes clairs, prouvant une action à distance, le Pr Jahn est parvenu à mettre en évidence l'action de l'esprit en dehors du cerveau, son « domicile » traditionnel. Une telle capacité impose une révision drastique de nos théories : vous n'êtes pas le bienvenu, professeur Jahn ! Dans l'espoir de faire supprimer les crédits d'un chercheur un peu trop doué, une campagne de rumeurs s'orchestra : « on » publia même que Jahn avait été destitué de son titre de doyen de la faculté d'engineering de Princeton. Fausses rumeurs : Jahn a lui-même donné sa démission de doyen après quinze ans d'exercice, une sorte de record ! Kenneth Ring — qui eut la fructueuse idée d'établir un rapprochement entre les NDE et les RR4 — parle, en connaissance de cause, de ce qu'il peut en coûter professionnellement à un universitaire de « franchir les limites des intérêts jugés convenables pour un intellectuel [2] ». Dans un contexte où toute recherche (si

1. Selon une théorie paranoïaque de la « conspiration » assez répandue dans les milieux ufologiques, l'influence des aliens serait encouragée par « les gouvernements ».

2. In *Projet Oméga, op. cit.*

sérieuse fût-elle) sur les facultés psi constitue un crime de *lèse-establishment*, espérer développer ces capacités dans l'espoir de mieux communiquer avec d'éventuels aliens paraît hautement utopique.

En dépit du grand intérêt manifesté pour les abductions aux États-Unis, y compris chez des scientifiques et des universitaires, le système demeure... frileux. (Ne parlons pas de la France ! Constatant l'attitude de *déni* qu'y adopte la communauté scientifique à l'égard du phénomène ovni en général et des enlèvements en particulier, Bertrand Méheust suggère que « les expériences vécues par les ravis américains excèdent totalement, par leur nombre, par leur intensité, par leur atmosphère de *nuit archaïque*, ce que l'on est disposé à admettre de la part d'occidentaux contemporains[1]. ») Lorsque je demandai au Pr Ring comment son travail comparatif sur les NDE et les RR4 avait été accueilli par ses pairs, sa réponse fut édifiante : « Pas facilement. Je pense que *tout ce qui est important est laissé de côté par les universitaires*. La mort, le sexe, les NDE, les expériences mystiques etc., sont les sujets dont on rit dans les milieux académiques. Les NDE sont cependant parvenues à se faire admettre en tant que phénomène médical et psychologique et on commence à prendre ce sujet au sérieux. Mais les ovnis sont pour beaucoup une sorte de plaisanterie[2], quelque chose de déraisonnable. »

Le Dr J. Mack a eu l'opportunité de goûter aux effets de la frilosité. Au printemps 1995, la nouvelle éclata comme une bombe : le « Comité secret » de l'université de Harvard (comité d'éthique) avait si peu apprécié les prises de positions de Mack sur l'existence des aliens,

---

1. « Les Soucoupes volantes, merveilleux de pacotille ou dossier stimulant ? » in *Galaxie anthropologique*, n° 4-5.

2. Une « plaisanterie » dont Stanton Friedman étudie le dossier depuis plus de trente-cinq ans. Ce physicien nucléaire est convaincu que : 1) quelques ovnis sont des vaisseaux extraterrestres, 2) le gouvernement américain le sait depuis 1947, 3) aucun des arguments avancés par les sceptiques ne résiste en face du dossier, et 4) les visites d'aliens sont *la* plus grande affaire de ce millénaire.

que le statut du célèbre professeur était menacé. Le doyen de la faculté de médecine faisait évaluer la validité de ses travaux. En gros, on reprochait au travail de Mack sur les abductees d'avoir à la fois violé les critères de la profession psychiatrique et ceux de la recherche académique tels que devraient les concevoir les membres de l'université de Harvard. (Déjà, en 1989, l'intérêt, trop médiatisé, de Leo Sprinkle pour les abductions lui avait coûté son poste de professeur de psychologie à l'université du Wyoming.) Quelle que soit l'issue des délibérations — aucune décision n'est prise au moment où nous écrivons —, cette histoire est intéressante à creuser. On peut se demander à quoi correspond une réaction si... tardive : l'intérêt de Mack pour le sujet n'est ni récent ni secret.

Dès le début de sa passion, tout semblait sourire à l'explorateur de la conscience humaine qui acceptait de sortir des voies balisées par le confort universitaire. La Human Potential Foundation (fondation financée par deux sénateurs américains, Laurance Rockefeller et Clairborne Pell) lui avait accordé une très grosse somme — 600 000 dollars selon de bonnes sources — pour effectuer des recherches sur les enlèvements.

Pourquoi tant d'argent ? Pour déconsidérer le sujet et piéger le psychiatre « dans le cadre d'un plan magistral visant à *diminuer l'impact des récits d'abductees* dont la presse classique se fait de plus en plus l'écho », affirme Jean Sider — qui se fait un plaisir de débusquer toute tentative de désinformation. Hypothèse paranoïaque comme il en circule tant en ufologie ? Le seul nom de la Human Potential Foundation laisse planer bien des doutes, poursuit cet enquêteur : elle a eu pour président Scott Jones (membre des services de renseignements de l'US Navy), et a travaillé pour un certain nombre de services de renseignements américains : la Defense Nuclear Agency (DNA), la Defense Intelligence Agency (DIA), les services de renseignements de l'US Army et la Security Command (INSCOM).

Mais revenons aux faits vérifiables. Le psychiatre se mit au travail dans des conditions... confortables (standard, lignes téléphoniques, équipement, collaborateurs, bureau de relations publiques) auxquelles s'ajoutait un contrat à l'américaine avec l'éditeur Scribner's. Lorsque son ouvrage fut publié, déclenchant une impressionnante couverture médiatique, une certaine Donna Bassett raconta au *Time Magazine* qu'elle avait réussi à mystifier John Mack. Se faisant passer pour une ravie, elle lui avait narré de prétendus enlèvements, inventés de toutes pièces dans le but de le piéger et d'établir que ses méthodes d'hypnose étaient peu fiables. *Time* publia cette histoire[1] riche de détails assassins : Mack aurait été tellement « excité » en apprenant que la fausse abductee avait rencontré Nikita Khrouchtchev et John F. Kennedy à bord d'un ovni pendant la crise de Cuba, qu'il en aurait brisé le divan... Le psychiatre eut beau jeu rétorquer que le « témoignage » de cette femme l'avait si peu convaincu de son authenticité qu'il ne l'avait pas publié dans son ouvrage, pas même mentionné, serait-ce d'une ligne (un bon psy doit savoir reconnaître un mythomane ou un délirant et ce n'est pas pour autant qu'il lui refuse son écoute). Mais le mal était fait. A grande échelle : le *Time* n'a rien d'une revue confidentielle. Un tel traquenard ne surprend pas ceux qui connaissent les arcanes de l'ufologie (Donna Bassett est l'épouse d'Edouard Bassett, un ami de Philip Klass, le plus célèbre et virulent *debunker** anti-ovni) mais d'autres y voient une manœuvre politique de plus haut niveau.

« Le scénario que l'on peut reconstituer est simple. Inquiets de voir les abductions se répercuter dans les médias et l'audience grandissante de spécialistes comme Budd Hopkins, David Jacobs et John Mack, les services de sécurité gouvernementaux ont décidé d'œuvrer en conséquence pour ôter toute crédibilité aux histoires d'enlèvement », écrit Jean Sider[2] qui précise que la CIA et la DIA ont une caisse noire pour le finance-

1. James Willwerth, « The Man From Outer Space », *Time*, 25 avril 1994.
2. In *Trait d'Union*, « L'ufologie arnaquée ».

ment de projets de recherches sur le paranormal et les ovnis, et qu'une « petite partie de cette somme énorme sert à déstabiliser les chercheurs les plus performants qui œuvrent sur des affaires aussi sensibles que le crash de Roswell[1] et les enlèvements perpétrés par des créatures inconnues ».

Les militaires américains retiennent l'hypothèse qu'une *intelligence supérieure*, pas nécessairement issue d'une planète lointaine ni relevant de notre physique, manipule et exploite le genre humain (du moins les populations des pays influents) en contrôlant certains cerveaux, affirme Sider : « Cette éventualité est devenue un cauchemar pour les militaires de l'Oncle Sam, et les abductions qui se multiplient, notamment aux États-Unis, ne sont pas étrangères à cette situation. »

Quand on veut bien ne pas se focaliser sur « l'abominable scénario médico-sexo-génétique », il est une autre constante assez inquiétante dans l'expérience des ravis : ces derniers semblent être totalement sous contrôle. Non seulement leurs perceptions, leurs pensées et leurs sentiments sont manipulés, mais leur comportement leur échappe. Les ravis décrivent sous hypnose leur effroi en découvrant au début de l'enlèvement qu'ils ne sont plus maîtres ni de leur corps ni de leur volonté. La domination qui s'exerce sur eux est plus forte qu'on ne l'imagine. Beaucoup rapportent des événements apparemment absurdes. Une impulsion irrésistible les a saisis alors qu'ils s'apprêtaient à se coucher. Même s'ils avaient besoin de se reposer, ils s'étaient rhabillés, avaient sauté dans leur voiture et commencé à rouler. Au hasard. Apparemment. Et comme par hasard, ils avaient eu une Rencontre sur la route. Comme s'ils

1. Le 2 juillet 1947 se produisit à Roswell (Nouveau-Mexique) un très mystérieux accident considéré comme un crash d'ovni. L'armée récupéra les débris énigmatiques d'un engin volant écrasé au sol et dans lequel se trouvaient, d'après la rumeur, quelques humanoïdes, dont un aurait survécu. En dépit de demandes réitérées, et malgré le FOIA (Freedom of Information Act), le gouvernement américain n'a toujours pas autorisé l'accès aux documents de l'enquête officielle, détruits, paraît-il...

étaient programmés. La possibilité qu'un tel contrôle puisse s'exercer sur des êtres humains ouvre des perspectives hallucinantes : on peut tout imaginer. Y compris des actes moins anodins qu'une promenade nocturne sur une route déserte ! Cela ressemble à de la science-fiction, mais c'est ainsi...

Si un tel contrôle est possible, on comprend l'inquiétude des militaires américains qui, en fonction de l'hypothèse d'une mystérieuse intelligence, auraient été obligés de contrôler les associations ufologiques les plus importantes afin :

— d'éviter qu'elles ne génèrent une panique de masse [1],

— de posséder des informations précises sur les cas d'abductees les plus sérieux,

— d'orienter les concepts vers des hypothèses non traumatisantes.

Une telle optique éclaire la mainmise des services de renseignements sur les plus grandes associations ufologiques américaines, et le choix de méthodes visant à discréditer et ridiculiser ce type de recherches. La perversité va jusqu'à faciliter « la tâche des chercheurs les plus pointus en leur procurant des crédits inespérés » et dans le même temps à s'arranger « pour qu'ils se fourvoient dans des traquenards qui dévalorisent leurs efforts et leur font perdre la face à l'égard de leurs pairs. C'est ce qui est arrivé à Budd Hopkins et à John Mack ». Je laisse à Sider la responsabilité de son hypothèse. Avant de revenir à John Mack, j'ouvre une parenthèse sur l'éventuel « piège » destiné à Budd Hopkins.

La haine et la jalousie suscitées par Hopkins — qui

1. La dernière attraction de Disneyland porte sur le phénomène ovni et présente au grand public les pièces « délicates » du dossier (crash de Roswell, affaire de Téhéran, poursuite d'ovnis par des avions militaires, *cover-up* du gouvernement et enlèvements) de façon, comme le précise le communiqué de presse, « à aider le public à se préparer à d'inévitables rencontres avec les aliens ». On peut faire confiance aux scientifiques et ingénieurs ayant permis cette réalisation : la grand-messe ufologique à la sauce Walt Disney ne sera certainement pas aussi naïve qu'il y paraîtra.

bénéficia d'une subvention — peuvent inspirer de surprenantes manœuvres. En 1993, un certain Dr Willy Smith publia la critique (ouvertement hostile) d'un livre prétendument consacré par Budd à l'affaire Linda Cortile. Le titre de l'ouvrage *(Manhattan Transfer)*, son nombre de pages, son éditeur, son prix : tout y était mentionné. Seule ombre au tableau : le livre n'était ni publié, ni écrit, ni même commencé à l'époque du « compte rendu de lecture » ! Willy Smith est membre du CSICOP* (Comité d'investigation scientifique sur le paranormal), une organisation qui avait débuté comme un groupe de recherche objective pour se transformer en entreprise passionnelle de démolition des phénomènes paranormaux.

Le « traquenard » destiné à piéger Budd évoqué par Sider ne serait autre que le cas Linda Cortile : un cas trop beau, avec trop de témoins (18 !) et que certains croient fabriqué pour anéantir le travail de ce chercheur. Je n'ai donné que les grandes lignes de cette affaire dont l'extrême complexité exclut qu'elle ait pu être montée par de simples particuliers ou par un groupe comme le CSICOP. Pour l'instant, aucun élément concret ne permet d'affirmer qu'il s'agit d'une imposture. Si l'hypothèse du « coup monté » venait à être vérifiée, la situation serait encore plus étrange : qui pourrait avoir intérêt à fabriquer cette mystification, disposer de complicités et de moyens suffisants ? Et surtout, quel serait le but d'une opération aussi loufoque ?

La nouvelle des ennuis de Mack se propageant, quelques défenseurs montèrent au créneau. Parmi eux, le Dr Bruce Cornet, un scientifique dont la liste de diplômes et de publications est impressionnante (biologie, géologie, paléontologie, paléobotanique, paléoclimatologie...). Rien de l'ufologue focalisé sur un dada, c'est un scientifique de haut niveau. Outré d'une incompréhension manifeste de l'importance du travail de Mack pour ses « patients et l'humanité », le Dr Cornet adressa au Comité un réquisitoire sur la nécessité de prendre au sérieux l'existence d'une intelligence extraterrestre.

Le plaidoyer, en forme de témoignage, du Dr Cornet est hallucinant. Je le résume. Pendant deux ans et demi, Bruce Cornet a accumulé des preuves physiques, géophysiques et photographiques de l'existence des ovnis : notre planète est habitée par des espèces humanoïdes qui possèdent une technologie en avance de plusieurs milliers d'années sur la nôtre et s'attachent à ne pas détruire nos structures religieuses et socio-économiques par un contact trop rapide avec leur forme de vie différente. Le Dr Cornet a été éduqué progressivement par les ET de façon à supporter le choc de leurs révélations. Il a photographié plus de cent manifestations d'ovnis et il est parvenu à prendre la photo d'un ovni qui croisait son hélicoptère à la vitesse de Mac 8 ! Une telle performance indique que le phénomène est intelligent et parvient à contrôler les humains : une impulsion poussa le Dr Cornet à déclencher son appareil au moment exact, ce qui lui permit de prendre une photographie normalement impossible, explique-t-il. Les ovnis, qui se présentent comme des boules de plasma, peuvent prendre les apparences qu'ils souhaitent, y compris celles d'un avion conventionnel ou changer instantanément de forme pour déconcerter et tromper les témoins éventuels. Leurs pilotes sont capables de deviner nos pensées et de les modifier. Bruce Cornet récuse la terminologie « ovni » : ces vaisseaux ne sont pas « non identifiés » mais construits par des êtres non humains. Il peut attester de l'existence de ces êtres, il les a rencontrés. Depuis qu'il s'intéresse au phénomène, il a été enlevé trois fois, mais il l'avait été auparavant : il a subi diverses interventions dont il porte les marques et les cicatrices. Il n'est pas tolérable que des gens qui ont vécu le trauma de l'abduction se voient insulter par des universitaires leur disant que tout se passe dans leur tête et c'est pourquoi il tient à défendre le travail de Mack, en accord avec la véritable éthique d'un professionnel, lequel doit étudier objectivement toutes les façons d'expliquer les contacts allégués avec les ET.

La lettre de Bruce Cornet (adressée au Dr Arnold

Relman, directeur du Comité spécial de l'université de Harvard) donne le vertige. Cet homme est-il sincère ? Il semble que oui. Sur le plan de la stricte spéculation, il offre là un superbe scénario de science-fiction. On sait qu'avec quelques dizaines d'années de retard, la vie rattrape parfois la science-fiction, attendons...

Cette histoire prend une saveur extraordinaire grâce à un phénomène de synchronicité. Le Dr Cornet témoigne au moment où l'Amérique s'exaspère du silence entretenu autour de l'affaire de Roswell. En dépit du FOIA (décret selon lequel le public peut avoir accès à l'information), les autorités américaines font preuve d'un silence... assez surprenant. Les problèmes du Dr Mack auraient pu demeurer dans le cadre de débats d'éthique psychiatrique et universitaire. Son livre sur les abductions n'a pas pulvérisé des records de ventes. Tout pouvait se passer avec discrétion. La lettre du Dr Cornet fut diffusée sur Internet. C'est ainsi que je l'ai découverte. Comme des millions de personnes. Internet, c'est la route de tous les dangers, chacun peut y diffuser ce qu'il entend. Mais côté impact, on ne pouvait rêver trouver mieux pour relancer ces abductions dont certains aimeraient se débarrasser...

9

Le sceau des tortures : cicatrices et implants. — Fœtus manquants et grossesses interrompues. — Pour en finir avec le scénario sexo-génito-génétique. — Manipulations manipulées. — Quand la conscience sort du corps. — Compression et dilatation du temps.

L'année 1987 — où furent publiés deux livres-cultes, *Intruders* et *Communion* — marqua un tournant dans l'histoire des abductions qui connut deux phases bien différentes. Dans la première, commencée avec les cas Hill et Villas-Boas, les témoignages étaient relativement rares et les histoires simples : des personnes (campeurs, chasseurs, pêcheurs) qui se trouvaient hors de chez elles, soit dans leur voiture, soit dans la nature, avaient une expérience de *missing time*, et étaient enlevées. Les phénomènes se produisaient en plein air, et les enquêtes s'effectuaient sur le mode policier : polygraphes, détecteurs de mensonge, contre-enquêtes, interrogatoires des différents témoins, relevés de traces ou d'indices. Rien n'était dominé par ces fameux Gris et leurs sinistres expériences dont on parle tant aujourd'hui. A partir de 1987, les histoires se modifient pour devenir de plus en plus subjectives (chaque abductee est suivi depuis l'enfance et subit de multiples enlèvements qui s'étendent à d'autres membres de sa famille) ; en même temps, elles acquièrent une grande popularité, grâce aux talk-shows télévisés où les abductees viennent raconter leurs aventures. L'approche « policière » n'est plus admise et les enquêteurs risquent d'être accusés de harasser le témoin. Tout se passe dans les chambres à coucher où les vérifications ne sont guère possibles (lorsque l'enlèvement avait eu lieu au bord d'un lac par exemple, il était aisé de savoir si les témoins s'y étaient véritablement rendus, s'il y avait du brouillard...).

Quand se multiplièrent les témoignages de cicatrices, d'implants et de grossesses interrompues, la communauté ufologique se prit à respirer. La science allait dissiper l'irritante ambiguïté du dossier et renvoyer les sceptiques à leur statut : celui de timorés, dignes héritiers des esprits bornés qui osèrent affirmer dans le passé que « plus lourd que l'air ne peut voler ». Au début des années quatre-vingt-dix, chez les ufologues américains, tout le monde s'accordait à penser qu'on était près de découvrir la preuve matérielle, physique des abductions dont le besoin hantait les ravis autant que les chercheurs. Qu'ils demeurent victimes de l'effet traumatisant de leur expérience ou qu'ils parviennent à l'intégrer d'une façon ou d'une autre, les ravis souffrent de l'incrédulité ambiante. Faute de preuves, leur entourage a du mal à les croire et souvent eux-mêmes ont du mal à accepter leur propre histoire.

Autant le dire d'emblée, la preuve absolue que les cicatrices présentées par les abductees sont *dues aux enlèvements* n'existe pas : il est impossible d'établir avec certitude le lien de cause à effet (même lorsque ces marques apparaissent aussitôt après un souvenir d'abduction ou qu'une mère les découvre, en baignant son enfant qui n'en avait pas la veille). Vouloir en attribuer l'origine au phénomène qui produit les stigmates serait hasardeux : les empreintes sanglantes de la couronne d'épines, des clous et de la lance apparaissent sur le corps des mystiques qui vénèrent jusqu'à l'obsession la Passion, alors que les cicatrices des abductees sont souvent découvertes sans qu'ils se soient jamais représenté mentalement un enlèvement ni imaginé que pareille expérience leur serait infligée. Signe d'adoration chez les mystiques, les cicatrices sont ici objet d'horreur : « Les ravis ne veulent même pas les voir, et c'est habituellement quelqu'un d'autre qui les leur fait découvrir ; il est difficile de concevoir que des enfants puissent se créer des blessures d'origine psychosomatique », m'a expliqué Budd Hopkins en me montrant un impressionnant dossier de photos.

Plus étonnantes que les marques externes (auxquelles on peut essayer de trouver une explication naturelle) sont les traces *internes* d'interventions chirurgicales que des médecins décèlent parfois chez des ravis n'ayant jamais été opérés. Nous avons mentionné celles de Linda et de Jennifer. Pour sortir un peu des États-Unis, voici un cas allemand.

En 1990, Klaus-Dieter Kaufmann doit subir une intervention à la colonne vertébrale. Auparavant, le chirurgien de l'hôpital d'Offenbach examine son dossier médical et lui demande à combien d'années remonte sa première opération. « Je n'en ai jamais eu », répond le patient. Le praticien lui montre ses radiographies. Les clichés présentent, bien visibles, les traces d'une précédente intervention, or Klaus-Dieter Kaufmann n'avait jamais été opéré. De façon inattendue, une curieuse histoire de son adolescence lui revient en mémoire dans le bureau du médecin. Trente ans auparavant (il avait alors quatorze ans), Klaus-Dieter Kaufmann avait observé un ovni. L'engin darda vers lui un éclair si aveuglant qu'il s'était évanoui. Il était rentré chez lui avec près de quatre heures de retard et souffrit pendant plusieurs jours de migraines et de difficultés à se concentrer. Il avait une marque douloureuse sur la région pelvienne et une trace de blessure dans le bas du dos.

Kaufmann essaya de se rappeler son aventure et les souvenirs lui revinrent peu à peu, lui faisant découvrir un enlèvement dont il ne s'était jamais douté pendant trente ans, un enlèvement que l'on pourrait dire presque *consenti*. Il était entré dans un état proche de la transe et, lorsqu'il se trouva confronté à de petites créatures armées et pourvues de sortes de réservoirs à oxygène dans le dos, il se prit d'amitié pour elles et les suivit à bord du vaisseau en remarquant, amusé, qu'il n'avait pas besoin de marcher : il se déplaçait en flottant au-dessus du sol. Il se retrouva dans une vaste pièce bien éclairée où se tenaient d'autres êtres aux immenses yeux obliques et noirs. Effrayants, ceux-là ! Il essaya de s'enfuir mais son corps refusa d'obéir. Après un examen médical effectué par des entités aux doigts palmés, il apprit qu'il pouvait rentrer chez lui. Il se sentit flotter dans les airs mais, cette fois, il avait l'impression d'être porté dans les bras de quelqu'un qu'il ne pouvait voir et dont il entendait la respiration bruyante, « comme à travers un tuba ». Il voulut toucher ce qui l'emportait et ne palpa qu'une ceinture autour d'un torse. Une force repoussa sa main et il s'évanouit pour reprendre conscience à l'endroit où son aventure avait débuté.

Nous voilà avec un problème de cicatrices difficilement explicables, ayant parfois une incidence sérieuse au point de vue médical, mais pas très convaincantes. Cependant bien là. Présentes d'une façon qu'on aimerait rattacher aux modifications volontaires du corps, à son étonnante plasticité, aux innombrables exemples de l'action du mental sur le corps. Effet placebo, guérisons miraculeuses, *tsumo* des Tibétains qui parviennent, par seule concentration, à élever de quinze degrés la température de leur corps, marques de somnambulisme, allergies spécifiques qui n'affectent qu'une des personnalités multiples d'un sujet et épargnent les autres : autant d'extraordinaires processus psychophysiologiques, de réponses du corps à un profond désir, à des images. Avec les abductions, le désir est absent (contrairement aux « contactés » des années cinquante qui cherchaient à communiquer avec les « bienveillants Frères de l'Espace », les abductees ne demandent rien), mais la « marque » apparaît. De façon déroutante, comme le montre ce cas anglais.

Parmi différentes expériences, le parapsychologue britannique, Harold Chibbett, demandait à une sensitive dont il connaissait les facultés paranormales de se projeter mentalement dans divers endroits et de décrire ce qu'elle voyait. En 1947 (année où Kenneth Arnold fit la première observation « officielle » de soucoupes volantes), il eut l'idée de lui demander sous hypnose comment allait évoluer ce phénomène de soucoupes volantes dont on parlait tant. La femme lui fit un récit d'enlèvement assez conforme à ceux qui devaient être découverts vingt ans plus tard. Elle se vit emmener sur la planète Mars (une destination extraterrestre qui correspondait aux fantasmes de l'époque où l'on parlait de « Martiens ») dont les habitants étaient agressifs, et *développa des stigmates* qui, expliqua-t-elle, correspondaient à une blessure que lui avait faite un Martien[1].

Rappelons qu'en 1947, les enlèvements étaient inconnus...

Essayons de poursuivre notre quête d'évidences. Les seules photos liées à des enlèvements sont celles de Gulf Breeze.

> L'histoire débute en Floride, le 11 novembre 1987, au-dessus de la plage de Gulf Breeze. Il est 17 heures. Par la fenêtre de son bureau, Ed Walters distingue à travers les branches un rayonnement gris-bleu. La lumière provient d'un gros objet qui survole sans bruit les maisons et se détache, éblouissant, sur le rougeoiement du crépuscule. Ed Walters a le réflexe de sortir avec son vieux Polaroid et parvient à prendre quelques photographies de ce qu'il décrit comme « un énorme vaisseau cylindrique de quinze mètres de diamètre » mais un rayon bleu émis par l'engin le paralyse. Après une sourde douleur dans la tête, il a l'impression de décoller du sol et hurle de terreur. Une voix artificielle le rassure : « Nous ne te ferons aucun mal. » Tandis qu'il continue à s'élever, il sent une odeur d'ammoniaque et de cannelle[2] et s'évanouit. Il reprend conscience en retombant au sol. Il n'a que des souvenirs confus : des bourdonnements dans les oreilles, une voix féminine, des images de chien. Rentré chez lui, il raconte son aventure à sa femme et ses enfants qui avaient remarqué la curieuse odeur qu'il dégageait.

---

1. H.S.W. Chibbett, « UFOs and Parapsychology », in *FSR Special, UFO Percipients*, 1969.
2. W. Strieber mentionne cette même odeur bien particulière pendant certaines de ses expériences.

Les quelques photos d'ovnis qu'Ed Walters a eu le temps de prendre sont bonnes. Il les apporte au journal local *(Gulf Breeze Sentinel)* affirmant qu'elles sont l'œuvre d'un ami, M. X., qui désire garder l'anonymat. Il ne donne aucune autre précision.

Leur publication divise la communauté ufologique qui a appris la prudence : les clichés sont trop nets pour être honnêtes, pense-t-on.

A ce jour, Ed Walters aurait fait plus d'une trentaine d'observations et a continué à prendre des photos. Il a souvent entendu des voix lui parlant en différentes langues étrangères, dont l'espagnol ; on l'a également gratifié de hurlements de bébés soumis à une alimentation basée sur les bananes. Il a eu plusieurs *missing time*, affirme avoir été enlevé (scénario confirmé par des séances de régression sous hypnose) et qu'un implant lui a été mis dans le crâne puis retiré. Il a accepté de prendre des photos avec des appareils remis au dernier moment, et a réclamé d'être soumis au détecteur de mensonge. Sa femme, Frances, affirme avoir également vu des ovnis et des entités.

Gulf Breeze est maintenant le rendez-vous de chercheurs et d'amateurs d'ovnis qui s'y pressent en foule dans l'espoir (parfois exaucé) d'être témoins de phénomènes lumineux. Walter Andrus, directeur du MUFON, n'a pas hésité à déclarer : « De nombreuses séries de photographies et d'expériences semblent avoir été "programmées" par une intelligence, dans un but précis connu d'elle seule. Selon quels critères un homme d'affaires dynamique fut-il choisi pour vivre des aventures aussi traumatisantes qui perturbèrent la vie de sa famille ? On peut spéculer à loisir. En tant qu'enquêteurs et chercheurs, nous continuons à nous poser ces questions, car il semble très probable que le 11 novembre 1987 ou avant, un implant ait été placé dans le crâne d'Ed [1]. »

Ce cas, contesté par certains, continue de faire grand bruit. Mais Ed Walters n'a pas photographié ses ravis-

1. Communication au Ier congrès européen sur les phénomènes aériens anormaux, Bruxelles 11-13 novembre 1988.

seurs. *De telles photos n'existent pas* (et les caméras de David Jacobs n'ont rien enregistré).

Continuons à chercher d'autres « preuves » du séjour de l'abductee dans l'ailleurs. Dans les récits d'enlèvements se retrouve le thème mythique du présent-gage d'hospitalité, du don à l'Étranger, mais l'échange avorte. Le « leader » accepte de donner un livre à Betty Hill mais les autres aliens s'y opposent. Au dernier moment, Villas-Boas se voit refuser la permission d'emporter une pendule. Betty Andreasson s'est fait offrir un ouvrage extraterrestre qui disparut après quelques jours. Un ravi brésilien (Antonio Alves Ferreira) aurait reçu une statue (d'alien) et un pistolet mais il aurait restitué ces cadeaux considérés par les voisins comme des dons du diable. Le seul cas où subsiste quelque chose est l'affaire Simonton.

Le 18 avril 1961, un engin volant métallique en forme de « deux bols inversés accolés » atterrit devant Joe Simonton, un fermier d'Eagle River (Wisconsin). A l'intérieur, trois « hommes en noir » faisaient la cuisine. L'un d'eux tendit un pot au fermier pour avoir de l'eau : en remerciement, Simonton reçut trois pancakes de la fabrication des ufonautes. Il ne fut guère sensible au « goût de carton » de celui qu'il consomma. A la demande du service de l'Aéronautique, les galettes furent analysées par le laboratoire des produits alimentaires et pharmaceutiques du ministère de la Santé, de l'Éducation et des Loisirs des États-Unis. Les cuisiniers intergalactiques avaient utilisé des ingrédients terrestres : amidon, sarrasin, soja et son. Comme d'habitude, l'enquête établit que le témoin, tout à fait sensé, était d'une sincérité indiscutable.

Le dernier pancake offert à Simonton a été conservé. Son existence est une manifestation de cette absurdité délibérée que nous avons soulignée à plusieurs reprises. Comme le fait remarquer avec humour Jacques Vallée[1] : « Si les soucoupes volantes sont des stratagèmes

1. In *Chroniques des apparitions extraterrestres, op. cit.*

dont se sert une supercivilisation de l'espace, nous pourrions nous attendre à ce qu'elles fussent pleines de gadgets électroniques... mais des gâteaux de sarrasin en forme de galettes trouées et sentant le carton ? Quelle chose odieusement rurale, monsieur Simonton ! » Reliant ce « don » avec les échanges de nourriture avec les anges de la Bible ou les fées, l'auteur conclut : « Ainsi, après tout, le récit de Joe Simonton pourrait être une illustration moderne de cette recommandation biblique : n'oubliez pas de bien recevoir les étrangers car c'est ainsi que certains ont reçu des anges sans le savoir. »

Les cadeaux des aliens — dont cet unique « présent restant » — sont décevants. Maigre consolation, ceux des fées ne valaient guère mieux, avec leurs pièces d'or qui se transformaient en cailloux. Voyons si les implants font montre de meilleure volonté.

Par tous les moyens, Whitley Strieber s'efforça de comprendre ses aventures avec les aliens. D'en avoir une preuve objective. Lorsque ses examens (scanners et IRM) révélèrent une étrange masse blanche dans son cerveau, il chercha à savoir si d'autres ravis présentaient la même preuve d'une intervention inexplicable pouvant, comme dans son cas, modifier leur comportement. Il se mit à la recherche d'abductees « à implant » qui pourraient passer les mêmes examens que lui afin que les médecins puissent comparer leurs découvertes. Un ufologue, Pat Marcatillio, lui adressa Collette D. et Alice Haggerty (la ravie qui apprit par David Jacobs que son ange était un alien).

Les scanners et les IRM (quinze images prises à intervalles réguliers) furent effectués le 6 juin 1989 sous le contrôle du Dr Messina. Avant les examens, le médecin interrogea les ravies sur les sensations bizarres qu'elles éprouvaient dans la tête et leur demanda de les localiser. Alice décrivit un picotement électrique « semblable à celui qu'on ressent en testant avec la langue la charge d'une pile électrique plate » ; ce phénomène s'accompagnait toujours, dans son oreille gauche, d'un son aigu, d'une intensité si forte qu'il couvrait les bruits extérieurs. Les examens mirent en évidence la présence d'une tache anormale dans le cerveau des deux femmes, à l'endroit correspondant à celui qu'elles avaient désigné comme étant « stimulé » au moment des enlèvements. C'était un début mais guère suffisant. Le même phénomène s'était produit avec Kerry. Dans les rares cas où des traces incompréhensibles sont lisibles (par CAT scans ou IRM), l'extraction des « objets » détectés nécessiterait, étant donné leur emplacement, des opérations trop dangereuses, ou bien, quand un rendez-vous est pris avec un chirurgien, l'objet disparaît mystérieusement la veille (en général, l'abductee se réveille avec du sang sur son oreiller et un souvenir d'enlèvement : comme si ses ravisseurs étaient venus retirer la preuve recherchée). Il y eut quelques analyses d'implants : jamais elles ne purent fournir la preuve d'une origine « étrangère », même si les scientifiques qualifiaient ces objets d'inhabituels.

Enfin arriva le cas de Richard Price.

Cette affaire célèbre sort du cadre des rumeurs invérifiables. Les détails en sont connus et divulgués. Pour une fois, le nom de l'abductee et celui du scientifique qui étudia l'implant présumé (le Pr D. Pritchard, du MIT) ont circulé dans les milieux intéressés [1].

L'histoire débute en septembre 1955. Richard Price (huit ans) — joue avec une amie près d'un cimetière de Troy (État de New York) ; les enfants entendent un bruit surprenant : on dirait celui d'une locomotive à vapeur. Ils marchent dans cette direction, mais la petite fille, prise de peur, s'arrête. Richard continue seul, voit s'approcher un petit ET, typique des années cinquante — en uniforme militaire avec baudrier et casque trans-

1. Les détails du cas Price m'ont été donnés par Antonio Huneeus, journaliste scientifique et ufologue, membre du SBI (Scientific Bureau of Investigation), organisme fondé par un policier de New York, Pete Mazzola, dont Huneeus deviendra le confident et qui lui apprendra les techniques d'enquêtes policières et avec qui il enquêtera, et membre du MUFON.

parent — et se laisse emmener à bord d'un vaisseau de forme hexagonale où il assiste à une projection d'un type particulier : maintenant, Price la décrit en termes de réalité virtuelle et d'interactivité, mais à l'époque, ces notions étaient inconnues. Il découvre la planète orange des ET, la variété de leurs navires et assiste à une bataille entre deux flottes galactiques. Merveille, le film lui permet de *participer* aux événements comme s'il y était. Puis il est emmené dans une autre salle où il a droit à un examen médical et on lui insère un implant dans le sexe en lui affirmant qu'il mourrait s'il essayait de le retirer. Huit ans plus tard — en 1964 —, malgré les conseils de sa grand-mère qui lui avait recommandé le silence, Richard confie son odyssée à sa petite amie. Bientôt, ses camarades d'école sont informés et le surnomment le *Spaceman*. Quolibets, bagarres... Richard est convoqué par le directeur : « Je vous assure que je n'ai pas menti ! » Persuadé que le garçon est devenu fou, le directeur le fait hospitaliser dans un établissement psychiatrique. Richard est soumis à un lourd traitement médical. Il se rend compte que toute allusion à son enlèvement le fait prendre pour un malade mental et, pour revenir à une vie normale, déclare avoir tout inventé. Après trois mois d'hospitalisation, il peut sortir et, motivé par ce qu'il avait vu « à bord », prend des cours d'électronique.

Plusieurs années après, Price lit dans le *National Enquiereer* — magazine plus intéressé par le sensationnalisme que par l'information — qu'un « vaisseau fantôme » tournant en orbite autour de la Terre avait été détecté en 1955, l'année de sa Rencontre. Et si c'était le sien ? Il narre son histoire à un collaborateur d'*Omni*. Le journaliste, intéressé, l'adresse à un médecin et le met en contact avec Ben Jamison (un chercheur, professeur de mathématiques à l'université d'Albany). A cette époque, l'implant commençait à devenir visible sous la peau et formait une petite protubérance dure. Le médecin constate l'étrangeté, rédige un rapport et dit à Price de ne pas s'inquiéter tant qu'il ne souffre pas. En 1989, l'implant se brise : une partie est expulsée à travers la peau, puis le reste sort deux jours plus tard. Au MIT, le Pr Pritchard s'intéresse à ces éventuels implants, mais il attend des éléments concrets. Il fait venir Price dans son département. Photographies au microscope électronique, analyses. Répertorié sous le matricule A 889, l'implant présumé intrigue. Il serait métallique, enrobé d'une gaine de matière biologique qui lui permettrait de rester dans le corps sans phénomène de rejet. Le microscope révèle des filaments, des torsades, de minuscules crochets. Les résultats se font attendre (Pritchard travaille lentement et prudemment : il est difficile d'analyser quelque chose d'inconnu quand on ne sait ce qu'il faut chercher). Après quelque temps, Pritchard annonce que cet implant n'est pas métallique mais organique : il est composé de carbone à 90 %, de traces d'oxygène et d'azote. Lors de la conférence au MIT, lorsque le physicien prit la parole, la salle retenait son souffle. Le cas Price était surnommé « la Preuve ». Pritchard annonça que son travail n'était pas achevé. Il l'est maintenant. Déception. Les résultats ne prouvent rien. En 1994, interviewé à la télévision au sujet de l'implant présumé, le Pr Pritchard déclara qu'il s'agissait peut-être de... coton du caleçon de Price ! Plus question des crochets et autres détails intéressants. A défaut de montrer une origine inconnue, l'affaire Price a permis de montrer une possibilité de transmutation qui ne saurait laisser personne insensible : du métal au coton en passant par le carbone...

Jessie Long, abductee californien, ayant découvert, à la suite d'une régression effectuée par Yvonne Smith, que les aliens lui auraient mis un implant dans le genou, accepta, à la demande de sa thérapeute, de se faire examiner puis opérer. Il avait effectivement quelque chose dans la jambe. Une fois extrait, l'implant présumé fut analysé : c'était du cristal. Rien d'autre. Pour les rationalistes, les implants ont une origine naturelle, et les abductees mélangent involontairement à leur histoire d'enlèvement des épisodes de leur vie réelle. Cela paraît plausible mais implique une remarque. Si, à la suite d'un accident quelconque (bris d'objet, chute), un morceau de cristal pénètre dans le corps à une profondeur telle qu'une opération soit nécessaire pour le récupérer, le sujet devrait conserver un souvenir de l'incident et ne pas découvrir la présence d'un élément étranger seulement en revivant une expérience d'enlèvement (en revanche, il serait logique de fabriquer un scénario d'implant parce qu'on *sait* déjà qu'on a dans le corps une substance étrangère dont on ne s'explique pas l'origine).

Les chamanes décrivent l'insertion « d'objets magiques » dans leur corps, notamment des morceaux de cristal, au cours de leurs épreuves initiatiques. Il y a de fortes chances qu'une autopsie de ces chamanes ne puisse jamais révéler la présence de tels objets dont la réalité est plus qu'incertaine : il s'agit de symboles des pouvoirs conférés pendant l'initiation. Il est cependant intéressant qu'un paisible citoyen américain, sans connaissance en matière de chamanisme, se mette soudain à décrire un processus qui ne déparerait pas un manuel d'ethnologie.

L'examen de l'implant de Sarah Smith (j'ai pu observer cet objet, maintenant couvert de moisissures) n'a rien donné. Le Dr John Mack fit analyser un petit objet entre 1/2 et 3/4 de pouce sorti du nez d'une de ses patientes après un enlèvement : il s'agissait d'une sorte de fibre torsadée constituée principalement de carbone, de silicone et d'oxygène. L'analyse d'isotopes ne donna pas de résultats intéressants. Un biologiste nucléaire, ami de Mack, considère que « le spécimen ne correspond pas à ceux qu'on peut trouver chez les êtres vivants et qu'il peut s'agir d'une fibre artificiellement faite ».

Avec une rare constance, le phénomène ovni se dérobe. Le certificat d'origine extraterrestre garantie se fait désirer. Mais, si implant il y a, pourquoi vouloir imaginer qu'un tel objet soit d'origine inconnue, voire extraterrestre, ce qui risquerait d'engendrer un rejet de l'organisme ? La découverte du premier implant suscita un grand espoir chez les chercheurs dont beaucoup s'accrochent à l'hypothèse extraterrestre : enfin une preuve, croyaient-ils. Leur déception n'a guère plus de sens que leur attente. A la lumière des incroyables prouesses que semblent réaliser les aliens, il ne devrait pas leur être difficile d'adapter leur appareil à la chimie du corps humain et de laisser une preuve qui n'en soit pas une. Plus sage, John Mack jugea normale l'absence de résultats : « Je ne suis pas assez optimiste pour penser que le phénomène se révélera de cette manière. L'espérer serait une sorte d'erreur de logique. » En effet : si l'un des buts de cette déroutante expérience est de faire éclater l'approche matérialiste de la science occidentale, pourquoi s'y plierait-elle ?

Aussi n'est-il pas surprenant que les bizarres substances orangées qui apparaissent parfois entre les jambes de petites filles au lendemain d'un enlèvement présumé, ou s'étalent en taches sur les draps, procurent les mêmes déceptions. Souvent, les traces disparaissent toutes seules. Quand elles subsistent, elles ne sont guère plus parlantes. Les diverses tentatives d'analyser ces mystérieuses taches n'ont donné aucun résultat. Ainsi, les laboratoires Crippen de Wilmington, dans le Delaware, durent déclarer forfait. Après huit mois d'essais infructueux, l'American Standards Testing Bureau de New York renonça également, rapporte David Jacobs en ajoutant : « Peu de temps après, un chimiste de l'université de Pennsylvanie tenta, avec l'assistance de ses étudiants diplômés, d'analyser une tache reliée à un enlèvement. Au bout de six mois de tentatives infructueuses, l'équipe abandonna [1]. »

On se croirait revenu à la grande époque de la métapsychie où les scientifiques s'acharnaient à analyser des ectoplasmes pour ne découvrir, dans le meilleur des cas, que quelques cellules épithéliales.

Dans le souci de trouver des preuves, venons-en maintenant au cœur de l'enlèvement, aux traumatisan-

1. In *Secret Life, op. cit.*

tes expériences touchant à la sexualité, à la reproduction et à la génétique.

De nos jours, il est impossible de s'intéresser aux enlèvements sans être confronté au syndrome de fœtus manquant. Qu'elles aient été enceintes *avant* leur enlèvement ou qu'elles le soient devenues peu *après*, un nombre important de ravies affirment que leur fœtus a disparu peu de temps après leur abduction. Cette interruption de grossesse (due à l'intervention des aliens) surviendrait entre la sixième et la douzième semaine.

Les chercheurs disent tous connaître de tels cas où ces mésaventures sont rapportées comme *vécues*. Les scénarios rapportés, toujours les mêmes, obéissent à deux cas de figures.

Après des rêves sexuels d'aliens (ou des expériences vécues comme des rêves, puisque c'est souvent ainsi que se camoufle l'enlèvement), quelques ravies se retrouveraient enceintes. L'expérience est rapportée comme un contact sexuel avec des « entités biologiques » capables de s'unir charnellement avec l'humain — même si ces données s'accordent mal avec les descriptions faites par ailleurs de ravisseurs dépourvus de tout système génital[1], du moins tel que nous le concevons — et David Jacobs a obtenu des descriptions de copulations avec les ravisseurs. L'autre variante, plus fréquente, est celle de l'insémination artificielle. L'opération se fait sur la « table d'examen » par l'intromission d'une longue aiguille dans le nombril, comme pour une mini-laparoscopie, ou par d'autres techniques semblables à celles utilisées dans le cadre d'une fertilisation *in vivo*. Dans un cas comme dans l'autre, les ravies se retrouvent enceintes et les embryons sont retirés par une opération décrite comme douloureuse (quelques

1. Pour L. Stringfield, cette particularité pourrait s'expliquer par une « atrophie due à une dégénérescence de l'évolution ». D'après ce chercheur, l'absence d'organes sexuels suggère que certains des aliens, et peut-être tous, ne se reproduiraient pas comme l'homo sapiens, ou que certains ne seraient que des humanoïdes produits par clonage ou par d'autres procédés que nous ignorons.

ravies, plus chanceuses, parlent d'une sorte d'anesthésie provoquée par suggestion télépathique ou par l'ingestion d'un breuvage).

Dans l'absence de confirmation médicale, une hypothèse minimaliste voudrait que ces femmes souffrent d'une complication qui pourrait s'expliquer en des termes plus classiques : une forme d'hystérie collective associée au syndrome d'enlèvement et qui produirait une aménorrhée[1] après une expérience traumatisante. Mais encore une fois, pourquoi tant de cas rapportés par des femmes modernes ?

Coïncidence ou pas, les cas de fœtus manquants apparaissent à partir du moment où se divulguent les techniques utilisées pour remédier aux problèmes des couples stériles et les expériences de clonage et de manipulations génétiques. De telles prouesses de la science ne sauraient être connues du grand public sans susciter — même inconsciemment — l'inquiétude des femmes et leur faire redouter le pire. Soit. Mais *avant* l'avènement de ces réalisations, les fantasmes de grossesses inexplicables étaient répandus. Le thème de l'accouplement des humains avec diverses entités fait partie de notre patrimoine fantasmatique. « Nommés *epialtes* par les anciens Grecs, incubes et succubes ont fini par se confondre dans l'imagination populaire avec la personnification du cauchemar », écrit Stanislas de Guaita dans *Le Temple de Satan*. Au Moyen Age et à la Renaissance, quand incubes et succubes hantaient les couches, couraient les histoires de visites nocturnes : les femmes étaient réveillées par une présence, entendaient ou voyaient une silhouette se déplacer dans leur chambre et s'approcher de leur lit, sentaient qu'on leur appuyait fort sur la poitrine ou qu'on tentait de les étrangler, subissaient des assauts sexuels et étaient incapables de crier tant qu'elles ne sortaient pas de leur état de paralysie (d'elles-mêmes ou grâce à une tierce personne). C'était avant l'invention de la psychanalyse

1. Cessation des règles.

et de l'échographie. Avec leurs histoires de commerce sexuel imposé par des créatures venues d'ailleurs, les ravis (sains d'esprit et intégrés à la vie de leur époque) paraissent renouer avec le monde occultiste exploré par le grand ésotériste du XIXe.

Deux mille lecteurs, avides de raconter ce qu'ils avaient si longtemps tenu secret, ont répondu au sondage d'*Omni* intitulé « Avez-vous été enlevés ? ». A peu près 9 % des femmes ayant eu des expériences avec les aliens mentionnent des grossesses médicalement confirmées et « interrompues », généralement au quatrième mois, sans fausse couche. Du jour au lendemain, comme par magie, ces femmes ne sont plus enceintes et se demandent si les aliens ne les utilisent pas comme des mères porteuses. 45 % des lectrices qui répondirent à ce questionnaire parlèrent de rêves tournant autour de grossesses bizarres, de bébés à tête monstrueuse d'ET. Plusieurs patientes du Dr Jean Mundy, psychothérapeute qui s'occupe de ravis, sont persuadées d'avoir été fécondées par insémination artificielle, ou d'avoir un enfant hybride vivant ailleurs.

Les ravies et leurs mentors proposent trois types d'explications à ces aventures :

— les aliens s'emparent de fœtus humains,

— les fœtus disparus sont le produit d'une hybridation humains/aliens : les aliens se contentent de récupérer le fruit de leurs expériences,

— les fœtus disparaissent pour une raison actuellement inconnue résultant de l'effet des rencontres rapprochées.

Quelle que soit l'hypothèse, les chercheurs n'ont jamais pu obtenir l'ombre de la preuve qu'ils espéraient. Cela pour deux raisons (à mon avis peu convaincantes) qui m'ont été répétées mille et une fois : les médecins impliqués dans de tels cas n'osent se compromettre à cause de l'étrangeté de la situation ou parce qu'ils redoutent d'être traînés en justice pour mauvaises pratiques médicales, et de leur côté, les patientes craignent d'irriter leur praticien en leur demandant de plus amples informations.

Conséquence des inséminations des ravies : la naissance de bébés hybrides développés à l'état fœtal à bord de l'engin. Les aliens présentent aux mères lésées leurs « enfants de l'espace » au physique étrange et aux grands pouvoirs psychiques qu'elles devront materner dans l'ovni à chaque enlèvement. Plus rarement, certains fœtus sont laissés dans le ventre des mères porteuses et naissent sur Terre. Au Canada, on m'a signalé l'existence de deux anciennes religieuses en rupture avec leur communauté, et toutes deux de race esquimaude, qui auraient eu des « enfants hybrides ». L'une d'elles assure que son fils âgé de neuf ans est le nouveau Messie. Outre la méchanceté et la perversité paraît-il exceptionnelles de cet enfant, sa seule particularité — et constatée par un médecin dont j'ai lu le rapport — est d'avoir la pupille non pas ronde mais allongée en étroite fente, comme celle des chats en pleine lumière. Quelle que soit l'intensité lumineuse, la pupille du « futur Messie » présente cette curieuse ouverture. En dépit de ma bonne volonté et de mes promesses de discrétion, je ne suis parvenue à voir aucun de ces deux enfants prétendument hybrides. Il faut dire que j'ai eu le tort d'exprimer trop ouvertement mon scepticisme à l'ufologue qui me présentait ces cas comme authentiques. N'ayant jamais rencontré d'hybride d'ET, j'aurais été mal placée pour en reconnaître un, et cette anomalie de la pupille, dont je n'ai pas trouvé d'exemples dans les annales de l'ophtalmologie, ne me semble guère suffisante comme critère. Étant donné que les mères étaient toutes deux des nonnes, leur grossesse a dû leur poser quelques problèmes ; aussi serait-il plus simple d'imaginer que ces femmes ont préféré créer un scénario fantasmatique de substitution moins embarrassant pour elles à assumer puisqu'il limite leur culpabilité. Si ce sont des ET qui les ont violées, comment pourraient-elles être coupables ?

Budd Hopkins fut le premier à aborder de façon détaillée le sujet des grossesses interrompues dans *Intruders*, avec l'affaire de Kathie Davis (*alias* Debbie) qui introduisit le premier cas de fœtus manquant dans l'histoire des abductions[1]. Selon le Dr Richard Neal, gynécologue et obstétricien qui s'est livré à une enquête sur ce sujet[2], Debbie est très sincère, terre à terre, et pas du genre à inventer une telle histoire : elle y croit totalement. Après Debbie, l'initiatrice, des témoignages analogues se firent connaître, de plus en plus nombreux.

Au cours de l'été 1992, Budd Hopkins m'avait parlé des cas de « fœtus manquants » (« plus de deux cents cas répertoriés ») qui terrorisaient tellement le petit monde des ravies. J'avais insisté : « N'y aurait-il pas quelques cas, ou au moins un seul cas, qui soit *indiscutable* ? » Budd eut l'air navré. Il est de fait que le procès institutionnalisé en machine de guerre à tout bout de champ peut s'avérer singulièrement efficace. Aux États-Unis, un enfant va jouer chez un camarade et se blesse en brisant un verre. Procès à la mère de famille qui l'a invité, assorti de demande de substantifiques dommages-intérêts. Une brave ménagère glisse sur une crotte de chien oubliée sur le trottoir d'un grand magasin. Le magasin est poursuivi (dans quelques cas, il a pu être établi que certains de ces excréments avaient été apportés par ceux qui devaient déraper « accidentellement » dessus). Tout récemment, une femme a obtenu plus d'un million de francs parce qu'elle s'était brûlé la langue en buvant un café servi trop chaud. De tels exemples sont frivoles à côté du sujet. Si une patiente, dont la grossesse a été médicalement constatée, prétend que son fœtus s'est « évaporé » d'inexplicable façon, il est essentiel de vérifier un tel fait. De façon instinctive, je ne parvenais pas à croire à un tel scénario. Paradoxale-

1. Quelques assertions de ravies disant être devenues enceintes suite à leur enlèvement ont été mentionnées avant Budd Hopkins par le chercheur John Keel qui les considérait comme des « grossesses hystériques ».

2. Voir « Research Missing Embryo/Fetus Syndrome : Scanties Verification Stymies », in *UFO Magazine*, vol. 6, n° 4, juillet 1991 et « Medical Explanations, Not "Alien" », in *UFO Magazine*, vol. 7, n° 2, janvier 1992.

ment, l'abondance et la convergence des témoignages renforçaient une hypothèse qui me semble plausible : ces ravies, sincères et traumatisées, sont victimes non de leur imagination mais d'une *gigantesque comédie de dupes* montée par l'Intelligence qui se dissimule derrière le phénomène ovni et ne cesse de les manipuler en leur imposant divers scénarios qui ne correspondent à rien de réel mais sont acceptés comme tels. C'est là le propre d'un leurre bien fabriqué.

Les abductionnistes ne l'entendent pas de cette oreille et Budd Hopkins me parla d'un cas extraordinaire, celui d'une certaine Mrs. M. qui, entre décembre 1987 et mai 1991, souffrit de nombreuses expériences avec des aliens : rayons de lumière, *missing time* de deux heures et demie qui affecta également son fils (âgé de quatre ans), présence auprès de son lit d'une entité à la peau blanchâtre qui la réveilla d'un profond sommeil et se livra sur elle à quelques examens gynécologiques, intrusion nocturne de deux êtres « non identifiés » qui la paralysèrent ainsi que son mari. A plusieurs reprises, son fils remarqua des silhouettes blanches dans sa chambre ; il se souvint de voyages dans un vaisseau spatial. Mrs. M. vit deux entités penchées sur le lit du garçonnet et, une autre fois, elle parvint à chasser l'entité.

Fin janvier 1989, à sa grande surprise, Mrs. M. est enceinte. La grossesse se présente bien mais, au bout de sept semaines, le fœtus meurt, il faut le retirer. Mrs. M. se rend à l'hôpital et commence alors un extravagant scénario. Pendant deux heures, Mrs. M. est confinée dans une salle d'attente où une infirmière au visage étrange, anguleux, et portant, à la place de la blouse réglementaire, un curieux tablier, vient à plusieurs reprises lui tenir compagnie mais refuse de regarder son mari. Après l'intervention, Mrs. M. apprend que le fœtus a disparu. Son gynécologue ne donne pas d'autre explication. A cause de ses visites, Mrs. M. se rendait à un groupe de soutien aux ravies où de nombreuses abductees parlaient de leurs fœtus manquants. Elle a lu différents ouvrages traitant de ce sujet et se demande ce qui a pu lui arriver. Aurait-elle été enlevée sans s'en rendre compte quand elle était enceinte ? Le souvenir de la bizarre infirmière (que personne ne connaissait à l'hôpital) qui lui avait tenu compagnie avant son curetage l'obsédait. Et si cette femme étrange avait été une entité venue, déguisée en infirmière, pour récupérer le fœtus ? Budd n'écartait pas cette éventualité. Mrs. M. réussit à obtenir une copie du rapport du pathologiste qui précise que le fœtus avait disparu, et que le matériau récupéré par curetage n'était que des fragments de muqueuses déciduales *sans* morceaux de fœtus. Une situation étrange qui parvint aux oreilles d'une chercheuse californienne, Ann Druffel. Désireuse de vérifier si le futur bébé de Mrs. M. avait disparu de façon inexplicable médicalement parlant, l'ufologue mena l'enquête[1] de ce qui promettait d'être la première preuve de la réalité des cas de « fœtus manquant ».

Encore une déception : l'apparent mystère reposait exclusivement sur une équivoque due au manque de précision de la terminologie médicale. Ann Druffel conclut : « Ce cas s'avéra être un classique fait médical, conventionnel. » Ainsi se terminait le *seul* cas solidement documenté de fœtus manquant. Mais la présence de l'énigmatique infirmière n'a pas fini de faire courir bien des rumeurs.

Le Dr Richard Neal a étudié trois cas d'interruptions de grossesse en Californie : tous trois pouvaient être expliqués par des complications n'ayant aucun rapport avec une intervention d'alien. Néanmoins, ne voulant pas réduire le syndrome de fœtus manquant à de banales explications, il fit paraître dans la presse plusieurs annonces offrant cinq cents dollars à toutes les abductees pouvant montrer les preuves médicales de la disparition de leur fœtus. A ce jour, bien qu'il soit gynécologue et à même de parler de façon professionnelle

1. Voir « *"Missing Fetus" Case Solved* » par Ann Druffel in *Mufon UFO Journal*, n° 283.

avec les médecins des ravies, le Dr Neal n'a obtenu aucun cas. Mais s'il conteste l'existence de fœtus manquants, ce n'est pas par scepticisme. Contrairement aux chercheurs qui parlent d'hybridation ou de métissage, Neal voit les « activités médicales des aliens » converger vers un seul but : la manipulation des gènes humains. Ainsi s'éclaireraient les prélèvements d'échantillons corporels (notamment de sperme et d'ovules) dont les ravisseurs sont si friands. Les aliens ne cherchent pas à se reproduire avec nous mais à « orienter notre évolution génétique », écrit-il[1].

Revenons à l'hybridation aliens/humains puisque les étranges bébés montrés dans les ovnis en seraient le résultat. Nos connaissances (actuelles) dans le domaine de la génétique excluent *totalement* la possibilité de croisement entre deux espèces apparemment si différentes. Les procédés rapportés sont incompatibles avec le bon sens le plus élémentaire. Les cellules somatiques de surface, de la peau par exemple, sont plus faciles à prélever que celles du sperme et des ovules, et il suffirait de quelques-unes pour utiliser le génome qu'elles contiennent. D'autre part, enlever les sujets un par un est plus difficile et moins discret que dévaliser un laboratoire où il ne serait guère difficile aux aliens — qui peuvent s'infiltrer partout — de s'emparer de tout le matériel génétique souhaité. Mais le phénomène ovni regorge de tant d'apparentes absurdités qu'il serait peu sage de vouloir l'organiser selon notre logique. Leo Sprinkle résume ainsi l'ABC des rencontres avec les ovnis : *Absurd, Bizarre, Crazy* (l'alphabet français peut être utilisé : Absurde, Bizarre, Cinglé), ne l'oublions pas.

Dans un bel effort pour laisser une chance aux diverses spéculations sur le métissage, Michael Swords (professeur de sciences naturelles à la Western Michigan University) a passé en revue les données de la génétique actuelle. Même en prêtant aux ravisseurs des connais-

---

1. Voir « Generations of Abductions, a Medical Casebook », *UFO*, 3, n° 2, 1988.

sances « plus avancées que les nôtres » (notre génie génétique n'en est qu'à ses débuts et nous avons déjà réalisé des manipulations inconcevables pour nos parents), il estime que de telles performances demeurent hautement improbables. Si les kidnappeurs étaient capables de briser le génome pour reconstruire des structures compatibles avec les deux espèces, « ils n'auraient plus besoin de prélever du sperme et des ovules pour conduire leurs expériences génétiques, y compris l'hybridation », écrit-il[1]. Même si c'était possible, leurs procédés seraient stupides et feraient état de pratiques arriérées et compliquées par rapport aux connaissances requises.

Ces possibilités de manipulations génétiques dont pourraient disposer les ravisseurs conduiraient au même résultat, affirme Michael Swords : il est biologiquement impossible aux aliens d'unir leur ADN — en admettant qu'ils en possèdent — au nôtre, de même qu'il est impossible aux humains de procréer avec des espèces animales. Les procédés décrits par les ravis ne correspondent pas au but prétendument recherché, la création d'une race hybride, pour quelque motif que ce soit.

Nous avons déjà noté la concordance de ces scénarios avec la peur suscitée par les techniques de fécondation *in vitro* et les nouvelles découvertes en matière d'ingénierie génétique mais c'est dans l'évolution de ces récits que l'on pourrait trouver une piste. Depuis une quarantaine d'années, les Rencontres s'effacent pour se transformer en expériences qui sous-tendent une recherche plus fusionnelle, comme si l'Intelligence qui se dissimule derrière les manifestations d'ovnis commençait à préparer l'époque à d'éventuelles futures hybridations. Pour l'instant, *rien ne permet de penser que ces hybridations ont eu lieu*, ni qu'elles soient envisagées quand bien même elles ne cessent d'être « montrées », mais un tel schéma de fusion est enté dans

1. « Extraterrestrial Hybridization Unlikely », *Mufon UFO Journal*, n° 247.

notre nostalgie des origines, le besoin de l'homme d'avoir un pacte avec l'univers qui l'entoure et où il ne veut plus se sentir seul.

Pour beaucoup, connaître la finalité des enlèvements serait détenir la clé du mystère. Que se passerait-il si ces « hybridations » n'étaient que des fausses pistes, des leurres ? Quoi d'autre dans l'histoire ne le serait pas ? Comme à la belle époque des fées, le phénomène ne cesse de nous mentir, de nous proposer des illusions.

Certains chercheurs (et avec eux leurs groupes de ravis) ne peuvent accepter une telle perspective. J'ai déjà rapporté la croyance de Budd Hopkins en une race déclinante qui veut se régénérer. David Jacobs, convaincu qu'un programme de modifications génétiques est déjà appliqué à notre espèce, a « reconstitué » le *modus operandi* des aliens :

1. Prise d'ovule et de sperme.
2. Fécondation effectuée *in vitro*.
3. Manipulation génétique d'ovules.
4. Réimplantation de l'ovule manipulé dans l'utérus.
5. Retrait du fœtus du ventre de la mère après une brève période de gestation (entre 2 et 10 semaines).
6. Incubation du fœtus à l'intérieur.

Sans chercher à nier la composante sexuelle des enlèvements (tous les ravis en parlent, même ceux chez qui l'expérience revêt une coloration plus mystique), on pourrait la prendre moins au pied de la lettre et ne pas se focaliser sur ce qui est *donné à voir* dans le cadre de « procédures médicales » qui se présentent comme une *démonstration de haute école de manipulation de l'esprit du témoin*.

Blocage de la mémoire, scénarios implantés, messages trompeurs, psychodrames dont les acteurs apparemment humains se révèlent au dernier moment être des « aliens », projections de séquences de la vie de l'abductee qui ne correspondent pas aux faits, prédictions mensongères, informations absurdes, ordre de tout oublier alors que les souvenirs peuvent être retrouvés... on n'en finirait pas de dresser le catalogue des leurres imposés dans cette entreprise de mystification. Les enquêteurs en reconnaissent certains et cependant ils veulent croire à la réalité (?) des péripéties médico-génito-génétiques. Cet épisode, capital, ne relèverait pas de l'illusion. Cellules prélevées, insémination, implantation temporaire de fœtus, grossesses interrompues, incubation extra-utérine d'embryons, bébés hybrides attendant d'être maternés par les ravies : tout cela serait réel. Alerte, les généticiens interstellaires préparent une nouvelle race à nos dépens.

Comment peut-on l'affirmer ? Ces procédures inlassablement recommencées, ces interventions au « coup par coup » de peu de rendement, tout laisse entrevoir au contraire que l'abduction a un autre but que celui affiché. L'efficacité de la duperie se jauge à la profondeur de son impact. Incontestable ici car il affecte l'homme dans les zones les plus intimes de son être : son rapport à la sexualité et à la possibilité de donner la vie.

« La composante sexuelle des enlèvements à bord d'un ovni suggère qu'ils nécessitent quelque chose de plus que la recherche scientifique objective », écrit Richard Thompson[1]. Quelque chose de plus qu'un microscope électronique pour regarder un implant ou une feuille de papier pour noter l'apparence d'un rituel dont le *sens* échappe à la victime.

Faute de *preuves* de la réalité des aliens et de « l'expérience » qu'ils imposent, nous sommes réduits à constater la manifestation d'une sorte de force entourant la Terre, lui imposant un « système de contrôle[2] » et, pour ce faire, la manipulant sans scrupule. Avec une efficacité qui présuppose une parfaite connaissance du psychisme de l'homme, du fonctionnement de son système nerveux et de son cerveau, des abysses de son inconscient. L'action d'une telle Intelligence, présente tout au

1. In *Aliens Identities : Ancient Insights into Modern UFO Phenomena*, Govardhan Hill Publishing, 1993.

2. Hypothèse soutenue par Jacques Vallée depuis plusieurs années et qui commence à faire son chemin parmi les chercheurs.

long de l'histoire de l'humanité, semble agir comme un accélérateur de notre évolution, en modifiant pensées et croyances, en suscitant d'autres espoirs, en créant de nouvelles religions. Mais elle opère insidieusement. En jouant à fond la carte de l'absurdité de façon à discréditer chercheurs et témoins. Sans laisser de traces (ou en ne laissant que des traces insuffisantes et ne pouvant constituer des preuves incontournables telles que le requiert notre science). En se présentant de façon que nous soyons condamnés à suivre des fausses pistes et à ne jamais découvrir ses plans.

Insistant sur l'influence de cette Intelligence suprahumaine dissimulée derrière le phénomène ovni, Jacques Vallée note : « Si quelqu'un voulait avoir une action profonde sur la société humaine, qui ne soit décelable ni par la minorité cultivée, ni par l'Église, ni par les autorités militaires, et ne perturbe ni le niveau politique ni les rouages administratifs, tout en distillant à un niveau fondamental les germes d'une révolution philosophique, il n'agirait pas autrement [1]. »

Pendant sa « capture », du début à la fin, l'abductee se trouve inséré dans un scénario de *réalité virtuelle* impossible à différencier de la réalité objective. En même temps, il éprouve d'intenses émotions qui ne sont pas celles du spectateur : détresse de se sentir privé de tout contrôle de soi, humiliation et souffrance pendant les examens, épouvante devant les cataclysmes qui guettent notre planète, répulsion suivie de tendresse pour les bébés hybrides monstrueux et chétifs, émerveillement des splendeurs de l'univers ou d'autres planètes, peur que les enlèvements ne se reproduisent, chagrin de savoir que son « fœtus disparu » est un bébé vivant ailleurs. Haine, amour, sensation de plénitude océanique, peur permanente d'être devenu fou ou considéré comme tel, impression de fusionner avec d'autres dimensions, de s'affranchir de la contrainte des lois physiques, remise en cause du concept de réalité... rien ne lui est

1. In *Le Collège invisible*, Albin Michel, 1975.

épargné. Pour couronner le tout, son corps porte les stigmates de son aventure intangible, des marques qui ne peuvent lui servir de preuve mais sont là pour lui rappeler que la « réalité » outrepasse les normes que la science lui avait assignées. Comment, après une telle expérience, le ravi ne se sentirait-il pas modifié ?

Preuves qui s'effilochent, corps traversant les objets solides, matérialisations soudaines suivies de dématérialisations tout aussi subites, les récits sont pailletés d'illusions, pavés de mauvaises déceptions. Si encore il y avait des témoins extérieurs. Ces éventuels spectateurs des enlèvements ont été déconnectés, ils n'ont rien vu, rien entendu. En attendant le rapport complet et confirmé sur les dix-huit témoins allégués de l'enlèvement de Linda Cortile (d'où l'exceptionnelle importance de cette affaire), il n'existe qu'un seul cas solidement documenté d'enlèvement « à témoin », celui de Filiberto Cardenas.

> Dans la soirée du 3 janvier 1979, Filiberto Cardenas, technicien spécialisé dans les électrocardiographes, conduisait sur une route de Floride avec, à bord de sa voiture, sa fille de treize ans et un couple d'amis. Le moteur et l'éclairage tombent en panne. Les hommes descendent et ouvrent le capot. Des flashes rouges et violents de lumière se réfléchissent sur la carrosserie. Un fort bourdonnement vient du ciel et Cardenas sent l'engourdissement le gagner. Il ne peut plus bouger. Bientôt ses pieds ne reposent plus sur le sol, et son corps, affranchi de la pesanteur, commence à s'élever dans les airs. Il se sent quitter la terre et hurle : « Ne me prenez pas, ne me prenez pas ! » Son ami, Fernando Marti, contemple cette invraisemblable ascension. Dans le ciel, un gros engin lumineux passe et disparaît.
>
> Cardenas reprit connaissance, à 26 kilomètres de là, au milieu d'une route où il manqua de se faire écraser. Marti déposa sous serment avoir vu Cardenas s'élever dans les airs et la police classa l'enquête dans la rubrique « Rencontre Rapprochée du 3e type [1]. »

---

1. Voir Virgilio Sanchez-Ocejo & Wendelle Stevens, *UFO Contact from Undersea*, Tucson, 1982.

Tout d'abord, même sous hypnose, Cardenas refusa de dire ce qu'il lui était arrivé, tant « on » lui avait ordonné de ne rien révéler. Au cours d'autres séances de régression, il raconta son aventure. Un de ses ravisseurs avait essayé de lui parler en allemand, puis en anglais et enfin en espagnol (pour changer de langue, l'alien « tournait un bouton sur sa poitrine » : encore un détail absurde qui suffit à ridiculiser celui qui le fait connaître). Il subit un examen physique très approfondi qui devait lui laisser *108 marques* sur le corps. Une fois terminée la séance médicale, l'ovni plongea à grande vitesse sous l'eau et Cardenas fut conduit dans une immense base sous-marine où il remarqua des humains qui travaillaient avec les aliens.

Passons sur les détails de l'expérience (la pose d'implants, le tunnel d'« eau solide », les différentes races d'aliens portant des costumes d'« époque » avec cape et grosses chaînes, le « trône » de leur chef et les différentes opérations subies par Cardenas pendant un temps qu'il estima à plusieurs jours mais qui ne correspondait qu'à deux heures terrestres) pour en retenir certains, caractéristiques de la *lunatic fringe* : base souterraine (ici sous-marine), étroite collaboration humains/ravisseurs, insigne représentant un serpent porté par les aliens.

A la suite d'autres rencontres, Cardenas a établi une relation amicale avec les ufonautes. Il est *volontairement* monté dans un ovni en compagnie de sa femme Iris. Aujourd'hui, il refuse de parler de son expérience et est devenu très religieux.

L'imagination et les feuilletons de science-fiction paraissent tenir un large rôle dans ce cas mais expliquent difficilement le témoignage de Marti et les 108 marques.

Un seul cas, c'est maigre. Une autre donnée vient compliquer l'étude : les expériences sont rapportées comme des OBE. L'OBE est une forme de perception inhabituelle : les objets sont perçus par le sujet à partir d'un point autre que celui où se trouve son corps physique. Le sujet a l'impression de ne plus habiter son corps qu'il remarque ailleurs, inconscient, et cependant il continue à voir, à entendre et à penser. Au début d'une

NDE, les expérienceurs découvrent leur corps étendu sur un lit d'hôpital, mais ils l'observent d'en haut, comme si leur regard partait du plafond, et qu'ils flottaient, décorporés, au-dessus du monde habituel. Une telle expérience n'est pas spécifique aux états de transe ou de coma comme l'a établi Celia Green. La chercheuse a étudié les témoignages de personnes s'étant vues hors de leur corps alors qu'elles étaient en pleine activité : en train de prononcer un discours, de chanter — y compris sur scène — et même de conduire une motocyclette. Autant d'occupations qui requièrent une profonde attention[1]. Pour certains, la surprise de découvrir leur corps à un endroit différent de celui d'où ils regardent est telle, que le choc les ramène à un état normal de conscience. Par la suite, quelques-uns parviennent à réaliser volontairement l'expérience vécue par inadvertance et à maîtriser — avec plus ou moins de succès — la possibilité d'y accéder. Charles Tart a étudié, dans des conditions de laboratoire, les OBE[2] dont il a dégagé les principales caractéristiques :

1. Sensation de flotter,
2. Vision de son propre corps,
3. Possibilité de se trouver immédiatement à l'endroit auquel on pense,
4. Impression de posséder un corps non physique,
5. Certitude absolue que l'expérience n'est pas un rêve.

Les points 1, 2, 4 et 5 sont couramment mentionnés par certains ravis. D'après ceux qui s'exercent à voyager hors de leur corps avec les techniques du Monroe Insti-

---

1. Cette qualité d'attention bien focalisée est nécessaire pour obtenir un état modifié de conscience comme on peut le remarquer dans les cas d'auto-hypnose induite par la contemplation d'une flamme de bougie, par exemple.

2. L'étude scientifique du hors-corps est récente et s'annonce difficile (notamment lorsqu'il s'agit de mesurer le rythme des ondes du cerveau) : elle nécessite des sujets capables de provoquer à volonté cette expérience normalement sauvage.

tute[1], les objets conservent leur apparence solide — même si le corps peut les traverser —, les couleurs sont plus lumineuses, la vision devient panoramique (à 360 degrés) et le sujet a le sentiment d'avoir accès à d'autres sources de connaissance et de pouvoir parcourir l'univers en un instant. Autant d'éléments rapportés par les ravis et qui sont connus des spécialistes des états de conscience. « L'expérience de quitter son corps et d'entreprendre les voyages de la conscience est sans aucun doute le plus ancien principe qui sous-tend la religion et la magie », commente l'ethnopsychologue Holger Kalweit[2] qui parle d'*expérience*, non d'illusion ou d'impression.

L'OBE est fréquemment décrite pendant l'abduction. Parfois dès le début, comme si l'expérience avait lieu dans cet état particulier, ce qui explique que le corps reste dans le lit ou sur un siège comme l'illustre le cas suivant :

> Sandi (une patiente d'Edith Fiore) avait eu une expérience lorsqu'elle avait douze ou treize ans. Seule chez elle, elle regarde la télévision. A travers la fenêtre, une lumière extérieure semble l'appeler. Sandi se sent immobilisée sur son siège, et bientôt, paralysée. L'écran devient noir et blanc, piqueté de « neige » : Sandi ne peut en détacher son regard. Puis elle retrouve sa motricité, l'écran redevient normal, les couleurs réapparaissent, et c'est le journal de dix heures du soir. Sous hypnose, elle décrivit cette scène : alors qu'elle traversait les murs de sa maison pour s'envoler dans le ciel, elle se retourna et put observer son corps affalé sur le fauteuil devant le poste de télévision.

1. Robert Monroe, homme d'affaires américain, après des expériences involontaires de sortie hors du corps, s'efforça de comprendre ce phénomène qu'il vivait, puis de le maîtriser. Il se consacra alors entièrement à l'exploration des autres niveaux de conscience et ouvrit en Virginie un Institut consacré à cette recherche et doté d'une technologie sophistiquée permettant, notamment, d'expérimenter à volonté le hors-corps.

2. Voir *Dreamtime and Inner Space, the World of the Shaman*, Shambala, 1988.

Cette séparation de la conscience peut survenir à un moment précis de l'enlèvement. Quand les procédures médicales se révèlent trop douloureuses, un alien pose sa main sur la tête du ravi et celui-ci se retrouve « au plafond de la salle d'examen », observant, insensible, les interventions effectuées sur son corps. La conscience surveille, détachée de son support matériel qui par la suite portera des marques d'autant plus étonnantes qu'elles demeureront[1].

Il arrive, un peu à la manière des poupées russes emboîtées les unes dans les autres, qu'une OBE advienne à l'intérieur d'une OBE. Le témoin se voit partir en hors corps, laissant son enveloppe sur Terre ; dans l'ovni, il peut se regarder dans sa voiture abandonnée, ce qui ne l'empêche pas, sur la table d'opération, de sortir encore de lui pour suivre, insensible et de l'extérieur, le déroulement de son épreuve. Judy Doraty se décrivit à la fois à l'intérieur de l'ovni où elle assistait à une mutilation d'un veau et à côté de sa voiture, comme si elle s'était projetée hors de l'engin quand les aliens lui apprirent qu'elle n'aurait pas dû être là. Sous hypnose, Emily Cronin se revit à la fois debout à côté de son auto et en train de dormir à l'intérieur. Elle se rendit compte de l'impossibilité de la situation et s'exclama : « On ne peut pas être en même temps dans sa voiture et en dehors : c'est stupide ! Mais je le suis[2] ! » Betty Andreasson[3] était allongée en train de lire sa Bible quand elle entendit un ronronnement et vit un Gris s'approcher de son lit. Elle commenta ainsi la scène : « Je me vois debout et je me vois couchée sur mon lit. L'être a

1. Les effets psychosomatiques de la suggestion n'entraînent que des changements passagers sur la peau ou les fonctions du corps. Les abductees présentent des cicatrices ou des marques permanentes profondes.

2. Ann Druffel et Scott D. Rogo, *The Tujunga Canyon Contacts*, Penguin Books, 1988.

3. Betty Andreasson fait état de multiples expériences de sortie hors du corps. Elle s'est même retrouvée en hors corps ainsi que son second mari.

d'abord posé une petite boîte ou quelque chose sur le lit et ensuite je me suis vue apparaître. Je me vois me lever... et je me vois m'approcher de l'être. Et puis je retourne vers mon lit et je me penche sur mon corps et — Ahhhh ! — quand je l'ai fait, mes mains sont passées à travers moi [1] ! » Pendant une autre abduction, les Gris l'emmènent dans leur base souterraine et lui annoncent qu'une fois franchie une certaine porte, elle rencontrera l'Être Suprême, l'« Unique ». La jeune femme se voit en train de se dédoubler : « ... Et je suis là, debout, et je sors de moi-même. Il y a deux moi ! Il y a deux moi ici... C'est comme si j'avais une jumelle [2] ! »

Pour en terminer avec la distanciation que procure l'OBE, je présenterai un cas, dont le héros s'est vu vivre sur Terre où un clone le remplaçait pendant sa détention. On peut porter au crédit de ce ravi des manifestations tendant à prouver qu'il avait eu une expérience anormale, mais il est difficile de s'avancer davantage. Ce récit peut constituer un exemple de l'*adaptation* du phénomène (avide de leurrer) à la mentalité d'un jeune témoin : le thème du clone paraît être la scénarisation, en termes de science-fiction acceptables par un garçon de cet âge, d'une expérience d'OBE. L'histoire débute au cours de la nuit du 4 janvier 1975 au nord-est du Brésil, dans le Maranhão. La famille Alves Ferreira est couchée. Une violente lumière irradie brutalement la maison et passe, laissant une odeur âcre de brûlé. Les chaises s'enflamment. Pour la famille, c'est évident, un ovni a heurté le mur de la maison.

> Le lendemain, Antonio (alors âgé de treize ans) qui s'amuse dans le jardin voit surgir du ciel un ovni « de la taille d'une Volkswagen » qui émet dans sa direction un rayon de lumière blanche et chaude. Une trappe s'ouvre, une échelle en sort, et deux créatures descendent à terre. Antonio est figé sur place, incapable de bouger, et, sans

1. Voir Raymond Fowler, *The Watchers*, Bantam Books, 1990.
2. *Ibid.*

comprendre comment, il se retrouve à l'intérieur de l'engin, entouré d'êtres masqués dont l'apparence le terrifie. Le vaisseau s'envole et se pose en un lieu qu'Antonio ne connaît pas : « Une multitude de gens nous y attendait. » L'équipage emmène le jeune garçon dans une construction blanche de forme hémisphérique où un humanoïde le soumet à un questionnaire, mais il s'exprime dans une langue inconnue et Antonio reste coi. Irrité de son mutisme, l'interrogateur le regarde fixement. Comme un déclic s'opère dans le cerveau du gamin qui, subitement, comprend ce langage et peut répondre. Les demandes sont élémentaires pour un être censé maîtriser une technologie supérieure à celle des humains : ce que les Terriens mangent, la vitesse de leurs voitures, etc. *Ex abrupto*, le « chef » donne un coup de poing sur la poitrine d'Antonio. Il n'explique pas son geste mais, à partir de ce jour, avant chaque « contact », une tache rouge apparaîtra sur le torse du garçon à cet endroit.

Antonio est ramené vers midi, après trois heures d'absence. Il manifeste une nouvelle passion pour le dessin et passe ses journées à reproduire, de façon minutieuse, les entités à peau foncée, aux grandes oreilles pointues et aux yeux bridés, leur heaume d'où s'échappait une abondante chevelure brune, leurs uniformes, leur vaisseau (vu de l'extérieur et de l'intérieur) et son équipement.

Lorsque l'ufologue brésilienne Irene Granchi viendra enquêter sur son cas, Antonio ne sera avare ni de descriptions ni de commentaires. D'après lui, leur heaume leur sert à la fois de masque pour supporter notre atmosphère et d'appareil leur permettant de comprendre instantanément notre langage[1]. Antonio affirme avoir fait *onze voyages* jusqu'à la base de ses « amis » sans savoir où elle était située car les aliens ne le lui ont jamais révélé. En rédigeant des notes sur ses expériences, le garçon découvre qu'il utilise la *calligraphie des aliens* : des caractères vaguement comparables aux idéogrammes chinois (mais qui varient d'un texte à l'autre). La description qu'il donne de leur ville est digne d'une BD de science-fiction : buildings arrondis, rues recouvertes de tapis roulants,

---

1. Irene Granchi, « The case of Antonio Alves Ferreira : physical experiences and eleven alleged trips to a strange planet », in *FSR*, vol. 31, n° 2, 1986. (Traduction du portugais de la première publication parue au Brésil dans *Planeta*, n° 104-4, 1981.)

ciel toujours noir, sans soleil pour l'illuminer. Là-bas, l'argent n'existe pas. Les aliens — végétariens — ne possèdent qu'une race animale appelée « antitolilai » et c'est pourquoi ils demandèrent à Antonio de leur offrir un chien, un chat et un perroquet (ces animaux ont été emportés mais jamais rendus sous le prétexte qu'ils ne pourraient plus se réadapter au climat de la Terre). En contrepartie, ils lui firent présent d'une statue de métal représentant un des leurs, de médailles et surtout d'un pistolet — semblable aux anciens pistolets à pierre — dont la fumée aurait désintégré un manguier. Antonio retourna les cadeaux à ses donateurs lorsque ses voisins l'accusèrent de posséder des œuvres du diable.

Négligeons les divers renseignements glanés par Antonio Ferreira au cours de ses contacts avec les aliens pour relever un détail peu commun. Ses « amis de l'espace » l'avertirent qu'un de ses séjours chez eux durerait trente-six heures. Pour éviter que sa famille ne s'inquiétât de son absence, ils eurent la délicatesse de faire appel à une de leurs grandes spécialités : le *clonage*. Ils réalisèrent donc un clone d'Antonio en introduisant le garçon et un des leurs dans une complexe machine double. Antonio subit passivement « l'opération » — indolore — qui devait le dupliquer. La manœuvre réussit et il vit son alter ego sortir de la machine. Plus tard, il put observer la façon dont le clone le remplaçait dans sa propre maison. Son double s'assoupit à table à la fin du dîner. Son père voulut le porter au lit mais le clone était trop lourd : il ne put le soulever et dut demander de l'aide. M. Ferreira fut surpris de ce poids anormal, mais Mme Ferreira pensa qu'il pouvait ne pas s'agir de leur fils : elle connaissait bien son garçon. En le couchant, elle remarqua qu'il lui manquait une cicatrice au pied.

A la suite de ses enlèvements, Antonio fit état, de façon sporadique, de dons paranormaux : torsion d'objets métalliques et guérisons. Il fut cependant incapable de se guérir de sa claudication (à l'âge de deux ans, il avait eu la poliomyélite et, ayant une jambe atrophiée, ne pouvait se déplacer sans béquille). Irene Granchi atteste avoir eu l'occasion d'assister à quelques manifestations des facultés psi d'Antonio Ferreira et l'avoir vu tordre à distance des cuillers et des pales de ventilateur.

Son cas fut suivi par le Dr José De Freitas Dutra qui

remit à Irene Granchi un enregistrement d'une discussion d'Antonio avec un « extraterrestre » dont la voix très étrange « ne semblait pas provenir du larynx », précisa le médecin. L'être s'exprimait dans un langage « ne ressemblant à rien de connu » et qu'Antonio utilisait parfois pour lui répondre.

Antonio ne cessa d'affirmer que ses amis n'étaient pas des robots mais des *êtres physiques*. De même qu'étaient physiques les ovnis qui apparaissaient au-dessus de sa maison et laissaient des marques sur les murs, ou les voyages qu'il fit jusqu'à leur planète.

Les partisans de la réalité des ovnis se fondent sur des observations faites par de multiples témoins, des échos sur des radars, des photographies crédibles, des traces au sol exploitables scientifiquement, des effets sur les systèmes électriques. Rien de cela n'existe avec les prétendus aliens. Pas de preuves, pas de photos ni de films, pas d'échantillons et les analyses dont on attendait tant s'avèrent insuffisantes. Les récits des ravis sont empreints d'une même incohérence : les aliens effectuent leur travail en secret, donnent aux ravis l'ordre de tout oublier et leur suggestion posthypnotique se révèle inopérante. Bien que les abductions suscitent aux États-Unis polémiques, controverses, inquiétudes ou espoirs, en termes physiques, rien n'est établi.

A la fin du siècle dernier, la possibilité de communiquer avec les morts s'imposait comme le plus important des sujets dans le domaine du paranormal. Beaucoup de personnalités de premier plan, de scientifiques, d'hommes politiques, d'écrivains (le tsar de Russie, Napoléon III, Crookes, Flammarion, Hugo) s'y intéressaient. Par un effet boule de neige, le spiritisme et ses manifestations annexes propulsèrent médiums, ectoplasmes et messages de l'au-delà à l'avant-scène des préoccupations. Le nouveau siècle débuta sans que les phénomènes du spiritisme fussent acceptés ou reconnus. Il y a là quelques similitudes avec le dossier des enlèvements (je ne veux surtout pas faire un amalgame entre ces sujets, je me contente de comparer l'évolution des deux dossiers) : les chercheurs crurent que la preuve était proche, que tout allait être démontré par la science et... rien. Le mystère demeure. Puisque la preuve des enlèvements n'a encore pu être produite maintenant où beaucoup d'argent a été vainement investi, pourquoi le serait-elle un jour ? Cela semble exclu tant que l'évaluation des témoignages se fondera sur le paradigme scientifique orthodoxe qui veut des preuves physiques, matérielles, pour accepter quelque chose comme véritable.

On ne peut affirmer que le dossier des RR4 est inexistant : il contient trop d'éléments non expliqués. La première phase de l'histoire des abductions (avant 1987) la moins subjective, regorge de cas fort bien étudiés par la police ou les militaires. Si l'implication d'éventuels ET n'a pu être prouvée, les enquêtes établirent qu'il ne s'agissait ni de canulars, ni d'impostures, ni de délires psychiatriques. Ainsi, le cas Wolski est un modèle du genre. Ce fermier polonais sans éducation, qui ne possédait ni télévision ni radio, ne lisait presque pas les journaux et ignorait la science-fiction, fut enlevé en 1978. La notion d'ET n'avait aucun sens pour lui ; il décrivit ses ravisseurs comme de bizarres étrangers, « peut-être des Orientaux », et l'ovni comme un gros wagon au toit incurvé. Une commission de médecins et divers chercheurs de l'université de Lublin passèrent son affaire au peigne fin. Ce cas, pur de toute contamination comme l'ont souligné les sociologues, sonne vrai, il est corroboré par des traces au sol (les empreintes des pieds palmés des humanoïdes)... Arrêtons là.

Chaque chercheur établit sa liste d'arguments pour ou contre la réalité des enlèvements. Je ne vois pas l'intérêt d'en présenter ici une énième version, d'autant que les notions de « réalité » ou de « non-réalité » semblent mal venues pour désigner une expérience qui se propose comme l'entrée dans une réalité *autre*. Toutes proportions gardées, ni la meilleure enquête de gendarmerie ni la plus belle des équations n'expliqueront la conversion de Paul sur le chemin de Damas. A la grande époque de l'aventure psychédélique, quelques chercheurs décidèrent de se prendre comme cobaye et d'expérimenter sur eux-mêmes. En utilisant ces substances dont ils n'avaient jusque-là que constaté les effets, ils comprirent *tous* qu'il était impossible de hiérarchiser les expériences vécues d'après les schémas habituels de pensée : ça ne marche plus, affirmaient-ils de retour à un état normal. L'abduction procède du même genre d'éclatement : elle brise les blocs de glace de la conscience humaine et les fait fondre, amenant les ravis, une fois qu'ils ont « digéré » leur Rencontre, à réviser leurs conceptions. De la peur, ils passent à l'urgence : si nous continuons à penser de la même façon, nous perpétuerons les mêmes erreurs et ne parviendrons jamais à découvrir les solutions créatrices dont nous avons besoin pour sauver la planète et y vivre en harmonie les uns avec les autres, disent-ils. Un discours qui tient plus de l'aventure *intérieure* que du petit tour en soucoupe ! Il n'existe pas de poids et mesures pour valider de telles explorations. D'autre part, il n'est pas besoin de se faire enlever pour changer de perspectives. Soit. Mais les ravis amènent de fragiles indices que quelque chose s'est passé, quelque chose de plus qu'une illumination dans une chambre à coucher ou sur une autoroute. Un indice que l'on met de côté comme le joker hilare qu'il faut retirer du jeu de cartes avant d'entamer une partie car il ne sert à rien. De l'embrouillamini au trompe-l'œil qui constitue la trame de l'enlèvement, j'aimerais attirer l'attention sur une autre piste, plus fantastique que celle de généticiens venus de l'espace. Un sujet dont les paradoxes n'effarouchent pas les physiciens et dont les héros des récits de science-fiction ou du folklore se réservent la pratique : *le voyage dans le temps*.

A bien regarder le dossier enlèvement, il s'y trouve quelques Rencontres suggérant l'incursion dans une autre dimension du temps. José Antonio Da Silva, rapté de Bebedouro le dimanche 4 mai, qui pensait avoir été libéré le soir même et apprend que son retour avait eu lieu le 9 mai. Travis Walton, enlevé devant ses collègues bûcherons et qui revient cinq jours plus tard. Joan, qui disparaît quatre jours de New York et se retrouve ailleurs, ayant pu vivre sans papiers, ni argent, ni carte de crédit. Nous pourrions ajouter un cas brésilien, celui de Mario Restier, enlevé à Volta Redonda (État de Rio de Janeiro) et « disparu » quatre mois alors qu'il était persuadé que son absence n'avait pas excédé trois jours.

Jacques Vallée connaît le héros de l'aventure suivante qui remonte à 1961. Un étudiant se promène à la campagne avec des amis ; à un moment, il s'éloigne d'eux et découvre, posé au sol devant lui, un engin discoïdal de dix-sept mètres de large. L'étudiant monte à bord. Le vaisseau décolle tout seul et le dépose dans un désert, face à une énorme machine qui lui déverse dans le cerveau une série d'enseignements. Puis, sans avoir vu de pilote, ou d'ET, le jeune homme est ramené à son point de départ. *Dix-huit jours se sont écoulés*. Plusieurs unités de l'armée et de la police le recherchent. Jacques Vallée (astrophysicien de formation et qui n'a aucune envie de passer pour un plaisantin) précise : « Il reparut à quelques mètres de l'endroit où il avait perdu de vue ses compagnons. *Il portait la même fleur à la boutonnière. Sa barbe n'avait pas poussé* [1]. »

Comme si le temps vécu pendant l'enlèvement s'écoulait beaucoup plus *lentement* que le temps habituel. Et puisque le phénomène ovni aime plus décontenancer que se livrer, voici les tribulations de Valdès qui, le 25 avril 1977, revint avec une preuve de son voyage temporel. Cette fois, le temps « autre » était *accéléré*.

Accompagné de sept soldats, le caporal Armando Valdès, du régiment Racangua, fait de nuit une inspection de routine dans les Andes à 4 000 mètres d'altitude, près de Pampa Lluscuma, à 150 kilomètres au nord d'Arica (nord du Chili). Cinq soldats se pressent le long d'un mur de pierres sèches proche du feu.

1. In *Le Collège invisible, op. cit.*

Vers 4 heures du matin, Roales accourt, surexcité : il a vu deux lumières violettes descendre du ciel. L'une est toujours là, à 500 mètres, baignant le paysage de sa vive lumière.

Valdès demande aux hommes d'éteindre le feu. Dans les airs, un rayonnement lumineux sans source apparente s'approche d'eux puis s'éloigne, mais les soldats perçoivent toujours sa clarté. Valdès décide d'examiner sur place l'origine de ce phénomène. A sa montre, il est 4 h 15. Le caporal part, hurlant ses sommations : se montrer, partir... Il est à quelques mètres de ses hommes qui le regardent, quand il disparaît à leurs yeux. Affolement des soldats. Leur chef est introuvable, il s'est dissous dans la nuit. Pas pour longtemps. Un quart d'heure plus tard, Valdès se rematérialise à leurs côtés, répétant avec grande difficulté : « Vous ne saurez jamais, vous ne saurez jamais qui nous sommes ni d'où nous venons... nous reviendrons bientôt », puis il sombre dans l'inconscience.

Quand Valdès revient à lui, vers 7 heures, il ne se souvient de rien si ce n'est qu'aux alentours de 4 h 30 il s'est retrouvé près du feu où ses hommes l'ont étendu, dans un état bizarre. Il est incapable de leur dire ce qui lui est arrivé : il croit qu'il a eu une « absence » de 15 minutes. Les hommes sont paniqués. D'abord un « chef » ne se dématérialise pas pour se rematérialiser un quart d'heure plus tard, ensuite un chef ne reste pas évanoui sans raison pendant deux heures et demie et, enfin, ils ont remarqué un détail insensé : le caporal, qui s'était rasé peu avant d'aller en patrouille (témoignage de tous les soldats), a réapparu avec une *barbe de cinq jours*.

Valdès retourne à sa base avec ses hommes pour faire son rapport. Seconde découverte : le dateur de sa montre (arrêtée à 4 h 30) indique non le 25 mais le 30 avril : *il avance de 5 jours* (comme sa barbe). Le caporal et ses hommes sont interrogés par le Pr Pedro Araneda qui, intéressé par le phénomène ovni, enregistre ces interviews. Dès que la patrouille en a terminé avec le rapport officiel, le colonel Oscar Figueroa — gouverneur de la province d'Arica — publie un édit interdisant de mentionner cette affaire à quiconque sans l'autorisation de son bureau, sous prétexte d'éviter des « spéculations de presse dépourvues de base scientifique ». Il confisque les interviews faites par Araneda mais, en dépit de sa vigilance, ne peut empêcher l'information de circuler. L'affaire fait tant de bruit qu'un porte-parole du ministère de la Défense chilienne annonce qu'une enquête approfondie sera effectuée.

De son côté, Valdès, désirant comprendre ce qui lui était arrivé, réclamait cette enquête. Il voulait recouvrer la mémoire de ces quinze minutes et déclara à la presse qu'il était prêt à se faire hypnotiser. Bien qu'un groupe de recherches ufologiques de Temuco l'ait averti du danger de revivre sous hypnose une telle aventure en lui citant le triste cas d'un jeune conducteur de camion argentin, Dionisio Llanca qui, après une RR4, s'était fait hypnotiser dans l'hôpital de Bahia Blanca par une équipe de douze médecins et psychiatres et était devenu fou.

Au Chili aussi, l'armée mérite son surnom de « grande muette » : Valdès non seulement n'a pas été rétrogradé mais il a été nommé sergent. Interdiction lui a été faite de parler de son aventure.

S'il est aisé de modifier le dateur d'une montre, il est en revanche impossible d'accélérer de cette façon (en un quart d'heure) la croissance d'une barbe. Ce phénomène est d'autant plus incroyable que, sur ces hauts plateaux, le froid et l'altitude ralentissent la pousse du système pileux.

A quoi servent les gadgets sophistiqués des scientifiques, leurs évaluations des désordres du lobe temporal, et les barrières assignées aux limites du réel, en face de ces détails absurdes : une fleur coupée qui ne se fane pas, une barbe qui oublie de pousser en dix-huit jours, ou un menton glabre soudain barbu en quinze minutes ? Certaines aventures ne se mesurent pas avec des instruments d'arpenteur. Il faut avoir l'audace de laisser de côté les repères et les balises du savoir objectif pour regarder la traversée des apparences qu'entreprennent les ravis. Ils n'ont pas attendu les Hill pour en affronter les courants aujourd'hui dénommés Rencontres.

10

Un défilé permanent des Visiteurs cosmiques. — Des humanoïdes de la tradition védique aux fées qui sont d'atroces menteuses. — Rapts diaboliques et vol magique des chamanes. — L'enlèvement ou le grand voyage de l'âme.

L'homme a un besoin profond, mystique, d'établir un pont entre la Terre et le ciel, et tous les mythes parlent de messagers venus des cieux. Dès l'aube de l'humanité, toutes les cultures ont peuplé leurs croyances d'êtres fantastiques (hydres, dragons, sylphes, démons, anges, fées) avec lesquels elles entretenaient des rapports particuliers. Des siècles d'offrandes, de prières, de sacrifices et de cultes favorisaient la communication avec les entités qui ne restèrent pas dans les royaumes mythiques que l'homme leur attribuait. Codifiées par l'expression de peurs à exorciser ou le besoin de trouver un intermédiaire avec l'invisible, ces figures emblématiques ont fini par être « vues », qu'elles soient d'une représentation aussi complexe que les divinités tibétaines (Yamantaka possède neuf têtes dont la principale est celle d'un buffle, trente-quatre bras et seize jambes, son corps est bleu) ou aussi simples que les gnomes. Toutes les traditions attestent de telles visions. Une relation a fini par s'établir entre ces représentations imaginaires et leurs créateurs. L'homme nourrissait ses dieux, les fortifiait pour les rendre plus efficaces, plus protecteurs, et s'efforçait d'amadouer ceux qui pouvaient lui être hostiles. Sous des formes variées, divinités et entités apparaissaient et disparaissaient en produisant des phénomènes étranges qui défiaient la physique, ou paranormaux : messages, guérisons... Leurs apparitions n'ont cessé d'influencer nos croyances (elles suscitèrent des religions) et d'orienter l'évolution de l'humanité. L'hypothèse d'extraterrestres venant nous visiter dans leur vaisseau spatial réactualise ce rapport terre-ciel selon des données plus conformes à notre époque férue de technologie et fière d'entreprendre la conquête spatiale. L'ange, figure archétypale du visiteur céleste, subit un habillage culturel en fonction de la mentalité du temps, et l'archétype devient ET. (C'est un peu plus compliqué que cela mais gardons pour l'instant cette hypothèse de travail.)

Les enlèvements s'insèrent dans la très ancienne tradition des rapports de l'homme avec l'invisible. Ce phénomène n'a pas commencé avec l'ère des ovnis, les récits de capture d'humains par des entités se trouvent aussi bien chez les anciens Grecs, les Celtes ou les Polynésiens, que dans l'Asie Mineure et tout le Proche-Orient. Le premier ravi serait Élie (IXe siècle avant J.-C.) dont la Bible rapporte qu'il est monté au ciel sur un tourbillon et qu'il n'est pas mort ; le plus célèbre (à cause de son « chariot »), Ézéchiel (600 avant J.-C.).

La vision d'Ézéchiel est trop longue à rapporter ici[1]. Le physicien américain Blumrich affirma[2] qu'elle lui inspira la conception révolutionnaire et la réalisation des roues du premier véhicule d'exploration lunaire. Ézéchiel avait ainsi décrit les roues de son char de feu : « Elles étaient toutes quatre semblables, et paraissaient construites de telle manière que l'une se trouvait engagée dans l'autre. Elles pouvaient se déplacer dans quatre directions, sans se retourner dans leur mouvement », etc. On a beaucoup glosé sur cette vision qui, en termes naïfs, évoque l'atterrissage d'un véhicule spatial doté de hublots — décrits comme des yeux — et d'où sortirent des êtres « qui paraissaient avoir une forme

1. Ézéchiel, chap. I, II (1 et 2), III (12 à 15).
2. Josef Blumrich, *The Spaceships of Ezechiel*, Bantam, 1974.

humaine »... Le côté « soucoupique » de la vision n'est pas dans notre propos, je préfère m'arrêter sur les versets 14 et 15 du chapitre III lorsque Ézéchiel décrit l'état dans lequel il se trouve après cet enlèvement (« L'esprit m'avait enlevé et m'emporta... J'arrivai à Tel-Abib... et je restai là sept jours, dans la stupeur ») dont il subira des séquelles : paralysie, mutisme, hébétude, chutes, instabilité de l'équilibre...

Abandonnons la tradition judéo-chrétienne pour nous tourner vers l'Orient : les visites contemporaines étaient déjà préfigurées dans l'ancienne civilisation védique où voyages dans le temps et contacts entre des mondes différents sont relatés comme des faits habituels.

Dans ses grands récits — *Bhaghavata Purana*, *Mahabaharata* et *Ramayana* —, la littérature védique fait de fréquentes allusions à des machines volantes appelées *vimanas* [1] qui ressemblent de façon frappante aux ovnis (elles émettent de la lumière, volent de façon irrégulière, apparaissent, deviennent invisibles...) et dont les utilisateurs se comportent souvent comme nos ET. Les enlèvements d'humains font partie des phénomènes provoqués par ces humanoïdes [2] — étranges et répugnants mais parfois très beaux [3] — dont les *siddhis* (pouvoirs) trouvent un écho dans les témoignages les plus récents : communication mentale et lecture de pensée, capacité de voir ou d'entendre à une grande distance, lévitation, affranchissement de la gravité, pouvoir d'augmenter ou de diminuer considérablement le poids des êtres et des objets (fréquemment décrits en train de flotter dans l'air), pouvoir de modifier la taille des objets ou des corps vivants sans les détruire, pouvoir de déplacer les objets sans leur faire traverser l'es-

1. Le terme sanskrit *vimana* se retrouve dans l'hindi où un aéroplane se dit *viman*.

2. 400 000 races existent sur diverses planètes selon le *Bhaghavata Purana*.

3. Comme les *Gandharvas* et les *Siddhas*.

pace entre leur point de départ et leur point d'arrivée, de les faire se déplacer à travers l'éther sans que leur mouvement soit entravé par des obstacles physiques, pouvoir de voyager par la seule action de la pensée, contrôle hypnotique à longue distance (ce pouvoir permettant de contrôler hypnotiquement à longue distance la pensée des individus), invisibilité, capacité de prendre des formes différentes, ou de créer des formes corporelles illusoires, pouvoir de pénétrer dans le corps d'un être et de le contrôler, projection de formes illusoires[1]...

Siddhis d'un côté, capacités « magiques » des aliens de l'autre, l'analogie se poursuit à travers les conceptions du monde auxquelles ils se réfèrent. Vue de l'ovni, la Terre est irréelle. Elle n'existe que sur écran, sous forme de projections, ou de réalité virtuelle que les aliens distordent au gré des messages qu'ils veulent imposer. Le captif est cerné d'illusions en tout genre. D'après l'hindouisme, la *Maya* (c'est-à-dire l'illusion) règne sur le monde matériel[2], sorte de cour de récréation réservée aux âmes ignorantes qui veulent profiter de la vie séparés de l'Être Suprême. Pris au piège des apparences, l'homme oublie l'omnipotence de l'Être Suprême qui a établi une hiérarchie cosmique dans l'univers matériel : il croit agir librement alors qu'il est soumis à un contrôle supérieur. Cependant, les illusions du monde ne sont pas assez contraignantes pour l'empêcher de trouver la vérité s'il la cherche. Pour l'aider, l'Être Suprême envoie dans le monde matériel des enseignants qui y diffusent une connaissance transcendantale. L'individu a toute liberté de les rejeter... ou de prendre la route vers Oméga définie par Kenneth Ring.

Souvent les abductees présentent leur expérience

1. Richard L. Thompson, *Alien Identities*, *op. cit.*

2. A sa manière, Platon, avec le mythe de la *Caverne* (parabole d'une humanité captive, incapable de connaître la Réalité, et réduite à percevoir l'ombre des choses), a repris ce concept de *maya*, défini il y a près de 2 500 ans par Bouddha Gautama, et selon lequel toute notre existence et l'univers que nous croyons percevoir ne sont qu'illusion.

comme l'entrée dans un monde plus « réel » que le nôtre ou, si l'on préfère, comme la sortie de la caverne de Platon.

Roy, un ravi de Caroline du Nord, ne connaît ni la philosophie hindoue ni Platon. C'est un homme d'affaires dynamique, passionné de golf et de nature. Il décrit ainsi ses enlèvements (vécus dans la journée et dont il se souvient) : « Tout est normal, puis "ils" arrivent. Alors j'ai l'impression que le paysage, mon paysage, n'est qu'une illusion : c'est un écran sur lequel est projeté un environnement factice que nous prenons pour vrai. Et cet écran devient de plus en plus transparent, laissant apercevoir derrière un autre paysage, une autre réalité, beaucoup plus vraie, plus colorée, plus lumineuse, qui efface progressivement ma réalité. Enfin l'écran s'efface totalement et je suis de plain-pied ailleurs. Quand je reviens, le phénomène inverse se produit et je me retrouve comme avant. Je sais qu'il m'est donné de voir la vraie nature de l'univers, mais c'est une certitude dont je ne peux parler sous peine de perdre tout crédit. »

L'islam détient également une version (plus perverse et mensongère) de ravisseurs doués de pouvoirs équivalents à ceux rapportés par les *Véda*. Selon la tradition islamique, il existe, entre les Anges ou Messagers et les hommes, une espèce intermédiaire, également intelligente, celle des *djinns*. Créés bien avant l'homme, ces êtres dont le corps est décrit comme du « feu sans fumée » appartiennent à une autre dimension de l'espace et du temps. Invisibles aux humains dans leur état normal, ils peuvent cependant se matérialiser dans le monde physique où ils prennent toutes sortes d'apparences (y compris celles d'un animal). Ces menteurs invétérés abusent les humains à grand renfort d'absurdités, les enlèvent — encore un détail familier : leurs proies se retrouvent dans une salle lumineuse au plafond en coupole, comme nos ravis —, ne cessent de les tenter sur le plan sexuel (la littérature arabe est riche de récits où les humains ont des rapports sexuels soit avec de « bons » djinns, soit avec de « mauvais ») et sont capables, en un instant, de les transporter à des distances considérables. Ils disposent d'un grand pouvoir télépathique et jouissent d'un véritable ascendant sur leurs victimes. Certains humains parviennent à établir une sorte d'alliance avec les djinns qui en retour les dotent de « pouvoirs ».

L'alliance (y compris sexuelle) avec les djinns et les dons qui en résultent ont leur équivalent dans notre tradition occidentale. Au Moyen Age et à la Renaissance, alchimistes et hermétistes s'interrogeaient sur les mystérieux êtres apparemment surnaturels et l'Église vivait dans la hantise des contacts avec les succubes et les incubes et le diable lui-même. Les expériences sexuelles avec des entités venues d'ailleurs remontent à très loin. La Bible les mentionne : « Quand les hommes eurent commencé à se multiplier sur la face de la Terre et qu'il leur fut né des filles, les "fils de Dieu" virent que les filles des hommes étaient belles et firent parmi elles leur choix pour les épouser[1]. » A en croire les diverses traditions, les créatures de l'invisible sont loin d'être insensibles au charme des mortels. En Occident, jusqu'au... XIXe siècle, les fées et les elfes étaient présentés comme atteints d'une véritable frénésie sexuelle. Même les anges succombaient à la tentation. « La femme doit se garder d'entrer dans une église la tête nue », enseignait l'Église : on a oublié que la concupiscence des anges est à l'origine du port du chapeau pour les femmes dans les édifices religieux.

Nous ne possédons guère de renseignements sur les accouplements humains/entités, exception faite des orgies sexuelles du sabbat dont le Saint-Office tenait à connaître tous les détails, mais les textes sur la « sorcellerie » ont été écrits par ceux qui la combattaient, des fanatiques. Les sorcières n'ont rien laissé, que des cendres. Aujourd'hui, avec les enlèvements, le phénomène est très bien documenté. Il est fort regrettable qu'il n'y ait pas eu de David Jacobs dans les siècles passés :

1. *Genèse*, VI, 2.

gageons que les anthropologues du futur seront heureux de posséder d'aussi minutieuses descriptions de la « sexualité imposée » aux ravis du XXe siècle. Depuis des millénaires, des entités comme les fées du folklore celtique, les djinns des musulmans, les incubes, les succubes et toutes les créatures « intradimensionnelles » (c'est-à-dire celles qui ont la possibilité de se manifester temporairement dans notre espace-temps) ont la réputation de harasser, d'enlever, et d'imposer des rencontres sexuelles aux humains.

Les enlèvements diaboliques étaient choses relativement connues aux XVIe et XVIIe siècles et admises par l'Église de l'époque. Le problème des preuves objectives se posait alors de la même façon que de nos jours. Ces histoires effrayantes reposaient sur des témoignages, certains d'une bonne foi patente, d'autres quelque peu « orientés » par les procédés de l'Inquisition. Le diable existait, pouvait visiter, tourmenter et enlever. Dans l'Europe du Moyen Age à la Renaissance, les démons avaient la réputation d'utiliser les humains pour se reproduire. Les Rencontres d'alors se déroulaient selon un processus auquel les ravis nous ont habitués. Lorsque le diable apparaît, les charrettes s'arrêtent : le cheval est pétrifié. Les oiseaux se taisent, la nature se fige. Plus un bruit. Le conducteur ne peut plus fouetter sa bête, ses gestes se ralentissent, son corps refuse de lui obéir. Presque paralysé, il découvre que tout, autour de lui, a basculé dans un silence déraisonnable. Les créatures d'un autre univers — elfes, gnomes, lutins, fées, farfadets et diables — guettent leur proie, se matérialisent soudainement devant elle. La victime ne sort pas indemne de cette rencontre : maux de têtes, brûlures, nausées, éruptions cutanées. Gage de la véracité de son récit, elle montre un objet, un don, une marque sur le corps censés garantir la réalité des phénomènes allégués. Mais les présents du diable s'avèrent illusoires : les pièces d'or sont métamorphosées en cailloux, et les cadeaux précieux en objets tellement banals qu'il n'est pas besoin de faire appel à des entités surnaturelles pour les justifier. Dans la plupart des cas, le bénéficiaire ne peut plus les retrouver. (Nous avons relevé la même déception avec les dons des extraterrestres.)

Les folkloristes n'ont pas manqué de constater les similitudes entre les ravissements contemporains et les enlèvements commis par les fées, des êtres au corps subtil, malléable, qui traversaient les objets solides et pouvaient se dématérialiser instantanément. Moins bienfaisantes et belles que dans les versions édulcorées des contes pour enfants, ces créatures entraînaient les humains vers un pays magique où le temps n'avait pas la même dimension qu'ici-bas et leurs victimes revenaient sur Terre après une longue absence alors qu'elles croyaient n'être parties que quelques jours. A l'époque, ces mythes méritaient le qualificatif de « populaires », ils faisaient partie de l'air du temps, et les jeunes gens que pouvaient convoiter les fées savaient se protéger par toutes sortes de manœuvres : avoir toujours sur soi ou sous un oreiller un objet en fer, siffler, retourner ses poches. Sous l'influence du *new-age*, notre époque — théoriquement moins obscurantiste que le Moyen Age — voit se multiplier des pratiques et des croyances tout aussi pittoresques. W. Streiber a décrit les disciplines alimentaires ou invocatoires qu'il suivit pour mater ses visiteurs. L'auteur de *Communion* se privait de chocolat ; d'autres préconisent l'ingestion de substances repoussantes pour les aliens : sucre, bonbons, épinards, rhubarbe, plats épicés, et bien sûr l'ail, traditionnellement redouté des vampires. A croyances magiques, pratiques magiques et demie. L'approche du même phénomène suscite chez certains une frénésie de connaissance (physique, optique, électromagnétisme, neurobiologie, psychologie des profondeurs, religions comparées, mythologie, folklore...) et accélère leurs possibilités intellectuelles, tandis qu'elle en plonge d'autres dans des abysses de pratiques superstitieuses. Mais revenons aux fées telles que les dépeignent les récits du folklore. Ces créatures magiques sont la plupart du temps hideuses, lubriques, méchantes et menteuses. Elles dissimulent leur laideur sous une apparence trompeuse, tourmentent les humains, les ridiculisent, s'emparent de leur nourriture et de leur bétail, brouillent les routes, modifient les paysages afin que les mortels s'égarent, enlèvent les hommes pour s'accoupler avec eux et les femmes pour servir de nourrices à leurs enfants (un leitmotiv des ravies que résume ainsi David Jacobs : « Apparemment, il est absolument *essentiel* que l'enfant [hybride] ait un contact humain ; quoique les aliens préfèrent que les humains les nourrissent et leur donnent de l'amour, tout contact physique semble suffire[1] ». Enfin, elles n'hésitent pas à s'emparer des nouveau-nés qu'elles remplacent par leurs bébés (beaucoup moins réussis : les fées avaient également besoin de régénérer leur race en frayant avec les humains). Il leur arrive parfois d'être bonnes (le bossu Lusmore a été redressé en remerciement d'avoir composé la fin d'une de leurs chansons) et d'offrir des livres détenant les secrets de la guérison. Ouvrages éphémères qui s'évanouissent à l'instar du *Livre de secrets et de vérités universelles* donné à Betty Andreasson par ses ravisseurs et qui disparut après quelques jours sans qu'elle ait rien pu mémoriser. Au contact de fées, quelques mortels auraient développé des dons « magiques » : télépathie, don de prophétie et même invisibilité mais en général leur rencontre s'avère désastreuse : destruction de la santé, des biens et de la personnalité, blessures, paralysie (causée par le « souffle » des fées). Après avoir été libérés, leurs captifs sombrent dans la mélancolie ou une dépression si profonde qu'ils se laissent parfois mourir.

La similitude entre les abductions d'ovnis et les visites de fées est troublante. Les fées se manifestent toujours dans un endroit écarté et entraînent leurs victimes à l'intérieur de leur cercle magique. Le témoin ne reconnaît plus le paysage, il est entouré de brouillard et perd toute volonté en entendant une musique

1. David Jacobs, *Secret Lif, op. cit.*

enchanteresse. Égaré, il entreprend un périple insensé : il franchit un tunnel sombre, chevauche dans l'obscurité, traverse une mer déchaînée et, au terme d'un périlleux voyage, il arrive dans un autre monde où il croise des captifs humains, rencontre des êtres insolites qui rient, festoient et lui jouent des tours... Dans d'autres cas, il doit aider une femme à accoucher et reçoit les pouvoirs de la connaissance. A son tour, il est prisonnier. Quand il retourne chez lui, vieux et décrépit après un laps de temps surnaturel qui ne correspond pas au temps humain, son entourage le blâme et le punit pour les pouvoirs magiques acquis au pays des fées.

Les récits de femmes à qui les aliens demandent de materner les bébés hybrides, les visions d'enfants nés d'une fusion (génétique ou sexuelle) humain/alien que Budd Hopkins mit au jour dans *Intruders* et que d'autres chercheurs retrouvent chez les ravies de cette fin du XXe siècle, semblent la résurgence, adaptée à notre époque férue de science et de technologie, des traditionnelles histoires d'échanges d'enfants par les fées ou les elfes (le *changeling)*, et de bébés issus d'une union fée/humain[1]. Un tel rapprochement est insupportable aux partisans de l'hypothèse extraterrestre. Hopkins n'y voit que du « confusionnisme » tant il croit au caractère profondément original et unique de l'abduction ; pour lui, le phénomène est récent, et seuls les esprits superficiels se rassurent à grand renfort de ressemblances.

Déjà, la parenté des récits populaires entre eux constitue une énigme. D'où viennent les légendes comme celles de la Dame Blanche ou de l'auto-stoppeur fantôme qu'on retrouve partout à travers le monde ? La réponse la plus simple voudrait que ces événements se soient produits, que les récits soient les mêmes parce qu'ils rapportent les mêmes faits, mais le mystère de la similitude n'a pas fini de susciter des débats chez les folkloristes. Et les spécialistes modernes de la psyché

1. Jean Sider a recensé les similitudes que l'on pouvait relever entre les fées et les humanoïdes de notre époque : il a trouvé quarante points de ressemblance.

se posent des questions qui secouent la confortable dichotomie de nos vieilles habitudes : objectif/subjectif, réel/imaginaire, perception/illusion etc. Prenons un exemple. Depuis longtemps, il est admis que certains enfants ont des « compagnons de jeux imaginaires » : des êtres qui viennent les visiter en secret, à l'insu de leurs parents, jouent avec eux et leur parlent. Ces expériences étaient considérées comme purement psychologiques : ces enfants, disait-on, s'inventent des compagnons pour peupler leur solitude, ou compenser leur détresse quand ils ont été molestés. Maintenant, les notions de réalités alternatives, d'autres dimensions, sont admises et les psychologues commencent à envisager différemment ce type d'expériences en pensant qu'après tout elles n'étaient peut-être pas imaginaires. Peut-être ces enfants décrivent-ils d'autres dimensions et les entités considérées comme imaginaires pourraient être douées d'une réalité intrinsèque. « Nous avons "psychologisé" de façon erronée certaines expériences qui possèdent leur réalité propre ; maintenant, nous avons besoin de nouvelles façons de penser, d'un autre rapport au monde », me disait Kenneth Ring.

On ne peut encore parler de consensus à propos de cette démarche de chercheurs de plus en plus nombreux qui se posent de nouvelles questions sur les créatures du folklore ou sur les fantômes par exemple mais l'idée qu'il existe d'autres réalités où les êtres doués d'une perception élargie et les enfants ont plus facilement accès que les adultes « normaux » commence à faire son chemin. Jusqu'alors réservée aux théoriciens de la physique, aux auteurs de science-fiction et aux ésotéristes, l'existence d'autres dimensions s'étend à l'ensemble de la vie. Et ces autres dimensions pourraient être très peuplées...

Sans chercher à faire un amalgame entre les rapts des aliens et ceux commis par les fées, je désire souligner des similitudes qui donnent à réfléchir sur la permanence dans la psyché humaine de cette thématique. Il est ici question de « fées » parce que ce terme reste encore familier à la culture européenne, même chez ceux qui n'ont pas étudié le folklore, mais toutes les traditions populaires — des Andes à la Mélanésie en passant par l'Afrique — possèdent leurs entités kidnappeuses et parlent de voyage vers l'ailleurs.

C'est dans le chamanisme, la plus vieille tradition visionnaire de l'humanité, que ce voyage trouve sa plus belle expression. Pour apprendre à aller vers d'autres réalités, l'apprenti chamane subit un entraînement pénible, des épreuves pouvant aller jusqu'au supplice. Après son initiation, les mystères les plus sacrés lui sont révélés : il peut tenir son rôle d'intermédiaire entre le monde sacré et le monde profane, voyager vers les domaines où il rencontre les dieux et les esprits, acquiert la Connaissance et reçoit les pouvoirs. Il devient guérisseur, voyageur psychopompe, maître d'extase, visionnaire mystique, il provoque la rencontre avec les êtres des mondes supérieurs ou inférieurs et sait vivre dans les univers différents.

Tandis qu'il gît dans un état semi-comateux, le futur chamane rencontre deux esprits amis qui l'escortent dans le monde souterrain. Des esprits inamicaux démembrent son corps et le reconstruisent, en le dotant de pouvoirs magiques (symbolisés par du cristal qu'on lui insère dans la tête). Une partie de l'épreuve d'initiation a lieu dans une grotte voûtée éclairée par une lumière brillante, uniforme, dont il ne voit pas la source : l'apprenti retourne chez lui transformé, avec souvent une nouvelle vocation. On croirait lire une histoire d'enlèvement : disparition du monde ordinaire, escorte, entités amicales et inamicales, examen, épreuves physiques, opérations de type « magique », insertion d'implants, salle d'examen, changement de vie...

Les rites chirurgicaux des enlevés avoisinent ceux de l'initiation chamanique : vivisection, démembrement, éviscération, perforations, insertion de coquillages ou de cristal. Ils sont tout aussi aberrants ainsi que le montre l'exemple suivant.

Beth, une ravie étudiée par Karla Turner, relata à la chercheuse une opération que l'on peut qualifier de magique. Dans la salle d'opération, une entité avait actionné une boîte noire derrière son crâne. Il lui sembla qu'on lui ouvrait la tête et qu'on lui enlevait le cerveau, sans qu'elle éprouvât la moindre douleur.

Après que la ravie eut été « reconstituée », on lui versa un liquide froid sur la tête. Une fois l'opération terminée, « Beth réalisa que *mentalement elle était différente*. Ses conceptions avaient totalement changé, elle se sentait riche de nouvelles idées au sujet de Dieu et de l'unité de toute vie... puis un être d'apparence humaine lui expliqua qu'elle et d'autres humains avaient été choisis pour exécuter certaines tâches pour les aliens dans le futur...[1] »

Chez les Aranda (aborigènes d'Australie), le futur *medicine-man* se retrouve dans une grotte voûtée où il reçoit des coups de lance invisible qui lui percent le cou, la langue, et traversent sa tête de part en part. On remplace ses viscères et lui implante dans le corps des cristaux de quartz magiques. Chez les Iban (Bornéo), le futur chamane est soumis à un processus de restructuration physico-métaphysique analogue. « On lui ouvre la tête, on extrait son cerveau, on le lave et on le remet en état pour lui éclaircir l'esprit afin qu'il comprenne les mystères des nouveaux esprits et la complexité de la maladie ; on lui met de la poudre d'or dans les yeux pour affermir son regard afin qu'il retrouve les âmes, où qu'elles se soient égarées ; on lui plante des crochets au bout des doigts pour lui permettre d'attraper l'âme et de la tenir fermement ; et enfin on lui perce le cœur d'une flèche pour l'attendrir sur le sort des malades et de ceux qui souffrent[2]. » Il existe fort peu d'études scientifiques sur le voyage du chamane entrepris dans un état de conscience modifié. Michael Harner, professeur associé à la New School for Social Research de

1. Voir Karla Turner, *Taken : Inside the Alien-Human Abduction Agenda*, Kelt Works, 1994.
2. H.L. Roth, *The Natives of Sarawak and British North Borneo*.

New York et chamane pratiquant[1], pense que les battements de tambour qui accompagnent le périple magique activent les ondes thêta du cerveau (associées à la pensée créative) et accélèrent le rythme cardiaque : « Dans le cadre d'un projet de recherche, on a utilisé du matériel d'électroencéphalographie pour mesurer les ondes du cerveau et l'on a constaté que le chamane, en dix minutes de voyage, atteignait un état de conscience, empiriquement et scientifiquement mesuré, qui n'avait été dépassé qu'une fois auparavant, lorsque des maîtres zen japonais avaient médité pendant six heures[2]. » Le chamane provoque volontairement son voyage, l'abductee ne choisit pas le moment de sa Rencontre, il la subit. Il est donc impossible de se livrer à ce genre de mesure avec lui.

Les visions catastrophistes font aussi partie de l'expérience chamanique. Black Elk (c'est-à-dire Élan Noir, célèbre *medicine-man* sioux mort en 1950) vécut spontanément à cinq ans une expérience chamanique : il vit deux êtres de forme humaine descendre des nuages et l'enlever. « Ce n'était pas un rêve, ça s'est vraiment passé[3] », raconte-t-il. A plusieurs reprises, ces êtres descendirent du ciel et l'emmenèrent dans leurs bras en volant vers les nuages où il rencontra des « anciens » qui lui remirent les dons, symboles de ses nouveaux pouvoirs. Ces rencontres mythiques se répétèrent fréquemment, et Black Elk eut des visions spectaculaires de scènes de destruction (batailles, famines, cataclysmes) et de renaissance qui attendent dans le futur la race amérindienne.

Troublantes similitudes et pourtant ni les lieux, ni la langue, ni les croyances, ni le milieu psychosocial ne sont identiques. Le schéma de l'abduction n'est pas uni-

---

1. Le Pr Harner a été initié chez les Indiens Conibo d'Amazonie et est considéré, depuis la mort de Mircea Eliade, comme le plus grand spécialiste du chamanisme.

2. Voir « The Shaman : Healer and Visionary », in *Nature and Health*, 1984, vol. 9, n° 2.

3. Voir John Niehardt, *Élan Noir, la vie d'un saint homme des Sioux Oglalas*, Stock, 1977.

que dans la culture humaine, il est au contraire très répandu, comme l'a remarqué Mircea Eliade dans *Le Chamanisme ou les Techniques archaïques de l'extase*[1] et ses thèmes sont communs à maints récits de contacts surnaturels : affranchissement des contraintes du temps et de l'espace, bascule soudaine du décor familier dans l'étrange, nécessité de fusionner pour la reproduction, absurdité, illusion, mensonge, torture, transformation, prophétie et connaissance cachée... Encore une fois, il n'est pas question de faire un amalgame entre deux types d'expériences extérieurement analogues mais qui diffèrent par deux points essentiels. Le chamane voyage dans son corps spirituel vers d'autres domaines d'existence dont il revient avec des informations utiles à la société mais, une fois initié, il entreprend *consciemment et volontairement* son aventure dans un but précis (lutter contre la maladie, trouver une âme perdue, savoir qui a enfreint les tabous, guider les morts dans le monde souterrain) et il doit absolument se *souvenir* de tous les détails pour pouvoir bénéficier des pouvoirs reçus. Le ravi se voit imposer une expérience insensée, qu'il subit dépossédé de toute volonté et dont il ne peut mémoriser les détails.

Les études fortéennes[2] regorgent de cas d'enlèvements. J'en sélectionne un, parce qu'il s'est passé en Chine, plus d'un demi-siècle avant l'apparition officielle des ovnis. Bien qu'on tende à lier les abductions contemporaines aux apparitions d'ovnis qui jouent souvent le rôle de phénomène inducteur, il existe, et de plus en plus, des cas *d'enlèvements sans ovni*. (De la même façon, des expérienceurs rapportent des NDE tout à fait caractéristiques alors qu'ils ne se trouvaient ni en danger de mort, ni en coma profond. Ils n'étaient ni hospitalisés, ni accidentés, ni le moins du monde malades !)

---

1. Payot, 1978.
2. Du nom de Charles Fort, chercheur américain et auteur du *Livre des Damnés*, qui collectionna les « faits maudits » : des phénomènes mystérieux de toutes sortes dont il vérifiait les sources et les données.

Le 8 mai 1880, Ju Tan, fermier du Xi-Yan (province de Hubei) alors qu'il va travailler dans un champ, voit dans les airs flotter un objet brillant de couleurs différentes. Il se sent emporté à travers les nuages, dans un état étrange qui ne lui permet ni de se débattre, ni de réfléchir, et se sent soudainement jeté d'une grande hauteur sur le flanc d'une montagne élevée. Ju Tan n'est pas blessé mais terrifié au-delà des mots : il ne connaît pas ce paysage et se demande où il se trouve. Il suit une piste au hasard pour descendre vers la vallée. Un bûcheron croisé chemin faisant lui apprend qu'il se trouve dans la province de Guizhou, à plus d'un millier de li (à peu près 500 km) de son point de départ. Quand Ju Tan revient chez lui, il s'aperçoit que dix-huit jours se sont écoulés.

Résumons-nous : la problématique de l'enlèvement se pose en terme global pour l'humanité et non pas en terme d'un événement historique qui se produirait en ce moment.

Et puisque nous faisons un tour rapide de quelques comparaisons possibles entre des expériences extraordinaires, passons — toujours sans faire d'amalgame — du paysan chinois aux mystiques dont les « transports » s'effectuent dans un état de conscience modifiée, comme les abductions, avec lesquelles ils présentent de nombreuses similitudes :

— *Un phénomène inducteur*. L'observation d'un objet qui peut être banal, la perception d'un bruit ou d'une lumière induisent un « état d'absorption » où le sujet perd conscience de sa propre identité. Un oursin, où il voyait le symbole de la beauté de la création divine suffisait à Joseph de Copertino pour le faire entrer en extase et léviter.

— *Un sentiment d'ascension* qui peut être vécu soit physiquement (et dans certains cas, comme pour Thérèse d'Avila ou Philippe de Neri, constaté par des témoins extérieurs), soit mentalement, avec une impression de grande vitesse, lié à une incapacité motrice et à l'impression que l'esprit est détaché du corps.

Surnommé le « moine volant », Joseph de Copertino peut être considéré comme le champion des phénomènes de lévitation : ses vols extatiques, ses longues stations à quelques mètres au-dessus du sol (parfois plus d'un quart d'heure) perturbaient tant les fidèles que ses supérieurs le consignaient fréquemment dans sa cellule. Ayant entendu parler de ces prodiges, le duc de Saxe, Johann Friedrich de Brunswick, accompagné de sa suite (tous des luthériens), se rendit à Assise en 1651 où il assista en cachette à la messe célébrée par le capucin pour l'observer. Pendant l'office, le frère Joseph eut une extase (il en avait presque quotidiennement), s'éleva dans les airs, vola à reculons et resta en état de lévitation avant de redescendre et de poursuivre sa célébration. Le même genre de phénomène se reproduisit à la messe du lendemain. Le duc fut si troublé qu'il se convertit au catholicisme.

Ainsi que l'a noté Aimé Michel, la lévitation n'est pas liée à la sainteté (tous les saints ne lévitent pas), et se produit « lorsque le cerveau et le système nerveux sont plongés dans cet état exceptionnel qu'on appelle l'extase[1] ».

— *L'entrée dans un autre « royaume »* peuplé d'entités différentes (divinités, saints ou démons).

— *La perte de la notion du temps vécu.*

— *La perte de la sensation de l'espace* (voyages instantanés à des milliers de kilomètres de distance : Swedenborg décrit, comme s'il y assistait « en direct », l'incendie qui ravage Stockholm dont il était éloigné de plus de 800 kilomètres, le pape Pie V se rend en « hors-corps » à la bataille de Lépante en 1571 et annonce la victoire de la flotte chrétienne de la Sainte Ligue contre les Turcs).

— *Une sensation de fusion cosmique*, d'élargissement de la conscience.

— *Une modification du psychisme* et du mental : préoccupations changées, amour universel.

1. In *Métanoia : phénomènes physiques du mysticisme*, Albin Michel, 1986.

— *Le sentiment du caractère ineffable* de telles expériences, de l'impossibilité de les communiquer, soit que les mots soient inadéquats, soit que les souvenirs aient disparu.

L'Église qui accepte le transport des mystiques (même si elle cherche à expliquer les dérangeants phénomènes physiques du mysticisme d'une façon plus moderne, par des mécanismes électrochimiques complexes du cerveau) a eu une position très ambiguë avec le transport des sorcières au sabbat. Au début du Moyen Age, le « vol des sorcières », disait l'Église, était une illusion produite par le diable ; plus tard, l'Église révisa sa position et ne pas croire en la réalité du vol des sorcières constitua une hérésie (rappelons que depuis le concile de Latran, en 1215, les hérétiques n'étaient pas seulement excommuniés mais mis à mort). Des centaines de milliers de personnes[1] — dont plus de 80 % étaient des femmes — ont été brûlées pour avoir « avoué » (sous la torture) qu'elles avaient fait ce qui, quelques siècles plus tôt, avait été reconnu impossible : qu'elles avaient volé pour se rendre au sabbat, qu'elles avaient rencontré le diable, eu des relations sexuelles avec lui et lui avaient prêté serment de fidélité.

Ces phénomènes dérangent. On les classa dans des catégories bien différentes : c'était pratique, chacun prenait en considération ceux qui relevaient de sa spécialité et ignorait les autres. Tout au contraire, trop de « coïncidences » suggèrent une origine commune aux divers récits de « voyages dans les autres mondes », qu'ils viennent du folklore, des RR4, des NDE, du chamanisme ou de la tradition mystique comme si toutes les manifestations alléguées étaient issues d'un tronc commun dont l'origine peut s'expliquer de deux façons opposées. Une source externe, une « super-Intelligence » (cause *objective*) interagirait avec notre monde

1. Entre le XIVe et le XVIIe siècle, un demi-million de personnes ont été mises à mort pour sorcellerie ; 9 millions, soutient Gerald Gardner dans *Witchcraft Today*.

pour modifier nos façons de penser et d'agir : les ovnis et leurs occupants seraient une des formes possibles de cette intrusion. Ou bien l'interaction des attentes de la culture sur les besoins individuels donnerait lieu à une « expérience » ovni vivante mais *subjective*. Aussi certains chercheurs pensent-ils trouver les racines communes des données ufologiques et de celles du folklore dans les archétypes jungiens de l'inconscient.

Les anciennes croyances en des créatures extraterrestres se sont adaptées aux mentalités modernes jusqu'à en faire des ufonautes dans de lumineux vaisseaux : on ne peut rejeter l'incidence du contexte socioculturel sur un témoignage, ou nier l'influence d'une science-fiction omniprésente, mais reconnaître qu'une « coloration » particulière peut être donnée à une expérience ne règle pas pour autant l'origine de cette expérience. Et Jacques Vallée propose une solution intermédiaire qui me semble particulièrement judicieuse : les enlèvements sont la manifestation réelle d'une plus vaste intelligence jouant une comédie mythique pour alimenter les croyances humaines.

« C'est une nouvelle forme de conscience qui émerge et qui arrive à manipuler notre perception de la réalité...[1] »

Mais cette conscience, d'où vient-elle ? Un certain nombre de spéculations, marginales pour la science il y a une vingtaine d'années, circulent officiellement de nos jours. L'idée qu'il existe plus de trois dimensions d'espace n'est plus choquante pour les physiciens dont certains pensent que les univers pourraient se créer les uns les autres : notre univers serait simplement un phénomène parmi une infinité d'univers possédant chacun un nombre différent de dimensions. La physique actuelle développe ce genre de théories dans l'espoir de résoudre des problèmes de cosmologie ou de physique des particules. Il peut y avoir des univers parallèles ou même des formes de conscience fractale qui envahissent périodiquement notre réalité en quatre dimen-

1. In *Confrontations, op. cit.*

sions. « Non seulement il peut y avoir une 5ᵉ dimension, mais une dimension 4,3 ! Nous n'avons pas de moyens de la concevoir — encore moins de l'observer — mais nos grands-parents ne pouvaient concevoir la télévision haute définition ou la réalité virtuelle ! » me disait Jacques Vallée pour qui les ovnis représentent une technologie contrôlée par une forme de conscience non humaine qui dépasse largement la nôtre puisque les témoins la décrivent comme capable de manipuler la topologie de l'espace-temps. « Je pense même qu'ils le font en ayant accès à d'autres dimensions qui nous sont encore inconnues. »

Dans sa totalité, la RR4 pourrait n'être qu'un leurre fabriqué de façon à parler à nos structures psychiques pour mieux nous conditionner, nous imposer une vision. Entre autres la vision que nous sommes visités par des extraterrestres. Et alors ! Quelle que soit l'hypothèse privilégiée, le problème des abductions n'est pas : réel ou pas réel ? objectif ou pas objectif ? mais : quel est leur *but* ?

Les enlèvements amènent l'homme à se situer dans son rapport avec l'Invisible que, dans ses prétentions scientifiques et technologiques, il préfère cataloguer comme de l'obscurantisme, du légendaire : toutes ces histoires peuplées d'êtres à la réalité incertaine, se livrant à des opérations magiques dans un ailleurs mal défini seraient tout juste bonnes pour les spécialistes du folklore ! La tendance à considérer ces témoignages comme l'élaboration d'un nouveau folklore, d'un « mythe moderne », pour reprendre l'expression de C.G. Jung, ne réduit pas à néant la réalité des abductions. Un mythe n'est pas une fantaisie de l'esprit, c'est un *vécu*, comme le fait remarquer l'ethnologue Michel Boccara qui a créé la belle expression de « vécu mythique », c'est une autre dimension du réel — qui n'est ni spatiale ni temporelle — à laquelle l'homme a accès ou plutôt qu'il *vit* quand il s'oublie, quand il rêve, quand il a des illuminations, quand il a des rencontres avec des êtres étranges qui vont entretenir des relations avec lui.

Et le terme d'enlèvement est sans doute le plus adéquat pour définir ces diverses expériences que l'homme est condamné à dénaturer dès qu'il veut les exprimer. A partir du moment où le sujet de l'attention habituelle se déplace vers un autre monde, on peut dire qu'il y a « enlèvement » : l'homme est arraché à sa condition banale, même s'il n'a pas bougé, et le monde actuel disparaît pour lui.

La structure des légendes, leur conformité à des impératifs existentiels et l'analyse détaillée du corpus légendaire permettent de cartographier l'imaginaire d'une collectivité et donnent un indice de son ouverture à la notion de transcendance. « La vraie vie est ailleurs », disait Rimbaud. Dans les anciennes sociétés, le narrateur de la légende avait un rôle d'éveilleur : il devait véhiculer une information portant sur le surnaturel, transmettre la croyance en l'authenticité de ce qu'il affirmait, convaincre de l'existence des êtres surnaturels (fées, gnomes, lutins, loups-garous, hommes en noir, dames blanches, conducteurs de charrette fantôme) pour installer la réalité extraordinaire au sein de la banalité quotidienne. Le visible n'englobe qu'une infime partie de l'univers pour l'homme traditionnel capable d'investir l'Invisible de la même façon qu'il cadastre l'univers perceptible à ses sens. Il constate les forces invisibles à l'œuvre et vit habituellement sa première expérience de l'invisible au contact du non-visible : la nuit.

De la même façon que les chercheurs étudiant les NDE — Moody, Kübler-Ross, Ring, Sabom — insistent sur les transformations psychologiques de l'expérienceur après son apparent passage de l'autre côté de la vie (pour les expérienceurs déclarés cliniquement morts, flotter à travers un tunnel peuplé d'êtres lumineux suffit à les métamorphoser), les spécialistes des enlèvements (Hopkins, Jacobs, Sprinkle, Mack) voient une vérification de la réalité de l'abduction dans le changement opéré chez le ravi. Cette modification a toujours été remarquée après les expériences que l'on pourrait qualifier de transcendantes chez les mystiques : une vision, une extase, un « transport » (pour utiliser l'ancienne terminologie) entraînent une révision des croyances, des intérêts et de la façon de vivre. Les folkloristes connaissent ces changements de psychologie et de mentalité qui font suite aux rencontres avec les djinns ou les fées. « Le corps, tout comme l'esprit, semble avoir subi une transformation au pays des fées, car les personnes enlevées changent de comportement une fois qu'elles sont revenues... », remarque Lewis Spence [1]. Ces expériences, fort anciennes comme nous l'avons vu, prennent aujourd'hui une tout autre importance dans la mesure où elles se produisent à une échelle planétaire impliquant un très grand nombre de personnes. Par leur médiatisation, elles atteignent la conscience collective. *Si le phénomène n'est pas nouveau, son amplitude et son urgence sont nouvelles*. Que le signal d'alarme donné par les ravis sur la nécessité de changer notre rapport au monde soit envoyé par une peur collective inconsciente de l'espèce humaine, par une forme d'intelligence extra-planétaire qui nous manipule ou par d'authentiques extraterrestres (après tout, de quel droit exclure totalement cette hypothèse ?) dont nous ignorons les buts et ne pouvons comprendre les procédés, le résultat est le même.

Homme d'affaires, policier, universitaire ou petit employé, le ravi contemporain bien inséré dans notre monde moderne et informatisé assume dans notre société un double rôle d'expérienceur et d'éveilleur. Comme le chamane, au lieu de se mouvoir dans un monde défini par nos perceptions, il semble évoluer dans un monde différent, intangible, que l'on ne peut enclore à l'intérieur de cadres rationnels ou de lois physiques. Outre-Atlantique, les chercheurs épuisent toutes les hypothèses pour comprendre son aventure. Beaucoup sont symboliques. Elles vont de l'expression d'une culpabilité au sujet de l'avortement (avec leur grosse tête dis-

1. *The Fairy Tradition in Britain*, Rider & Co, Londres, 1948.

proportionnée par rapport à leur corps frêle, comme inachevé, les Gris sont souvent comparés à des fœtus) à la hantise du métissage qui saisirait l'Amérique profonde (la peau grise des aliens évoque le croisement de la race blanche et de la race noire) en passant par la misogynie. Il faudrait un livre entier pour les présenter : en ce domaine, j'ai tout entendu. Le phénomène ovni agit comme le Rorschach sur lequel on projette tout ce que l'on veut, et permet toutes les interprétations. C'est une de ses vertus : il amène à se poser des questions.

D'autres théories sont inspirées par la neurophysiologie. Depuis 1976, Michael Persinger, professeur à l'Université Laurentienne de Sundburry (Ontario, Canada), s'est attaché à expliquer l'origine des ovnis et des enlèvements. Cet infatigable polygraphe qui accumule publication sur publication à une cadence frisant l'obsession (un tel acharnement sur ce sujet finit par devenir suspect) s'intéresse aux effets produits par la labilité (activité irrégulière) d'une partie du lobe temporal qui pourrait être à l'origine d'expériences telles que la sensation de présence, les visites d'anges, les possessions démoniaques, les sorties hors du corps et... les enlèvements à bord des ovnis. Dans son laboratoire, il est parvenu, en stimulant électriquement le lobe temporal d'un sujet, à provoquer une série de perceptions qui ressemblent à celles de l'abduction : sensation d'irréalité, impression de flotter, pensées érotiques, peur... Le rapport entre l'activité du lobe temporal et les états mystiques ou les apparitions est depuis longtemps connu des neurochirurgiens. Si les expériences de Persinger sont passionnantes, elles sont surtout inquiétantes par leur démonstration de la possibilité de manipuler les cerveaux. Mais en ce qui nous concerne, elles n'apportent pas le moindre éclaircissement sur le phénomène de l'enlèvement. La découverte de l'association de certains mécanismes à de telles expériences n'explique pas le *contenu* de ces dernières ! Et ce n'est pas parce que, de ma fenêtre, je verse quelques gouttes d'eau sur un passant qu'il faut expliquer la pluie par ce genre d'intervention !

Et il y a une faille (c'est bien le cas de le dire) encore plus profonde dans les théories de Persinger quand il tient à établir un lien de cause à effet entre les tremblements de terre et les enlèvements. Je les résume très schématiquement. L'activité sismique provoque une variation du champ magnétique terrestre qui va agir sur le fonctionnement du lobe temporal provoquant des hallucinations que le sujet interprète comme un enlèvement. Cela a l'air d'autant plus plausible que, sous un aspect ou un autre, des phénomènes électromagnétiques se produisent dans *toutes* les RR. Et la faille est là : si le raisonnement de Persinger était juste, la population de villes comme Los Angeles ou Kobé aurait dû être prise de transe hallucinatoire collective et se croire massivement enlevée. J'avoue ne pas avoir de contacts avec le milieu ufologique japonais mais, étant donné le nombre d'ufologues californiens et l'intérêt porté aux abductions, toute augmentation, même minime, du nombre des ravis dans la région de Los Angeles aurait immédiatement été connue, répertoriée et commentée.

Peu concerné par les polémiques qu'il déclenche, le ravi attire l'attention d'une époque matérialiste sur un phénomène qui la pousse à se dépasser en utilisant toutes les ressources de son intelligence pour le comprendre. Un phénomène qui nous interpelle par le défi continuel qu'il pose aux données de notre science : ces mystérieux « objets » non identifiés affectent les radars, franchissent le mur du son sans créer de bang (dans la nuit du 30 mars 1990, un ovni pisté par deux F-16 militaires belges et suivis par trois différents radars au sol, passa en une seconde de 280 à 1 800 km/h au-dessus des toits de Bruxelles sans faire de bang et sans briser une seule vitre), laissent des traces sur le sol, occasionnent brûlures et marques sur le corps des témoins, tandis que leurs « occupants » se matérialisent et se dématérialisent, traversent les murs, se jouent de la gravité, et agissent comme des déclencheurs de phénomènes psychiques, mystiques ou prophétiques. La grandeur de l'homme se mesure à l'envergure des défis qu'il relève. Un phénomène qui défie nos lois de façon que nous ne puissions le comprendre, parvient en même temps à exploiter la crédulité de ceux qui y croient et l'étroitesse d'esprit de ceux qui le nient, refuse de donner des preuves incontournables de son existence tout en continuant à se manifester est un fantastique tremplin pour se poser de bonnes questions. Pour devenir plus intelligent. Pour se dépasser. En un mot pour *évoluer*, dans le sens où Aurobindo entendait ce terme, c'est-à-dire à entreprendre le processus qui conduit l'homme à transcender son apparente condition jusqu'à une fusion progressive du monde matériel avec le monde divin — ou transcendantal.

Les ravis sont confrontés à une nouvelle version du *combat avec l'ange*, à quelque chose qui semble dépasser leurs possibilités, mais cette fois ils n'ont pas le choix : ils *doivent* affronter, d'où la terreur, si manifeste au début de la régression hypnotique, quand ils réalisent qu'il leur arrive quelque chose d'incompréhensible, qu'ils sont paralysés, dépossédés de leur volonté, qu'ils « sont agis ». Devant le regard du Visiteur, le ravi n'est plus rien, qu'un objet qu'on manipule, un animal de laboratoire, un apprenti : il éprouve la terreur sacrée de celui qui s'approche du mystère d'une présence totalement autre. Même si le ravisseur n'est qu'un leurre dont l'apparence est imposée à son psychisme et sa visite, un *koan* impossible à résoudre.

Betty Andreasson a ainsi expliqué le rôle des ravisseurs : « Ils sont les gardiens de la nature et des formes naturelles, les sentinelles. Ils sont pleins d'amour envers l'humanité. Ils aiment la terre et ils prennent soin d'elle ainsi que des hommes, depuis l'aube de l'humanité... L'homme est en train de détruire une partie de la nature[1]. »

Cette conception peut paraître sottement *new-age* si l'on pense à des ET nous surveillant d'en haut comme des guides omnipotents et qui nous apprendront à gué-

1. In R. Fowler, *The Watchers*, *op. cit.*

rir le sida et le cancer, à reconstituer la couche d'ozone... Elle prend une force singulière lorsqu'on veut bien la considérer comme l'expression de notre inconscient collectif, terrifié par ce que nous sommes en train de faire. De nous faire. Bon nombre de ravis américains parviennent à la même conclusion, prévisible chez ce peuple, sans doute le plus grand pollueur de toute la planète par son utilisation forcenée des ressources brutes de la Terre et sa destruction de l'environnement.

Mais la vision de Betty Andreasson est une interprétation d'un *koan* que, par définition, il ne faut pas chercher à expliquer. Jamais le *koan* n'apporte d'informations ou de messages à ceux qui cherchent à le comprendre. Ces énigmatiques boutades proposées en forme d'interrogation possèdent une tout autre vertu, bien plus subversive : elles sont là pour court-circuiter les façons habituelles de penser, pour réveiller. Certains biologistes commencent à admettre qu'il y a une intelligence à l'œuvre dans la nature et parlent d'une intelligence créatrice qui veut que le monde vivant cherche à développer la plus grande quantité de psychisme possible. Ils rejoignent la pensée de Bergson : « Le monde est une machine à faire des dieux. » La mutation que subissent les ravis est là pour nous rappeler l'action de cette intelligence, soudain pressée de nous faire aller plus loin, au-delà de l'humain. Elle manipule notre réalité sans que nous parvenions à comprendre ses motivations et commence déjà à faire voler en éclats les échelles de valeurs, les systèmes de références de ceux qui l'ont affrontée. Il ne sert à rien de chercher à le nier : « le fait qu'un phénomène dépasse les explications conventionnelles et outrepasse nos conceptions de la réalité ne devrait pas nous permettre d'ignorer son existence ou nous empêcher d'explorer ses dimensions et sa signification », écrit John Mack[1].

Sans doute ne sommes-nous pas encore prêts à accepter la révision drastique de nos croyances, de notre morale et de notre science à laquelle cette intelligence nous conduit.

---

1. In *Noetic Sciences Review*, n° 2, automne 92.

ANNEXE

Les mutilations animales

Une carcasse de vache dans un pré, quoi de plus normal ? Aux États-Unis, il arrive qu'un tel cadavre présente une série d'angoissantes anomalies. Par dizaines de milliers, des bêtes ont été retrouvées mortes, *entièrement vidées de leur sang*, et portant d'inexplicables blessures : les organes génitaux, un œil, une oreille et les pis ont été très soigneusement prélevés, le rectum est évidé, la langue sectionnée ; souvent l'animal a été délesté de bandes de peau. Les malfaiteurs n'ont pas laissé la moindre trace. Pas une goutte de sang sur le sol, pas d'empreintes de pas ni de pneus aux alentours des dépouilles. Cependant, nul effort n'a été tenté pour les dissimuler. Quelquefois même, il semble que les cadavres aient été soulevés puis déposés dans des endroits bien en vue pour qu'on puisse les découvrir plus facilement. Les corps se décomposent anormalement (ou trop vite ou trop lentement). Détail plus surprenant encore, nul prédateur ou charognard ne vient manger ces restes sur lesquels les mouches refusent de se poser.

Connu sous le nom de « mutilations animales », ce dossier demeure l'une des plus curieuses énigmes de notre époque. En dépit de centaines de commissions d'enquêtes, de millions de dollars dépensés en vain, le mystère demeure toujours aussi opaque. En 1995, il perdure. A ce jour, on ne le comprend pas davantage qu'en 1967 où il débuta officiellement dans le Colorado avec l'affaire de Snippy, un petit cheval de selle retrouvé mort et portant la trace de profondes blessures à l'encolure : du garrot jusqu'à la tête, la chair et la peau manquent, laissant les os à nu. La bordure de la plaie, dit le rapport d'autopsie, était « coupée si nettement que, même à l'aide d'un couteau de chasse bien aiguisé, il eût été difficile d'en faire autant ». Peu à peu, à travers les États-Unis, d'incroyables témoignages vont se multiplier.

Par dizaines, par centaines, puis par milliers, des bêtes (bovidés pour la plupart) seront trouvées mortes, atrocement mutilées. Et toujours entièrement vidées de leur sang. Les fermiers s'affolent. La police s'en mêle. Enquêtes. Autopsies. Analyses. On parle de « furie mutilatoire ». Tout le monde soupçonne tout le monde. Malgré une surveillance accrue (mais comment surveiller ces prairies immenses et désertes sur lesquelles paissent 130 millions de têtes de bétail ?) en dépit de mirifiques offres de récompense (50 000 dollars pour une simple information), il n'y aura pas une seule dénonciation, pas une seule arrestation.

Et le massacre continue. Les uns après les autres, la plupart des États sont touchés. Le phénomène semble procéder par vagues. Les détails — horribles — sont toujours les mêmes : des organes manquent, ils ont été prélevés par des orifices trop petits pour les laisser passer, la bête a été vidée de son sang, les « blessures » sont très propres et cautérisées comme faites par un « bistouri au laser » et il n'y a jamais de trace d'hémorragie ni même de sang, les intestins sont trouvés noués à l'intérieur de certaines dépouilles. Une véritable psychose s'installe, nourrie par la presse et les professionnels de l'étrange. Sont soupçonnés : les sectes sataniques qui ont besoin d'organes et de sang pour leurs cultes magiques, le gouvernement qui se livrerait clandestinement à d'effroyables expériences et, bien sûr, les extraterrestres...

Un lien s'est établi entre ces mutilations et les ovnis parce que :

— la précision chirurgicale des opérations (qui exclut totalement l'hypothèse de prédateurs) suppose une technologie très avancée ;

— d'étranges lumières sont observées dans le ciel au moment et au-dessus du lieu des mutilations ;

— des traces au sol sont parfois notées, semblables à celles que laissent les ovnis (certaines dépouilles sont trouvées dans un champ à l'intérieur d'un cercle parfait où la terre est brûlée) ;

— de mystérieux hélicoptères, sans immatriculation, et que ni la police ni l'armée ne parviennent à identifier, survolent les lieux, les mêmes hélicoptères qui suivent certains abductees ;

— souvent les animaux mutilés sont trouvés fracassés sur le sol, comme si leur dépouille avait été jetée de haut, à des endroits où la bête ne pouvait aller (au sommet d'un rocher escarpé pour une vache, par exemple).

Ces mutilations animales revêtent aux États-Unis une importance exceptionnelle : près de vingt mille bêtes y ont été tuées et mutilées « mystérieusement ». *Ce massacre a coûté 10 millions de dollars aux fermiers et plus de 100 millions de dollars à la nation* (enquêtes, autopsies, prélèvements, analyses...). Ce phénomène sévit également au Canada, en Australie, en Suède. Quelques cas ont été récemment signalés au Japon.

REMERCIEMENTS

Je tiens à remercier Jean-Luc Rivéra, jamais avare ni de son temps, ni de sa documentation, ni de ses compétences (ni de son humour) avec qui j'ai toujours pu échanger très librement sur ce sujet, et à exprimer ma reconnaissance à André Bonaly, Michel Boccara, Budd Hopkins, Linda Cortile, Antonio Huñeeus, William La Parl, Bertrand Méheust, Kenneth Ring, Peter Robbins, Sophie Thibault, Jacques Vallée, Sarah Smith et à tous les chercheurs et les ravis qui m'ont si généreusement fait part de leurs réflexions et de leurs expériences.

Paris
New York
Fort Lauderdale
Montréal, avril 1995

GLOSSAIRE

ABDUCTEE : enlevé (néologisme américain venu du verbe anglais *to abduct* : « enlever »). Terme dorénavant utilisé pour désigner ceux qui disent avoir vécu l'expérience de l'enlèvement à bord d'un ovni ; parfois francisé en « abducté ». Nous lui préférons le terme de « ravi ».
D'où :
Abduction : enlèvement.
Abductionnisme : croyance en la réalité des enlèvements.
Abductionniste : personne qui croit en la réalité des enlèvements. Également utilisé comme adjectif, d'où : l'ufologie abductionniste.
Abductologue : personne qui étudie les RR4.

AIRSHIP : littéralement « navire aérien ». Préfiguration de l'ovni. Cette appellation désigne les archaïques vaisseaux aériens qui se sont manifestés à la fin du XIXe siècle au nord des États-Unis et au Canada (grande vague en 1897). Les airships étaient observés non seulement dans le ciel, mais au sol, en train de se faire « réparer ». A plusieurs reprises, leurs occupants — qui descendaient à terre au moyen d'une échelle — se seraient entretenus avec des témoins.

ALIEN : étranger, venu d'ailleurs (sous-entendu : d'ailleurs que la Terre). Popularisé par le film du même nom, ce terme est utilisé dans cet ouvrage, faute de mieux et de préférence au sigle ET, pour désigner ces mystérieux ravisseurs indifféremment appelés par les témoins : « êtres », « créatures », « entités », « humanoïdes », « visiteurs », « robots biologiques », « Gris » ou « extraterrestres ». Le terme alien, substantif, est également utilisé comme adjectif. Il est alors invariable, à l'anglaise : la nature alien, les mœurs alien (comme on dit la nature humaine ou les mœurs humaines).

APRO (Aerial Phenomena Research Organization) : célèbre association américaine de recherche ufologique, l'APRO — aujourd'hui disparue — a constitué le premier groupement de ce type.

BAE *(Bulletin of Anomalous Experience)* : revue canadienne créée par le Dr David Gotlib, psychiatre de Toronto.

BEDROOM VISITOR : visiteur de la chambre à coucher, visiteur du soir. Considérés comme des créatures imaginaires apparaissant aux enfants chez qui ils suscitent des terreurs nocturnes, les « bedroom visitors » semblent multiplier leurs intrusions chez les adultes. Près de la moitié des ravis disent avoir été enlevés par ces visiteurs mystérieusement apparus dans leur chambre (ou leur maison).

BUFORA (British UFO Research Association) : le plus célèbre des groupements ufologiques de Grande-Bretagne.

CONFABULATION : création de l'inconscient qui investit la mémoire et fait surgir des représentations fantasmatiques que le sujet prend pour des souvenirs réels. Le sujet arrange les événements de manière qu'ils correspondent à la façon dont il croit (ou aimerait croire) qu'ils se sont passés. L'hypnose mal conduite favorise la confabulation.

CRYPTOMNÉSIE : phénomène psychologique par lequel une information mémorisée de façon inconsciente se manifeste plus tard au niveau conscient, se présentant comme du matériau neuf. Le sujet a alors l'impression d'avoir acquis un savoir par un procédé « magique ».

CSICOP (Committee for the Scientific Investigation of Claims or the Paranormal) : organisation américaine ayant pour but de dénier toute réalité aux phénomènes paranormaux.

CUFOS (Center for UFO Studies) : fondé en 1973 par le Pr A. Hynek, titulaire de la chaire d'astronomie de la North Western University (Illinois), le CUFOS est le premier groupe d'études ufologiques ayant une direction scientifique.

DEBUNKER : celui qui se livre au *debunking* (travail de désinformation).

ENOC : état non ordinaire de conscience.

ET : extraterrestre. Dans le cadre de cet ouvrage, le sigle ET ne renvoie pas à la notion d'extraterrestre dans le sens strict du terme. Il désigne les ravisseurs. Voir *alien*.

EXPÉRIENCE : dans le cadre de cet ouvrage, le terme expérience est un raccourci pour « expérience de l'enlèvement ».

EXPÉRIENCEUR : personne qui a (ou dit avoir) vécu une NDE (voir ce mot). Ce terme désigne également ceux qui ont (ou disent avoir) vécu un enlèvement.

FSR *(Flying Saucer Review)* : revue anglaise qui fut longtemps la plus célèbre publication ufologique.

Gris : humanoïdes les plus couramment décrits comme auteurs des enlèvements.

HET : hypothèse extraterrestre selon laquelle le phénomène ovni serait la manifestation d'une technologie beaucoup plus avancée que la nôtre, venue d'une civilisation extraterrestre.

Hors-corps (se dit également « sortie hors du corps » ou « expérience hors du corps ») : voir OBE.

HSP : hypothèse sociopsychologique. Selon l'HSP, les ovnis correspondraient à des phénomènes (ou objets) naturels dont la mauvaise interprétation inspire aux témoins des images fantasmatiques en fonction de leur environnement culturel.

Implant : instrument ou appareil de très petite taille, que les aliens introduiraient dans le corps des ravis, généralement par le nez, les yeux, les oreilles ou quelquefois le sexe (chez l'homme).

IUR *(International UFO Reporter)* : revue américaine d'ufologie.

Mémoire-écran : voir *souvenir-écran.*

MIB (de l'anglais *Men in Black* : hommes en noir). Depuis les années cinquante, de mystérieux hommes entièrement vêtus de noir à l'exception de la chemise, portant souvent un chapeau (noir) et dont les voitures, habituellement des limousines Cadillac, sont également noires, seraient apparus de façon quasi magique pour intimider les témoins afin que ne soit divulguée aucune information sur les ovnis. Ils exigent toujours la destruction des pièces (photos, enregistrements, dossiers) et font parfois état de « pouvoirs » spéciaux de type parapsychologique. Les MIB se présentent souvent comme des gens enquêtant sur les ovnis pour le compte du gouvernement ou des services de renseignements. Ils apparaissent — généralement par trois — quand le témoin est seul et ne laissent aucune trace de leur passage. Bien qu'elle soit toujours fort brève, la confrontation avec un MIB se révèle extrêmement angoissante pour le témoin. Les folkloristes considèrent ces étranges personnages comme la transposition moderne des non moins étranges créatures souvent assimilées au diable que l'on retrouve dans les récits populaires et dans la tradition mystique. Les témoignages sur les MIB étaient relativement fréquents aux États-Unis au début de l'ufologie, entre les années cinquante et soixante-dix. Les observations plus récentes ne mentionnent plus ces énigmatiques personnages.

MINDSCAN (littéralement « balayage de l'esprit ») : inspection mentale. Le *mindscan* fait partie de l'examen que les aliens font subir aux ravis.

MISSING TIME : littéralement temps manquant, trou de mémoire. Expression due au chercheur américain Budd Hopkins pour désigner la période de temps non mémorisé de l'enlèvement.

MUFON (Mutual UFO Network) : basé au Texas, le MUFON est la plus importante association américaine d'ufologues. Il a des représentants dans chaque État et au Canada, publie un mensuel, organise chaque année un symposium et se flatte de compter parmi ses membres un grand nombre d'universitaires, de scientifiques, de psychiatres, de médecins et de psychologues.

MUTILATIONS : raccourci pour « mutilations animales ». N'ont rien à voir avec les mutilations connues et leur aspect chirurgical ne peut s'expliquer par l'action de prédateurs. Les bêtes sont trouvées vidées de leur sang, certains organes ont disparu, les incisions, très nettes, semblent avoir été faites au laser. Il n'y a pas de traces autour de la carcasse.

NDE (Near Death Experience) : parfois traduit en français par « expérience de mort imminente ». Au cours de cette expérience, le sujet, considéré comme cliniquement mort, a l'impression de quitter son corps : il traverse un tunnel, est accueilli par des parents ou des amis défunts qui l'accompagnent dans l'au-delà, rencontre un Être de Lumière devant lequel il réexamine toute sa vie passée. Le psychisme, la conception de l'existence, le style de vie et les préoccupations de ceux qui ont vécu une NDE sont en général modifiés par cette expérience.

NICAP (National Investigations Committee on Aerial Phenomena) : commission nationale d'enquêtes sur les phénomènes aériens. Groupement ufologique américain fondé par le major Donald E. Keyhoe.

OBE (Out of the Body Experience) : forme de perception au cours de laquelle tous les objets sont perçus par le sujet à partir d'un point qui n'est pas son corps physique. Le sujet a l'impression d'avoir quitté son corps : sa conscience étant déplacée, il peut donc observer et s'observer lui-même d'ailleurs (par exemple il peut, du plafond de sa chambre, se voir couché dans son lit).

PHÉNOMÈNE OVNI : les ovnis étant de moins en moins considérés comme des « objets », cette appellation générique tend à remplacer l'ancienne terminologie ovni, devenue peu adéquate, et désigne l'ensemble des phénomènes associés aux manifestations d'ovnis.

PTSD (Post-Traumatic Stress Disorder) : terme de psychologie désignant les troubles engendrés par un grave traumatisme (abus ou sévices physiques, sexuels ou émotionnels). De retour dans leur pays, les Vétérans du Viêt-nam ont fait état de telles conditions de stress. Les personnes souffrant de PTSD présentent un large éventail de perturbations.

RAVI : enlevé, voir *abductee*.

RÉGRESSION : retour en arrière dans le temps, effectué au moyen de l'hypnose ou d'autres techniques de relaxation, et destiné à rappeler au niveau conscient les souvenirs refoulés.

RR : rencontre rapprochée. En étudiant le phénomène ovni, le Pr Allen Hynek (astronome) avait proposé de classer les observations selon différentes catégories. C'est lui qui créa l'expression de « *close encounters* » (ou CE), en français « rencontres rapprochées » (ou RR), pour désigner les cas où l'ovni était proche du témoin. Ces rencontres pouvaient être de trois types :

RR1 (Rencontres rapprochées du 1er type) : les ovnis sont vus à une courte distance de l'observateur dans le ciel ou sur le sol, mais ne produisent pas d'effets physiques tangibles.

RR2 (Rencontres rapprochées du 2e type) : les ovnis laissent un effet physique mesurable sur la matière inanimée ou vivante (pannes de moteur ou de radio, traces au sol : cercles brûlés ou effet de radiations, arbres brisés ou brûlés, marques sur les témoins telles que des cicatrices ou des brûlures, animaux effrayés).

RR3 (Rencontres rapprochées du 3e type) : dans ce type de rencontre, une ou plusieurs créatures intelligentes animées sont observées à l'intérieur ou à proximité des ovnis. Ces créatures ont un contact avec les témoins.

Depuis ces dernières années, on parle de :

RR4, qui se caractérisent par une interaction hommes/aliens à l'intérieur du vaisseau. Ce sont les « enlèvements ».

RR5, ou rencontres délibérément provoquées par les témoins qui utilisent certaines techniques (visualisation, méditation...) en se concentrant sur leur profond désir d'établir le contact avec les ovnis ou leurs occupants. Les

RR5 sont particulièrement répandues au Brésil.

Lors des *RR6*, plusieurs ravis (généralement deux, de sexe opposé) sont toujours enlevés ensemble dès l'enfance. Les aliens observeraient, à l'intérieur du vaisseau, leur façon de développer des liens amicaux, affectifs ou même sexuels en les obligeant à s'accoupler. Quand ils se rencontrent sur Terre et dans un état normal de conscience (souvent des années après leur premier enlèvement), les ravis du 6e type se reconnaîtraient au premier coup d'œil.

SOUVENIR-ÉCRAN : faux souvenir implanté dans la mémoire du sujet pour lui masquer la réalité de ce qu'il a vécu. Concept hérité de la notion psychanalytique de mémoire-écran, cette fausse mémoire est créée par le subconscient pour dissimuler un événement traumatisant derrière un autre, plus facile à supporter.

TÉMOIN : ici, personne disant avoir observé un ovni ou avoir été enlevée.

THÉOPHANIE : expérience au cours de laquelle une entité divine se manifeste au témoin.

TRANSPERSONNEL : domaine des expériences non ordinaires de conscience basées sur le sentiment qu'éprouve l'individu d'avoir une conscience dépassant les limites de l'ego et transcendant les limites du temps et de l'espace.

UFO : abréviation de Unidentified Flying Object (objet volant non identifié) = ovni. D'où :

Ufologie : discipline (non reconnue) consacrée à l'étude du phénomène ovni.

Ufologue : chercheur (bénévole) dans le domaine de l'ufologie.

Ufonaute : occupant de l'ovni.

VISITEUR : voir *alien* et *bedroom visitor*.

INDEX

AVENTURE SECRÈTE

Entre ésotérisme et spiritualité, cinq rubriques : Chemins du Nouvel Age, Médecines nouvelles, La vie au-delà, Grandes énigmes et Paroles des Maîtres, pour vous conduire sur les chemins d'une harmonie nouvelle.

ANDREWS LYNN V.
L'envol de la septième lune
3550/5 Inédit
La femme-jaguar
3819/4 Inédit

ASHLEY NANCY
Construisez vous-même votre bonheur
3146/3 Inédit

BELLINE MARCEL
La troisième oreille
2015/3 La vie au-delà
Un voyant à la recherche du futur
2502/4

BOURRE JEAN-PAUL
Voyage au centre de la vie
3913/2 La vie au-delà

BRASEY EDOUARD
Enquête sur l'existence des anges rebelles
4434/7 La vie au-delà

BRINKLEY
Sauvé par les anges
4379/3 La vie au-delà
(avec la collaboration de P. PERRY)

CAMPBELL JOSEPH
Puissance du mythe
3095/5 Inédit

CARDON MICHEL
Voyages vers le passé
3736/3

CAYCE EDGAR
Les rêves et la réalité
par H. H. Bro
2783/4
L'homme du mystère
par Joseph Millard
2802/3
Edgar Cayce et la réincarnation
par Noel Langley
2672/5
Créez votre propre futur avec Edgar Cayce
par Marc Thurston et Christopher Fazel
3929/4

CHOPRA DEEPAK DR
Le retour du Rishi
3458/4
La vie sans conditions
3713/5
Vivre la santé
3953/4 Médecines nouvelles

COCKELL JENNY
Mes enfants d'une autre vie
3874/3 La vie au-delà

DENNING M. & PHILLIPS O.
La visualisation créatrice
2676/3 Inédit Chemins du Nouvel Age

DERLICH DIDIER
Intuitions
3334/4 Inédit La vie au-delà

DOORE GARY
La voie des Chamans
2674/3 Inédit

DUCOURANT BERNARD
Les clefs du bonheur parfait
3579/3

DUNOIS CANETTE F.
Les prêtres exorcistes
3803/3 Grandes énigmes

FERGUSON MARILYN
Les enfants du Verseau
4029/7 Chemins du Nouvel Age
La révolution du cerveau
4307/8 Chemins du Nouvel Age

FLAMMARION CAMILLE
Les maisons hantées
1985/3

FONTAINE JANINE
Médecin des trois corps
3408/6 Médecines nouvelles
Médecin des trois corps Vingt ans après
4489/6 Médecines nouvelles

GARFIELD PATRICIA L.
La créativité onirique
4516/4 Chemins du Nouvel Age

GASSIOT - TALABOT G.
Yaguel Didier ou la mémoire du futur
3076/7

GAWAIN SHAKTI
Techniques de visualisation créatrice
3853/2 Chemins du Nouvel Age
Unissant le rationalisme occidental et la sagesse de l'Orient, cette technique utilise l'imagination pour obtenir des changements positifs.

GIBRAN KHALIL
La voix de l'éternelle sagesse
3651/1 Paroles des Maîtres

AVENTURE SECRÈTE

Le prophète
4053/2
Khalil Gibran puise aux sources de la Bible, du Coran, de la Grèce et de l'Orient, à la recherche de l'harmonie et de l'élévation spirituelle.

INK Laurence
Il suffit d'y croire
3977/4 Chemins du Nouvel Age

JAFFE Dennis T.
La guérison est en soi
3354/5 Médecines nouvelles

JOVANOVIC Pierre
Enquête sur l'existence des anges gardiens
3895/7 La vie au-delà

KLIMO Jon
Les médiateurs de l'invisible
4325/8 Grandes énigmes

KOECHLIN de BIZEMONT Dorothée
L'univers d'Edgar Cayce
2786/5 Paroles des Maîtres
L'univers d'Edgar Cayce Tome II
3246/5 Paroles des Maîtres
L'univers d'Edgar Cayce Tome III
4257/5 Paroles des Maîtres
Une nouvelle approche de l'œuvre d'Edgar Cayce, analysant ses relations avec le monde de l'éther qui nous entoure, ses lectures concernant la France et ses théories en matière de diététique.

Les prophéties d'Edgar Cayce
2978/6 Paroles des Maîtres

KRISTEN Maud
Fille des étoiles
4224/4 La vie au-delà

de LAFFOREST Roger
Ces maison qui tuent
1961/3 Grandes énigmes

LANGS Robert Dr
Interprétez vos rêves
3477/4 Inédit

Le LANN Roger
Ces ondes qui nous soignent
3990/6 Médecines nouvelles

MACKENZIE Andrew
L'invisible et le visible
3604/5

MACLAINE Shirley
L'amour foudre
2396/5
Danser dans la lumière
2462/5 Chemins du Nouvel Age
Le voyage intérieur
3077/3 Chemins du Nouvel Age

de MAHIEU Jacques
Les Templiers en Amérique
2137/3

MELLA Dorothée
Puissance des couleurs
2675/3

MERCIER Mario
Le livre de l'ange
4010/2 Chemins du Nouvel Age

MICHELET Sylvain
Lorsque la maison crie
4343/4 Grandes énigmes

MONTGOMERY Ruth
Au-delà de notre monde
2895/3 Inédit

MOODY Raymond Dr
La vie après la vie
1984/2 La vie au-delà
Lumières nouvelles...
2784/2 La vie au-delà
Voyages dans les vies antérieures
3692/4 La vie au-delà
Rencontres
4158/3 La vie au-delà

MOORE Thomas
Le soin de l'âme
4137/5 Chemins du Nouvel Age
Surmonter ses problèmes quotidiens, restaurer sa confiance en soi, dans le but de soigner son âme et d'unifier corps et esprit.

MORGAN Marlo
Messages des hommes vrais
4406/3 Chemins du Nouvel Age
Un voyage initiatique d'une Américaine dans le bush australien, en compagnie des « vrais hommes », les aborigènes. La découverte d'une sagesse millénaire et du regard troublant que portent sur notre civilisation mutante des hommes que l'on croit restés à l'âge de pierre.

MURPHY Joseph Dr
Comment utiliser les pouvoirs du subconscient
2879/4 Chemins du Nouvel Age
Comment réussir votre vie
4182/4 Chemins du Nouvel Age

PECK Scott
Le chemin le moins fréquenté
2839/5 Chemins du Nouvel Age
Vaincre l'angoisse, le mal de vivre, apprivoiser le bonheur...
Les gens du mensonge
3207/5 Inédit

AVENTURE SECRÈTE

Ainsi pourrait être le monde
4098/6 Chemins du Nouvel Age
Notre société est malade et Scott Peck souligne l'urgence d'un nouveau pacte social, fondé sur des notions de respect mutuel et d'engagement spirituel.

PECOLLO Jean-Yves
La sophrologie
3314/5

PETIT Jean-Pierre
Enquête sur des extraterrestres...
3438/3

PRIEUR Jean
La prémonition et notre destin
2923/4
Le mystère des retours éternels
4066/4 La vie au-delà

RAQUIN Bernard
Retrouvez vous-même vos vies antérieures
3275/3

REDFIELD James
La prophétie des Andes
4113/4 Chemins du Nouvel Age
Les leçons de vie de la prophétie des Andes
4463/5 Chemins du Nouvel Age
Un guide à l'usage du lecteur de la *Prophétie des Andes*. Celui-ci pourra, à travers les neuf chapitres qui composent cet ouvrage, élargir le champ de sa perception du monde, approfondir les notions évoquées dans les neuf prophéties et appliquer ces leçons à sa vie personnelle.

ROBERTS Jane
Le livre de Seth
2801/5 Paroles des Maîtres

RYERSON Kevin & HAROLDE Stéphanie
La communication avec les esprits ...
3113/4 Inédit

SIEGEL Bernie Dr.
L'amour, la médecine et les miracles
2908/4 Chemins du Nouvel Age
Messages de vie
3499/5 Chemins du Nouvel Age

SADOUL Jacques
Le trésor des alchimistes
2986/4

SIMONTON & HENSON
L'aventure d'une guérison
3765/4 Médecines nouvelles

SMITH Michael G.
Le Pouvoir des Cristaux
2673/3 Inédit

SPALDING Baird T.
La vie des Maîtres
2437/5 Paroles des Maîtres

ST. JOHN Patricia
Le message des dauphins
4281/4 Chemins du Nouvel Age

STEVENS & SEDLETZKY
Secrets du chamanisme
3265/6 Inédit

TYLER Kelsey
Sous l'œil de votre ange gardien
Grandes énigmes
4203/3 Inédit

VALLÉE Jacques
Confrontations
3381/4
Révélations
3672/5

RAMPA

Initié très jeune dans une lamaserie tibétaine, il devient médecin en Chine. Lors de la dernière guerre, il est fait prisonnier et torturé par les Japonais. Depuis, il consacre sa vie à la diffusion de son message.

Histoire de Rampa
1827/3
La caverne des Anciens
1828/4 Paroles des Maîtres
Le troisième œil
1829/3
Les secrets de l'aura
1830/3
Les clés du nirvâna
1831/2
Je crois
1923/2
C'était ainsi
1976/2
Les trois vies
1982/2 Paroles des Maîtres
Lama médecin
2017/3
L'ermite
2538/3 Paroles des Maîtres
La treizième chandelle
2593/3 Paroles des Maîtres
Les lumières de l'Astral
2739/3
Les univers secrets
2991/4
Le dictionnaire de Rampa
3053/4

Romans, récits et documents

La littérature conjuguée au pluriel, pour votre plaisir. Des œuvres de grands romanciers français et étrangers, des histoires passionnantes, dramatiques, drôles ou émouvantes, pour tous les goûts...

ADLER LAURE
L'année des adieux
4166/4
Chronique de la vie quotidienne à l'élysée sous la présidence Mitterrand. Portrait d'un homme d'exception.

ADLER PHILIPPE
Bonjour la galère !
1868/1
Les amies de ma femme
2439/3
Mais qu'est-ce qu'elles veulent ces bonnes femmes ? Quand il rentre chez lui, Albert aimerait que Victoire s'occupe de lui mais rien à faire : les copines d'abord. Jusqu'au jour où Victoire se fait la malle et où ce sont ses copines qui consolent Albert.

ALLÉGRET CATHERINE
Les souvenirs et les regrets aussi
4000/7

ALLEGRI RENZO
La véritable histoire de Maria Callas
3699/6

AMIEL JOSEPH
Question de preuves
4119/5

ANDERSEN CHRISTOPHER
Mike Jagger le scandaleux
3771/8

ANDREWS VIRGINIA C.
Ma douce Audrina
1578/4

Fleurs captives
Dans un immense et ténébreux grenier, quatre enfants vivent séquestrés. Pour oublier, ils font de leur prison le royaume de leurs jeux et de leur tendresse, à l'abri du monde. Mais le grenier devient un enfer. Et le seul désir de ces enfants devenus adolescents est désormais de s'évader... à n'importe quel prix.
- Fleurs captives
1165/4
- Pétales au vent
1237/4
- Bouquet d'épines
1350/4
- Les racines du passé
1818/5
- Le jardin des ombres
2526/4

La saga de Heaven
- Les enfants des collines
2727/5
- L'ange de la nuit
2870/5
- Cœurs maudits
2971/5
- Un visage du paradis
3119/5
- Le labyrinthe des songes
3234/6

Aurore
Un terrible secret pèse sur la naissance d'Aurore. Brutalement séparée des siens, humiliée, trompée, elle devra payer pour les péchés que d'autres ont commis. Car sur elle et sur sa fille Christie, plane la malédiction des Cutler...
- Aurore
3464/5
- Les secrets de l'aube
3580/6
- L'enfant du crépuscule
3723/6
- Les démons de la nuit
3772/6
- Avant l'aurore
3899/5
Ruby
4253/6
Perle
4332/5

A. NONYME
M. et Mme ont un fils
4036/2 & 4118/2

APOLLINAIRE GUILLAUME
Les onze mille verges
704/1

ARTHUR
Arthur censuré
3698/5
De la radio à la télé, rien n'arrête Arthur.
Ta mère
4075/2
Ta mère, la réponse
4225/2
Ta mère, la revanche
4365/2
Aimons-nous les uns les autres
4524/2

ARVIGNES GEORGES
Quelques mois pour l'aimer
4289/2

ASHWORTH SHERRY
Calories story
3964/5 Inédit

Romans, récits et documents

ATTANÉ CHANTAL
Le propre du bouc
3337/2

AVRIL NICOLE
Monsieur de Lyon
1049/2
La disgrâce
1344/3
Jeanne
1879/3
Don Juan aujourd'hui pourrait-il être une femme ?
L'été de la Saint-Valentin
2038/1
Sur la peau du Diable
2707/4
Dans les jardins de mon père
3000/2
Il y a longtemps que je t'aime
3506/3

BACH RICHARD
Jonathan Livingston le goéland
1562/1 Illustré
Illusions/Le Messie récalcitrant
2111/1
Un pont sur l'infini
2270/4

BAILLY OTHILIE
L'enfant dans le placard
3029/1
L'enfant qui se laissait mourir
3859/1

BALDACCI DAVID G.
Le pouvoir d'exécuter
4267/7
Ayant surpris par hasard le meurtre d'une jeune femme, un cambrioleur est contraint au silence par les services secrets américains...

BALTIQUE
Labrador présidentiel
Aboitim - 1
4490/3

BARRON JUDY & SEAN
Moi, l'enfant autiste
3900/4

BAYROU FRANÇOIS
Henri IV
4183/6
La vie du souverain préféré des Français, par un historien également ministre de l'Education nationale. Coexistence pacifique, redressement financier, lutte contre la corruption, développement agricole et industriel, réforme de l'enseignement, le parallèle avec notre époque est troublant et passionnant.

DE BEARN MYRIAM & GASTON
Gaston Phébus
- Le lion des Pyrénées
2772/6
- Les créneaux de feu
2773/7
- Landry des bandouliers
2774/5

BELLEMARE P. & ANTOINE J.
Les dossiers extraordinaires
2820/4 & 2821/4
Les dossiers d'Interpol
2844/4 & 2845/4

BELLETTO RENÉ
Le revenant
2841/5
Sur la terre comme au ciel
2943/5
La machine
3080/6
L'Enfer
3150/5
Dans une ville déserte et terrassée par l'été, Michel erre. C'est alors qu'une femme s'offre à lui, belle et mystérieuse...

BERBEROVA NINA
Le laquais et la putain
2850/1
Astachev à Paris
2941/2
La résurrection de Mozart
3064/1
C'est moi qui souligne
3190/8
L'accompagnatrice
3362/4
De cape et de larmes
3426/1
Roquenval
3679/1
A la mémoire de Schliemann
3898/1
Chroniques de Billancourt
4076/3
Dans les années vingt, un petit peuple misérable d'émigrés slaves s'agglutine autour des usines Renault, entre nostalgie et désespoir...

DE BERG JEAN
L'image
1686/1

BERTRAND JACQUES A.
Tristesse de la Balance et autres signes
2711/1

BEYALA CALIXTHE
C'est le soleil qui m'a brûlée
2512/2
Tu t'appelleras Tanga
2807/3

Romans, récits et documents

Le petit prince de Belleville
3552/3

Maman a un amant
3981/3

Assèze l'Africaine
4292/4

L'itinéraire tragique d'Assèze, une jeune Camerounaise, de son village aux mirages de Douala, puis aux « clandés » surpeuplés de Paris. Mêlant avec une magie singulière poésie, lyrisme et humour, Calixthe Beyala fait surgir une foule de personnages d'où émerge le couple étrange que forment Assèze et Sorraya, les sœurs ennemies.

BIGEARD Général

De la brousse à la jungle
3995/4 Illustré

BLUE Corine

L'oiseau libre
4493/3

BOCCOLINI Laurence

Je n'ai rien contre vous personnellement
4412/3

BOGGIO Philippe

Coluche
3268/7

BORY Jean-Louis

Mon village à l'heure allemande
81/4

BOTTE Marie-France & MARI Jean-Paul

Le prix d'un enfant
3983/4 Illustré

BOUDARD Alphonse

Saint Frédo
3962/3

BOUILLOT Françoise

La boue
4139/3

BOURDIN Françoise

Les vendanges de Juillet
4142/6

Terre Indigo
4382/5

Ruinés, les Vallogne quittent Bordeaux en 1920 pour Cuba. Au lieu de la riche plantation qu'ils avaient achetée, ils ne découvrent qu'une cabane...

Juillet en hiver
4496/5

BRANDO Marlon

Les chansons que m'apprenait ma mère
4143/7 Illustré

Marlon Brando retrace sa carrière d'acteur, sa vie d'homme et son engagement pour la défense des Indiens et d'autres minorités opprimées d'Amérique du Nord.

BRAVO Christine

Avenida B.
3044/3

Les petites bêtes
3104/2

Les grosses bêtes (un érotisme inattendu)
3770/3

Les bêtes, petites ou grosses, sont aussi compliquées que nous et leurs amours sont bien difficiles !

L'adieu à Tolède
4393/6

Changer tout
4497/7

BRIAND Charles

Le seigneur de Farguevieille
4074/4

BROUILLET Chrystine

Marie LaFlamme

- Marie LaFlamme
3838/6

- Nouvelle-France
3839/6

- La renarde
3840/6

de BURON Nicole

Les saintes chéries
248/3

Vas-y maman
1031/2

Dix-jours-de-rêve
1481/3

Qui c'est, ce garçon ?
2043/3

C'est quoi, ce petit boulot ?
2880/4

Où sont mes lunettes ?
3297/4

Arrêtez de piquer mes sous !
3652/5

Impôts, cotisations, taxes, prélèvements, vignettes, TVA... c'est trop ! Le ras-le-bol d'une contribuable excédée mais d'un humour à toute épreuve.

Arrête ton cinéma !
4251/4

BYRNE Beverly

Gitana
3938/8

CAILHOL Alain

Immaculada
3766/4 Inédit

CAISNE Arielle

L'ortie
3836/1

CALFAN Nicole

La femme en clef de sol
3991/2

CAMPBELL Naomi

Swan
3827/6 Inédit

Romans, récits et documents

CARREL Dany

L'Annamite
3459/7

CARROLL Lewis

Alice au pays des merveilles
3486/2

des CARS Guy

1911-1993. D'abord journaliste, il entama, avec L'officier sans nom *une carrière littéraire qui en fera l'écrivain français le plus lu dans le monde.*

La brute
47/3

Accusé de meurtre et traduit en justice, un sourd-muet, aveugle de naissance va être condamné.

Le château de la juive
97/4

La tricheuse
125/4

L'impure
173/4

La corruptrice
229/3

La demoiselle d'Opéra
246/4

Les filles de joie
265/3

La dame du cirque
295/3

Cette étrange tendresse
303/3

L'officier sans nom
331/3

La maudite
361/4

Entre un père despotique et une redoutable gouvernante, une jeune fille reçoit une éducation rigide. Elle n'aura que plus tard la révélation de sa dualité sexuelle.

L'habitude d'amour
376/3

La révoltée
492/4

Une certaine dame
696/5

L'insolence de sa beauté
736/3

La justicière
1163/2

La vie secrète de Dorothée Gindt
1236/1

L'envoûteuse
2016/5

Le crime de Mathilde
2375/4

L'histoire d'une étonnante captation d'héritage et d'une femme qui ne vécut que pour un seul amour.

La voleuse
2660/4

Le grand monde
2840/8

L'amoureuse
3192/4

Je t'aimerai éternellement
3462/4

La femme-objet
3517/3

L'amant imaginaire
3694/6

Hôtesse dans un établissement très spécial, Solange se préserve en s'inventant un amant imaginaire qui fait rêver ses amies.

La visiteuse
3939/3

CATO Nancy

Lady F.
2603/4

Tous nos jours sont des adieux
3154/8

Marigold
3837/2

CAVANNA

Les pensées
4388/2

Drôles, acides, impertinentes, les pensées de Cavanna donnent envie de rire ou de pleurer, mais font à coup sûr réfléchir.

CERF Muriel

L'antivoyage
3883/3

CESBRON Gilbert

Chiens perdus sans collier
6/2

C'est Mozart qu'on assassine
379/3

CHABROL Dominique

Desproges
4056/3

CHAMSON André

La Superbe
3269/7

La tour de Constance
3342/7

CHAZAL Claire

Balladur
3581/3

CHEDID Andrée

La maison sans racines
2065/2

Le sixième jour
2529/3

Le sommeil délivré
2636/3

L'autre
2730/3

Les marches de sable
2886/3

L'enfant multiple
2970/3

La cité fertile
3319/1

La femme en rouge et autres nouvelles
3769/1

Romans, récits et documents

CLAVEL Bernard

Né dans le Jura en 1923, Bernard Clavel a exercé plusieurs métiers avant de se consacrer exclusivement à la littérature. Autodidacte, cet écrivain passionné nourrit son œuvre de la richesse de son vécu et de sa sensibilité. Sous sa plume naissent des personnages forts et vrais, des drames inoubliables qui passionnent le public. J'ai lu a déjà vendu dix millions d'exemplaires de ses ouvrages.

Le tonnerre de Dieu
290/1

Le voyage du père
300/1

L'Espagnol
309/4

Malataverne
324/1

Dans un bourg du Jura où ils s'ennuient, trois adolescents font les quatre cents coups et entrent, sans le comprendre vraiment, dans la délinquance.

L'hercule sur la place
333/3

Le tambour du bief
457/2

Le massacre des innocents
474/1

L'espion aux yeux verts
499/2

Le Seigneur du Fleuve
590/3

Pirates du Rhône
658/1

Le silence des armes
742/3

Tiennot
1099/1

L'homme du Labrador
1566/1

Qui êtes-vous, B. Clavel ?
1895/2

Quand j'étais capitaine
3423/3

Meurtre sur le Grandvaux
3605/3

Les rouliers, c'étaient les ancêtres des camionneurs d'aujourd'hui. Pendant des siècles, ils ont parcouru toutes les routes d'Europe, de l'Espagne aux foires de Russie, avec leurs attelages chargés de marchandises. Mais pour Ambroise Grandvalliers, le voyage s'arrête le jour où il lui faut venger l'honneur de sa fille.

La bourrelle
3659/1

L'Iroquoise
3700/1

La révolte à deux sous
3748/3

Dresseur d'animaux, Patero parcourt les collines de Lyon, entouré de chats, d'oiseaux et de rats, tenant entre ses mains tous les fils d'une révolte que le fleuve en colère finira par engloutir sous ses eaux noires.

Cargo pour l'enfer
3878/4

Chargé de déchets toxiques, un vieux cargo erre interminablement d'un port à l'autre, sans pouvoir se délivrer de sa monstrueuse cargaison. Une dénonciation de l'irresponsabilité et de la corruption qui marquent notre siècle.

Les roses de Verdun
4260/3

Au terme d'une vie consacrée aux affaires, parmi lesquelles le commerce d'armes, un grand bourgeois, condamné par la maladie, décide d'effectuer un pèlerinage sur la tombe de son fils. Son fidèle chauffeur raconte ce voyage et, peu à peu, ressurgissent des souvenirs d'une époque oubliée.

La grande patience

1 - La maison des autres
522/4

2 - Celui qui voulait voir la mer
523/4

3 - Le cœur des vivants
524/4

4 - Les fruits de l'hiver
525/4

Dans une petite ville près de Lyon, les règlements de comptes sanglants de la Libération sèment le trouble et la mort. Ce roman valut à Bernard Clavel le prix Goncourt en 1968.

Les colonnes du ciel

1 - La saison des loups
1235/3

2 - La lumière du lac
1306/4

3 - La femme de guerre
1356/3

4 - Marie Bon Pain
1422/3

5 - Compagnons du Nouveau-Monde
1503/3

Le Royaume du Nord

Tout semblait rejeter l'homme dans ce Grand Nord canadien. Pourtant des pionniers s'engagent, pour tenter une utopique aventure : fonder un village sur les berges de l'Harricana.

- Harricana
2153/4

- L'Or de la terre
2328/4

- Miséréré
2540/4

- Amarok
2764/3

- L'angélus du soir
2982/3

- Maudits sauvages
3170/4

Romans, récits et documents

CLAVELL James
Shogun
4361/6 & 4362/6
En l'an 1600, un navire européen s'échoue sur les côtes japonaises, où les survivants du naufrage sont faits prisonniers. John Blackthorne découvre alors un monde inconnu, à la fois cruel et raffiné, en proie à de sauvages combats de clans. Fasciné, il assiste à l'ascension de l'inquiétant Toranaga qui va devenir Shogun, c'est-à-dire dictateur, maître absolu du Pays du Soleil Levant.

CLÉMENT Catherine
Pour l'amour de l'Inde
3896/8

COCTEAU Jean
Orphée
2172/1

COELHO Paulo
L'Alchimiste
4120/4
Sur le bord de la rivière Piedra
4385/4
Pilar retrouve son compagnon d'enfance, perdu onze ans plus tôt. Tous deux sont à la recherche de leur vérité et veulent aller jusqu'au bout de leurs rêves. Une histoire d'amour qui est aussi le récit d'une quête initiatique.

COLETTE
Le blé en herbe
2/1

COLLARD Cyril
Cinéaste, musicien, il a adapté à l'écran et interprété lui-même son second roman* Les nuits fauves. *Le film, 4 fois primé, a été élu meilleur film de l'année aux Césars 1993. Quelques jours plus tôt Cyril Collard mourait du sida.
Les nuits fauves
2993/3
Condamné amour
3501/4
L'ange sauvage
3791/3

COLOMBANI Marie-Françoise
Donne-moi la main, on traverse
2881/3
Derniers désirs
3460/2

COLUCHE
Coluche Président
3750/4

COMBE Rose
Le Mile des Garret
4333/2

CONNOR Alexandra
Les couleurs du rêve
4207/5

CONROY Pat
Le Prince des marées
2641/5 & 2642/5

DATH Isabelle & HARROUARD Philippe
Alain Juppé ou la tentation du pouvoir
4073/3

DENUZIÈRE Maurice
Helvétie
3534/9
La Trahison des apparences
3674/1
Rive-Reine
4033/6 & 4034/6

DEVEREUX Charles
Vénus indienne
3807/3
Mes amours sous les déodars
4409/4

DEVI Phoolan
Moi, Phoolan Devi, reine des bandits
4494/8 Illustré
Née parmi les parias, Phoolan Devi semblait promise, en Inde, à un esclavage sans issue. Mais sa révolte a fait d'elle un symbole d'espoir pour des millions de femmes. Mariée à onze ans, maltraitée puis abandonnée, violée par une bande de hors-la-loi, elle se rebelle et se venge. Devenue la reine des bandits, elle vole les riches pour donner aux pauvres, tandis que sa tête est mise à prix...

DHÔTEL André
Le pays où l'on n'arrive jamais
61/2

DICKEY James
Délivrance
531/3

DIWO Jean
Au temps où la Joconde parlait
3443/7
L'Empereur
4186/7
Les dîners de Calpurnia
4539/7

DJIAN Philippe
Né en 1949, sa pudeur, son regard à la fois tendre et acerbe, et son style inimitable ont fait de lui l'écrivain le plus lu de sa génération.
37°2 le matin
1951/4
Bleu comme l'enfer
1971/4
Zone érogène
2062/4
Maudit manège
2167/5

Romans, récits et documents

50 contre 1
2363/2
Echine
2658/5
Crocodiles
2785/2
Cinq histoires qui racontent le blues des amours déçues ou ignorées. Mais c'est parce que l'amour dont ils rêvent se refuse à eux que les personnages de Djian se cuirassent d'indifférence ou de certitudes. Au fond d'eux-mêmes, ils sont comme les crocodiles : « des animaux sensibles sous leur peau dure ».

DOBYNS STEPHEN
Les deux morts de la Señora Puccini
3752/5 Inédit

DORIN FRANÇOISE
Elle poursuit avec un égal bonheur une double carrière. Ses pièces (La facture, L'intoxe...) dépassent le millier de représentations et ses romans sont autant de best-sellers.

Les lits à une place
1369/4
Les miroirs truqués
1519/4
Les corbeaux et les renardes
2748/5
Nini Patte-en-l'air
3105/6
Au nom du père et de la fille
3551/5
Un beau matin, Georges Vals aperçoit l'affiche d'un film sur laquelle s'étale le corps superbe et intégralement nu de sa fille. De quoi chambouler un honorable conseiller fiscal de 63 ans !

Pique et cœur
3835/1
La Mouflette
4187/4
La Mouflette, c'est Ophélie, un bébé. Elle, c'est sa grand-mère, la quarantaine, qui vit une seconde jeunesse, un nouvel amour. Lui, c'est l'amant, qui supporte mal la situation...

DUBOIS JEAN-PAUL
Les poissons me regardent
3340/3

DUBOIS SONIA
Journal d'une grosse repentie
4461/3

DUPONT MARIE-NOËLLE
Rendez-moi mes enfants
4054/3

DUQUESNE JACQUES
Jésus
4160/4
Une biographie qui dérangea les milieux catholiques traditionnels. Jacques Duquesne trace un portrait prudent et mesuré d'un personnage historique.

DURIÈS VANESSA
Le lien
3678/3

DUROY LIONEL
Priez pour nous
3138/4

D'EAUBONNE FRANÇOISE
Isabelle Eberhardt
2989/6

DR ETIENNE JEAN-LOUIS
Transantarctica
3232/5
6 300 km dans un désert glacé, avec trois traîneaux et quarante chiens. Un pari insensé.

FAUCHER ELISABETH
Rends la monnaie, papa!
3746/3 Inédit Illustré

FERBER EDNA
Show-Boat
4016/5
Cimarron
4205/4

FIECHTER JEAN-JACQUES
Tiré à part
3912/3
L'ombre au tableau
4498/3

FIELD MICHEL
L'homme aux pâtes
3825/4

FIELDING JOY
Dis au revoir à maman
1276/4
La femme piégée
1750/4

FLAGG FANNIE
Beignets de tomates vertes
3315/7
Daisy Fay et l'homme miracle
4334/5

FLÉOUTER CLAUDE
Johnny, la dernière des légendes
3610/4 Illustré

FOUCHET LORRAINE
Jeanne, sans domicile fixe
2932/4

FRANÇOIS JACQUES
Rappels
3982/4 Illustré

FREEDMAN J.F.
Par vent debout
3658/9 Inédit

4643

Composition Nord Compo
Achevé d'imprimer en Europe (France)
par Brodard et Taupin à La Flèche (Sarthe)
le 21 octobre 1997. 1049T-5
Dépôt légal octobre 1997. ISBN 2-290-04643-4
Éditions J'ai lu
84, rue de Grenelle, 75007 Paris
Diffusion France et étranger : Flammarion